AF433867

El poder y la acción

a través de Comunicación Estratégica®

DANIEL SCHEINSOHN

El poder y la acción

a través de Comunicación Estratégica®

Hacia una Ontología de la Estrategia

Cómo mover los hilos
para que las cosas sucedan

GRANICA

ARGENTINA - ESPAÑA - MÉXICO - CHILE - URUGUAY

ARGENTINA
Ediciones Granica S.A.
Lavalle 1634 3º G / C1048AAN Buenos Aires, Argentina
granica.ar@granicaeditor.com
atencionaempresas@granicaeditor.com
Tel.: +54 (11) 4374-1456 Fax: +54 (11) 4373-0669

MÉXICO
Ediciones Granica México S.A. de C.V.
Calle Industria N° 82
Colonia Nextengo - Delegación Azcapotzalco
Ciudad de México - C.P. 02070 México
granica.mx@granicaeditor.com
Tel.: +52 (55) 5360-1010. Fax: +52 (55) 5360-1100

URUGUAY
granica.uy@granicaeditor.com
Tel: +59 (82) 413-6195 FAX: +59 (82) 413-3042

CHILE
granica.cl@granicaeditor.com
Tel.: +56 2 8107455

ESPAÑA
granica.es@granicaeditor.com
Tel.: +34 (93) 635 4120

www.granicaeditor.com

ISBN 978-950-641-590-7

Hecho el depósito que marca la ley 11.723

Impreso en Argentina. *Printed in Argentina*

Scheinsohn, Daniel A.
  El poder y la acción a través de comunicación estratégica :
cómo mover los hilos para que las cosas sucedan / Daniel A.
Scheinsohn. - 1a ed. 1a reimp. - Ciudad Autónoma de Buenos
Aires : Granica, 2018.
  384 p. ; 22 x 15 cm.

  ISBN 978-950-641-590-7

  1. Comunicación Social. I. Título.
  CDD 302.2

ÍNDICE

Capítulo 8
ACTIVADOR: "COMUNICACIÓN"
Parte 1. LA DIMENSIÓN HUMANA

Capítulo 9
ACTIVADOR: "COMUNICACIÓN"
Parte 2. EL DIAMANTE DE LA GESTIÓN COMUNICACIONAL.
UNA GESTIÓN CON DIEZ ÁREAS

Capítulo 10
ACTIVADOR: "IMAGEN"

Capítulo 11
EL PLANEAMIENTO ESTRATÉGICO

TRASFONDO DE INCONCLUSIÓN

BIBLIOGRAFÍA

INTRODUCCIÓN

260"Le haré una oferta que no podrá rechazar. *¿Capisci?*"

Este libro trata de *poder*, de *estrategia* y de *comunicación*, lo cual detemina insoslayablemente que también trata de la *acción*.

Si reflexionamos acerca de lo sucedido a lo largo de nuestra historia (y de nuestra histeria) la comunicación se ha constituido en fuente fundamental de poder y contrapoder, de dominación y de cambio social.

Las maneras en las que las personas pensamos determinan el destino de las instituciones que nos regulan y el de los valores sobre los que construimos nuestras sociedades. Por eso la batalla más importante de hoy se libra en la arena de la opinión, en el marco de la producción social de significados, y su resultado influye en la voluntad de los púb-licos. Entonces queda claro que las relaciones de poder se determinan y deciden cada vez más en el campo de la comunicación.

Por "poder" se entiende la capacidad de un actor social para imponer su voluntad sobre la voluntad de otro(s) actor(es) social(es). Podemos intuir que las relaciones de poder son por naturaleza conflictivas, del mismo modo que las sociedades son diversas y contradictorias.

Resulta claro que las organizaciones, cualquiera que sea su naturaleza (empresa comercial, sin fines de lucro, ONG, social, gubernamental, etc.) hoy se constituyen en el núcleo clave de las relaciones sociales en tanto crean, emprenden, toman decisiones y llevan a cabo acciones de las cuales emergen determinados resultados que afectan y configuran relaciones de poder y contrapoder.

Las organizaciones deben operar en un medio en el que se dinamizan múltiples relaciones entre pluralidades de actores sociales en constante conflicto: ¡una verdadera panacea!

En mayor o menor medida, hoy todos aceptan que la comunicación es un factor crítico de éxito de todo proceso organizacional. Sin embargo, el nuevo paradigma impone asumir a la comunicación no tan solo como un factor relacionado con el éxito o el fracaso de una gestión, sino que también requiere entender a la comunicación como una *razón de ser* inherente a la organización, una cuestión de identidad, ya que a través de su comunicación la organización fija posiciones y establece su *ser en el mundo,* tal como pasa con las personas.

La comunicación no es una actividad opcional, acontece más allá de nuestra voluntad, y en la interacción con el otro siempre estamos definiendo quiénes somos.

En definitiva, a través de lo que expresa, no solo en su decir sino –además y fundamentalmente– en su hacer y pensar, una organización está construyendo *ser,* está *siendo* (no tan solo diciendo) ante los públicos y ante sí misma. Para alcanzar sus propósitos, la organización necesita indefectiblemente *ser con otros.* Una verdadera estrategia de comunicación emerge precisamente de ese particular *ser con otros.*

Si aceptamos estas ideas, debemos admitir que los modelos mentales hijos del industrialismo debieron haber expirado hace rato, sin embargo y lamentablemente, permanecen con plena vigencia en la práctica concreta del día a día de numerosos políticos, dirigentes y ejecutivos.

El industrialismo privilegió los objetivos económicos, el productivismo, la organización y la administración, todos ellos atravesados por un pensamiento tecnocrático, orientados hacia el producto, la producción y la productividad, y regidos básicamente por la lógica suprema del provecho económico.

La división del trabajo, el verticalismo a ultranza, el mando y la jerarquía fracturaron la dinámica relacional en el seno de las organizaciones, impulsaron la fragmentación, desarticularon la integración de procesos e impulsaron la compartimentalización, la miopía sistémica y el "quintismo".

Así, con el capital y la mano de obra como recursos clave, el análisis clásico de las organizaciones estuvo siempre centrado en la división del trabajo y en el intercambio de mercaderías.

Las nuevas realidades imponen comprender que las sociedades se dinamizan más en función de las relaciones e interacciones y del intercambio de mensajes que a partir del intercambio de objetos materiales.

Definitivamente, las organizaciones del presente milenio reclaman de manera urgente un nuevo paradigma de dirección, más acorde con tales inéditos imperativos, que permita responderles adecuadamente; un paradigma que considere a la "reflexión-en-acción", que contemple las dinámicas del poder, el compromiso y la responsabilidad, la complejidad y la ecología de los intereses, que convoque a un cabal entendimiento de lo político y lo estratégico.

Debemos ser capaces, pues, de reinventar el hoy obsoleto e inoperante modelo empresarial/organizacional del industrialismo. Debemos ser capaces de observar la realidad con la visión de la complejidad que los actuales entornos demandan. Como afirmaba el poeta Paul Valéry, "…un hecho mal observado es más pernicioso que un mal razonamiento".

Para poner en práctica el nuevo paradigma se impone una nueva organización. Una organización que asuma su responsabilidad respecto de configurar diferentes espacios de diálogo para que a partir de ellos –y conforme a sus convicciones– procure alcanzar sus anhelos. Así es cómo organizaciones y personas instrumentan el poder, se transforman en creadoras de contextos comunicacionales para poder llevar a cabo con efectividad las acciones correctas que les permitirán lograr sus propósitos.

Digamos que las organizaciones cambian a través del cambio de las personas que las constituyen, por eso este libro propone palancas de cambios funcionales a las nuevas exigencias.

Comunicación Estratégica® asume que, tanto la estrategia como la comunicación, son dos capacidades humanas naturales, heredadas por nosotros luego de un largo derrotero evolutivo. Sin embargo, las virtudes para la buena comunicación y para la buena estrategia no se heredan. Para alcanzarlas es necesario aprender, comprender y hacer. Precisamente a esto nos convoca la lectura de *El poder y la acción*.

Esta obra surge de las ideas contenidas en otro libro mío publicado hace ya algunos años, por eso la considero un reencuentro. Un reencuentro con los lectores y un reencuentro conmigo mismo desde

13

otro lugar. Todo reencuentro se constituye de alguna manera en un enorme desafío.

El poder y la acción es fruto de más de 20 años de una extensa y multifacética experiencia profesional. Las ideas aquí contenidas han sido verificadas y puestas a prueba en distintos ámbitos y contextos.

A través de estas páginas proponemos a Comunicación Estratégica® como un modelo de modelos, un metasistema operativo de nivel transdisciplinar que inaugura un paradigma –ya emergente–; así proponemos soluciones concretas y alineadas al paradigma requerido. De estas soluciones las más destacadas son:

- el *Sistema Integrado de Dirección en Comunicación Estratégica*®, un sistema conceptual, referencial y operativo que se constituye en el driver fundamental del director de Comunicación –cco, Dir-Com, etc.– para *crear valor sustentable en virtud de los lineamientos que establece el Corporate Governance*; y
- el *PrInCE*, un esquema claro y aplicable para la elaboración del *Planeamiento estratégico de la comunicación* (se constituye en los pilares de la acción).

En síntesis *El poder y la acción* es una obra imprescindible de inestimable valor, ya que habilita al lector para la apropiación de instrumentos de aplicación práctica. Con el debido criterio, estas prácticas podrán constituirse en verdaderas ventajas distintivas para el desarrollo personal en los ámbitos laborales, de los negocios, las organizaciones, la política y la vida misma.

Si usted es un dirigente empresarial, político o social; si usted es un ejecutivo, un emprendedor, un estudiante o una persona que comprende los inéditos desafíos que imponen los paradigmas emergentes y está interesado en instrumentarse con soluciones de vanguardia, mi invitación a la lectura de *El poder y la acción* es *una oferta que no puede rechazar. ¿Capisci?*

CAPÍTULO 1

ESTRATEGIA

Estrategia: ¡mucho ruido y muchas nueces!

Como su denominación lo explicita, Comunicación Estratégica® considera dos términos fundamentales: comunicación y estrategia.

Se ocupa no solo de la teoría y práctica de la comunicación, sino de la teoría y práctica de la estrategia. Según nuestro punto de vista, no existe lo uno sin lo otro.

Un sinnúmero de enfoques hablan de "estrategia", de manera muy ambigua y confusa cuando no absolutamente desacertada. Abordan el tema porque asumen que "queda bien", pero no logran comprender ni por aproximación lo que en verdad significa.

Es evidente que hoy la estrategia no se limita al ámbito militar (el origen del pensamiento y la práctica estratégica) ni al empresarial (que a lo largo de la historia y en la mayoría de los casos, se ocupó de desvirtuarla).

A fines de la década de 1980, y consta en nuestras primeras publicaciones, en tanto precursores de esta perspectiva, sosteníamos que:

- la comunicación es estratégica por naturaleza,

y que

- la estrategia es de naturaleza comunicacional.

Tales afirmaciones surgen del hecho de que el estratega, cualquiera que sea el campo de su injerencia –ya sea un estadista, un dirigente político o social, un general, un gerente o un director de Comunicación–, excede a su profesión para adentrarse en la comprensión del fenómeno de la interacción humana. Ya sea asumida como arte, ciencia o actividad, la estrategia es universal.

Podríamos afirmar que tiene la antigüedad de la humanidad. Más aún, hay quienes proponen, como los científicos investigadores en el campo de la biología evolutiva John Maynard Smith y Richard Dawkins[1], que los seres humanos seríamos el *resultado* de "*estrategias* evolutivamente estables" *que nos preceden.*

Como sea, la estrategia es un tema que en general despierta el interés de las personas y que desde siempre está presente en los asuntos más significativos de toda nuestra historia. Conviene, pues, que nos detengamos sobre este tema para realizar una aproximación significativa a nuestro conocimiento.

En la vigesimosegunda edición del *Diccionario de la lengua* de la Real Academia Española, encontramos que el significado de "estrategia" es:

Del latín *strategĭa,* y este del griego στρατηγία.
1. Arte de dirigir las operaciones militares.
2. Arte, traza para dirigir un asunto.
3. En un proceso regulable, conjunto de las reglas que aseguran una decisión óptima en cada momento.

El vocablo ha trascendido a la noción estrictamente militar y hoy se aplica en diversos campos tales como el económico, el político, el judicial, el deportivo, el pedagógico, etcétera.

De hecho, el diccionario Webster's lo define de manera un tanto más amplia:

La ciencia y el arte de emplear las fuerzas políticas, económicas, psicológicas y militares de una nación o de un grupo de naciones para darle el máximo soporte a las políticas adoptadas en tiempos de paz o de guerra.

Esta polisemia, o diversidad de acepciones, genera demasiada confusión.

---

1. Dawkins, Richard: *The Selfish Gene*, Oxford University Press, 2nd edition, trade paperback, September, 1990.

En el intento de aclararla, le propongo que realicemos ahora una sintética –pero necesaria– aproximación a su evolución a lo largo de la historia, así como también tomar conocimiento del modo en el que se aplica en distintos ámbitos.

Para esto nos detendremos en solo dos de ellos: el militar y el del management, que son los que revisten especial interés respecto de los objetivos trazados para esta obra.

Nuestro interés en el ámbito militar se fundamenta en que fue precisamente allí donde el concepto encontró su razón de ser, se desarrollaron los primeros y más relevantes estudios sobre la materia y se sistematizaron diferentes conocimientos y métodos para su aplicación en una práctica concreta. Asimismo nuestra elección se fundamenta en una razón de polivalencia, ya que los estudios estratégicos desarrollados en el ámbito militar se articulan perfectamente con el ámbito político; no obstante advertimos que este último tiene sus propias dinámicas, lógicas y particularidades que lo convierten en un ámbito de especial interés en sí mismo.

El otro es, por supuesto, el del management. donde ejercemos nuestra práctica profesional.

Debemos aclarar que para la elaboración de este breve recorrido no nos guía la voluntad de realizar un estudio pormenorizado sobre estrategia que requeriría dedicarle un libro completo. Así, puede que politólogos y militares sientan "sabor a poco" en el capítulo y los comunicólogos –por la aparente lejanía del tema– "sabor a mucho". Pero dada la relevancia privilegiada que el tema presenta en la perspectiva de Comunicación Estratégica®, nos convoca la necesidad de realizar una aproximación a la evolución y a las diversas aplicaciones del pensamiento estratégico.

La estrategia en el ámbito militar

El ámbito militar fue el lugar desde donde la estrategia cobró un sentido y sistematización, sentido y sistematización que determinaron inspiraciones clave para influir en los otros campos (por ejemplo la política, la economía, etc.). Allí significa, en sentido amplio, "arte de proyectar y dirigir grandes movimientos bélicos". Pero existen importantes autores clásicos que han aportado sus propias visiones, algunos de los cuales citamos a continuación:

Sun Tzu (375- 230 a.C.)

El supremo refinamiento en el arte de combatir los planes del enemigo. Cabe destacar que SunTzu sostiene como fundamento de su doctrina la necesidad de "perturbar psicológicamente" al enemigo. Se preocupa menos por las operaciones específicas y más por los principios y reglas generales que pueden llevar a la victoria. En la concepción oriental de la guerra (la manera de concebir y ejecutar la estrategia) prevalece la instrumentación de la inteligencia por sobre la fuerza.

Dietrich Heinrich von Bülow (1757-1807)

El arte de la guerra tiene dos ramas: la estrategia y la táctica. La primera es la ciencia del movimiento de los ejércitos fuera del círculo visual. Comprende todas las operaciones de la guerra. Es la parte de la ciencia, cuyas combinaciones se encuadran con la Política y la Administración.

Antoine-Henri Jomini (1779-1869)

Se podría decir que la táctica es el combate y la estrategia toda la guerra antes y después de él (...) La estrategia determina dónde se debe obrar, la logística conduce y coloca las tropas, y la táctica cómo se han de emplear y manejar.

Karl Von Clausewitz (1780-1831)

Uso de los encuentros para alcanzar el objetivo de la guerra.

Helmuth von Moltke (1800-1891)

La estrategia es un sistema de expedientes. Ella es más que una ciencia. Es el saber práctico de la vida real, el desarrollo de la idea directriz (...) siguiendo las variantes siempre nuevas de los acontecimientos. Es el arte de obrar bajo la presión de las más difíciles circunstancias (...). La estrategia no es más que un sistema de arbitrios, cuya esencia consiste en hacer lo más oportuno en el caso concreto y cuyos detalles nunca pueden determinarse con anticipación.

Edward Mead Earle (1894-1954)

La estrategia es el arte de controlar y emplear los recursos de una nación –o naciones– inclusive de sus FF.AA.*, con la finalidad de que sus intereses vitales sean eficientemente mejorados y ofrezcan seguridad frente a sus enemigos efectivos, en potencia o sencillamente supuestos.*

Liddell Hart (1895-1970)

La estrategia es el arte de distribuir y aplicar los medios militares de modo de cumplir con los fines de la política.

Collins J.M. (publicado en *Grand Strategy: Principles and Practices*, 1973)

La Estrategia Nacional es el arte y la ciencia del empleo del poder nacional en todo tipo de circunstancias, en tiempo de guerra o de paz, para el logro de los objetivos nacionales.

André Beaufré (1902-1975)

La estrategia es el arte de emplear la fuerza o la violencia para alcanzar los objetivos fijados por la política (...) es el arte de la dialéctica de las voluntades que emplean la fuerza para resolver su conflicto.

Henry E. Eccles (1898-1986)
Dirección general del poder para controlar situaciones y áreas a fin de obtener amplios objetivos.

Edward N. Luttwak (nacido en 1942)
Conducta y consecuencias de relaciones humanas en el contexto de un conflicto armado, real o potencial.

Thomas Schelling (nacido en 1921; compartió con Robert J. Aumann el Premio Nobel de Economía 2005)
El arte de la disuasión, la compulsión y la intimidación.

T.C. Osgood (publicado en *American Grand Strategy*, 1983)
El arte de ejercer la coerción armada.

Raymond Aron (1905-1983)
¿Puede la estrategia ser una ciencia? (...) Sí, pero que sea una ciencia de la acción.
Aron propuso, sin mucho éxito, rebautizar a la estrategia como "praxeología"[2] (ciencia de la acción).

En muchos de los autores y pensadores anglosajones contemporáneos podemos advertir una tendencia a alejarse de la idea de considerar a la estrategia desde un punto de vista estrictamente militar. A modo de ejemplo podemos sumar los que siguen:

---

2. De acuerdo con Jean-Luc Dumont –profesor de la Universidad de París– se cree que la praxeología aparece en Francia a fines del siglo XX en la pluma de Louis Bourdeau a partir de la exigencia de reconocer, contra la clasificación de Auguste Comte, una "ciencia integral" que coordine todas las otras y con las cuales se trataría de rehacer la unidad. Quince años más tarde, Alfred Espinas utiliza este vocablo para designar a una "ciencia general", "con las formas más universales y los principios más elevados de la acción en el conjunto de los seres vivos capaces de moverse". El término "praxeología" se vuelve a encontrar en estudios económicos en un período que se extiende desde 1926 a los años '50, primero en la URSS y luego en Australia y sobre todo en Polonia donde Tadeusz Kotarbinski, en su *Tratado del buen trabajo*, la define como "teoría general de la acción eficaz" y expone sus principios fundamentales. Este segundo período de la historia de la praxeología corresponde a la necesidad de contar con una racionalización de la producción industrial y a la urgencia de ajustar a ella los comportamientos humanos. El tercer período que distinguimos principia en la década de 1960. Se asiste entonces a un desarrollo y a una diversificación de la reflexión praxeológica en diferentes países europeos, como Inglaterra (donde son traducidas las principales obras polacas, Francia y Noruega). Hoy la referencia a la praxeología se encuentra en trabajos de psicólogos, sociólogos, comunicólogos, matemáticos, teólogos, filósofos, médicos, militares y educadores.

19

Paul Kennedy (nacido en 1945)
Los próximos desafíos del siglo XXI requerirán de estrategias integrales que utilicen todos los recursos del poder.

Alvin Toffler (nacido en 1928)
La necesidad de considerar los factores de poder: capacidad, riqueza y conocimiento.

Samuel Huntington (1927-2008)
Los conflictos del futuro se han de originar no tanto por razones ideológicas o económicas, sino culturales.

Noam Chomsky (nacido en 1928)
La globalización de la economía conduce a formulaciones estratégicas, que para resultar adecuadas, no pueden sino ser integrales.

En línea con esto podemos observar que Schelling, en los Estados Unidos, y Beaufre, en Francia, reivindicaron el criterio de Clausewitz para diferenciar teóricamente la estrategia de la táctica. La primera se refiere (más ampliamente) al conflicto, al enfrentamiento de voluntades; la segunda, (más estrictamente) al combate, al enfrentamiento de fuerzas. La estrategia es, pues, la conducción del conflicto y la táctica, la del combate.

Sintetizando, podemos decir que en el ámbito militar hoy existen cuatro corrientes clásicas del pensamiento estratégico.

Corriente inspirada en el pensamiento de Clausewitz

Tiende a vincular a la estrategia con la guerra, vale decir, con la conducción de los otros medios que se agregan a la política en situaciones de conflicto bélico. Para Clausewitz, la dirección de la guerra se corresponde con la disposición y dirección de la lucha, la que se libra a través de actos aislados (combates). Así, la táctica consiste en la disposición y dirección de los combates y la estrategia, en el arte de ligarlos para alcanzar la finalidad del enfrentamiento. De esta manera, el concepto "estrategia", queda vinculado con la conducción superior de la guerra.

Corriente inspirada en el general Beaufré

Concepto extendido de estrategia, aplicada a la conducción de todos los medios que conforman al poder nacional, en la paz o en la guerra, aunque siempre en situaciones de conflicto, para el logro de objetivos fijados por la política. Así, para Beaufré la noción de "estrategia total" está lejos de subordinar la política a las necesidades militares; más bien se trata de algo que reduce la autonomía de la estrategia militar. El aporte novedoso de Beaufré es el hecho de que extiende el concepto "estrategia" a tiempos de paz, destacando –por consiguiente– que un "fenómeno de coacción no implica necesariamente la guerra". Desde este punto de vista, la estrategia actúa por disuasión o por acción y en este caso, por los modos directo o indirecto, según tenga preeminencia el factor militar u otros de los factores del poder nacional.

Corriente marxista

De acuerdo con lo que asevera Raymond Aron, para los marxistas, en tiempo de paz, la lucha revolucionaria –contra los explotadores– incluye la coacción política pero no necesariamente la lucha armada. Parece evidente que, al aceptar que en tiempos de paz debe existir una política coactiva que admita cierto grado de violencia aun sin llegar a las armas, los marxistas se ubican en una posición intermedia entre la corriente clausewitziana y la del general Beaufré, ya que de hecho aplican un concepto ampliado acerca de la estrategia. Podríamos afirmar que son formalmente clausewitzianos[3] pero que en la práctica, en su manera de apreciar y conducir la lucha de clases, están más relacionados con la estrategia indirecta de Beaufré.

Como exponentes del pensamiento estratégico de esta corriente podemos destacar al ruso Lenin (Vladímir Ilich Uliánov, 1870-1924) y al chino Mao Tse Tung (1893-1976).

Mientras Lenin sostiene que la guerra se debe subordinar a la política porque la política es "lo esencial, el sentido profundo de la guerra", Mao, como un gran teórico de la revolución, afirma que es precisamente en la guerra civil donde la conjunción entre política y guerra se hace más evidente.

---

3. Más allá de esta afirmación, conviene aclarar que tanto Marx como Engels reprochan a Clausewitz su visión de las sociedades como un todo, con lo que niega sus divisiones de clases y reduce la política a la política exterior. Ellos reconocen que la lucha armada y la estrategia que la instrumenta constituyen el medio específico de la guerra.

Otro exponente relevante en la corriente marxista es Antonio Gramsci (1891-1937). Sus ideas están expresadas en sus *Cuadernos de apuntes de la prisión* y en sus *Cartas desde la prisión*, documentos en los cuales sintetiza propuestas para la toma del poder, donde pone de relieve la necesidad de dominar los medios de difusión masiva, infiltrar la justicia, penetrar las organizaciones estudiantiles y sindicales, las escuelas de periodistas, los artistas, los críticos de arte y la cultura en general, en forma tal de ganar las mentes de la población y lograr que acepte voluntariamente el dominio comunista.

Corriente anglosajona

También vincula a la estrategia con situaciones de paz o de guerra pero en ambos casos, limitada a la utilización del poder militar. Entre los autores más importantes de esta corriente de pensamiento se destacan T. Schelling, T.C. Osgood, Hermann Kahn y Edward Luttwak.

La ideología se constituye en corriente a partir de la Segunda Guerra Mundial; para sus autores –generalmente británicos y estadounidenses– la estrategia es algo que se vincula con la utilización del poder militar, en la paz por disuasión o compulsión, y en la guerra mediante su empleo efectivo, para lograr objetivos fijados por la política. Aquí se resalta la importancia del mantenimiento de la paz y, solo de no ser ello posible, la forma de ganar y sobrevivir a una guerra. La estrategia utiliza como elemento fundamental la coerción armada y su misión primordial consiste en apoyar a la política de defensa nacional, la que es definida como "área que promueve el interés nacional mediante la presencia, amenaza de empleo o empleo efectivo del poder militar". Para estos autores la política de defensa adopta dos tipos de decisiones:

1) sobre estructuras organizativas (aspectos financieros, presupuesto militar, relaciones cívico-militares, organización, equipamiento, etc.), y
2) sobre estrategia, vinculadas con el emplazamiento, despliegue y empleo efectivo del poder militar en apoyo, muy especialmente, de las relaciones internacionales.

Luego de lo tratado acerca de la corriente anglosajona y tal como ya advertimos, puede resultar curioso que muchos autores contemporáneos de origen británico y estadounidense se inclinen por adherir a un concepto ampliado de "estrategia" más afín con el del general Beaufré. Ellos afirman que, para enfrentar con éxito los desafíos propios del siglo XXI, resulta menester tener una visión más amplia que la estrictamente militar. En esta perspectiva podemos afirmar que la comunicación –en el más amplio de sus sentidos– se constituye en un vector fundamental para la estrategia nacional de cualquier país, y que su dominio es para los gobiernos un factor de poder en sí mismo.

La estrategia en el ámbito del management

La estrategia se ha convertido definitivamente en una herramienta imprescindible de las actividades directivas. También aquí tiene una multiplicidad de acepciones que a veces hasta resultan contradictorias. Veamos a continuación algunos de los usos más generalizados.

La estrategia como planeamiento (se basa en lo proyectado)
En este caso se la asume como una guía y modo de acción futuro, un camino para trasladarse desde un punto a otro.

La estrategia como modelo (se basa en lo realizado)
La estrategia puede ser considerada como un modelo de actuación que permite mantener una conducta corporativa coherente a través del tiempo. Por ejemplo si una empresa desde hace años comercializara productos para una gran cantidad de diferentes mercados y segmentos, se podría afirmar que se caracteriza por mantener una estrategia de diversificación.

La estrategia como posicionamiento
Quienes adhieren a esta corriente consideran que la estrategia consiste en la posición que se elige para los productos en mercados determinados. La afirmación de Michael Porter –"es la creación de una posición única y productora de valor, que implica un conjunto particular de actividades"– es un fiel reflejo de este modo de pensar.

La estrategia como perspectiva
Podríamos decir que mientras la estrategia como posicionamiento se dirige hacia abajo (para ubicarse en el punto en el cual se

encuentran producto y cliente) y hacia el exterior (el mercado), la estrategia como perspectiva se concentra hacia el interior de la organización y hacia lo alto (su visión). Ambos enfoques pueden estar representados a un mismo tiempo en la misma empresa. Es el caso de aquellas que reposicionan su oferta en virtud de cambios inminentes (por ejemplo, de hábitos de consumo) o la aparición de probables amenazas (por ejemplo, de nuevas regulaciones).

La estrategia como engaño o trampa
Es considerada como una maniobra para burlar, neutralizar, dañar o eliminar a un oponente o competidor. Por ejemplo una compañía puede mostrar interés en ingresar a un nuevo negocio ajeno a su actividad solo para desconcertar y/o distraer a su rival. En este caso, la estrategia real –o la verdadera intención– es la distracción. Esta perspectiva está emparentada con los principios estratégicos sostenidos por Sun Tzu, muchos de los cuales están basados precisamente en el engaño.

Veamos ahora definiciones de estrategia de algunos de los autores más reconocidos en el ámbito del management.

Kenneth Andrews (1962)
Patrón de los principales objetivos, propósitos o metas y las políticas y planes esenciales para lograrlos, establecidos de tal manera que definan en qué clase de negocio la empresa está o quiere estar y qué clase de empresa es o quiere ser.

Alfred Chandler (1962)
Determinación de las metas y objetivos de una empresa a largo plazo, más las acciones a emprender y la asignación de recursos necesarios para lograr dichas metas.

Peter Drucker (1962)
Proceso continuo de hacer presentes las decisiones empresariales sistemáticamente con el mayor conocimiento de su futuro; la organización sistemática de los esfuerzos por llevar adelante estas decisiones; y la medición de sus resultados en comparación con las expectativas a través de una retroalimentación organizada.

Igor Ansoff (1976)
Dialéctica de la empresa con su entorno.

Kenichi Ohmae (1976)
Comportamiento por el que una corporación se diferencia positivamente de sus competidores, usando los puntos fuertes relativos de la corporación para satisfacer mejor las necesidades del consumidor.

Michael Porter (1982)

Elección deliberada de una serie de actividades diferenciadas para entregar una propuesta de negocio única. Estrategia es realizar actividades de forma diferente o llevar a cabo actividades completamente distintas de las de la competencia y así poder ofrecer algo único. Implica diversidad, no igualdad. Hacer estrategia significa desarrollar una amplia fórmula de cómo la empresa va a competir, cuáles deben ser sus objetivos y qué políticas serán necesarias para alcanzarlos.

Henry Mintzberg (1991)

Las estrategias son tanto planes para el futuro como patrones del pasado. No necesitan ser deliberadas, también pueden emerger espontáneamente. Las estrategias efectivas se desarrollan en todos los tipos de formas extrañas. Dirigir la estrategia es moldear el pensamiento y la acción, el control y el aprendizaje, la estabilidad y el cambio.

Gary Hamel y C. K. Prahalad (1994)

Hoy en día, las empresas deben ir hasta el fondo dentro de sus organizaciones para reinventar sus estrategias. La estrategia es revolución y hasta ahora no se conoce una monarquía que haya fomentado su propia revolución. Puesto que los gerentes más antiguos no están muy inclinados al cambio, la gente que está en otros niveles y más cerca de las nuevas tecnologías, de los clientes y de los competidores, podría ayudar a la formulación de la estrategia de la compañía. Si queremos escapar de la atracción gravitacional del pasado, tenemos que ser capaces de replantear nuestras propias ortodoxias. Debemos volver a generar nuestras estrategias esenciales y reconsiderar nuestras creencias fundamentales sobre cómo vamos a competir. El estratega debe ser un revolucionario, alguien que rompa los esquemas, solo así se conseguirá reinventar el sector y hacerlo más rentable: hacer estrategia tiene que ser subversivo, en relación tanto con las normas internas de la empresa, como con las de la industria. La estrategia es un proceso de descubrimiento, es decir, la estrategia es descubrir e inventar, innovar continuamente. Tenemos que reconocer que planificación estratégica no es lo mismo que estrategia. La primera produce planes, no estrategias. La profesión de elaborar estrategias tiene un gran problema: no existe una teoría para crear estrategia.

Como vemos, también en el ámbito del management la estrategia acepta múltiples definiciones que generan debates interminables y decenas de líneas de pensamiento que se concentran en la exaltación de algunos de sus elementos en detrimento del resto. A modo de ordenamiento de esta multiplicidad de corrientes, resulta interesante la clasificación en cuatro grupos propuesta por Henry Mintzberg.

Corriente de las escuelas de naturaleza prescriptiva

Se concentran en la manera en que deberían formularse las estrategias, antes que en el modo en que son concebidas.

Corriente de las escuelas de naturaleza descriptiva

Se enfocan en la descripción del procedimiento de elaboración de la estrategia. Cada una de las escuelas de esta corriente intentó buscar sus premisas más allá del individuo, en otras fuerzas y otros actores.

Corriente de las escuelas de aprendizaje

El proceso de construcción de la estrategia debe trascender lo individual para extenderse a otros actores y a otros grupos. De acuerdo con esta perspectiva, la estrategia debe emerger de a pequeños pasos a medida que la organización se adapta o aprende.

Corriente de las escuelas de configuración

Engloba a las demás e intenta integrar las diferentes partes –el proceso de creación de la estrategia, su contenido, las estructuras organizacionales y sus contextos– en función de distintos índices –el crecimiento o la madurez, por ejemplo–, considerados en forma progresiva para demostrar los ciclos vitales de las organizaciones. Esta corriente considera al proceso como de transformación, por lo que incluye gran parte de la bibliografía prescriptiva y lo que atañe a la práctica del llamado "cambio estratégico".

Podemos decir que en el ámbito del management se asume que la estrategia, con sus ventajas y desventajas, tiene las siguientes características generales:

- provee una orientación,
- concentra los esfuerzos,
- define a la organización, y
- es fuente de coherencia.

Si bien desde la primera hora fuimos y somos fervientes defensores de la estrategia, advertimos sobre la necesidad de tener conciencia activa acerca de que la realidad es compleja y está en constante movimiento.

Con justa razón el término "estrategia" está emparentado con la noción de "estabilidad". La estrategia de alguna manera orienta y busca neutralizar la ocurrencia de imprevistos y desvíos. Esta dinámica puede volverse perniciosa en la medida en que genere inercia y modere las capacidades de respuesta de la organización frente a las modificaciones, amenazas y oportunidades del entorno.

Los contextos se pueden desestabilizar repentinamente, los nichos pueden desaparecer como tales, las oportunidades pueden transformarse en commodities. Pues es en este punto donde todo el poder constructivo de la estrategia puede convertirse en una trampa mortal para el negocio al provocar variedad de efectos indeseados.

Por lo antedicho, conviene tener en cuenta que en la práctica de la estrategia empresarial siempre deberá existir un delicado equilibrio de complementariedad entre la estabilidad y la estimulación del cambio estratégico.

La estrategia en el ámbito de Comunicación Estratégica®

En nuestro espacio de incumbencia aún existe una carencia manifiesta de soluciones concretas para orientar al estratega en la articulación de la teoría con la práctica y del mundo de las ideas con el de la acción. Nos ocuparemos, pues, de construir un concepto práctico que nos resulte instrumental para trabajar, en el marco de Comunicación Estratégica® en las organizaciones.

Resulta fundamental resaltar que el significado que le damos al término "organización" a lo largo de esta obra es particularmente amplio. A los fines prácticos hemos optado esta denominación genérica para no adentrarnos en disquisiciones que exceden los objetivos que nos hemos propuesto. Más allá de las consecuencias que surgen de sus distintas naturalezas, cuando nos referimos a organizaciones incluimos a sujetos sociales diversos tales como personas, equipos, empresas, ONGs, fundaciones, mutuales, sindicatos, cámaras, asociaciones, gobiernos, países, bloques regionales, organismos internacionales, iniciativas, proyectos, etc.

Si bien no desmerecemos una reflexión ontológica al respecto, lo que pretendemos aquí es abocarnos a hallar caminos que nos guíen hacia destinos con aplicaciones prácticas. Por eso, estimamos más productivo pasar de la pregunta acerca del ser (organización) a la pregunta del devenir. Que las respuestas (y repreguntas) en vez de orientarnos a poner el foco en las cosas en sí, nos permitan reflexionar y comprender cómo las cosas se relacionan y están en un continuo y constante cambio. Esto lo haremos explorando las maneras en que la estrategia opera en el ser esencialmente relacional que es una organización.

Como vimos, fue en el ámbito militar donde la estrategia encontró su razón de ser y donde se sistematizaron los diferentes conocimientos y métodos para su aplicación en una práctica concreta.

En este sentido, desde sus desarrollos conceptuales más antiguos de los que tengamos información (alrededor de los siglos VI y V a.C.) la estrategia comporta –entre otras cosas– un lenguaje que se estructura en virtud de privilegiar la noción de conflicto (ya sea real o potencial). Términos tales como "intereses", "medios", "fines", "oportunidades", "amenazas" entre otros, en el ámbito de la estrategia cobran sentido y se dinamizan alrededor de la noción de conflicto que opera a modo de principio organizador e instaura una determinada racionalidad:

> *La racionalidad es el juego, el diálogo incesante entre nuestro espíritu, que crea las estructuras lógicas, y el mundo en el que aplica esas estructuras y con el que dialoga.*[4]

Tengamos en cuenta, además, que la impronta militar de la noción de estrategia ejerce una fuerte influencia –en algunos casos determinante– sobre el resto de los ámbitos, particularmente en el que más nos atañe, el de las organizaciones.

Aunque tal vez en el futuro algún tango pueda expresar que "más de veinte siglos no es nada", hoy no es el caso. Basta con observar la influencia que ejerce el pensamiento militar sobre el devenir de la tradición estratégica. Sucede que las teorías y prácticas de la estrategia estuvieron y están profundamente enraizadas, modeladas y determinadas por la racionalidad militar, sea cual fuere el campo en el que se la aplique, si bien dicha aplicación no siempre es pertinente, pero tampoco siempre es impertinente.

Irrumpe así la problemática de los modelos mentales, esto es la forma en que cada uno ve y entiende el mundo, basado en nociones y afirmaciones que residen en lo más profundo de la mente.

---

4. Solis, Lucía: *Pensamiento complejo.* En http://arqcabrera.site40.net/documen-tos/lucia_solis.pdf.

Los modelos mentales se evidencian cuando dos personas observan el mismo acontecimiento y lo describen de formas diferentes. Sucede que la atención se centra en detalles distintos. Se constituyen en un organizador de nuestros procesos cognitivos que determinan la manera como pensamos y actuamos.

De acuerdo con Peter Senge del MIT, los modelos mentales son "supuestos hondamente arraigados, generalizaciones e imágenes de los que tenemos poca conciencia".

Si bien el autor que popularizó estas cuestiones en el mundo del management fue Senge, no podemos soslayar que existe una profunda vinculación entre su noción de modelos mentales y la de paradigma que Thomas Kuhn aborda en su libro *La estructura de las revoluciones científicas*.

Ambos conceptos nos advierten que por la propia naturaleza del cerebro, en general tendemos a rechazar todo aquello que no nos resulta familiar, todo aquello que no se corresponde con lo que estamos acostumbrados a pensar y hacer. Esto es lo que Joel Barker llama "efecto paradigma" o "parálisis paradigmática", fenómeno que consiste en "ajustar la información proveniente de la realidad a la percepción que se basa en arquetipos mentales, rechazando todo lo que no se acomoda a los paradigmas".

En síntesis, los modelos mentales son arquetipos que nos permiten autoexplicarnos situaciones, bloqueando todo juicio crítico o análisis racional. Cuando algo se opone a nuestros modelos mentales, tendemos a rechazarlo de plano, puesto que su aceptación atenta contra nuestra manera de ver el mundo.

Debemos aclarar que los modelos mentales no son buenos ni malos. Es más, resultan de gran utilidad ya que los necesitamos para poder procesar de manera efectiva el abrumador y constante caudal de información al que cotidianamente estamos expuestos, pero también es verdad que se suscita un inconveniente cuando nuestro modelo mental presenta un grado de rigidez extrema, cuando somos incapaces de cambiarlo o adaptarlo a nuestras circunstancias siempre cambiantes. No obstante, usted ya está trabajando sobre esta cuestión ya que, para neutralizar los efectos no deseados de los modelos mentales, primero debemos reconocer su existencia. Podemos afirmar que la influencia de la racionalidad militar en el desarrollo e investigaciones acerca de la estrategia, se constituye en un modelo mental que nos constriñe a sus pautas y reglamentos, nos limita a su manera de ver el mundo.

Los modelos mentales actúan sigilosa pero efectivamente aun cuando creamos haber superado un determinado paradigma.

Desde siempre sostuvimos la idea de la capacidad estratégica como inherente a los seres humanos. Sin embargo creemos también que esta capacidad natural trasciende el terreno del conflicto para implicar muchos otros aspectos, tales como la voluntad de compartir, establecer alianzas, convivir y proyectarse.

No se trata de un tema teórico en abstracto. Se trata de evidenciar el efecto de nuestras teorías implícitas que son las que orientan la elección de nuestras acciones prácticas. Son las teorías que —en conjunto con sus acciones derivadas— determinarán nuestros éxitos o fracasos.

La teoría —y práctica— de la estrategia en el ámbito de Comunicación Estratégica® deben trascender la racionalidad militar. Cuidado: trascenderla, no excluirla.

Los modelos mentales que rigen la estrategia deben permitirnos trabajar en el ámbito de las relaciones (en el más amplio de los sentidos), asumir a las organizaciones como algo más que meras máquinas competitivas con capacidades excluyentes para "batallar contra los enemigos".

La estrategia debe estar alineada con la idea de que las organizaciones, tal como sucede con los seres humanos, son en sociedad, no solo con respecto a su propio "ser organización" y su entorno, sino también, a la relación con el otro (individual o colectivo) que a su vez está en relación con su propio ser y con su entorno. Se trata de la relación de las relaciones. Se trata de complejidad. Advertimos pues, que quienes conducen o dirigen se ven inexorablemente sumergidos en una enmarañada ecología de actores, intereses y acciones. Como seres (incluyendo a las organizaciones) somos en esencia comunicación, relación de relaciones comunicativas.

Nos proponemos concebir un concepto de estrategia que asuma su esencia compleja pero sin entramparse en teoricismos inaplicables. Que no se estructure única y exclusivamente con relación al conflicto, la competencia o las guerras, pero que tampoco los niegue o excluya.

En definitiva, el concepto de estrategia requerido en Comunicación Estratégica® se expande, ya que pretende transformarse en una respuesta válida y efectiva, no solo para actores que se encuadren en posturas políticas de ganar-perder, sino también para aquellos capaces de sostener el predominio de lógicas del tipo ganar-ganar. Por eso la estrategia, además de brindar soluciones efectivas para las dinámicas eminentemente conflictivas, debe asimismo ofrecer respuestas capaces de estimular relaciones complementarias y la articulación social. Sin rehuir las situaciones competitivas y conflictivas cuando las circunstancias así lo imponen, puede asimismo promover relaciones de cooperación, crear contexto para el diálogo y construir consensos.

Debemos ser capaces de reformular el modelo mental de estrategia. Debemos intentar reconocer y traspasar aquellos límites que nos están impidiendo "ver más allá", enriquecer la reflexión y ampliar nuestras ideas para que puedan operar a modo de un efectivo esquema conceptual. En el marco de la Comunicación Estratégica® se impone un modelo mental en el que se equilibren la indagación con el alegato, y el diálogo con la discusión.

Nuestra propuesta para una definición de *estrategia*

Por nuestra parte, proponemos una idea de estrategia cuyo centro de gravedad es *el ser humano en relación*. De ella podemos extraer pautas válidas para diversos contextos, porque debe ser amplia en lo reflexivo y específica en lo aplicativo, útil para el ejercicio predominantemente intelectual de su concepción y eminentemente práctica para el momento de la acción.

En el el marco de Comunicación Estratégica®, decimos:

Estrategia es el lenguaje y constructo decisional compuesto por premisas generales que orientan a otras decisiones derivadas, que persiguen configurar una determinada dinámica del poder tal que permita concretar los propósitos fundamentales de manera sustentable, y a la vez preservar los intereses vitales. Supone prácticas y un proceso con instancias de formalización, emergencia y/o aprendizaje que se constituyen en un ejercicio continuo y prolongado de ajustes recíprocos entre medios y fines.

Veamos los conceptos clave de esta definición.

–Lenguaje y constructo decisional

En Comunicación Estratégica® entendemos a la estrategia como lenguaje en un doble sentido.

1. En oposición a la concepción tradicional que lo asume como descriptivo y pasivo, adherimos a la idea de que el lenguaje es acción.

   Toda experiencia humana se realiza desde el lenguaje. El lenguaje no solo nos permite describir la realidad, sino también crearla. A través de las distinciones lingüísticas que realizamos, de las interpretaciones que elaboramos, de los relatos que armamos y con la capacidad que las palabras nos proporcionan para coordinar acciones con otros, generamos nuestro mundo. El lenguaje así es generativo y transformacional. Al decir de Martin Heidegger: "...el propio lenguaje es lo que hace al hombre capaz de ser el ser vivo que es en tanto que hombre...". Asumimos a la estrategia como un "lenguaje particular" que se constituye en una poderosa fuerza con capacidad de generar y transformar la realidad.

2. El lenguaje es una clave fundamental para comprender los fenómenos de la interacción humana, ya que a partir de él se estructuran y dinamizan las relaciones. Toda dinámica relacional entre dos actores –países inmersos en un conflicto bélico, empresas compitiendo en un mercado, candidatos políticos pugnando en un acto eleccionario, dos personas seduciéndose mutuamente, etc.– surge de un determinado lenguaje compartido amén de las maneras y capacidades que tengan los actores para articularlo con su particular estilo.

   Un país que interrumpe las relaciones diplomáticas con otro genera un acto del lenguaje en el ámbito diplomático; un ejército que moviliza tropas en determinada zona geográfica lo hace en el ámbito de la defensa; una empresa que lanza un nuevo producto lo hace en el ámbito comercial.

Si bien hay mucho más para agregar acerca del lenguaje, en este contexto destacaremos que es un acuerdo existente entre un vocabulario y una gramática que relaciona las palabras para otorgarles significado.

En definitiva, como afirma Noam Chomsky: "el lenguaje es una especie de estructura latente en la mente humana, que se desarrolla y fija por exposición a una experiencia lingüística específica".

La estrategia es un lenguaje apto para intervenir en el diseño de la realidad, en el que cada concepto cobra un significado específico.

El lenguaje estratégico está orientado a efectuar razonamientos prácticos para decidir y por eso aseveramos que, además, la estrategia es un constructo decisional.

Un constructo es algo de lo que se sabe que existe, pero cuya definición es difícil o controvertida. La palabra "constructo" no está incluida en el *Diccionario* de la Real Academia Española. Sin embargo, no es un término ajeno al ámbito de las ciencias. Por ejemplo, en la psicología refiere a cualquier entidad hipotética de difícil definición dentro de una teoría científica.

Mario Bunge explica:

> *Por constructo u objeto conceptual, entendemos una creación mental (cerebral), aunque no un objeto mental o psíquico, tal como una percepción, un recuerdo o una invención. Distinguiremos cuatro clases básicas de constructos: conceptos, proposiciones, contextos y teorías.*[5]

Y, en otro texto, añade:

> *Los conceptos, las hipótesis (que son proposiciones), las teorías y las clasificaciones científicas son constructos.*[6]

Asociamos la palabra "estrategia" con un constructo, fundamentalmente por la dificultad que presenta para ser definida en su esencia, definición que muta de acuerdo con el ámbito en el cual se la considere. Además refiere a "algo" que –parafraseando a Bunge– contempla conceptos, proposiciones, contextos y teorías (expuestas y en uso) que estructuran un determinado marco de referencia para las reflexiones y para las acciones.

Por otro lado, la estrategia está al servicio de ofrecer una pauta para quienes deben decidir en contextos de incertidumbre.

Si bien hay muchos autores que nos hablan de que la estrategia pertenece al mundo de la acción, dicho así es una verdad a medias. La estrategia se instaura en el mundo de las ideas, lo que pertenece a la acción es la dinámica de sus consecuencias. Estrategia y acción están profundamente relacionadas (o, al menos, deberían estarlo) pero son dos cosas distintas.

---

5. Bunge, Mario: *La ciencia, su método y filosofía.* Siglo xx, Buenos Aires, 1973.
6. Bunge, Mario: *Treatise on Basic Philosophy, Vol. I Semantics I: Sense and Reference.* Reidel Publishing Co, Dordrecht-Boston, 1974.

Nuestro "constructo estrategia" define un espacio heurístico, un espacio para el abordaje del presente y el diseño del futuro. La estrategia es un espacio complejo de diálogo y creación, de dialéctica de voluntades y de co-creación.

—Premisas generales que orientan a otras decisiones derivadas

Podemos decir que la estrategia surge de decisiones complejas (de gobierno), que sintetizan y contienen muchas otras decisiones. Son decisiones que se toman con criterio amplio, evitan parcialidades y conjugan factores diversos tales como los financieros, de producción, económicos, sociales, políticos, etc. Son decisiones que establecen unas premisas generales que otorgan cierta coherencia y cohesión a las decisiones que han de tomar los ejecutivos.

Se suele definir a la estrategia como un plan general. No es un plan en el sentido de un conjunto de acciones detalladas y coordinadas unas con otras, pero establece las premisas generales que orientarán a la elaboración de un plan y a la toma de las decisiones más específicas.

—Configuración de una determinada dinámica del poder

Para Comunicación Estratégica®, el poder no es un objeto que se localiza en algún lugar en particular, sino más bien una trama de relaciones interdependientes entre actores y circunstancias. El poder es un concepto carente de existencia real, pero conlleva consecuencias bien reales. Está distribuido (no de manera siempre proporcional) a través de distintos actores, en el seno de la misma organización y en todo su contexto. Define también la posición relativa que un actor ocupa en un determinado escenario (competitivo, político, grupal, bélico, etc.). Adherimos a la idea de que el poder depende de la perspectiva que cada uno es capaz de articular a partir de dicha configuración de relaciones, actores, medios y fines.

La estrategia debe procurar dinamizar al poder de manera tal que resulte instrumental para la consecución de los propósitos que establece el gobierno (*corporate governance*). Es un vital insumo para la elaboración de planes y para la ejecución de acciones concretas. Articula los propósitos con las acciones que los hacen posibles. Debe hacer (táctica mediante) que las cosas que han de suceder efectivamente sucedan.

–Posibilitar la consecución de los propósitos fundamentales de manera sustentable

La estrategia trabaja para el logro de un complejo de propósitos rectores que son elaborados por el gobierno (tales como misión, visión, metas y objetivos).

Sostenemos que estos propósitos no pueden ser alcanzados de cualquier manera y a cualquier precio. En nuestra definición establecemos un condicionante fundamental: la sustentabilidad.

En este contexto, sustentabilidad significa que la estrategia procurará alcanzar los propósitos pero procurando al mismo tiempo mantener un cuidadoso equilibrio en la "ecología de las acciones" a fin de no generar indeseables consecuencias.

El concepto de ecología de la acción fue acuñado por Edgar Morin y resulta fundamental para comprender la estrategia con la perspectiva de Comunicación Estratégica®. Morin afirma que "Toda acción escapa cada vez más de la voluntad de su autor a medida que entra en el juego de las inter-retro-acciones del medio en el cual interviene".

La idea de ecología de la acción nos pone en primer plano otra vez una cuestión fundamental de la problemática estratégica: la incertidumbre. La incertidumbre implicada en el proceso se evidencia en el hecho de que los efectos de una acción dependen no solo de las intenciones del ejecutor, sino además de las condiciones del medio en el cual se dinamizan estos efectos. Asimismo sostenemos que, si bien podemos suponer los efectos mediatos e inmediatos, resulta improbable determinar las consecuencias a largo plazo.

En el contexto de las inter-retro-acciones, la intencionalidad y voluntad del decisor constituyen solo una mínima parte de la ética de las decisiones y por lo tanto, se complejiza la noción de responsabilidad.

Es contradictorio –pero real– el hecho de que la sustentabilidad depende mucho de acceder a un cabal conocimiento acerca de las relaciones, los contextos y los impactos de las acciones. Sin embargo, sabemos que, por tratarse de conocimientos imposibles de ser abordados en su totalidad, en estrategia siempre estaremos decidiendo en un mar de incertidumbres. En este sentido, la estrategia es apuesta y riesgo, pero también es responsabilidad, responsabilidad en el más amplio de los sentidos.

Ligo aquí el concepto de ecología de la acción con nuestra noción de poder, ya que la consecución de resultados sustentables dependerá en alto grado de la perspectiva que seamos capaces de adoptar en la toma de decisiones acerca de las acciones. Basándonos en el principio de la ecología de la acción, sostenemos que el estratega debe renunciar a asumir los acontecimientos desde la clásica linealidad causa-efecto y, en cambio, comprender que al tomar una decisión comienzan a desencadenarse una serie de acciones, reacciones y retroacciones que afectan al sistema global, a los componentes del sistema, a la relación de los componentes respecto del sistema global y a la relación de los componentes entre sí. El resultado de estas decisiones resulta imprevisible. Como estrategas, debemos tener la humildad de reconocer que nos hemos educado aceptablemente bien en un sistema de certezas, pero que nuestra educación para la incertidumbre deja bastante que desear.

–Preservación de los intereses vitales

Para el lenguaje estratégico, la noción de *intereses* es fundamental. A partir de ella se abarcan otros conceptos, tales como "escenario", "actores", "opciones", etc.

Los intereses remiten a las conveniencias de un actor (individual o colectivo) en una época dada.

Pueden ser de variados órdenes (sociales, políticos, espirituales, económicos, etc.). Asimismo los actores pueden ser diversos (persona, organización, país, etc.)

Aquello que está en juego en un conflicto, son los intereses.

En esencia, un interés es un objeto con valor. Para el éxito estratégico, resulta clave concebir y atribuir los intereses de manera acertada.

Cuando los intereses son circunstanciales, se los llama *transitorios*. Cuando son trascendentales, al punto que de ellos depende la existencia misma de un actor, se los denomina *vitales*.

Cuando afirmamos que la estrategia debe resguardar los intereses vitales, estamos diciendo que debe bregar por preservar los intereses más importantes y estables que haya definido el gobierno.

Entendemos que *preservar* es una noción más amplia que *defender*. Defender manifiesta una postura eminentemente reactiva. Preservar, en cambio, denota una conducta proactiva porque determina un resguardo anticipado de los intereses. Asimismo, va más allá de lo defensivo ya que contempla, además del resguardo en sí, la necesidad de promover inteligencia y vigilia estratégicas orientadas a operar sobre aquellas oportunidades que pudieren favorecer a los intereses y que sin ellas pasarían inadvertidas.

–Prácticas y un proceso con instancias de formalización, emergencia y/o aprendizaje

En el marco de Comunicación Estratégica® "práctica" define aquello que vincula nuestras perspectivas y motivaciones generales con las acciones concretas. Así la práctica es una conducta o un conjunto de conductas, una manera de ser y de trabajar en y con el mundo.

La práctica describe una disposición mental que puede contemplar variados métodos, discretos y/o interrelacionados. La práctica contiene y canaliza a la energía en bruto, y el impulso que posibilita que esa energía fluya creativa y sensible.

Tal como sucede en la práctica de artes marciales, cualquier práctica también es rutina, actuaciones repetitivas que mejoran una habilidad y la inculcan de manera profunda. No se trata de una mera repetición mecánica, ya que en la práctica vamos desarrollándonos y aprendiendo.

Todos los métodos tienen un carácter dinámico siempre abierto, vivo y orgánico. Así, la práctica nos permite actuar con frialdad y autodominio ante situaciones difíciles.

El desafío de la estrategia –en tanto práctica– es lograr pasar con éxito de la aspiración a los resultados. La práctica estratégica supone exploración creativa y experiencia, y también disciplina y trabajo. Para que la práctica estratégica se asimile a un nivel significativo, el estratega debe procurar transitar permanentemente por experiencias de aprendizajes profundos que lo conduzcan a un verdadero modo de ser estratégico.

Los tres textos que se transcriben a continuación explican de manera simple y magistral nuestro concepto de práctica en el ámbito de la estrategia.

Los grandes bailarines de tango improvisadores no bailan pensando "ocho, ocho, cortado, molinete quebrado…".
Los grandes bailarines han asimilado la información hasta el punto de que ya no tienen que pensar mucho en ella.
Han aprendido la sensación de los pasos, las figuras, los desplazamientos y los elementos estructurales en una pista de baile llena de gente. En una pista compartida y llena de bailarines, la intuición constituye una parte importante de la improvisación. Según van apareciendo y desapareciendo los espacios libres, los bailarines tienen relativamente poco tiempo para reaccionar. Por eso, los movimientos por la pista dependen mucho de la toma intuitiva de decisiones, más que de sopesar conscientemente las posibilidades disponibles antes de tomar una decisión.

Stephen y Susan Brown (maestros de tango argentino)

La técnica es necesaria para empezar, pero también es necesario dejar caer la técnica en un momento dado.

Chogyam Trungpa (importante autor del budismo tibetano)

Domina el instrumento, apréndete los cambios, y después olvídate de esa mierda y ponte a tocar.

Charlie Parker (saxofonista y compositor
estadounidense de jazz)

Además de prácticas, la estrategia también es proceso. Comencemos diciendo que de acuerdo con la Real Academia de la Lengua Española, proceso es: "Conjunto de las fases sucesivas de un fenómeno natural o de una operación artificial./ Transcurso de tiempo". Podemos decir que la historia de la humanidad es un proceso en curso y la suma de infinidad de procesos premeditados, espontáneos, voluntarios, involuntarios, a pequeña y a gran escala.

En este sentido es que entendemos a la estrategia como un proceso que puede presentar variedad de instancias, que podemos agrupar en instancias de *diseño*, de *emergencia* y de *aprendizaje*.

Las instancias de diseño son las que se construyen. Parten de la voluntad de un órgano centralizado (casa matriz, Dirección General, etc.) y presentan diferentes grados de formalización. Su dinámica suele incluir etapas de análisis, elección, ajuste e institucionalización.

En general, las instancias de diseño en el proceso estratégico son resultado de las voluntades de anticipación (de futuros), de coordinación y de sinergia.

Sin embargo los procesos estratégicos no siempre surgen de actitudes reflexivas o de concienzudos análisis. Las instancias emergentes del proceso estratégico son las que surgen de la interacción de la organización con la realidad. En este caso no responden a un diseño premeditado. La idea de lo emergente se refiere a decisiones no planeadas que se instalan como pautas que condicionan el futuro. Estas decisiones emergentes pueden surgir tanto de personas de la corporación (directivos, gerentes, jefes, etc.), como de sucesos externos, y se relacionan con los denominados procesos de cambio no planeado.

La organización se constituye tal no solo a través del planeamiento, sino también de su interacción con el entorno. Asumir que el proceso estratégico comporta también instancias emergentes es aceptar que la estrategia se construye con planes centralizados sumados a aproximaciones sucesivas que la organización realiza cuando procesa las continuas perturbaciones que surgen de su interacción con un entorno cambiante e impredecible.

Lo emergente no refiere a meros accidentes, se trata también de un ejercicio implícito de *trend hunting*, de la sensibilidad de la organización para advertir aquello que a otros puede pasar inadvertido y convertirse en un factor clave del éxito o del fracaso a partir de la construcción de distintas líneas argumentales (la construcción del relato). Refleja la capacidad creativa, el enriquecimiento de la mirada y el despliegue de conocimientos.

En palabras de Robert Stacey: "La estrategia se construye como parte de un orden emergente del caos".

La estrategia también puede ser aprendizaje. Las instancias de aprendizaje en un proceso estratégico son el resultado de un trabajo de equipo (generalmente directivos) en interacción. Estas instancias se centran principalmente en las interrelaciones que acontecen entre los elementos de la organización y en las interrelaciones de la organización con el entorno, entendiendo que ambas circunstancias están íntima y sistémicamente vinculadas.

Es importante destacar que entendemos que el proceso de aprendizaje estratégico no es natural, sino que obedece a un método y depende de una competencia que las organizaciones deben ocuparse de desarrollar.

Las organizaciones elaboran percepciones, comprensiones y razonamientos acerca de sí mismas, del entorno y del vínculo entre ambos. Las organizaciones también son sistemas de cognición y pensamiento, usinas que generan y ponen a prueba ideas, entre las que es fundamental la estrategia. A partir de este ciclo –continuo y siempre abierto– de aprendizaje, las organizaciones deben ser capaces de generar conocimientos, aprender a aprender y aprender a desaprender.

–Ejercicio continuo y prolongado de ajustes recíprocos entre medios y fines

El despliegue de la estrategia remite a un juego de intereses, lo que evidencia el anclaje de la estrategia en la política.

La estrategia es la palanca clave en el "Juego del Poder", aquel que sucede entre los intereses –medios/fines– de diferentes actores, continuo, prolongado y cambiante. Por eso resulta fundamental distinguir entre una parte del relato y el relato total, en términos militares, entre el resultado de una batalla y el resultado de la guerra. Un error en esta apreciación puede ser fatal.

La estrategia verdadera nunca es fruto de caprichos espasmódicos. El ejercicio estratégico lleva a la indagación, a la reflexión y a la comprensión de sucesos y procesos sociales inciertos. Es un intento deliberado por doblegar la incertidumbre, ejercer algún dominio sobre las fuerzas que operan, buscar las mejores opciones y alternativas, hacer el mundo y el futuro que anhelamos. Asimismo, es inaugurar universos de posibilidad, originar espacios sociales desconocidos.

En definitiva, es abrir nuevos juegos de finales inciertos. Por ello hablamos de juego, no por la candidez de la mirada implicada, o el placer que provoque o las consecuencias siempre felices. Hablamos de juego porque la estrategia también consiste en dinamizar fuerzas activas y despertar fuerzas dormidas que se expanden con energía y trayectorias inesperadas. El ejercicio estratégico es un juego heurístico y dialéctico, en el que el azar también participa.

Por eso en el marco de Comunicación Estratégica® entendemos a la estrategia también como un ejercicio, tal como lo explica Ari De Geus: "No debería ser un sustantivo; uno no debería tener una estrategia, como un documento al cual se ajusta la organización. En realidad, la estrategia debe ser tomada como un verbo, algo que se realiza, en vez de algo que se tiene".

Más Aristóteles y menos Prozac

Para redondear sintéticamente lo dicho hasta aquí respecto de la definición de estrategia en el marco de Comunicación Estratégica®, recurriremos a las cuatro causas expuestas por Aristóteles.

La noción aristotélica de causa es mucho más amplia que la actual. Para Aristóteles una causa es todo principio del ser, aquello de lo que de algún modo depende la existencia de un ente; en otras palabras, todo factor al que nos tenemos que referir para explicar un proceso cualquiera. Afirmaba el filósofo griego que para entender cualquier ente debemos fijarnos en cuatro aspectos:

- causas materiales, aquello de lo que está hecho algo (qué);
- causas formales, idea o concepto (cómo);
- causas eficientes, que han producido ese algo (quién);
- causas finales, aquello para lo cual existe ese algo, a lo cual tiende o puede llegar a ser (para qué).

Causas que también podemos identificar en nuestra definición de estrategia.

Causa material (qué)
Lenguaje y constructo decisional compuesto por premisas generales.

Causa formal (cómo)
Orienta a las decisiones derivadas de las decisiones fundamentales.
Configura dinámicas del poder.
Prácticas.
Proceso con instancias de formalización, emergencia y/o aprendizaje que se constituyen en un ejercicio continuo y prolongado de ajustes recíprocos entre medios y fines.

Causa eficiente (quién)
Con el propósito de no poner límites a los alcances de la reflexión planteada, para nuestra definición optamos adrede por referirnos a la causa eficiente de manera tácita. De esta manera, puede constituirse en una variedad muy amplia de sujetos individuales o colectivos (corporación, gobierno, ministerio, país, bloque regional, ONG, Directorio, gabinete, director, Estado Mayor, estratega, etc.).

Causa final (para qué)

Posibilitar la consecución de los propósitos fundamentales de manera sustentable a la vez que preservar los intereses vitales.

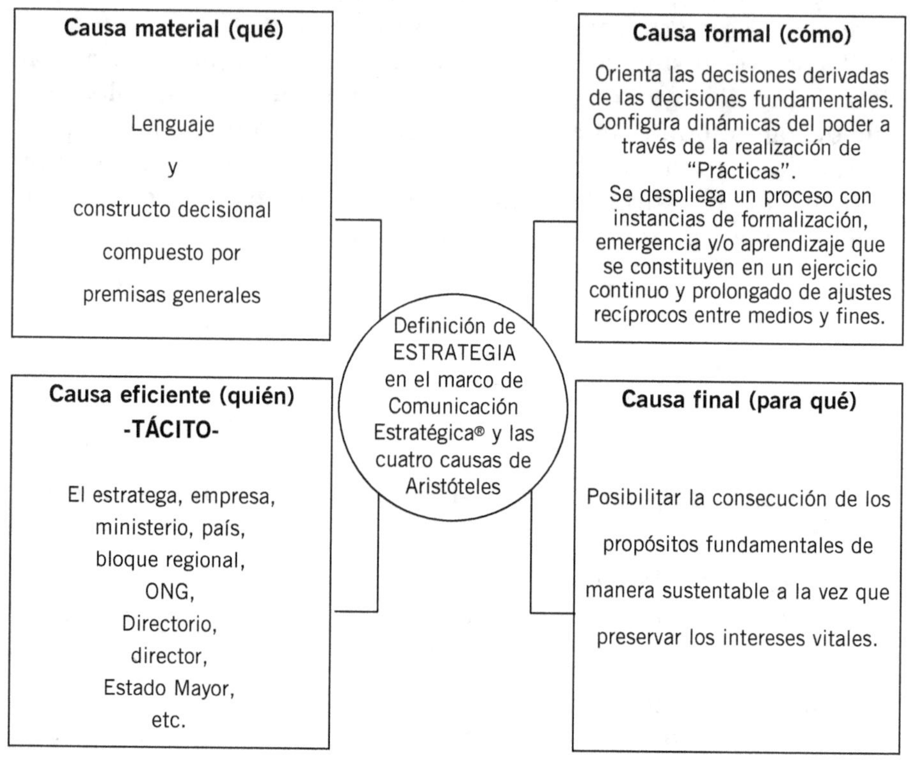

El poder blando

No cabe duda de que nos encontramos transitando por una época de constantes disrupciones sociales y, si cambian las sociedades, con seguridad, cambia la concepción de poder.

La expresión "poder blando" fue popularizada en 1990 por Joseph Nye a través de su libro *Bound to lead: The Changing Nature of American Power.*[7]

---

7. Nye, Joseph S.: *Bound to Lead: The Changing Nature of American Power.* Basic Books, New York, 1991.

Joseph Nye nació en 1937 en los Estados Unidos de Norteamérica. Hoy es uno de los politólogos más influyentes a nivel internacional. Ha sido decano de la Escuela de Gobierno John F. Kennedy de la Universidad de Harvard, uno de los centros de estudios políticos más importantes del mundo. Dirigió el Consejo de Inteligencia Nacional y fue número dos del Pentágono entre 1994 y 1995, durante el primer gobierno de Bill Clinton. La teoría del *soft power* es, precisamente, la que le ha otorgado buena parte de su prestigio.

Una de las maneras de concebir al poder es considerarlo como la capacidad de influir en los demás para hacer que ellos hagan lo que uno quiere que hagan. Siguiendo a Nye, existen al menos tres maneras principales de lograrlo.

La primera es la *coacción*, la segunda es mediante el uso de "la zanahoria", es decir, la *recompensa* y la tercera consiste en ser capaces de generar en las personas una *atracción* particular hacia uno.

El poder blando representa un aspecto menos agresivo que el poder duro (*hard power*), que ha sido históricamente la medida más utilizada en los Estados (y también en muchas corporaciones).

El poder duro relativo de un Estado puede calcularse cuantitativamente en función de cifras tales como la cantidad de militares en actividad, o el presupuesto militar. Nye observa sin embargo, que el solo hecho de contar con la superioridad en estos recursos, no siempre asegura la consecución de los resultados deseados, tal como les sucedió a los Estados Unidos de Norteamérica en la guerra de Vietnam.

El poder blando es una forma sutil de ejercer el poder. Por ejemplo, una nación puede alcanzar superioridad sobre otras porque estas desean seguir su modelo, admiran sus valores y aspiran a obtener su nivel de prosperidad.

Así para lograr la cooperación de los demás, el poder blando persuade con técnicas diferentes de las de la fuerza o las del dinero. Más bien aplica ideas como la justicia, los valores compartidos y el deber de contribuir al logro de esos valores.

Algunos de los medios del poder blando de un Estado pueden ser:

- la cultura, cuando resulta atractiva para los demás (por ejemplo el cine de Hollywood, la música inglesa, el diseño de moda francés, la gastronomía japonesa, etc.);

- los valores (cuando se transforman en virtudes ciudadanas);
- la política exterior (cuando se considera legítima a los ojos de los demás).

Obviamente, la lista sigue y el espectro es sumamente diverso: los hallazgos científicos y tecnológicos, la excelencia educativa, los atractivos turísticos, los logros en salud pública, la capacidad para exportar, la calidad de vida de sus ciudadanos, son algunos de los parámetros con gran capacidad de movilización de voluntades.

El grado de atracción de cada uno de ellos puede ser analizado y/o medido a través de distintos tipos de investigaciones. La cuestión es que son capaces de contribuir tanto o más que la misma presión militar y la coerción económica a la consecución de los propósitos definidos por un país. En esta lógica, los medios de comunicación y las nuevas tecnologías aplicadas se transforman en un aliado fundamental del poder blando.

Nye otorga alta legitimidad a los Estados que obtienen influencia internacional a través de sus aportes al acervo cultural, al arte, a las ideologías o a las ciencias y a la tecnología. Les augura mayores probabilidades de éxito en el concierto de la comunidad internacional. Asimismo advierte que, si bien los países poseen capacidades para potenciar sus recursos disponibles de poder blando, en gran medida este poder es un subproducto social, cultural y económico, más que fruto de una acción pautada por un gobierno en particular.

De alguna manera, la teoría del poder blando está desestabilizando los sólidos cimientos sobre los que se erigió la escuela del realismo político (*real politic*), que domina desde hace años el ámbito de las relaciones internacionales.

En el marco del poder blando, la política se convierte en un concurso de confianza. Los gobiernos compiten entre sí y con otros actores políticos, para aumentar su credibilidad y debilitar la de sus adversarios.

La teoría del poder blando es lúcida y oportuna para los tiempos que corren. Ayuda a explicar factores sutiles del poder, a veces muy ocultos y sin embargo sumamente efectivos, que resultan inabordables desde otros enfoques.

La provocativa idea no se circunscribe a las relaciones entre naciones; también tiene un gran efecto en el ámbito de las corporaciones.

En palabras de Nye[8]:

> *La revolución de la información está transformando la política y las organizaciones. Las jerarquías se están haciendo más planas y los trabajadores del conocimiento responden a incentivos y propuestas políticas diferentes. Las encuestas muestran que hoy en día la gente es menos deferente con la autoridad en las organizaciones y en la política.*
>
> *El poder blando –la capacidad de obtener lo que se quiere mediante el convencimiento y no la coerción o el pago– está aumentando en importancia. Incluso los militares se enfrentan a estos cambios. El Pentágono informa que los instructores del Ejército estadounidense "gritan menos" porque la generación actual responde mejor a quienes desempeñan "un papel más parecido al de un consejero". El éxito militar contra los terroristas y los insurgentes exige que los soldados convenzan.*
>
> *(…) El gran teórico del liderazgo, James McGregor Burns, afirmó alguna vez que quienes recurren exclusivamente a la coerción no son líderes, sino simples aplicadores del poder.*
>
> *El poder duro no se ha vuelto irrelevante, pero los líderes deben desarrollar la inteligencia contextual que les permita combinar recursos de poder duro y de poder blando para construir una estrategia de "poder inteligente".*

Be water, my friend (Sé como el agua, amigo mío)

El estratega debe estar consustanciado con el "espíritu del tiempo", aquello que los alemanes denominan *zeitgeist*. Por ello, antes de comenzar a adentrarnos en los próximos capítulos en los cuales expondremos nuestra propuesta práctica para dinamizar la estrategia, creímos oportuno elaborar aunque más no sea una general y muy breve acuarela de las incumbencias del "espíritu del tiempo" en el que el estratega contemporáneo debe ser y hacer estrategia.

Ulrich Beck[9] señala que se están sucediendo cambios que no fueron advertidos por las ciencias sociales. Afirma que estamos transitando por una "sociedad del riesgo" que entiende como un momento histórico en el cual la modernidad pierde sus componentes centrales, y se generan debates, reformulaciones y nuevas estrategias de dominación.

---

8. Diario *Clarín*, Buenos Aires, 25 de marzo de 2008.
9. Beck, Ulrich: *La sociedad del riesgo. Hacia una nueva modernidad.* Paidós, Barcelona, 1994.

Por su parte, García Canclini llama *de hibridación* al conjunto de "procesos socioculturales en los que las estructuras o las prácticas discretas que existían en forma separada, hoy se combinan para generar nuevas estructuras, objetos y prácticas[10]

Motta[11] expone claramente:

Dentro de este amplio espectro de la mutación global del contexto, se encuentra específicamente el impacto creciente de las redes de información/decisión, fenómeno que está lejos de ser percibido en su real magnitud.

La ubicuidad y la instantaneidad de la información global provoca el desarrollo de redes sociales informales y/o virtuales, que regeneran el entrelazamiento social, pero también producen modificaciones en la vincularidad humana, deshacen muchas formas sociales existentes, incluso deshaciendo y desmantelando nuestra propia vincularidad e identidad personal.

Actualmente existe una convergencia en el contexto planetario que consiste en el encuentro de la explosión de vida/muerte y sentido/sinsentido en el seno de las sociedades, con una profunda transformación en el devenir colectivo del espacio del saber del ámbito global.

Por supuesto que son muchos otros los autores que coinciden con estas ideas y nos hablan del actual momento de quiebres y desconciertos. Uno de estos exponentes, que tal vez sea quien mejor puede sintetizarnos estos enfoques, es Zygmunt Bauman[12].

Bauman nos habla de la "modernidad líquida", una categoría sociológica que apela al constante cambio, a la permanente transitoriedad y al desconcierto.

Acertadamente, la metáfora de la "liquidez" intenta dar cuenta de la "precariedad de los vínculos humanos hoy caracterizados por lo transitorio y la volatilidad de las relaciones". El autor observa, por ejemplo, que "el amor se hace flotante" en el sentido de que transcurre sin sentido de responsabilidad hacia el otro (agrego: entiéndase también "hacia los otros").

El estratega así debe ir surfeando entre las olas de una sociedad líquida siempre cambiante –incierta– y cada vez más imprevisible. Como vimos, ni siquiera el poder logra escapar de las contradictorias

---

10. García Canclini, N.: *Culturas híbridas. Estrategias para entrar y salir de la modernidad.* Paidós, Buenos Aires, 2008.

11. Motta, Raúl: "Complejidad, educación y transdisciplinariedad". Apuntes de estudios de posgrado, Universidad del Salvador, Buenos Aires.

12. Bauman, Zygmunt: *Modernidad líquida.* Fondo de Cultura Económica, México, 2003.

y vagas reformulaciones del espíritu de nuestro tiempo. Si la concepción tradicional de poder está sufriendo transformaciones, resulta lógico y pertinente que el concepto tradicional de estrategia también se revea.

Por eso considero fundamental enriquecer creativamente la idea de "estrategia". Tal vez, explorar nociones provocativas tales como las ideas de Bauman –"estrategia líquida"–, o Nye –"estrategia blanda"– y alineados con ellas, pues son pertinentes al ámbito de la comunicación en general y al de la Comunicación Estratégica® en particular.

La estrategia es la palanca clave para accionar el Juego del Poder, en el que nunca hallaremos certezas, puesto que no existen derrotas, ni victorias, ni alianzas, ni enemistades absolutas ni definitivas[13].

En palabras de Benjamin Disraeli[14]: "Inglaterra no tiene amigos permanentes ni enemigos permanentes. Inglaterra tiene intereses permanentes".

Es un tiempo de contradicciones y de articulación de opuestos. Los límites se extienden y desdibujan. Los supuestos caminos que nos llevarían hacia las certezas se cubren de las nieblas y de los polvos de las incertidumbres. Es tiempo del no-límite como límite y del no-camino como camino. Sin duda, hoy es un tiempo de estrategia.

La aplicación del poder blando no desestima ni descarta recurrir al poder duro. Más bien ambos se superponen e interactúan. El estratega contemporáneo deberá aprender a articularlos como el ying y el yang de un solo objeto.

En este juego las fuerzas confluyen, configuran y reconfiguran vínculos y circunstancias, fuerzas complementarias, antagónicas e interdependientes que se influyen mutuamente. En este movimiento continuo, la estrategia buscará equilibrar provocativa y productivamente destrezas adaptativas e instituyentes. El estratega debe ser flexible sin ser dócil y firme sin ser rígido.

---

13. Nos referimos a que en verdad estas son circunstancias que dependen siempre de un observador. Desde luego que encontramos en esta noción una profunda relación con la idea acerca del poder como una cuestión de perspectiva.

14. Político inglés (Londres, 1804-1881). Fue escritor y primer ministro del Reino Unido.

15. Traducción al español de la frase pronunciada por Bruce Lee en su última entrevista durante el programa de televisión canadiense de Pierre Berton poco antes de su muerte sucedida el 9 de diciembre de 1971. Esta frase hace referencia al principio taoísta

A propósito de modernidad líquida…"*Be water, my friend*"[15], como ha recomendado Bruce Lee:

No te establezcas en una sola forma, más vale adáptala, construye la tuya propia y déjala crecer.

Sé como el agua.

Vacía tu mente, sé amorfo, moldeable, como el agua.

Si pones agua en una taza, el agua se convierte en la taza.

Si pones agua en una botella, el agua se convierte en la botella.

Si pones agua en una tetera, el agua se convertirá en la tetera.

El agua puede fluir o puede aplastar.

Sé como el agua, amigo mío.

---

del *wu wei* o principio de la acción natural no forzada. Durante años se dedicó a la práctica del *wing chun kung-fu,* un arte marcial sumamente práctico que logra adaptarse a cualquier circunstancia. Esta famosa frase alude a la adaptación, la anticipación, el uso correcto de las fuerzas tanto propias como del contrario que se ponen en práctica en esta disciplina.

CAPÍTULO 2

DIRECCIÓN ESTRATÉGICA

"Estrategizar" la comunicación

Hace más de veinte años publiqué mis primeros artículos sobre estos temas y desde entonces no veo más que avances respecto de la importancia que progresivamente ganan todas las actividades que engloban a las comunicaciones.

Las sentencias "todo comunica" y "es imposible no comunicar" tal vez hoy suenen a verdades de Perogrullo. Sin embargo cuando en *Comunicación Estratégica*® declaramos esta convicción, se generó una gran revolución de conciencia en el ámbito de las organizaciones.

Puede que este axioma (que se analiza en detalle en el Capítulo 6) genere hoy menos asombro y sorpresa, no obstante sus consecuencias siguen siendo tanto o más drásticas que entonces.

Sucede que en la actualidad, con la explosión de medios y el creciente protagonismo de los públicos, este hecho no puede ser dejado de lado. Los responsables deben saber cómo tomar el toro por las astas y qué hacer luego con él.

La comunicación no es "solo un problema de comunicación". Las cuestiones de comunicación traspasan sus fronteras para transformarse en asuntos de índole social, política y/o diplomática; pueden llegar a afectar la seguridad nacional y la solidez, estabilidad y supervivencia de cualquier sistema. Asimismo, las problemáticas de comunicación tienen la capacidad de provocar crisis a escala global y generar daños severos.

La comunicación y la dinámica de las relaciones movilizan activos intangibles clave de la generación de valor sustentable.

Tal como afirmábamos hace dos décadas, hoy más que nunca la comunicación es una fuerza vectorial que se instaura en una dimensión necesariamente estratégica.

Comunicaciones tácticas y Comunicación Estratégica®

Para comprender nuestra propuesta es menester diferenciar la comunicación de nivel estratégico de las comunicaciones de nivel táctico, entendiendo a estas últimas como aquellas que surgen de técnicas que –en el marco de una gestión estratégica de la comunicación– cumplen una función primordialmente táctica, tales como la publicidad, las relaciones públicas, la promoción, el diseño, la difusión periodística, el lobbying, etcétera.

En definitiva, Comunicación Estratégica® es un método de gestión destinado a articular todas las comunicaciones tácticas en el marco de una estrategia general que las englobe.

Esto no debe ser interpretado como un menosprecio por las comunicaciones de nivel táctico, ya que ellas son las que encarnan a los *instrumentos concretos* a través de los cuales se procurará alcanzar el fin estratégico. Como dijo Karl von Clausewitz, "Incurrimos en un error si atribuimos a la estrategia un poder independiente de los resultados tácticos".

Reconociendo que cada comunicación de nivel táctico por sí sola adolece de evidentes limitaciones conceptuales y operacionales, a través de Comunicación Estratégica® pretendemos ofrecer un marco para la articulación efectiva de las comunicaciones tácticas y por, consiguiente de sus correspondientes marcos conceptuales y operacionales. La comunicación, las finanzas, el management, la problemática comercial, el factor humano, el desarrollo organizacional y la política (entre muchas otras cuestiones) conforman ese particular y complejo fenómeno emergente de la *imagen corporativa*.

Si cada comunicación táctica comprende y asume la función que le corresponde respecto de las restantes, se logrará una complementariedad recíproca. Pero si cada comunicación táctica pretende transformarse en la función estratégica en sí, indefectiblemente se producirán graves incongruencias.

Comunicación Estratégica® comporta un marco ético, un cuerpo teórico siempre abierto, un conjunto de principios y un sistema integrado de soluciones para la dirección de la problemática comunicacional, la que no debe ser reducida a una simple suma de sus componentes. Es cierto que todos ellos se ocupan de comunicación, pero de comunicación táctica. Sostenemos que deberían estar integrados en una estrategia comunicacional que responda a los propósitos políticos del gobierno corporativo.

Pensamiento estratégico y pensamiento táctico

Solo el estratega con un conocimiento cabal de aquello que acontece en el "teatro de operaciones" tiene la posibilidad de desarrollar una estrategia orientada hacia los buenos resultados. Sin duda, contribuye para lograrlo un adecuado conocimiento de la táctica.

Cualquiera que sea la acción comunicacional que una empresa intenta emprender, no puede estar divorciada de la estrategia a la que dicha acción responde.

Estrategizar la función comunicación consiste básicamente en descubrir problemas y plantear soluciones, pero aplicando una lógica global y totalizadora.

En verdad existen muchos prejuicios hacia el pensamiento estratégico. Sus detractores suelen asociar al estratega con el brujo tribal que anima la danza de la lluvia, asegurando con sorna que, en el caso de que la estrategia no logre hacer llover, al menos, entretiene a los que bailan.

Estas personas suponen que la estrategia es un razonamiento desconectado de los problemas concretos. Ignoran que todo resultado táctico deriva de una estrategia, explícita o implícita.

Más allá de la imprescindible interdependencia y complementariedad que ha de existir entre la problemática táctica y la estratégica, resulta obvio que existen diferencias entre ambos razonamientos.

PENSAMIENTO TÁCTICO	PENSAMIENTO ESTRATÉGICO
estructurado	creativo y dialéctico
cálculo	exploratorio/ensayo y error
convergente	divergente
certeza	incertidumbre
reactivo	proactivo
oportunista	sinérgico

Desde nuestro enfoque, la estrategia representa el máximo nivel lógico.

Para que la comunicación alcance la jerarquía necesaria en torno al paradigma requerido por la Dirección, es necesario organizar, coordinar, y sinergizar todas las comunicaciones tácticas en una emergente *transdisciplina*: la Comunicación Estratégica®.

Cognición estratégica

Haremos una breve aproximación al constructivismo para luego reflexionar acerca de las implicancias que tiene en la estrategia.

Un popular relato sufí cuenta[1]:

Más allá de Ghor había una ciudad. Todos sus habitantes eran ciegos.
Un rey llegó cerca del lugar con su cortejo, y su guardia, y acampó en el desierto. Tenía un poderoso elefante que usaba para atacar e incrementar el temor de la gente.
La población estaba ansiosa por acercarse al elefante, y algunos ciegos de esta ciega comunidad se precipitaron como locos para encontrarlo. Como no conocían ni siquiera la forma y aspecto del elefante, lo tocaron para reunir información. Cada uno pensó que sabía algo porque pudo tocar una parte de él.
Cuando volvieron, impacientes grupos se apiñaron a su alrededor. Todos estaban ansiosos, buscando equivocadamente la verdad de boca de aquellos que se hallaban errados. Preguntaron por la forma y aspecto del elefante, y escucharon todo lo que aquellos dijeron.
Al hombre que había tocado la oreja le preguntaron acerca de la naturaleza del elefante. Él dijo:
—Es una cosa grande, rugosa, ancha y gruesa como un felpudo.

---

1. Shah, I.: *Cuentos de los derviches.* Paidós, Buenos Aires, 1985.

Y el que había tocado la trompa dijo:
—Yo conozco los hechos reales, es como un tubo recto y hueco, horrible y destructivo.
El que había tocado una pata dijo:
—Es poderoso y firme como un pilar.
Cada uno había palpado una sola parte de las muchas. Cada uno lo había percibi-
do erróneamente. Ninguno conocía la totalidad: el conocimiento no es compañero de
los ciegos. Todos imaginaron algo, algo equivocado.

Este es buen ejemplo de la perspectiva constructivista. Asimismo es un buen reflejo metafórico de la dinámica de interacciones que puede desplegarse en una reunión de Directorio, donde cada director está "ciegamente" enamorado de su propio elefante.

Constructivismo es la denominación de una perspectiva que sostiene la idea de que el sujeto –tanto en los aspectos cognitivos y sociales de su comportamiento como en los afectivos– no es un mero producto del ambiente ni un simple resultado de sus disposiciones internas, sino una construcción propia que se va produciendo día a día como resultado de la interacción de esos dos factores.

Según la posición constructivista, el conocimiento no es una copia de la realidad, sino una construcción del ser humano, es decir, el resultado de la interacción entre las capacidades innatas y las posibilidades que otorga el medio. ¿Con qué instrumentos cuenta la persona para realizar dicha construcción? Fundamentalmente, con los esquemas que ya posee, es decir, con lo que ya construyó en su relación con el medio que la rodea. Esta construcción, que realizamos todos los días y en casi todos los contextos en los que se desarrolla nuestra actividad, ¿de qué depende? Depende, sobre todo, de dos aspectos:

- *la representación o el esquema que tengamos de la nueva información, y*
- *la actividad, externa o interna, que desarrollemos al respecto.*

Un esquema es una representación de una situación concreta o de un concepto, *que permite manejarlos internamente y enfrentarse a situaciones iguales o parecidas en la realidad. Los esquemas pueden ser muy simples o muy complejos. Por supuesto, también pueden ser muy generales o muy específicos. De hecho, pueden ser comparados con las herramientas que se utilizan en un trabajo mecánico cualquiera: hay herramientas que sirven para muchas funciones, mientras que otras solo sirven para actividades particulares.*

A la vez, los esquemas son productos culturales e históricos. Por tanto, tienen su origen y su sentido en una determinada cultura y en un determinado momento de su desarrollo.

Para entender la mayoría de las situaciones de la vida cotidiana, debemos poseer una representación o un esquema de los diferentes elementos presentes en ellas.[2]

---

2. Carretero, Mario (coord.): *Apuntes de clases del posgrado en Constructivismo y educación.* FLACSO/UAM, Buenos Aires, 2003.

Constructivismo no es un término unívoco. Por el contrario, puede hablarse de "varios tipos de constructivismo". De hecho, se trata de una posición compartida por diferentes tendencias de la investigación psicológica y educativa.

En el siguiente artículo[3], queda clara la diversidad del constructivismo.

> (...) *como se ha señalado por doquier en los últimos años, nos encontramos en pleno auge del constructivismo. Numerosas publicaciones dan cuenta de eso (...), así como del carácter internacional de su implantación. De hecho, la mayoría de las publicaciones (...) pertenecen no solo a España o Latinoamérica sino también a países como Australia, los Estados Unidos, Inglaterra, Italia u otros. Sin embargo, el término "constructivismo" no es un invitado reciente en los ambientes educativos de habla española. En los años setenta y ochenta, en algunos países latinoamericanos se produjo una expansión considerable de la investigación y la práctica constructivistas, las cuales, por otra parte, utilizaron explícita y expresamente dicho término. Habida cuenta de que esta obra se publica precisamente en Latinoamérica, resulta imprescindible aclarar que este vocablo no tiene en la actualidad la misma significación que tuvo hace una o dos décadas.*
>
> *En primer lugar, el referente obligado y casi único del constructivismo era la teoría de la Escuela de Ginebra. En la actualidad, existe un amplio conjunto de posiciones que otorgan al constructivismo una mayor riqueza teórica, a la vez que una importante fuente de discusiones acerca de sus semejanzas y sus diferencias más notables (...). Es decir, la formidable expansión de la psicología cognitiva (...), la revitalización de la posición vigotskiana (...), así como la consolidación de las posibilidades virtuales y reales de la comunicación en el mundo de la educación y de la información en general, han contribuido enormemente a la riqueza de frutos de aquella planta llamada "el conocimiento no es una copia de la realidad". Esto ha hecho que, en la actualidad, el constructivismo sea, por un lado, un lugar de encuentro de diferentes posiciones, y que por otro se constituya también en origen de frecuentes discusiones y debates. Creo que ambos hechos son positivos porque no es mala cosa que distintas posiciones converjan —hasta el punto de recurrir a una misma etiqueta: "constructivista"— en lo que podríamos llamar "algunos conceptos epistemológicos básicos", que, por cierto, tienen un aroma indiscutiblemente kantiano y piagetiano. Por otro lado, el hecho de que esa diversidad de planteamientos obligue al mundo académico a dirimir sus diferencias aumenta las posibilidades de un enriquecimiento progresivo entre diferentes perspectivas, que probablemente redundará en el reconocimiento de sus propias debilidades. (...) me refiero a las dificultades que posee en la actualidad la investigación para dar cuenta cabal de muchos problemas de la labor didáctica y para ofrecer soluciones claras y unívocas a dichos problemas.*

---

3. Carretero, M.: "Constructivismo mon amour". En Carretero, M.; Castorina J. A., y Baquero, R. (compiladores): *Debates constructivistas*, Aique, Buenos Aires, 1988.

En síntesis, el constructivismo sostiene que no sabemos cómo son las cosas, solo sabemos cómo las observamos y cómo las interpretamos. Vivimos en un mundo interpretativo. Los objetos y/o hechos que conocemos –que son los objetos y hechos a los cuales nos referimos cuando nos comunicamos– son *construcciones* mentales. Desde el enfoque del constructivismo, los seres humanos, en vez de obtener nuestro conocimiento de manera contemplativa, lo *construimos*.

En la pragmática de la comunicación, las cosas no son lo que son sino lo que las personas creen, conocen, perciben y sienten acerca de ellas.

La realidad siempre es una realidad "interpretada" por las personas.

A menudo invertimos demasiado tiempo y energía en defender aquella ilusión que pensamos que es la realidad, y pocas veces o nunca consideramos que aquello que denominamos "realidad" en verdad no es nada más –y nada menos– que nuestra propia realidad, nuestra ilusión. Solo una de las múltiples realidades que pueden existir.

Es cierto, mi general, que "la única verdad es la realidad"; sin embargo, también es cierto que hay tantas realidades como personas. Gestionar la realidad implica también gestionar la comunicación en su más amplio sentido.

Existe una diferencia entre aquello que denominamos "realidad" –lo que se construye– y "lo real", no aprehensible en términos de totalidad y simultaneidad, que impide toda posibilidad de construcción.

LA REALIDAD   =   CONSTRUCCIÓN
LO REAL   =   TOTALIDAD Y SIMULTANEIDAD

Los seres humanos estamos expuestos a un constante bombardeo de estímulos. Por las limitaciones propias de nuestro sistema de percepción, no nos es posible captar todos estos estímulos que se suceden a nuestro alrededor, así que necesariamente siempre elaboramos recortes.

Esta selección no es caprichosa ni azarosa, ya que sucede mediante una activa participación por nuestra parte, consciente o inconsciente. Es decir, no recortamos cualquier estímulo, sino aquellos que no están alineados con nuestras ideas y expectativas.

El constructivismo se preocupa más por *cómo* sabemos, que por *qué* sabemos. Asume que no existe observación, información, leyes, objetos, etc. independientes del observador que los elabora.

Los ejecutivos no reaccionan pasivamente ante las circunstancias. Más bien, crean activamente los escenarios y las situaciones sobre las que deciden y actúan.

Asimismo el público "construye" los escenarios, en función de sus ideas, valores, prejuicios, anhelos y experiencias.

Para nosotros, los conceptos del constructivismo revisten importancia en los siguientes puntos:

- cómo "construimos" esa "realidad" que denominamos organización, sobre la cual hemos de intervenir;
- por qué privilegiamos ciertos fenómenos organizacionales sobre otros;
- cómo describimos los fenómenos organizacionales;
- cómo se construyen esas realidades que se denominan *escenarios*, verdaderas configuraciones subjetivas, pero sobre cuya base se toman decisiones y se llevan a cabo acciones bien concretas;
- la implicancia que todo esto tiene para la estrategia.

La ilusoria pretensión de un sujeto observador independiente del objeto observado ya no es un supuesto válido a la luz del principio de indeterminación formulado por Heisemberg. De acuerdo con este principio de la física cuántica, inevitablemente el observador influye sobre lo observado.

Las organizaciones son universos significantes. Los escenarios son universos significantes. Las observaciones que un operador (ejecutivo, consultor, etc.) elabora –y sobre la base de las que luego acciona–, nunca son neutrales. El operador está siempre implicado y es parte indisociable del fenómeno "observador-fenómeno observado", por lo que en sus conclusiones siempre estarán involucradas sus perspectivas y posiciones personales. Observador y observación vienen en inexorable "combo" por el mismo precio y sin opción de compra por separado.

Toda descripción del fenómeno organizacional es parcial. El operador elabora descripciones de la (su) "realidad", en términos siempre congruentes con su propio esquema mental. Los elementos que el operador recorta, selecciona y prioriza y las conexiones y relaciones que establece entre estos elementos dependen tanto del objeto analizado (organización) como de la versatilidad de su aparato perceptivo.

Si aceptamos que toda descripción es parcial, entenderemos que la riqueza surge a partir de las nuevas conexiones y relaciones que el operador pueda recrear con aquello que "conoce".

En uno de los metálogos[4] de su libro *Pasos hacia una ecología de la mente*, Gregory Bateson reproduce un diálogo entre un padre y su hija similar al siguiente:

Hija: Papá, ¿quién sabe más: un padre, o su hijo?
Papá: El padre, sin duda.
Hija: ¿Quién inventó la máquina de vapor?
Papá: James Watt.
Hija: ¿Y por qué no la inventó el padre de James Watt?

La invención (en este caso, máquina de vapor) no es fruto solo del saber, sino de una particular manera de instrumentarlo, además de la propia historia, el momento histórico, la experiencia, los intereses, etcétera.

La estrategia precisamente también es el resultado de todo esto. La buena estrategia se complementa en la mirada distinta, articula y celebra las diferencias.

Un director de Comunicación posee lo que podríamos denominar una "perspectiva autónoma" de la organización para la cual trabaja. Es obvio que está sumamente comprometido con la problemática con la que le toca lidiar.

Un consultor externo, en cambio, tiene lo que podríamos llamar una "perspectiva heterónoma", que mantiene una mayor distancia con la problemática en cuestión.

Hay dos miradas distintas sobre un mismo fenómeno que, entonces, ya no es más el mismo. En mayor o menor medida, los operadores definirán cosas distintas, harán recortes de la realidad acordes con sus respectivos juicios previos e intereses, darán cuenta de mundos diversos.

Las miradas distintas no tienen por qué ser un escollo para la gestión. Más bien al contrario. Si ambas perspectivas logran complementarse, habrá mutuo enriquecimiento y mayores probabilidades de éxito. Mayor heterogeneidad también es oportunidad de mayor aprendizaje y productividad. Oportunidad, no promesa.

La heterogeneidad reclama asimismo un trabajo complejo de articulación de la unidad en la diversidad.

---

4. Bateson, Gregory: "Papá, ¿cuánto sabes?". En *Pasos hacia una ecología de la mente*. Carlos Lohlé, Buenos Aires, 1985.

Edgar Morin advierte que la complejidad inscrita en la diversidad, la articulación, la interdependencia y la fugacidad de circunstancias y problemas de la sociedad exceden los prismas disciplinares:

Estamos en una época de saberes compartimentalizados y aislados los unos de los otros. No es solamente especialización, es la hiperespecialización, que surge cuando las especializaciones no llegan a comunicarse las unas con las otras, y una yuxtaposición de compartimentos hace olvidar las comunicaciones y las solidaridades entre estos compartimentos especializados. Por doquier es el reino de los expertos, es decir de técnicos especialistas que tratan problemas recortados y que olvidan los grandes problemas, ya que los grandes problemas son transversales, son transnacionales, son múltiples, son multidimensionales, son transdisciplinarios ... "[5]

Transdisciplina: una nueva mirada

"Necesitamos pensar/repensar el saber, no sobre la base de una pequeña cantidad de conocimientos como en los siglos XVII-XVIII, sino en el estado actual de proliferación, dispersión, parcelación de los conocimientos."
Edgar Morin, *La antigua y la nueva transdisciplinariedad.*

---

5. Morin, Edgar: "¿Qué saberes enseñar en las escuelas?". En *Articular los saberes*, Ediciones Universidad del Salvador, Buenos Aires, 1998.

El universo del conocimiento es dinámico, etéreo, ilusorio. Los anclajes conceptuales que nos han permitido afinar en el tiempo nuestras desviaciones han transitado de la disciplina, la interdisciplina, la pluridisciplina y por último la "transdisciplina". La frontera de las disciplinas se desdibuja para construir amalgamas poderosas en una nueva forma de construir conocimiento.[6]

De acuerdo con Edgar Morin, la categoría "disciplina" refiere a una función organizacional en el seno del conocimiento científico[7].

Las disciplinas se instituyen mediante la demarcación, división y especialización del trabajo, y desde allí responden a los distintos dominios predeterminados por el paradigma dominante. Las disciplinas tienden naturalmente a la autonomía, que ejercen a través de la delimitación de sus fronteras, de la lengua que ellas constituyen, de las teorías que les son propias y de las técnicas que elaboran y utilizan en sus investigaciones.

Las disciplinas tienen una historia, es decir nacen, se institucionalizan, evolucionan, se dispersan, etc. Esta historia se inscribe en la historia más amplia de las universidades, por ello las disciplinas también son el producto de la organización de las universidades en el siglo XIX. A su vez, la historia de las universidades se halla inscrita en la historia de las sociedades, por lo tanto una disciplina es el producto de la convergencia de procesos exógenos (cambios sociales y transformaciones socio-organizacionales) y endógenos (reflexión interna sobre la generación de sus propios conocimientos y, sobre la elaboración y el perfeccionamiento de sus métodos de investigación). Por todo lo dicho anteriormente, Edgar Morin afirma que ninguna disciplina puede exclusivamente desde su interior conocer todos los problemas referentes a su propio despliegue y conformación.[8]

En el ámbito disciplinar de las comunicaciones, nos encontraremos con:

- las disciplinas especializadas y
- las especializaciones de una disciplina.

Alguno de los ejemplos de disciplinas especializadas son el diseño, la publicidad, el periodismo, las relaciones públicas. Cada una con incumbencias específicas.

Son especializaciones de una disciplina, por ejemplo, el diseño gráfico publicitario, la publicidad industrial, el periodismo económico, las relaciones públicas financieras, etcétera.

---

6. Morin, Edgar: Ibídem.
7. Carretero, Mario: *Op. cit.*
8. Motta, Raúl D.: "Sobre la Interdisciplinariedad". En revista *Complejidad*, Año 1, N° 0, junio-agosto, 1995.

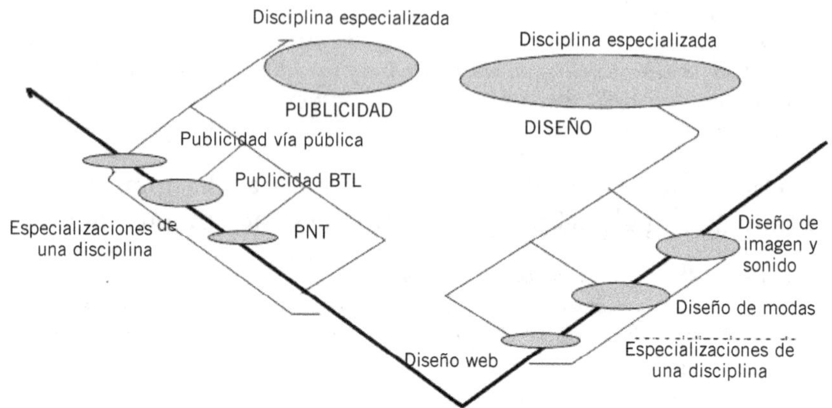

Ahora bien, más allá de la incumbencia específica de las disciplinas, en el ámbito de la comunicación así como también en otros, advertimos que se refieren a "pluridisciplina", "multidisciplina", "interdisciplina" y "transdisciplina" como sinónimos. Puesto que nosotros postulamos la Comunicación Estratégica® como una transdisciplina, se impone que elaboremos las distinciones pertinentes.

Advertimos que mientras los prefijos *"pluri"* y *"multi"* se refieren a cantidades (varios, muchos), los prefijos *"inter"* y *"trans"*, aluden más bien a relaciones recíprocas, actividades de cooperación, interdependencia, intercambio e interpenetración[9].

Comprendemos pues que las actividades inter y transdisciplinarias refieren a dinámicas interactivas que tienen por resultado una transformación recíproca de las disciplinas implicadas en un campo/sujeto/ objeto/contexto determinado.

La pluridisciplinariedad consiste en el estudio del objeto de una sola y misma disciplina por medio de varias disciplinas a la vez. Por ejemplo, un cuadro de Da Vinci puede estudiarse a partir de la Historia del arte, la Física, la Química, la Biología, la Historia de Europa y la Geometría.

O bien, la Filosofía puede ser estudiada junto con la Física, la Economía, el Psicoanálisis y la Literatura. El objeto de conocimiento (en

---

9. Nicolescu, Basarab: *Manifiesto: La Interdisciplinariedad.* Escuela Nacional de Trabajo Social. Universidad Nacional Autónoma de México. Traducción de Falla Garmilla, Consuelo, México, marzo de 2007.

los ejemplos expuestos, la pintura de Da Vinci y la Filosofía) es enriquecido por la convergencia de varias disciplinas desde donde es abordado.

La investigación pluridisciplinaria, en consecuencia, aporta un plus a la disciplina en cuestión. Sin embargo no hay que perder de vista que, cuando nos referimos a la pluridisciplina, ese plus estará al exclusivo servicio de esa disciplina en cuestión.

Una gestión pluridisciplinaria sobrepasa las disciplinas pero su finalidad queda inscrita en el marco de la investigación disciplinaria. Por ejemplo, un gerente de Producción con formación de ingeniero industrial puede convocar a otros expertos de distintas áreas tales como contadores, abogados o marketineros. Empero, más allá de que su eje gravitacional siga siendo las problemáticas de producción, puede suceder que la convocatoria solo tenga la pretensión de obtener una información foránea a su formación que luego será procesada (e instrumentada) exclusivamente desde su "concepción ingenieril".

La *interdisciplinariedad,* en cambio, tiene una mirada diferente puesto que concierne a la transferencia de métodos de una disciplina a otra.

Podemos distinguir tres grados de interdisciplinariedad.

a) *En el nivel de la aplicación.*
   Por ejemplo, aspectos de la Física nuclear transferidos a la Medicina conducen a la aparición de nuevos tratamientos del cáncer. O elementos de la Biología aplicados a la guerra, conducen a la obtención de armas biológicas.
b) *En el nivel epistemológico.*
   Por ejemplo, la transferencia de conocimientos de la Lógica formal al campo del Derecho posibilita análisis interesantes en la epistemología de este último.
c) *En el nivel de concepción de nuevas disciplinas.*
   Por ejemplo, la transferencia de los métodos de la Matemática al campo de la Física ha engendrado la Físico-matemática.

Como sucede con la pluridisciplinariedad, la interdisciplinariedad también sobrepasa a la disciplina en cuestión pero su razón de ser queda inscrita en la dinámica de la investigación estrictamente disciplinaria.

Por ejemplo:

Física nuclear + Medicina = Medicina nuclear

Así la medicina nuclear, sobrepasa a la Medicina, pero en calidad de nuevo ámbito disciplinar de la Medicina misma.

En el ámbito empresarial, el manejo de las relaciones con el cliente (CRM, por *Customer Relationship Management*) es un buen ejemplo de interdisciplinariedad.

En este caso, las nuevas tecnologías de la información son transferidas a la gestión de marketing para instrumentar un sistema compuesto por bases de datos que tiene la pretensión de optimizar la relación de la empresa con sus clientes. Así el CRM sobrepasa al marketing, sin embargo no es nada más y nada menos que un ámbito ampliado del marketing.

Como lo explicita el prefijo "trans", la *transdisciplinariedad* concierne a aquello que simultáneamente es:

- *entre* las disciplinas,
- *a través* de las diferentes disciplinas, y
- *más allá* de toda disciplina.

La transdisciplina es radicalmente distinta, pero complementaria, de la investigación disciplinaria.

La transdisciplinariedad no es una nueva disciplina ni una hiperdisciplina. No pertenece al campo de la disciplinariedad, pero se nutre de la investigación disciplinaria. En ese sentido, las investigaciones disciplinarias y transdisciplinarias no son antagónicas sino complementarias. Al decir de Basarab Nicolescu[10]:

La investigación disciplinaria concierne más o menos a un solo y mismo nivel de Realidad; por otra parte, en la mayoría de los casos no concierne más que a los fragmentos de un solo y mismo nivel de Realidad.
En cambio la transdisciplinariedad se interesa en la dinámica que se engendra por la acción simultánea de varios niveles de Realidad. El descubrimiento de dicha dinámica pasa necesariamente por el conocimiento disciplinario.

---

10. *Op. cit.*

Alineado con lo que venimos diciendo, Ramón Folch[11] explica que la transdisciplina es el punto culminante de un proceso de integración que se inicia con la multidisciplina, en tanto yuxtaposición de resultados. Luego continúa con la interdisciplina, que es la interacción de resultados. En la tarea transdisciplinar el experto (por ejemplo el experto de una especialización de una disciplina de comunicación) aporta, aprende y modifica sus propios aportes.

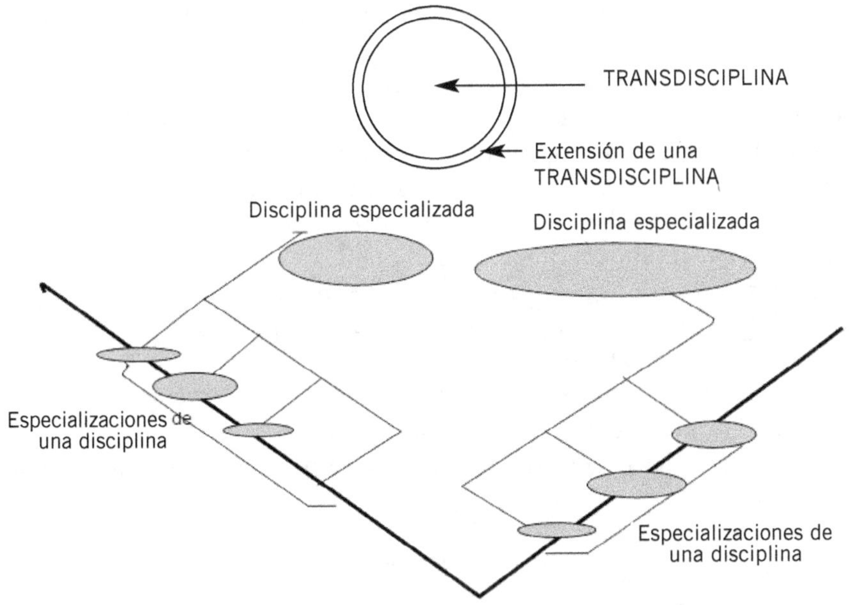

Comunicación Estratégica® trabaja desde la trandisciplina porque no se instaura de manera definitiva en ninguna disciplina (por ejemplo relaciones públicas) ni en la estrategia ni en la comunicación, que sería pluridisciplina o interdisciplina, sino que intenta inaugurar una nueva mirada que abra espacios de posibilidad y ámbitos fecundos para descubrir y operar sobre varios y distintos niveles de realidad.

Nuestra propuesta de abordaje transdisciplinar apunta a articular operativamente las diferentes realidades (los distintos elefantes) que cada ejecutivo "construye" desde su estricto ámbito disciplinar.

---

11. Folch, Ramón: *Diccionario de socioecología*. Planeta, Barcelona, 1999.

El discurso de los distintos saberes y conocimientos científicos, es un "lenguaje" dentro del lenguaje, como tales pueden caer en la ilusión de la simplificación. Como señala Gaston Bachelard, lo simple no existe, solo existe lo simplificado.
Las ciencias y los sistemas de saber construyen sus objetos de estudio extrayendo sus componentes de su ambiente complejo para situarlo en un ambiente de experimentación no complejo (por medio de distintos procesos de reducción, muchas veces implícitos y "acríticamente" implicados en los métodos y dinámicas exploratorias).[12]

Nos proponemos, pues, construir "realidades más reales" (más cercanas al elefante total) a través de generar un espacio que propicie un diálogo verdaderamente articulador.

Comunicación Estratégica® ofrece un marco ideal para la construcción de este necesario espacio de diálogo en el que deben participar todas las áreas responsables del devenir organizacional (producción, finanzas, marketing, recursos humanos, contables, legales, sistemas, comunicación, etc.), evitando tanto la exclusión como la hegemonía de cualquiera de ellas.

Todas co-operando en pos de descubrir y accionar efectivamente en la *Matrix* que se esconde detrás del cartón pintado que en verdad es cada "ego-realidad" individual por sí sola.

Solo a través de la transdisciplina podremos reinventar el sentido mismo de "organización" para también "nosotros con otros y en otros" no reinventarnos y descubrir y operar sobre nuevos planos de realidad.

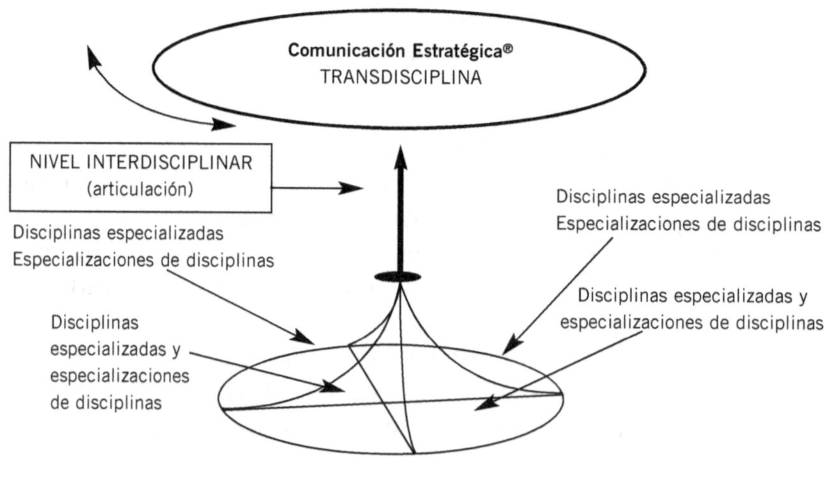

---

12. Carretero, M.: *Op. cit.*

Enfoque sistémico

El pensamiento sistémico es un marco de conocimiento, con conceptos e instrumentos operativos, especialmente abocado a ver patrones totales en vez de los hechos parciales que lo componen.

Cuando por ejemplo vemos que las nubes se espesan, el cielo se oscurece, comienza a soplar un fuerte viento y percibimos olor a lluvia, sabemos que es muy probable que se desate una tormenta. Comprendemos todos estos sucesos en el marco del sistema total que forma: "la tormenta". Es así como, ocasionalmente, prescindiendo de sofisticados elementos de medición, podemos salir de nuestra casa con impermeable y paraguas (y hasta es probable que el intendente pueda alertar a las fuerzas de salvamento si lo considera prudente).

El pensamiento sistémico se ocupa de ver *interrelaciones* en vez de *cosas*; asimismo pretende exaltar la sensibilidad para percibir esas interconexiones sutiles, que siempre existen en todos los hechos por más aislados que parezcan.

Sabemos que el lenguaje que utilizamos modela nuestras percepciones. Todo lo que vemos depende de cómo estamos preparados para ver.

Nuestros idiomas occidentales nos condicionan a la lectura lineal, de los textos y de toda la realidad.

Cuando leemos noticias en medios gráficos, escuchamos los noticieros de la radio o vemos los de la televisión, por lo general, lo hacemos de un modo lineal, de noticia en noticia. Nos cuesta mucho pensar en las infinitas interrelaciones que pueden existir entre todas ellas. Nuestras "visiones" son fragmentarias y parciales. En cambio, idiomas orientales como el chino o el japonés, que no se asientan en una estructura lineal basada en sujeto-verbo-objeto, facilitan otros modos de lectura.

Intelectualmente, los occidentales estamos muy influidos por el pensamiento cartesiano. Descartes aconsejaba en el *Segundo discurso* solucionar los problemas fragmentándolos en la mayor cantidad posible de sub-problemas para luego analizarlos uno por uno.

En nuestro tradicional pensamiento causa-efecto, suponemos que un suceso B es el resultado de un suceso A, el causal que lo precede. Con este modo de pensar, el suceso B nunca puede tener efecto retroactivo sobre el suceso A. Pero si pretendemos comprender las interrelaciones sistémicas, hemos de agilizar nuestra habilidad para leer de otra manera. La inmensa mayoría de los problemas empresariales –y muy particularmente los relacionados con la comunicación– presentan una causalidad *circular*, es decir que A, B, C, D, etc., se afectan recíproca y constantemente.

Si analizamos lo que sucede en una corrida bancaria ante una crisis económica y/o política, veremos que los ahorristas sufren de pánico por las angustiosas y nefastas predicciones del desastre y devaluación que se supone acontecerán. Esto motiva que gran cantidad de depósitos sean retirados, lo que efectivamente por fin precipita una crisis. En este caso acertadamente se habla de una "crisis de confianza".

Aquello que genera la crisis, en verdad es el pánico. Es el futuro –el pánico generado por la suposición de lo que puede llegar a suceder– y no el pasado, lo que determina el presente.

Así, lo que aparenta ser el efecto –la precipitación de la crisis– se convierte en la causa –aquello que generó el pánico. La profecía del suceso causa el suceso de la profecía.

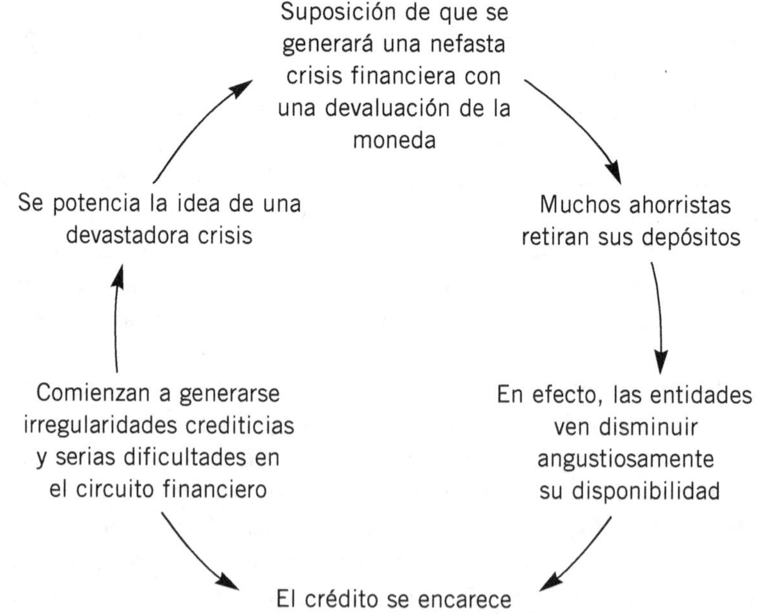

Esto es un ejemplo de las llamadas "profecías de autorrealización" o "profecías autocumplidas", en las cuales la secuencia causa-efecto se quiebra.

Entonces, el concepto de causalidad circular que emana del pensamiento sistémico –plenamente aplicable a las problemáticas complejas emergentes de la estrategia– sostiene que ningún suceso o conducta es la causa o es causado por otro suceso o conducta de manera aislada, sino que, cada uno de ellos, está interrelacionado circularmente con muchos otros. Por eso, para el pensamiento sistémico, la totalidad es mayor que la suma de las partes, ya que esas partes interactúan.

Pensemos en que una neurona o un conjunto de ellas por separado, son incapaces de producir el "resultado sistémico" senso-motor que se genera cuando forman parte del sistema nervioso, o sea como componentes de un sistema mayor.

Pensemos en el vuelo de un avión. Lo que vuela no son las turbinas, las alas, el fuselaje, los instrumentos o la tripulación. Lo que vuela es la *interacción* de estos elementos. La totalidad.

Con una empresa sucede lo mismo. La empresa no es producción, finanzas, administración, marketing, comunicación, etc. *Las organizaciones son el resultado de procesos.* Resulta fundamental dejar de ver concatenaciones lineales de causa-efecto para pasar a ver las interrelaciones: en vez de ver "instantáneas", observar "procesos de cambio".

Otro emergente sistémico es que la afectación a uno de los elementos de los que componen un sistema, afecta –en mayor o menor medida– a los demás elementos. No se puede intervenir parcialmente en alguno de ellos sin evaluar el impacto, la reverberación que puede provocar en los restantes.

En las organizaciones no existen interacciones discretas o inconexas. De algún modo, todo tiene que ver con todo.

Para abordar de manera eficaz las problemáticas estratégicas de las organizaciones, debemos apelar a un enfoque sistémico. A las interrelaciones circulares del sistema empresa. A la totalidad. ¡A los elefantes!

El sentido del sistema (el para qué y hacia dónde) es una fuerza que actúa junto con otras que dan continuidad a la organización y le permiten operar en un marco incierto y cambiante. Un aspecto vital del sistema tiene que ver con su capacidad para generar las actividades que la sostienen, su carácter autogenerativo. Esta capacidad se explica mediante los conceptos de autonomía, recursividad y reflexividad. La organización viable se mantiene y crece en el tiempo, no de cualquier forma, sino res-

guardando sus raíces, sus acuerdos básicos y sus rasgos de identidad. No solo produce bienes y servicios para la comunidad, sino que genera los recursos y resguarda las condiciones que mantienen al sistema en el tiempo.[13]

La comunicación en el vértice del poder (o más allá del director de Comunicación)

A medida que las empresas van tomando conciencia de la importancia de la función comunicación, se está notando la necesidad de optimizar las estructuras operantes del área. En general existen cuatro variantes destacadas.

- La función comunicación es asignada como responsabilidad adicional a algún departamento o gerencia, en el área de publicidad, marketing, ventas, recursos humanos, etcétera.
- Se nombra a un comité compuesto por los principales responsables de las diferentes áreas.
- Se contratan los servicios externos de una empresa consultora, en la que se deposita la responsabilidad de la comunicación.
- La empresa posee un área específica que se encarga de gestionar la problemática comunicacional de manera global.

Cuando la función comunicación es asignada como responsabilidad adicional a algún departamento o gerencia, se corre el riesgo de que para este se convierta en un elemento secundario y supeditado a sus objetivos particulares.

Formar un comité tampoco constituye la mejor opción, ya que quienes lo componen deben prestar atención a las problemáticas relativas a sus áreas específicas antes que a la comunicación. Los integrantes del comité difícilmente pueden contar con el tiempo y los conocimientos que la función comunicación demanda.

Las soluciones más viables son las que consisten en contratar los servicios externos de consultoría y poseer una estructura interna dedicada a la comunicación, opciones que no son mutuamente excluyentes. De hecho, muchas de las empresas más importantes cuentan con ambas.

Existen diversas maneras de llamar al responsable máximo de la

---

13. Etkin, Jorge: *Gestión de la complejidad.* Granica, Buenos Aires, 2005.

comunicación en el seno de una organización. Dircom, es un término de origen francés aunque también en países hispanohablantes se suele utilizar. La denominación CCO –*Chief Communication Officer*–, de los países angloparlantes, es la más generalizada en el mundo.

Respecto de las áreas de gestión y funciones específicas, en mi experiencia observé una variedad sumamente amplia de criterios. Por eso resulta muy difícil poder elaborar un listado definitivo.

Encontramos, además, que existen diferencias de una organización a otra, entre los nombres que ponen a cada función y entre lo que entienden que cada función es.

En la mayoría de las empresas importantes, la función comunicación hoy ya goza de la alta jerarquía que venimos proponiendo desde hace muchos años. De hecho, resulta interesante observar un estudio pionero que Alberto Borrini dirigió a mediados de la década de los '90, en el cual se evidencia que por aquellos años en la Argentina, el área de comunicación ya había logrado esa importancia. Cabe destacar que el mencionado estudio se realizó durante 1995 a través de 900 cuestionarios. La muestra estuvo constituida por 51 empresas de primera línea.

El estudio arroja que el 84% de estas empresas parecen estar de acuerdo con nuestra postura de asignarle una alta jerarquía a la función comunicación (61% reporta al presidente, el 21% a la Gerencia general, el 2% al Directorio).

El responsable de la comunicación reporta a:	%
Presidente	61
Gerente general	21
Gerencia comercial	6
Directorio	2
Gerente de Recursos Humanos	2
Dirección de Marketing	2
Dirección de Finanzas	2
Asesoría de Gerencia general	2
Gerencia de Planeamiento	2

A estas alturas, ya no caben dudas de que la organización que pretende constituirse en sustentable, debe asumir a la comunicación en el vértice del poder. Aún más allá del director de Comunicación típico que conocemos (Dircom, CCO, etc.). Así pues, permanezcamos muy atentos porque vislumbro que ya ingresamos a una nueva era. Ha llegado la hora de una figura superadora, de un nuevo profesional que bien podemos designar como CSO (*Chief Strategy Officer*) o director de Comunicación Estratégica®.

La Dirección de Comunicación Estratégica®

En virtud de todo lo dicho acerca de estrategia, afirmamos que la dirección estratégica[14] aborda la complejidad que deriva de situaciones ambiguas y no rutinarias que implican más a la totalidad de la organización que a las operaciones específicas. Las implicancias respecto de la totalidad de la organización derivan de lo que ya adelantamos en referencia al axioma "todo comunica" pero que luego abordaremos en profundidad en el Capítulo 8. En resumen, podemos decir que todo cuanto hace una organización, ya sea a través de un acto estrictamente comunicacional o de cualquier otra acción, es interpretado y generará impresiones.

Así el tipo de desempeño al que convoca la Dirección de Comunicación Estratégica® exige al director romper las barreras impuestas por su formación disciplinar, para abrazar el desafío transdisciplinar que la función le asigna, traspasar las fronteras del uni-verso disciplinar para abordar el multi-verso transdisciplinar. Dejar de asumir las cuestiones como estrictos problemas de relaciones públicas, comunicación interna, comunicaciones integradas de marketing, lobbying, legales, institucionales, diseño o publicidad.

¿Comunicación BTL?[15] ¿Comunicación ATL?, ¡Bullshit!...

Comunicación es FTL: *FUCK THE LINE!*

Por supuesto que estos y otros aspectos (producción, impuestos, etc.) tienen importancia por sí mismos. Sin embargo, el director de Comunicación Estratégica® tiene la misión de desarrollar la visión glo-

---

14. Johnson, Gerry y Scholes, Kevan: *Dirección estratégica.* Pearson Educación, Madrid, 2001.
15. BTL (*Below the line*) significa "debajo de la línea". Refiere al empleo de formas de comunicación no masivas por estar dirigidas a segmentos específicos. ATL (*Above the line*) en su traducción significa "sobre la línea" y refiere a las campañas que acontecen a través de los medios de comunicación tradicionales.

bal para concebir algo más cercano a la totalidad y no solo las partes de las situaciones: elefantes, y no trompas, orejas, patas…

La Dirección de Comunicación Estratégica® está caracterizada por la necesidad de navegar por la complejidad, por facilitar y enriquecer la toma de decisiones y por la elaboración de juicios que reclaman algún grado de conceptualización.

Paradójicamente, la formación de los cuadros de Dirección en general está enfocada al emprendimiento de acciones y a la elaboración de planes detallados, competencias deseables en el director, pero no centrales, puesto que responden más a los imperativos propios de lo operacional. Exponemos en el cuadro siguiente algunas de las características que distinguen a ambas perspectivas.

DIRECCIÓN ESTRATÉGICA	OPERACIONES
• Compleja	• Rutina
• Implicancias a largo plazo	• Implicancias a corto plazo
• Organización	• Especificidad en
• Fundamental	el estricto ámbito operacional

Genéricamente, dirigir a nivel estratégico comporta llevar a cabo al menos las siguientes tres funciones[16]:

1. diagnosticar la situación actual,
2. definir una situación futura a alcanzar,
3. determinar qué hay que hacer para lograrlo.

Este es un proceso circular, dinámico y continuo. Resulta una tarea muy difícil hallar a una persona que posea excelencia en estos tres aspectos y que, además, pueda regular el equilibrio necesario entre las tres funciones.

Veamos ahora algunas de las deficiencias posibles en el desempeño de un director, respecto de las mencionadas tres funciones.

1. La ausencia de diagnóstico, entre muchas otras causas, generalmente ocurre por presiones constantes de los superiores para

---

16. Montañés Duato, Pascual: *Inteligencia política.* Prentice Hall, Madrid, 2003.

actuar con inmediatez (lo llamo *el síndrome del permanente espasmo*), por mala administración de los tiempos, por propia incapacidad, o precipitación del director.

A menudo hallamos una actitud negativa generalizada en toda la organización en contra del análisis. Se argumenta que la realidad es vertiginosa y que las oportunidades pasan una vez y se van (cosas que no podemos negar que son verdad).

2. En el caso de una ausencia de situación anhelada puede deberse a que la organización alguna vez ha tenido un proyecto ambicioso y motivador pero que en la actualidad está agotado. Me tocó trabajar con empresas que vivían en la fantasía de que el éxito ya había sido alcanzado, como si este fuese un punto de llegada.

   Existen organizaciones –y particularmente países bien conocidos por cada uno de nosotros– que asumen que el éxito es un destino inexorable, que ellos "están condenados al éxito". Pues bien, ¡relájate y goza! "Hacemos estrategia sobre la marcha, y listo."

   Algunos otros están realmente convencidos de que el éxito se trata de una cuestión de pura suerte. Créame, amigo mío, que con estos años caminados, no desdeño en lo más mínimo este factor. Pero entregarle a él el 100% de la confianza respecto del resto de nuestras vidas, me parece un tanto arriesgado.

3. Por último, encontramos directores con serias dificultades para "tender puentes" que definan cómo pasar de la situación actual a la futura. A veces, peor que no saber cómo, resulta intentar indiscriminadamente con toda nueva práctica de moda que va surgiendo.

   Tal como sucede en la Medicina, donde "no hay enfermedades sino enfermos", una práctica exitosa para una organización en particular, puede que sea desastrosa para otra.

Genéricamente, toda Dirección estratégica[17] (incluyendo el caso de una Dirección de Comunicación Estratégica®) incluye:

1. *análisis estratégico*, para analizar el entorno y explorar el futuro en virtud de los posibles escenarios;

---

17. Johnson & Sholes, 2001.

2. *elección estratégica* o reconocimiento de las acciones que es posible emprender, valoración de cada una de ellas y elección de las mejores;

3. *implementación estratégica,* que define las prácticas y cambios necesarios, la implantación y el seguimiento de las decisiones para evaluar los resultados.

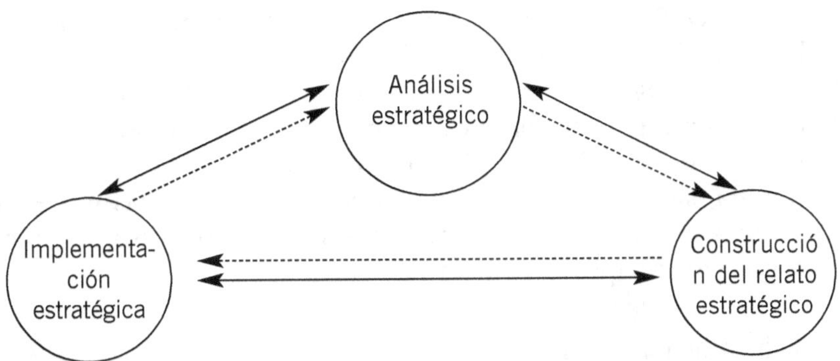

Desde un punto de vista lógico (representado por las flechas punteadas) el análisis estratégico precede a la elección estratégica que, a su vez, precede a la implementación de la estrategia.

Sin embargo, la dinámica práctica de este esquema (representado por las flechas continuas) no es lineal, sino interrelacional. En efecto, una manera –tal vez no la mejor– de valorar una estrategia es comenzar por implementarla; en este caso, implementación y elección estarían aconteciendo a un mismo tiempo.

El análisis estratégico

Consiste en comprender el lugar donde está la organización, la posición en la que se encuentra respecto del entorno, las capacidades estratégicas (recursos y competencias), las expectativas de los públicos (*stakeholders*). El propósito del análisis estratégico es acceder a una visión de cómo afectan las influencias clave al bienestar presente y futuro de la organización, a las oportunidades que emergen de los escenarios y a su desempeño.

La construcción del relato estratégico

Implica comprender de manera profunda las claves subyacentes a la estrategia futura, a fin de crear opciones que permitan evaluarlas para luego seleccionar las más convenientes. Dichas claves surgen del análisis de las expectativas e influencias de los diferentes *stakeholders*[18] y de su articulación con las intenciones de la organización. A partir de la variedad de caminos o líneas de acción posibles, se evaluarán y, posteriormente, se seleccionarán aquellas que se consideren más apropiadas.

El emergente de todo este ejercicio debería ser la construcción de un "relato estratégico" que logre sintetizar toda la complejidad implicada en la estrategia. El relato estratégico se constituye en una palanca para la comprensión e inspiración, es el trasfondo argumental de la estrategia, significa tomar distancia y sustraerse de las inmediateces, y representa una convocatoria abierta al compromiso por la consecución de los propósitos colectivos.

La implementación estratégica

Es la instancia que traduce la estrategia en acción a través de diseñar y estructurar a la organización, alinear las capacidades y alistarlas para su disponibilidad y gestionar el cambio estratégico requerido. El éxito de la implementación va a depender en gran medida de la "voluntad política" y del grado de acople e integración efectiva que se logre hacer con todos estos elementos, pudiendo configurar este hecho incluso una ventaja competitiva y relacional difícil de ser imitada por otras organizaciones. En esta etapa resulta muy importante el realizar un minucioso seguimiento de las decisiones. Para implementar de manera exitosa una estrategia se impone no solo un diseño coherente y alineado con los propósitos fundamentales de la organización, sino además haber escogido aquellas opciones más efectivas y aplicables.

Tengamos en cuenta que el proceso estratégico no consiste en una secuencia de etapas ordenadas.

Como hemos dicho, las estrategias son decisiones sumamente complejas porque sintetizan muchas otras decisiones en las que intervie-

---

18. Este tema se tratará con profundidad en el Capítulo 7, donde se proponen soluciones prácticas para el abordaje de la problemática de las expectativas de los diferentes públicos en su vínculo con la organización.

nen factores de índole heterogénea tales como los políticos, los sociales y los económicos.

En base a lo desarrollado, exponemos a continuación un *mapping* del proceso de la dirección estratégica[19]:

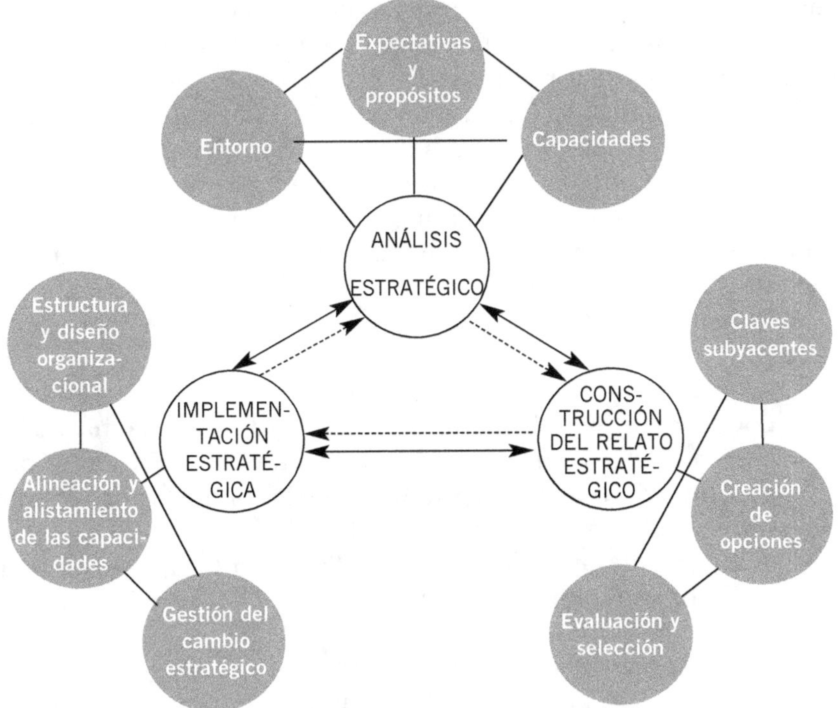

El ser humano en el centro de Comunicación Estratégica®

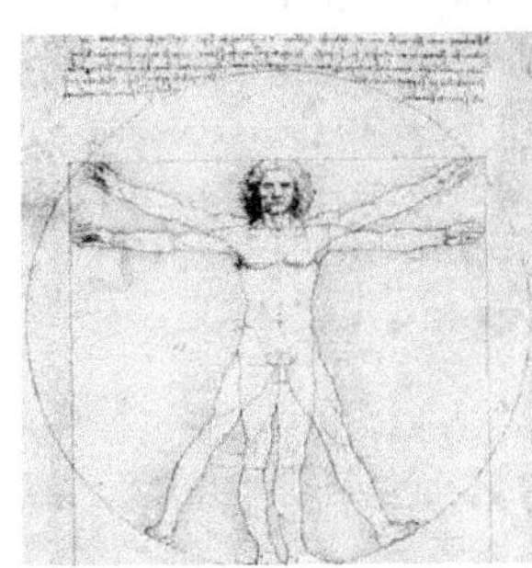

Este conocido dibujo de Leonardo da Vinci está inspirado en las teorías del arquitecto romano Marco Vitruvio (siglo I a.C.). La obra muestra las proporciones del cuerpo humano, una de las aplicaciones de la sección áurea o proporción divina. Uno de los significados que se le asignan es que el hombre es el centro del universo, una idea central de la Comunicación Estratégica®.

19. Adaptado de Johnson & Scholes: *Op. cit.*

Comunicación Estratégica® ofrece un sólido sistema de conceptos y de herramientas concretas para la acción directiva; su vector de trabajo fundamental se centra en *el estratega,* en el operador de la comunicación. Consideramos de vital importancia poder trabajar sobre el factor humano implicado en la función de dirección de comunicación, abordando problemáticas tales como los modelos mentales, el desarrollo personal y el aprendizaje del estratega.

No se trata tan solo de un marco teórico, de un modelo, de tecnologías de management o de herramientas. Además, y fundamentalmente, se intenta ayudar a cultivar un "ser estratega" con capacidad para procesar contradicciones e incertidumbres y que pueda accionar con éxito aun estando inmerso en una complejidad que por momentos resulte paralizante.

Así, Comunicación Estratégica® busca añadir valor a la gestión través de:

- conocimientos del operador (ofreciendo un sistema de conceptos y de herramientas concretas para la acción directiva),
- aptitudes del operador (promoviendo la comprensión y el entendimiento de la complejidad implicada), y
- actitudes (llevando a cabo un trabajo con los modelos mentales y el desarrollo personal).

Comunicación Estratégica® = Aptitudes +
Actitudes + Conocimientos

Los conocimientos y las herramientas, absolutamente necesarios pero no suficientes, son operados por personas que deben decidir sobre los instrumentos y saberes pertinentes que se aplicarán, elegir los momentos oportunos, reconocer a los actores implicados, comprender las circunstancias políticas, entre muchos otros factores, que serán abordados con mayor o menor éxito de acuerdo con las competencias y habilidades personales que posea el operador de la comunicación.

Comunicación Estratégica® entiende que estas competencias pueden y deben ser desarrolladas y propone un camino concreto para hacerlo.

Particularidades de las intervenciones

Por lo general, los métodos tradicionales de intervención/ contratación responden a dos modelos básicos:

- "Servicios expertos".
- "Médico-paciente".

El modelo de Servicios expertos seguramente es el más extendido de consultoría e intervención. En él, la organización identifica una necesidad, y concluye que al no poseer los recursos propios necesarios ni el tiempo suficiente para ocuparse del asunto, recurrirá a un agente externo que le proporcione información experta o un servicio experto.

Este modelo supone que el contratante tiene certeza acerca de cuál es el problema y de quién es el profesional (o la empresa) que puede brindar el servicio necesario; el buen funcionamiento de este modelo dependerá, entonces, de que el contratante haya elaborado un acertado y correcto diagnóstico de las necesidades y de que estas necesidades se hayan transmitido con claridad al consultor.

En el Médico-paciente, el contratante le solicita a un agente o consultor externo que lo revise, diagnostique e indique los medios para superar las disfunciones, que aplicará él mismo.

Este modelo le otorga demasiada injerencia a la visión heterónoma del agente externo, quien es el que identifica la "enfermedad" y "receta" la medicina que él mismo elabora y vende. ¿Usted se sentiría seguro con un médico que sea el comercializador del tratamiento que propone? ¿Ah, sí? Allá usted...

Tanto el modelo de Servicios expertos como el modelo Médico-paciente resultaron funcionales a los paradigmas ya agotados del industrialismo y post-industrialismo. Las cosas ya no son como eran, los factores que ayer garantizaban un rendimiento óptimo del trabajo son los mismos que hoy se constituyen en el principal obstáculo para el logro de tales rendimientos.

La necesidad de cambio está gritando desde las entrañas mismas de las organizaciones.

La organización tradicional ya fue…

Demasiadas organizaciones siguen comportándose hoy como lo hacían ayer, cuando les daba resultado. Es cierto que muchas de ellas lograron tener mucho éxito. Sin embargo, las condiciones ya no son las mismas. Las organizaciones que sigan apegadas a estas viejas ideas corren serio riesgo de desaparecer. Los factores que vuelven obsoletas las viejas prácticas son entre muchos otros:

- las nuevas tecnologías,
- la globalización,
- el incremento cuantitativo y cualitativo de la competencia,
- el cambio del trabajo manual hacia el trabajo basado en el conocimiento,
- los procesos de regulación otrora basados en sistemas de mando y control pero que hoy ya no resultan efectivos.

Así podemos decir que la empresa tradicional se caracterizaba por:

- ser jerárquica y piramidal,
- estar basada fundamentalmente en la manufactura,
- estar regulada a través de sistemas de mando y control, y
- por la preponderancia del miedo.

Ante las nuevas realidades, la organización tradicional resulta cara, lenta, incompetente y absolutamente obsoleta. Se impone, pues, buscar un nuevo modo de "hacer organización".

Esta nueva organización reclama:

- establecer nuevas relaciones (del trabajo –internas– y externas),
- enfocarse en el poder transformador de la palabra (lenguaje) y la comunicación en vez de en la destreza física de los trabajadores,
- abandonar progresivamente los obsoletos sistemas de regulación a través del mando y control, para reemplazarlos por crecientes niveles de autonomía responsable.

En el mundo del trabajo existe un quiebre del pacto social típico de la organización tradicional que relacionaba de modo contractual a trabajadores y empresarios dentro de una lógica de derechos y obligaciones en materia de tiempo, salario, contenido de trabajo y permanencia del empleo.

> *A diferencia del trabajador manual, el del conocimiento es dueño de sus medios de producción. Es una persona que se identifica con su área de especialización y no con su empleador.*
>
> *La organización significa para él un recurso, un espacio donde aplicar sus conocimientos. Su lealtad no se consigue a través del salario, sino a través de la oferta de oportunidades de desarrollo.*
>
> *Y, por último, el trabajador del conocimiento no puede, ni debe, ser supervisado. Estas características plantean importantes desafíos a las organizaciones tanto en lo que se refiere a su gestión así como también a su organización.*
>
> *Con relación a la gestión, las organizaciones deben ser capaces de generar el ámbito adecuado para el despliegue de las capacidades de los trabajadores del conocimiento y, en cuanto a la organización, esta no puede ser de jefes y subordinados, sino de equipos.*
>
> *(…) La organización moderna se compone de especialistas; es una organización de iguales donde ningún campo del saber predomina sobre otro.*
>
> *Todos contribuyen a la tarea en común y el resultado de cada trabajador se juzga por dicha contribución. Para que esto sea posible, la organización debe estar estructurada en red.*
>
> *(…) El trabajador del conocimiento debe tener cierta autonomía para poder autogestionarse y ser responsable de su propia productividad. Es entonces imprescindible generar un clima de confianza y transparencia que responsabilice a las personas por sus resultados y les otorgue una amplia libertad para trabajar.*[20]

El miedo como emoción básica de la organización, no se corresponde con los imperativos actuales; en la nueva organización el miedo debe ser sustituido por la confianza.

La confianza es el fundamento motivacional que sostiene y desarrolla todo vínculo no basado en la fuerza/presión/dominio. Todas las relaciones sin confianza (ya sean de padres a hijos, entre amigos, entre cónyuges, entre gobernantes y gobernados, entre profesionales colegas, entre socios, entre miembros de un equipo o entre empleados y jefes) tienden inexorablemente a la apatía, a la degradación y/o a la disolución.

Ante la falta de confianza uno se siente vulnerable, se genera una atmósfera amenazante que paraliza y propicia la aparición del miedo.

---

20. Falco, Alejandra E.: "Productividad del trabajador del conocimiento: el gran desafío del siglo XXI". En *Temas de management*, Congreso de Productividad, Universidad del CEMA, Buenos Aires, 2003.

La confianza nos hace sentir seguros, nos pone en movimiento, genera acción y nos hace apreciar el futuro con optimismo y con más luz. Nos impulsa a explorar, a crear e innovar.

Para generar confianza en la organización se debe prestar atención a la arquitectura organizacional, a la cultura y a los sistemas de gestión. En ocasiones, todos estos factores confluyen para obstaculizar el desarrollo de la confianza y propiciar en cambio relaciones competitivas destructivas y antagónicas entre sus miembros. Por el contrario, se pueden estructurar arquitecturas, culturas y sistemas que promuevan las relaciones de confianza y comprometan a los miembros de la organización a desarrollarlas y sostenerlas.

Ante las nuevas realidades, el desarrollo de relaciones de confianza se impone como requisito del éxito organizacional. Para generar confianza, además, debemos revisar seriamente las competencias profesionales que estamos privilegiando.

Las competencias del trabajador manual no son las mismas que se requieren hoy del trabajador del conocimiento. Las competencias –principalmente las directivas– más valoradas deben ser aquellas que responden precisamente a estos nuevos imperativos.

En palabras de Peter Drucker:

> *La productividad del trabajador del conocimiento es el mayor desafío de la gestión en el siglo XXI. Los países y las industrias que han emergido como líderes en el mundo en los últimos cien años son aquellos que han sido líderes en incrementar la productividad del trabajador manual (...) En cincuenta años, si no mucho antes, el liderazgo de la economía mundial se habrá desplazado hacia aquellos países e industrias que hayan incrementado de la manera más sistemática y más exitosa la productividad del trabajador del conocimiento.*[21]

El "director requerido"

El punto de partida de esta desafiante revolución del modo de hacer y ser organización se halla en el lenguaje y en la comunicación. El lenguaje no solo nos permite hablar acerca de las cosas, sino que hace que las cosas sucedan. Por lo tanto, el lenguaje es acción, es genera-

---

21. Drucker, Peter: "Knowledge-Worker, Productivity: The Biggest Challenge". En *Management Review*, California, 1999.

tivo, genera realidades. En este contexto, el director de Comunicación Estratégica® adquiere una importancia fundamental.

El lenguaje es un acto humano y social. Las personas manifestamos nuestra propia identidad a través de él, definiendo la realidad de determinado modo personal, la creamos, la recreamos y la transformamos. En tanto acto social, se trata de un dominio consensual, una construcción y un aprendizaje compartido.

El lenguaje crea realidades. Los esquemas mentales, nuestras creencias y el imaginario colectivo interaccionan a través del lenguaje para describir el mundo, describirnos a nosotros mismos, reconocer nuestro potencial, diseñar la interacción con otros, determinar los comportamientos que corresponden a cada situación, estructurar mapas de roles, interpretar el pasado y definir los futuros que anhelamos. Cambiando el lenguaje, puede cambiar nuestra manera de ver el mundo. Podemos cambiarnos a nosotros y a los demás. Cambiando la palabra, cambia el mundo.

El trabajo en las organizaciones debe reconocer tres dimensiones diferentes[22]:

1. la tarea individual,
2. las actividades de coordinación, y
3. el trabajo reflexivo de aprendizaje.

La tarea individual

El trabajo que se le asigna a cada sujeto, quien debe hacerse responsable de sus resultados.

Las actividades de coordinación

La dinámica de una organización no es resultado de una sumatoria de trabajos individuales, sino de su articulación. Sujetos altamente efectivos en sus tareas individuales, pueden ser responsables de procesos ineficaces si no son capaces de coordinarse entre sí. (Con los países puede suceder lo mismo.)

---

22. Echeverría, Rafael: *La empresa emergente.* Granica, Buenos Aires, 2000.

El trabajo reflexivo de aprendizaje

Un esfuerzo de reflexión sobre el trabajo realizado. En escenarios cambiantes y altamente inciertos como los actuales, donde surgen constantemente nuevas tecnologías y productos/servicios competidores y/o sustitutos, se impone reasegurarnos el futuro. Los éxitos de hoy no son garantía de éxito para mañana. Por eso se deben revisar constantemente las formas como se hacen las cosas. Nosotros y todos los públicos clave, porque el aprendizaje y la optimización continuos son condiciones mínimas de permanencia.

En este contexto las conversaciones se transforman en una competencia clave.

La acción de dirigir se desarrolla principalmente a través de prácticas conversacionales, es decir, se lleva a cabo conversando con otros y escuchando lo que otros nos dicen, en diferentes ámbitos y niveles, dentro y fuera de la organización.

Conversar pareciera ser un asunto sencillo. Se trata de una habilidad que todos creemos manejar muy bien. Sin embargo, cuando se trata de conversar sobre temas espinosos o complejos en los cuales el compromiso con la generación de acciones necesita ser efectivo, se comienza a advertir una gran cantidad de dificultades.

Una organización inteligente desarrolla un conjunto de prácticas que hacen posible hacerse cargo de esta dificultad; se trata de lograr que las personas perfeccionen su capacidad para conversar sobre temas trascendentes con una clara orientación a generar compromisos con las acciones efectivas.

Como hemos dicho, los seres humanos somos partícipes activos en la construcción del mundo, en la construcción de la realidad. Creamos el mundo a partir de nuestras distinciones lingüísticas, con nuestras interpretaciones, relatos, y con la capacidad que nos proporciona el lenguaje para coordinar acciones con los demás. Somos eminentemente lingüísticos.

El lenguaje es lo que nos hace el tipo particular de seres que somos. Por eso es una clave para comprender los fenómenos humanos, entre ellos los organizacionales.

Somos seres sociales. Afirmamos que el lenguaje es generativo, que no solo nos permite hablar acerca de las cosas sino que hace que sucedan. El lenguaje, por lo tanto, es también acción.

Es generativo porque crea realidades humanas. Al hablar lo hacemos instrumentando un número llamativamente restringido de *actos del habla*. Estos actos son universales.

Nos creamos a nosotros mismos en el lenguaje y a través de él. Al decir lo que decimos y al decirlo de un modo y no de otro, callando o explicitando algo, abrimos o cerramos posibilidades para nosotros mismos y para otros. A partir de lo que decimos o se nos dice, a partir de aquello que escuchamos o no escuchamos de lo que otros nos dicen, nuestra realidad futura se moldea en un determinado sentido o en otro. Forjamos nuestra identidad y la del mundo en que vivimos a través del lenguaje.

De allí el tremendo poder generativo y transformacional del lenguaje.

> *El reconocimiento del papel generativo del lenguaje permite un nuevo enfoque para la comprensión de las organizaciones en general, como asimismo de las empresas y las actividades gerenciales o de management. Este enfoque nos muestra que las organizaciones son fenómenos lingüísticos: unidades construidas a partir de conversaciones específicas, que están basadas en la capacidad de los seres humanos para efectuar compromisos mutuos cuando se comunican entre sí.*[23]

Los directores que no comunican con efectividad ponen en serio riesgo los resultados de la gestión. La comunicación, por lo tanto, no puede ser vista como un aspecto particular, entre muchos otros, en el desempeño organizacional, sino como el fundamento que sostiene todas las demás competencias del director. Si tal fundamento es débil, su gestión también resultará débil.

Con lo dicho, resulta curioso observar que la mejora de competencias conversacionales no ha sido un área formal de aprendizaje en los programas de formación empresarial. No es frecuente encontrar en dichos programas el interés por desarrollar competencias conversacionales clave como lo son, por ejemplo, escuchar con efectividad, saber fundamentar, recibir y emitir juicios críticos, pedir con efectividad, observar e intervenir en las condiciones emocionales que afectan el desempeño, identificar, desalentar y disolver a tiempo las conversaciones que deterioren el quehacer de la organización.

---

23. Echeverría, Rafael: *Ontología del lenguaje.* Dolmen/Ediciones Granica, Santiago de Chile, 1997.

En el nuevo contexto el "director requerido" es una figura de autoridad siempre al servicio de su gente, comprometida en detectar, abordar y resolver los obstáculos. Por supuesto que, más allá del "director requerido", también se impone una "arquitectura organizacional requerida", más horizontal, más flexible y plástica. Sin embargo una cosa no condiciona a la otra. Si bien resulta evidente que trabajar ambos factores a la vez ("director requerido" y "arquitectura organizacional requerida") genera mayor impacto transformador, el hecho de que no estén dadas las condiciones para modificar la arquitectura organizacional, no es una excusa válida para no comenzar a trabajar sobre la figura del director requerido.

El fundamento del trabajo en la organización tradicional fue la destreza física mientras que hoy, en la nueva organización, lo es el poder generativo, activo y transformador de la palabra, del lenguaje y la comunicación. Mientras antes se exhortaba con un "¡Cállese y trabaje!", hoy en cambio se debe exclamar: "Cumpla con su tarea: ¡converse!".

El abordaje de Comunicación Estratégica®

Los directivos generalmente cuentan con unas competencias técnicas precisas y han aprendido a instrumentar un conjunto de técnicas de gestión muy importantes. Sin embargo existen otras competencias más sutiles que resultan absolutamente determinantes para su labor pero que a menudo no son detectadas en forma adecuada o no se genera el espacio de aprendizaje necesario para desarrollarlas.

El lenguaje y la comunicación se constituyen en puntos clave de apalancamiento para la Dirección.

Robert Reich[24] define tres tipos de ocupaciones para el siglo XXI:

> *... servicios de producción rutinaria, servicios personales y servicios simbólico-analíticos. Los dos primeros contienen una alta dosis de rutina, es decir, de procedimientos previamente definidos. El primero produce bienes para el mercado mundial y el segundo se orienta a cubrir necesidades por el trato persona a persona. En cambio, los servicios simbólico-analíticos incluyen la identificación y la solución de problemas, así como la intermediación estratégica de clientes en redes o cadenas de valor. Este tipo*

---

24. Reich, Robert: *The Work of Nations.* Alfred A. Knopf, Nueva York, 1991.

de trabajadores manipula símbolos: datos, palabras, representaciones orales y visuales y, aunque tiene en común con las otras ocupaciones que su producción es para el mercado mundial y que debe estar en contacto personal con el cliente, las diferencias son sustantivas. Los actores de este nuevo tipo de trabajo simplifican la realidad en imágenes abstractas que se pueden reordenar, manipular, experimentar o comunicar a otros especialistas, además de ser transformadas en realidad.

En este sentido, podemos afirmar que el director de Comunicación Estratégica® hoy despliega su poder de transformación de la realidad principalmente a partir del poder transformador del lenguaje; en concreto, a partir del poder transformador de sus conversaciones y acciones.

Entonces, debe ocuparse de desarrollar –amén de los conocimientos y la experiencia necesarios– competencias conversacionales.

Advertimos que en el marco de la nueva organización progresivamente aumenta el nivel de las exigencias hacia el director de Comunicación.

La excelencia en su formación académica y/o conceptual, la experiencia y la trayectoria en sí resultan insuficientes. Desde luego, ninguno de estos aspectos es desdeñable. Sin embargo el director de Comunicación de la nueva organización, además de una formación conceptual capaz de conjugar diversas miradas (técnica, estética, económica, política, humana, ecosistémica, etc.) y de avezada experiencia en el terreno, deberá tener capacidades para el entendimiento estratégico, para conversar para la acción y reflexionar en la acción, para inspirar y generar confianza, para coordinar acciones de manera efectiva de modo de convertirse en un ejemplo.

Ante estas realidades, se hace evidente que los modelos de asistencia tradicionales (Servicios expertos y Médico-paciente) que resultaron ser funcionales a los paradigmas ya agotados del industrialismo y del post-industrialismo, no responden a las actuales exigencias. Ambos tienen un perfil exclusivamente reactivo y prescriptivo que desmerece las experiencias y las competencias propias del director (salvo la de aprobarnos el presupuesto y contratarnos).

Los modelos tradicionales se caracterizan por ofrecer respuestas puntuales, esquizoides e inconexas. En estos modelos, la dinámica conversacional de las organizaciones y el lenguaje como palanca para la acción son aspectos que quedan como problemas a resolver en soledad por el director, a quien no se le facilita una instrumentación conceptual ni un acompañamiento experto. De esta manera, muchos proyectos fracasan, no por estar mal concebidos, sino porque no se logra luego alinear y movilizar internamente a la organización para que suceda, no se conversa para la acción. Falla el lenguaje, falla la Dirección.

Este desafío exige la construcción de un nuevo modelo de asistencia que –en nuestro caso– denominamos "entendimiento estratégico comunicacional" (EEC).

Tal como sucede con la estrategia, Comunicación Estratégica®, no se aprende, se comprende. En esencia, se trata del ejercicio del criterio que nunca puede ser reemplazado por los estudios, las capacitaciones, ni aun por la experiencia misma. Es todo eso, pero dinamizado por ejercicio del sentido común. Es una facultad de la comprensión.

Así, cuando hablamos de Comunicación Estratégica® estaremos hablando de aptitudes, de actitudes y de conocimientos.

Comunicación Estratégica® = Aptitudes + Actitudes + Conocimientos

El británico David Hemery[25], asesor de empresas y reconocido deportista –ganador de una medalla de oro olímpica en carreras de vallas en 1968–, realizó un estudio para determinar cuáles eran las claves de un alto desempeño. Así, sobre una muestra de 63 de los más destacados atletas en veinte deportes diferentes, el estudio arrojó una gran dispersión respecto de aquellas características que definen a un campeón. Sin embargo, dos factores sobresalían como comunes a todos los encuestados: la conciencia y la responsabilidad. Existió un acuerdo casi unánime que señalaba que "uno juega con su mente" y es allí –en la mente– donde se origina el verdadero juego.

En virtud de esto consideramos que la asistencia externa a la Dirección de Comunicación ya no pasa más por la consultoría o la provisión de servicios tercerizados. Por supuesto que deberán continuar existiendo, sin embargo los directores de Comunicación están reclamando un soporte que vaya más allá de la mera consultoría y provisión.

La asistencia clave pasa por un modelo tridimensional (tal como hemos dicho, el EEC) que logre conjugar la *transferencia de conocimientos*, el *apalancamiento en la práctica* y el *coaching*.

---

25. Hemery, David: *Sporting Excellence. What Makes a Champions.* Collins Willow, Londres, 1991.

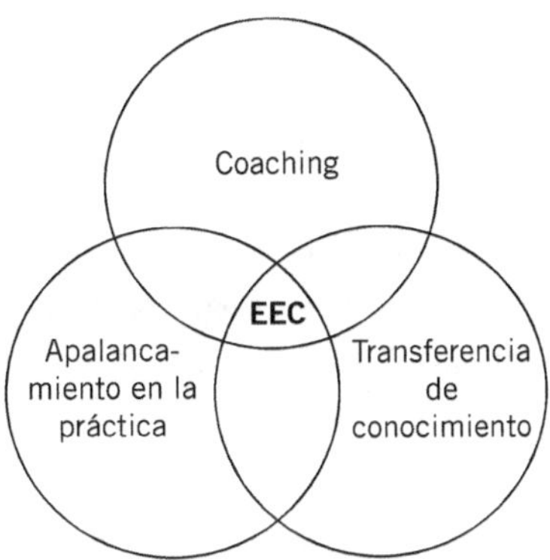

Por supuesto que es fundamental contar por lo menos con un marco operacional efectivo, de lo que se encarga la dimensión transferencia. En nuestro caso, el marco operativo referencial a transferir es Comunicación Estratégica®.

Además de una sólida base conceptual, hay otras dos columnas vertebrales para el óptimo desempeño del director de Comunicación: la práctica y el autodesarrollo.

La práctica está conformada por los conocimientos (el marco conceptual) en interacción con la realidad al mismo tiempo que los esfuerzos de la Dirección para impulsar la realización de hechos a través de prácticas conversacionales. Esta dimensión supone una asistencia de contención, de co-operación y de acompañamiento al director.

El apalancamiento está orientado a aprovechar todas las capacidades del director en consonancia con las de la organización, ganar la confianza de distintos actores y sostenerla a través de la coherencia y consistencia de al menos los pensamientos, el comportamiento y la expresión. Es *aprendizaje en la acción*.

En el apalancamiento en la práctica se conjugan los tres aspectos del trabajo mencionados: la tarea individual, las actividades de coordinación, y el trabajo reflexivo de aprendizaje.

Apalancamos en la práctica dinamizando un doble juego recursivo, ya que una organización logra crecer a través del desarrollo de su comunicación así como la comunicación de la organización crece cuando existe desarrollo organizacional.

Este perfil de práctica facilita el entendimiento de que coexisten múltiples versiones de una misma realidad. Que aunque resulten conflictivas entre sí, deben ser enfrentadas para descubrir la variedad de *multiversos*.

Abordando las distintas miradas de nuestros colaboradores y las de los diferentes públicos y actores externos, se puede co-crear una realidad más rica e instrumental para la acción.

Sucede que la acción por la acción misma no es suficiente, tal como expresa Aristóteles en *Ética a Nicómaco*[26] acerca de las pautas de una acción eficaz:

> *No basta que la acción tenga un carácter determinado para que la conducta sea justa o buena; es preciso también que el hombre actúe de un modo determinado; ante todo, que actúe a sabiendas –que sepa lo que hace, esto es, que conozca, ya que es posible ser justo sin ser sabio–; en segundo lugar, que proceda en razón de una decisión consciente y que prefiera la acción por sí misma –que quiera eso de verdad–; finalmente, que actúe desde una disposición firme e inquebrantable –es decir, con voluntad para poner en práctica lo aprendido.*

Sin duda el director de Comunicación Estratégica® es la palanca clave de esta co-creación, para lo que requiere aptitudes, actitudes y conocimientos, conciencia y responsabilidad.

La tercera dimensión necesaria para lograr el óptimo desempeño del director de Comunicación Estratégica® es su autodesarrollo, el coaching y –en lo posible– el coaching de equipo. La dimensión del coaching es articuladora de la transferencia de conocimiento y del apalancamiento en la práctica.

De acuerdo con la International Coach Federation (ICF)[27]:

> *El coaching profesional es una relación continuada que ayuda a que las personas produzcan resultados extraordinarios en sus vidas, carreras, negocios u organizaciones. A través de este proceso, los clientes ahondan su aprendizaje, mejoran su desempeño y refuerzan su calidad de vida.*

La novedosa idea del coaching integrado a la tarea del director de Comunicación Estratégica®, es brindarle un espacio propicio para su autodesarrollo, un trabajo en esencia interior pero con consecuencias externas determinantes y fundamentales.

El coaching genera transformaciones en nuestro ser y en nuestro hacer:

---

26. Aristóteles: *Ética a Nicómaco*. LID Editorial, Madrid, 2009.
27. www.coachfederation.org

> *El coaching es un camino para superar limitaciones. Permite hacer conscientes acciones, hábitos, valores, creencias, historias y juicios, a fin de facilitar procesos de cambio que permitan al cliente tomar acciones que lo lleven a ser una mejor persona, más completa. Es una oportunidad de trascender, de ir más allá. Es una manera poderosa de reinventarse a cada momento, de generar futuro, tanto a nivel personal como organizacional. Se trata de una modalidad de aprendizaje basada en un modelo de observación, acción y resultado que entiende que las acciones que cada persona realiza y los resultados que obtiene dependen del tipo de observador que es. Siendo observadores diferentes logramos ver nuevas oportunidades de acción. Esas posibilidades que generamos cambiando nuestro modo de observar el mundo son las que definen nuestros logros, la calidad de nuestra vida y el tipo de personas que elegimos ser.*[28]

El desafío del coach de Dirección está en impulsar a su cliente (el director) a abrir mayores posibilidades de acción, así como también ayudarle a descubrir y desarrollar su propio poder para actuar con éxito en las situaciones difíciles.

En nuestro marco, el trabajo del coach consiste en liberar todo el potencial del director ayudándole a aprender más que enseñándole. Uno de los padres del coaching, John Whitmore[29], explica:

> *El coach no es un maestro, ni un consultor, ni un instructor, ni alguien encargado de resolver un problema, ni siquiera un experto; es un ayudante, una caja de resonancia (…) un catalizador de la conciencia.*

En el marco del EEC, a través del coaching, el director lidera su propio proceso de aprendizaje y autodesarrollo impulsando además a otros a aprender, a ser observadores diferentes y a identificar de manera clara la meta hacia la cual ha de dirigirse.

En la cresta de la ola

Los directores de Comunicación deben reflexionar con seriedad acerca de la emergencia de la "nueva organización", comprender y actuar proactivamente ante los complejos desafíos de esta transformación esencial, y no solo responder a los desafíos inmediatos. Con tesón debemos avanzar hacia la construcción de un nuevo modo de ser y hacer organización. Cuanto más reflexione toda la organización acerca de la crisis y

---

28. Muradep, Lidia: *Coaching para la transformación personal.* Granica, Buenos Aires, 2009.
29. Whitmore, John: *Coaching.* Paidós, Buenos Aires, 2006.

de las nuevas exigencias, tanto mejor preparados estarán todos sus directivos para avanzar en este contexto.

Nuevas exigencias para el director de Comunicación imponen nuevos modelos de asistencia. La Dirección reclama, más que meros consultores/prescriptores, co-pensores/inspiradores.

> *…Se trata de un cambio filosófico y psicológico, de un cambio de las categorías con las que pensamos la realidad y un reencuentro de la organización consigo misma, de las personas en interacción consigo mismas, interpretando y dando sentido a sus acciones en las nuevas circunstancias. Más que una nueva arquitectura de la organización deberemos crear la química de la organización, cuidando que no se convierta en alquimia.*[30]

Es evidente que la confianza no es solo el resultado de buenas intenciones. Esta se sustenta en el ejercicio activo de competencias que requieren ser aprendidas, desarrolladas y alentadas.

Existen los cambios que hacemos que sucedan y los que simplemente acontecen a nuestro alrededor. El EEC es un pasaje desde la prescripción hacia la opción, es asumir compromiso y decisión. El compromiso es el fenómeno esencial para la coordinación de acciones entre seres humanos. Junto con la decisión constituye la base para cualquier tipo de cambio intencional.

Hoy se impone un abordaje tridimensional (EEC):

Transferencia de conocimientos + Apalancamiento en la práctica + Coaching.

La evolución personal lleva a la evolución organizacional. Un director de Comunicación Estratégica® es efectivo cuando hace lo que corresponde hacer y lo hace de la manera correcta, cuando contribuye a la productividad y a la rentabilidad, cuando es capaz de promover el desarrollo y el aprendizaje de su equipo, el suyo propio y –en la medida de lo posible– el de toda la organización, cuando se esfuerza con y para su gente por promover la consecución de las metas organizacionales, profesionales y personales, cuando es capaz de crear valor sustentable.

---

30. Rogovsky, Itamar: "Fuentes cognitivas de las falsas concepciones del hombre". Instituto para el Desarrollo Organizacional, GR-Israel, 1982, y "Análisis organizacional". Institute for Organizational Development. Tel Aviv, 2001. En: Levy, A.: *ECP*. Granica, Buenos Aires, 2007.

CAPÍTULO 3

HEXAG-ON

SISTEMA INTEGRADO DE DIRECCIÓN DE COMUNICACIÓN ESTRATÉGICA®

La construcción conversacional de la organización

El enfoque tradicional de las organizaciones presenta a la comunicación como una especie de atributo más de entre otros tantos, como si la organización pudiera ser pensada de manera disociada de la comunicación.

En el marco de Comunicación Estratégica® cuestionamos esta visión. Por el contrario, sostenemos que precisamente son la comunicación y el lenguaje los que constituyen a las organizaciones (y a las personas) y las relaciones de las que forma parte.

Adherimos a la idea de Humberto Maturana[1] acerca de que las organizaciones no existen más allá del espacio humano que las produce y hace posibles. Si no hay personas, no existe organización. Una organización son personas interactuando entre sí y con otras personas externas a ella a través de complejas redes conversacionales.

Una organización está constituida por personas y por el tipo de relaciones que se estructuran entre ellas a través de conversaciones. Estas conversaciones entretejen una red conversacional global, distinguible de cualquier otra red conversacional de otra organización.

---

1. Maturana, Humberto: *El sentido de lo humano.* Dolmen Ediciones, Santiago de Chile, 1991.

La red conversacional global de la organización configura un *espacio conversacional* propio que establece un contorno o membrana tal que determina las conversaciones que pertenecen a la organización y aquellas que no.

Analizando estas redes conversacionales se obtiene información acerca de las formas del poder, características y modos de ejercicio de la autoridad y del mando, de los modos de relacionamiento, de roles y estatus, de la circulación de información y otros aspectos varios del management.

De allí que podemos decir que toda organización es una forma en el dominio lingüístico y una red cognitiva[2]. Complementariamente, Rusell Ackoff[3] reconoce que la organización es un sistema con las siguientes características esenciales:

- está integrado por dos o más personas,
- los subgrupos del sistema conocen las conductas de los demás a través de la comunicación y/o la observación, y
- el sistema goza de ciertos grados de libertad de elección respecto de los fines a lograr y los medios a emplear.

Fernando Flores[4] afirma que "Conversación es la unidad mínima de interacción social orientada hacia la ejecución con éxito de acciones".

Las organizaciones nacen a partir de un diálogo particular, de una conversación (fundacional). Sus límites y sus posibilidades son conversacionales.

En esencia, la existencia de la organización no está definida por su tamaño, ni por sus miembros, ni por sus capacidades, ni por sus recursos. La organización existe por las conversaciones que la crearon y por aquellas que hoy le dan vida y perspectiva de futuro.

Mintzberg[5] afirma que "La organización está estructurada de modo tal que son las conversaciones las que la interrelacionan desde el tope

---

2. Bronstein, V., Gaillard, J. C., Piscitelli, A. En: Delgado, Juan Manuel, y Gutiérrez, Juan: *Métodos y técnicas cualitativas de investigación en Ciencias Sociales.* Síntesis, Madrid, 1995.
3. Ackoff, Rusell L.: *A concept of corporate planning.* Wiley, New York, 1970.
4. Flores, Fernando: *Inventando la empresa del siglo XXI.* Hachette, Santiago de Chile, 1989.
5. Mintzberg, Henry: *El proceso estratégico.* Prentice Hall, México, 1999.

hasta la base para que sus compromisos políticos básicos se especifiquen y concreten en acciones".

Las organizaciones logran unidad, estabilidad y se constituyen como un sistema diferente de otros sistemas y de su entorno a través de la dinámica de sus conversaciones. Las conversaciones conforman una red con nodos definidos por un tipo particular de acuerdos que, al institucionalizarse, dan lugar a las normas y roles organizacionales. La estabilidad de esta red es la que define la forma particular de la organización en cuestión.

Si quitamos la comunicación, la organización desaparece. Analizando cómo una organización conversa (cómo conversan sus miembros entre sí y la organización con su entorno) se puede determinar lo que le resultará posible o imposible, la efectividad para el logro de los objetivos, el tipo de inconvenientes con los que se enfrentará y cuáles son las capacidades con las que cuenta para resolverlos.

Desde este enfoque, las conversaciones se transforman en el alma de la organización[6], definen su forma de ser: "Dime cómo conversas y te diré qué organización eres".

La organización como red cognitiva

En una organización, cada persona construye una idea de aquello de lo que la organización es, en virtud de sus aspiraciones, valores, juicios, información, situaciones particulares, apremios, etcétera.

Esto quiere decir que en nosotros operan multiplicidad de filtros que nos hacen construir nuestra propia versión acerca de la organización real.

Graficamos una situación hipotética para reflexionar sobre algunas implicancias inmediatas del fenómeno de la construcción mental de los directivos.

---

6. Asimismo, respecto de nuestras relaciones personales y nuestra forma particular de ser como personas. Las relaciones personales se constituyen a partir de la manera como conversamos con los demás y la manera como conversamos con nosotros mismos con relación a los demás.

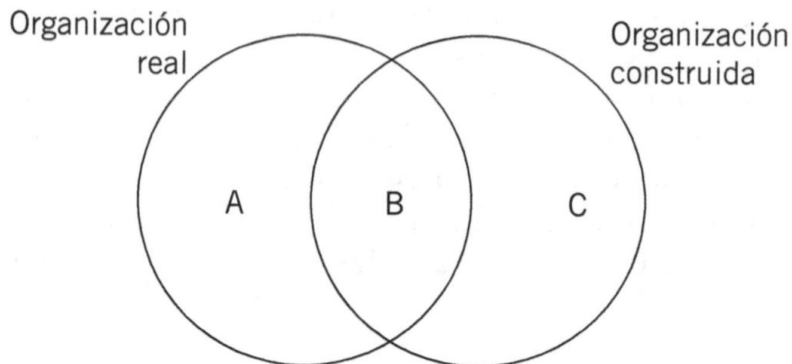

Podemos definir tres campos. En el campo A están los aspectos reales de la organización que no son apreciados por el director. En el campo C están las apreciaciones que el director cree que son reales pero que en verdad no lo son, surgen de sus propias ideas, prejuicios, etc. Debemos tener en cuenta que por más que no sean situaciones reales, el director las asume como tales y como consecuencia, muchas de sus decisiones estarán influidas por estas ideas.

En el campo B están las apreciaciones del director que se corresponden con factores efectivamente reales de la organización.

Como vemos, siempre existirá una diferencia entre aquello que el director percibe y construye en su mente, y la organización real, a la que denominamos "brecha cognitiva"[7].

Por supuesto, deberíamos intentar reducir la brecha cada vez más, trabajar para que la separación entre estos dos círculos sea lo más chica posible, ya que en verdad, nunca podrán coincidir en un ciento por ciento.

Ahora bien, analizamos las implicancias del problema en su análisis más básico, esto es, la construcción mental de un director. Sin embargo, las cosas se complican más aún cuando entra en escena otro director quien, desde luego, construirá a su vez su propia versión.

Cuando irrumpe el director 2, se configuran siete campos.

En el campo A están los aspectos reales que no son advertidos por ninguno de los directores.

---

7. El tema fue abordado por Levy A., quien las denominó "brechas de Babel" en *El cómo y el por qué*, Buenos Aires, Tesis, 1989.

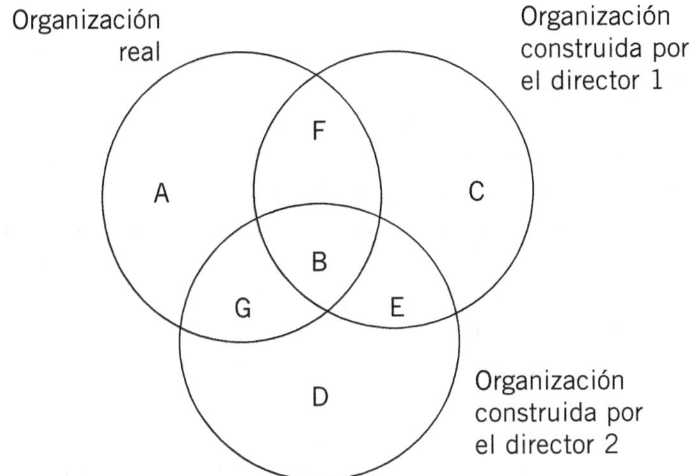

En el campo C están los aspectos que el director 1 cree que son reales pero que en verdad no lo son. Por otro lado, el director 2 no los considera.

En el campo D están los aspectos que el director 2 cree que son reales pero que en verdad no lo son. En este caso, el director 1 no los considera.

En el campo F están los aspectos reales de la organización que son percibidos por el director 1, pero que el director 2 no tiene la capacidad de apreciar. Por su lado, el campo G es el de los aspectos reales que advierte el director 2 pero no el director 1.

En el campo E hay aspectos que ambos directores asumen como reales pero que no lo son.

Por último, en el campo B, están aquellos aspectos que efectivamente son reales y percibidos por el director 1 y el director 2.

Llegados a este punto, entiendo que el lector se siente tentado de correr a la librería a exigir la devolución del dinero por la compra de esta obra. Tal vez usted no sea tan extremo y prefiera inclinarse por sospechar que se trata de una jocosa broma. Quizá usted sea una persona elegante y moderada, y entonces solo se limite a exclamar "En mi organización esto no pasa", o "Esto es un esquema absolutamente teórico".

Permítame decirle que este esquema es representativo de aquello que inexorablemente sucede (por supuesto que en diferentes grados) en toda organización social, bien se trate de un pequeño negocio del barrio, una gran empresa, una institución, un partido político, un equipo, un consorcio, una familia, o un país.

Tengamos en cuenta, además, que el problema tal cual lo planteamos es un reduccionismo puesto que, a no ser que se trate de una organización conformada estrictamente por dos miembros, las complicaciones derivadas de este fenómeno siempre serán mucho mayores.

Si bien aquí abordamos la problemática con la perspectiva de dos directores, esto mismo se aplica para cualquiera de los equipos de trabajo que pueden existir en una organización.

De la calidad, cantidad y dimensión de estas brechas dependen en gran parte los resultados de la gestión.

Por supuesto que esto determina una tarea por realizar.

En primer término, debemos reconocer la existencia de las brechas cognitivas, lo cual no es poca cosa. Luego, deberemos trabajar para achicarlas.

Una organización cognitivamente efectiva no es aquella que no tiene brechas. De hecho, esto no es posible. Una organización cognitivamente efectiva es aquella que:

- reconoce la existencia del fenómeno,
- lo considera ante cada toma de decisión, y
- trabaja activamente para achicar las brechas de sus directivos y la de todos los colaboradores.

La organización cognitivamente efectiva aprende más rápido, posee capacidades para el desarrollo y la mejora continua, anticipación para prevenir la aparición de entornos negativos, ritmo y velocidad para el cambio, adaptación, flexibilidad y plasticidad.

Ya hemos advertido que la organización no es una suma arbitraria de trabajos individuales sino el resultado de su articulación en procesos de trabajo. También hemos dicho que para asegurar la efectividad de estos procesos, es necesario evaluar la manera en que los trabajos individuales se coordinan entre sí, y que la coordinación del trabajo es una actividad estrictamente conversacional.

Ante el fenómeno de la brecha cognitiva, las conversaciones se transforman en un instrumento privilegiado para el ejercicio de la dirección. En virtud de ello podemos decir que las organizaciones, además de ser una forma en el dominio del lenguaje, son redes cognitivas. Estas redes se tejen a partir de las conversaciones, a través de las cuales se coordinan acciones y se construyen realidades que asimismo deben ser coordinadas (y negociadas).

Conversar es coordinar acciones con otros. Si deseamos garantizar procesos efectivos, resulta imprescindible poner atención a las actividades de coordinación de todos los que participan en un determinado proceso organizacional.

En nuestro caso, nos concentraremos en la problemática de la Dirección de comunicación, para lo cual abordaremos nuestra propuesta de un Sistema integrado en dirección de Comunicación Estratégica®, pero no olvidemos la advertencia acerca de las brechas cognitivas que cabe para cualquier área de la organización.

Hexag-ON: el alineamiento esencial a través del lenguaje

Los efectos de la brecha cognitiva se suscitan en cualquier sala de Directorio.

Cada director llega con su propia impronta y está atravesado por sus urgencias, sus modelos mentales y por su formación, más o menos amplia pero eminentemente disciplinar, lo que le confiere en la práctica una disponibilidad limitada del lenguaje tal que quizá le impida o le dificulte articular cogniciones con otros directores. En palabras de Foucault[8]:

> *todo discurso disciplinario fija un ritual que deben observar quienes participan en él: establece los gestos que hay que realizar (...), establece la significación supuesta o impuesta de las palabras que se emplean, su efecto en aquellos a quienes se dirigen, las limitaciones de su presunta validez.*

En esencia, dirigir es una actividad conversacional: se realiza hablando a otros y escuchando lo que dicen. Las competencias conversacionales no son una más entre otras, sino el fundamento que las sostiene a todas.

---

8. Foucault, Michel: *The order of things. An archeology of the human sciences.* Tavistock Publications, Londres, 1970.

Conversar parece ser un asunto sencillo. Se trata de una habilidad que aparentemente todos manejamos muy bien ya que la practicamos hace años. No obstante casi todos nosotros hemos experimentado angustias y decepciones luego de mantener conversaciones en las cuales, por mucho que hablemos, no logramos generar en los otros el compromiso necesario para la acción.

Para un director, resulta sumamente frustrante no poder hacer que las cosas sucedan.

En una organización, todo cuanto hace la gente es hablar y escuchar. Nada sucede sin el lenguaje. Sin lenguaje la organización misma no existiría.

Entonces para lograr que las cosas sucedan, el director de Comunicación (y, fundamentalmente, la organización) necesita un instrumento que, basado en el poder del lenguaje, al menos:

- impulse el diseño efectivo de conversaciones para la acción,
- establezca un marco efectivo para la coordinación de acciones,
- propicie el desarrollo del diálogo,
- convoque a la escucha y a la reflexión, y
- favorezca el trabajo en equipo.

Hexag-ON es el nombre con el que bautizamos a nuestro sistema integrado de dirección. En este contexto –y más allá de todos los teoricismos– cuando hablamos de sistema nos estamos refiriendo a todos los procedimientos formales e informales que hacen que una organización funcione (en nuestro caso en particular centrado en la problemática estratégico-comunicacional).

El Hexag-ON es un instrumento concebido por Comunicación Estratégica® para el diagnóstico, la intervención y el pronóstico de las organizaciones, para que a través del ejercicio de la dirección estratégica de la comunicación, se impulse la creación de valor sustentable.

El Hexag-ON se identifica mediante un hexágono que representa a la interacción dinámica y constante de los seis "activadores de la estrategia" o "activadores estratégicos" cuyo propósito consiste precisamente en poner en movimiento, activar y dar vida a la estrategia de comunicación.

Con el Hexag-ON realizamos un aporte operacional concreto y superador, anclado en la realidad y surgido desde las exigencias de la misma práctica directiva. En definitiva, nos proponemos evitar aquello que con frecuencia sucede con numerosas propuestas que transforman a la estrategia en un concepto meramente teórico y hasta tal vez pintoresco, inaplicable y vacío de acción.

En lugar de considerar a los directores como si hicieran ciencia, "lo mejor es considerar que realmente están haciendo historia". Pues si bien deben actuar con frecuencia (como lo decía Marx en general a propósito de los hombres que hacen la historia) "en circunstancias que ellos no han elegido", los buenos directores, cuando están frente a esas circunstancias no elegidas, pueden, si las formulan adecuadamente:

a) crear un paisaje de posibilidades y coacciones relevantes para una gama de posibles acciones próximas,

b) generar una red de posiciones o compromisos morales (entendidos en términos de los derechos y deberes de los actores de ese paisaje, y

c) ser capaces de argumentar de manera persuasiva y autorizada a favor de ese paisaje entre quienes deben trabajar en él.

John Shotter sostiene que si ese es el caso y puede considerarse que dentro de su esfera de influencia, los directores "hacen historia", deben ser entonces algo más que meros "lectores de situaciones", algo más que meros "reparadores". Acaso un buen director también deba ser visto como algo parecido a un "autor".[9]

En ocasiones se asimiló al director de Comunicación al director de orquesta, en donde cada instrumento vendría a estar representado por cada una de las disciplinas (diseño, publicidad, relaciones públicas, etc.) a las cuales el director echa mano.

Por lo que recién expresamos, el director de Comunicación debería ser caracterizado como el autor de la partitura, y el Hexag-ON como un elemento vital de escritura de dicha partitura.

Contando con el Hexag-ON, el director de Comunicación por un lado será capaz de leer con mayor efectividad las situaciones que debe abordar y, por otro, podrá elaborar formulaciones inteligibles de lo que, para los demás integrantes de la organización, se ha convertido en un caótico tumulto de impresiones.

---

9. Adaptado de Shotter, John: *Realidades conversacionales*. Amorrortu, Buenos Aires, 1993.

En esas situaciones, su tarea es dar una significación compartida o compartible a las "sensaciones de tendencias", ya compartidas pero vagas, que surgen de las circunstancias en cuestión, y que comparten quienes integran la organización, y restablecer de ese modo un flujo de acción que de alguna manera se había vuelto ininteligible.[10]

El Hexag-ON opera como promotor del *aprendizaje significativo* (el del director y el de su equipo, el del Comité de dirección –con otros directores– y el de la organización en su conjunto) a través de una adaptación activa a la realidad. El aprendizaje significativo es un concepto introducido por David Paul Ausubel[11] quien lo opone al aprendizaje de memorización mecánica o repetitivo de datos, hechos o conceptos. En el aprendizaje significativo se intenta dar sentido o establecer relaciones entre nuevos conceptos o nueva información y los conceptos, conocimientos y experiencias previos de la persona. Existe aprendizaje significativo cuando la nueva información "puede relacionarse", de modo no arbitrario y sustancial con aquello que uno ya sabe. Así, cada uno construye su propio conocimiento y además está interesado y decidido a aprender. Algunas de las ventajas del aprendizaje significativo son:

- produce una retención más duradera de la información;
- facilita la adquisición de nuevos conocimientos relacionados con los anteriores de forma significativa, ya que al estar claro en la estructura cognitiva se facilita la retención del nuevo contenido;
- al ser relacionada con la anterior, la nueva información es guardada en la memoria a largo plazo;
- es activo, ya que depende de la asimilación de las actividades de aprendizaje;
- es personal, ya que la significación del aprendizaje depende de los recursos cognitivos de cada uno.

Aquí nos fijamos en la orientación del aprendizaje que supone la génesis de nuevos conceptos interiorizados, nuevas estructuras mentales, nuevas actitudes (…) que, desarrolladas por la asimilación, reflexión e interiorización, permiten valorar y profundizar las distintas situaciones vitales en las que [el director de Comunicación] tiene que tomar una opción personal.

---

10. Adaptado de Shotter, John: *Op. cit.*
11. David Paul Ausubel, psicólogo y pedagogo estadounidense (Nueva York, 1918-2008) es una de las personalidades más destacadas del constructivismo.

Existe pues, un proceso reflexivo, ya que se trata de una incorporación consciente y responsable de los hechos, conceptos, situaciones, experiencias (…) que implica aceptar el aprendizaje desde la perspectiva [del (director de Comunicación] y relacionado con ámbitos específicos. Por tanto se trata de un aprendizaje para desarrollar la actitud crítica y la capacidad de toma de decisiones. *Estas características definen el proceso de* aprender a aprender.[12]

El Hexag-ON y aprender a aprender[13]

A través del lenguaje que se estructura para el trabajo en equipo, el Hexag-ON moviliza hacia la acción y convoca a un efectivo aprendizaje grupal, ya que la problemática estratégico-comunicacional a partir de él cobra significado y relevancia para todos los directores y actores del proceso estratégico independientemente del área de la que provengan o de la heterogeneidad profesional que posea el equipo de trabajo.

---

12. Ontoria, Antonio: *Mapas conceptuales.* Alfaomega, México, 2003.
13. Fuente: adaptado de Ontoria, Antonio: *Op. cit.*

De acuerdo con Ausubel, para ser significativo el aprendizaje requiere ser relacionable con la estructura de conocimiento del aprendedor, de forma que se genere una retención sustancial, no arbitraria, del contenido. Para esto, es necesario que tenga significado lógico, es decir, que los contenidos o ideas que lo constituyen estén relacionados entre sí de manera intencionada, no arbitraria y vaga. Según lo dicho en el primer apartado, esta es una condición para que se produzcan los procesos de elaboración que conducen a un aprendizaje eficaz.

El Hexag-ON universaliza el lenguaje estratégico comunicacional, lo homologa a las incumbencias de todos aquellos que necesariamente deben participar del proceso de Comunicación Estratégica®, y logra establecer un metalenguaje que considera a todos los demás lenguajes implicados en la amplia variedad de problemáticas organizacionales (producción, comercial, administrativa, RR.HH., legales, política, etcétera).

Así, el Hexag-ON establece un marco para el abordaje de la problemática estratégico-comunicacional, que permite al director la estructuración de un ámbito propicio para el aprendizaje continuo y el diálogo, el efectivo diseño de conversaciones para la acción, abre nuevas y mejores posibilidades de coordinar acciones en la organización a la vez que articular los modelos mentales con los que se han de diseñar dichas acciones. No persigue tanto el acuerdo en sí, cuanto el compromiso y la visión compartida que conducen a un sólido alineamiento ante la diversidad de perspectivas presentes en toda organización. En palabras de Winograd y Flores:

> *Las responsabilidades más esenciales de los gerentes (...) puede caracterizarse como la participación en conversaciones en busca de posibilidades que abran nuevos contextos a las conversaciones para la acción.*[14]

El Hexag-ON es un *driver* del lenguaje de la Dirección estratégica en la incumbencia específica de lo estratégico-comunicacional. Es un articulador de los distintos modelos mentales para viabilizar la co-creación estratégica de la organización.

---

14. Winograd, T y Flores, F.: *Understanding computers and cognition: A new fundation for design.* Albex, New York, 1986.

A partir del Hexag-ON, se impulsa un cambio metacognitivo en los directivos y en otras personas de la organización, se genera un alineamiento (cognitivo) en los niveles político y estratégico –más allá de los niveles operacionales– que evita la pérdida de energía por dispersión cognitiva.

EL Hexag-ON es un instrumento cognitivo-consensual-operacional de asombrosa sencillez. Establece un marco operacional para el diagnóstico, intervención y pronóstico. Reduce las brechas cognitivas y posibilita que la inabordable complejidad de la problemática estratégico-comunicacional se transforme en apreciaciones, reflexiones y relatos que logren luego convocar a la acción concreta y a la efectiva coordinación de diferentes acciones organizadas y orgánicas.

> *El lenguaje se define como la coordinación consensual y recursiva de conductas. Esta recursividad radica en el hecho de que la coordinación puede operar sobre otras coordinaciones.*[15]
>
> *Una cultura es una red de coordinaciones de emociones y acciones en el lenguaje que configura un modo particular de entrelazamiento del actuar y el emocionar de las personas que la viven.*[16]

Para optimizar la Dirección de Comunicación, no se necesitan más o nuevas teorías (que igualmente serán bienvenidas), sino entender la importancia del lenguaje y procurar dominar la poderosa tecnología de la conversación.

El Hexag-ON se configura a partir de la inter/retro/acción de seis activadores (de la estrategia) a saber:

- personalidad,
- identidad,
- cultura,
- vínculo,
- comunicación, e
- imagen.

---

15. Maturana, Humberto, y Varela, Francisco: *El árbol del conocimiento*. Editorial Universitaria de Chile, Santiago de Chile, 1985.
16. Maturana, Humberto: "Prefacio". En Eisler, Riane: *El cáliz y la espada*. Editorial Cuatro Vientos, Santiago de Chile, 1990.

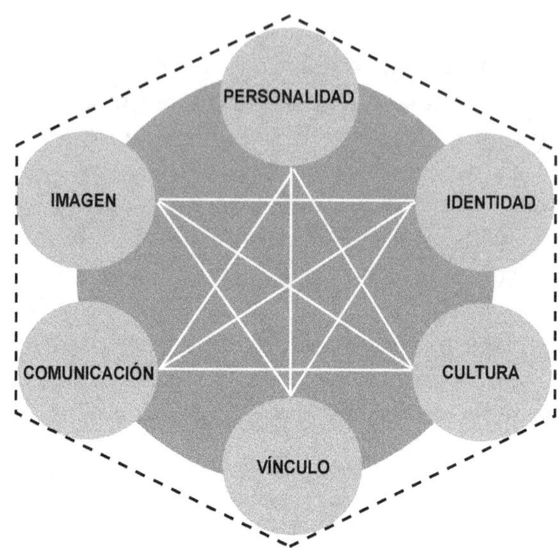

Sistema integrado de dirección de Comunicación Estratégica® (Hexag-ON)

Los activadores son campos operacionales sobre los cuales el director de Comunicación diagnostica, pronostica e interviene. Asimismo reflexiona y conversa con otros al respecto.

Estos seis campos están interrelacionados y se determinan mutuamente. Las fuerzas que coexisten en estos campos son congruentes. Sin embargo adrede hemos optado por graficarlas como disjuntas por considerar que se logra así una mayor claridad.

El Hexag-ON está muy lejos de ser una elucubración ocurrente meramente teórica; por el contrario, se trata en un valioso auxiliar instrumental aplicable en diferentes ámbitos y escenarios. La exitosa practicidad del sistema ha sido confirmada a través de su empleo en numerosas organizaciones de todo tipo durante más de veinte años.

A continuación realizaremos una breve reseña de cada uno de los activadores del Hexag-ON. (En los siguientes capítulos abordaremos en detalle cada activador y las prácticas que conlleva.)

Personalidad. ¿Cómo somos?

Las organizaciones son "multiversos" significantes. Quienes deben diagnosticar, pronosticar y/o intervenir en este espacio pueden llegar a para-

lizarse ante la lluvia incesante, compleja –y a veces hasta indescifrable–
de numerosas señales de naturaleza heterogénea y contradictoria.

Resulta fundamental que el operador logre ordenar el campo de
observación. En este sentido, la personalidad es un recorte operativo
de la compleja realidad, de manera de lograr una primera aproximación ordenada e inteligible a ese universo significante que es una organización.

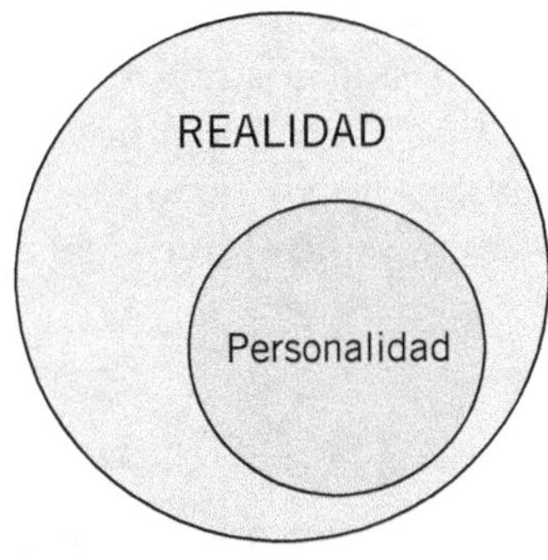

Como todo recorte, este también seguramente es parcial, pero de
todas maneras cualquier observación siempre posee algún grado de
recorte debido a las limitaciones que surgen de la subjetividad del
observador. Recortar significa privilegiar algunas observaciones en detrimento de otras. Podríamos decir que, a través de la personalidad, nos
proponemos sistematizar las observaciones de modo tal que estas resulten lo menos parciales posible.

Si bien tomaremos a la personalidad como un campo privilegiado
para el conocimiento del sujeto social a intervenir, debemos entender
que –en verdad– no es solo eso ya que en él también se intervendrá
directa o indirectamente.

Identidad. ¿Quiénes somos?

La identidad es el componente más invariable de la organización. La
aparición de una nueva identidad supone la aparición de una nueva
organización.

Toda organización necesita ser identificada, para diferenciarla
de las demás. Para Comunicación Estratégica®, la identidad es un
conjunto de rasgos que luego se transforman en atributos asumidos

como propios por la organización. Estos atributos, expresados en un listado descriptivo, conforman el *texto de identidad.*

El texto de identidad es el documento sobre el que deben estar basadas las comunicaciones corporativas, por lo que en él no pueden estar incluidos atributos falsos o imposibles.

Algunos autores –fundamentalmente aquellos provenientes del campo del diseño– reducen a la identidad corporativa a un conjunto de signos visuales, pero la Comunicación Estratégica® va más allá de lo que llama "identificación físico visual" (isotipos, logotipos, heráldica corporativa, etc.), y la entiende como una representación ideológica que surge de la praxis comunicacional. Esto es, representa un concepto mucho más amplio y *estratégico* que el que se le asigna tradicionalmente en otros marcos.

Cultura. ¿Cómo hacemos lo que hacemos?

La cultura es un patrón de comportamientos que se desarrolla en la organización, con sus propias lógicas y dinámica. Proporciona a sus miembros un instrumento con el cual asignarle un significado inequívoco a la realidad organizacional cotidiana. Les provee el marco referencial implícito e interactivo para interpretar las metas y la gran cantidad de procesos, procedimientos, predicamentos y juicios que se despliegan en su seno. Aporta cierta previsibilidad, que logra reducir en gran medida la incertidumbre organizacional (desde luego, cuando la Dirección no pretende que la incertidumbre sea un componente activo de la cultura).

La cultura ha de ser considerada como un hecho fáctico. No es lo que la Dirección pretende como dinámica interna, sino lo que es, le guste o no.

Desde luego que existe la posibilidad de planificar una intervención para modificarla, pero primero hemos de reconocer la cultura que efectivamente se desarrolla.

Puede parecer que la cultura corporativa solo es un elemento de interés interno, pero no debemos olvidar que todo cuanto pasa en "el adentro" de la organización, repercute y repercutirá en "el afuera". Podemos estar comunicando adecuadamente "hacia afuera", pero hemos de prestar especial atención a lo que se desarrolla en el seno de la organización. Si lo descuidamos, corremos el riesgo de promover el fenómeno de "implosión organizacional".

Si no logramos entender a la cultura corporativa, resultará sumamente difícil que comprendamos a la organización.

Por eso, a diferencia de otros autores y de otras baterías de acciones, la Comunicación Estratégica® considera a la cultura como pertinente a su gestión y por ende un activador del metasistema Hexag-ON.

Vínculo. ¿Cómo nos relacionamos?

La comunicación inscrita en una problemática vincular es un concepto sumamente novedoso y exclusivo que introdujo Comunicación Estratégica® hace ya más de quince años.

Si bien es importante identificar a los públicos, también lo es analizar la calidad del vínculo que la organización estructura con cada uno de ellos.

Este análisis vincular tiene como propósito particularizar la relación de esos públicos con la organización, ya que, *cada organización configura con cada público un vínculo institucional determinado.*

Este análisis se basa en una simple pero fundamental trilogía denominada "Teoría de las tres D":

Quién qué en quién

En donde:

quién, es el ⟶	**DEPOSITADOR**
qué, es lo ⟶	**DEPOSITADO**
en quién, es el ⟶	**DEPOSITARIO**

Si entendemos el *quién*, el *qué* y el *en quién*, podremos entender fácilmente el *cómo* y el *por qué*.

En el activador *vínculo*, a través del posicionamiento, abordamos la problemática de la relación particular que la organización estructura con cada público, mientras que en el activador *imagen* se aborda la relación que se estructura entre la organización y el "gran público".

Comunicación. ¿Cómo nos expresamos?

Habitualmente se llama "comunicación corporativa" a aquella que vehiculiza mensajes relacionados con la empresa en sí, por ejemplo:

- publicidad institucional,
- gacetillas y notas periodísticas sobre temas corporativos,
- memoria y balance,
- etcétera.

Asimismo se diferencia a esta comunicación corporativa de aquella otra a la que se la clasifica como "comunicación de marketing", por ejemplo:

- publicidad de producto,
- promociones,
- merchandising,
- etcétera.

En el marco de Comunicación Estratégica®, denominamos "comunicación corporativa" al conjunto de los mensajes que –en forma voluntaria y/o involuntaria, consciente y/o inconsciente– la organización concretamente emite. Nos referimos así a la totalidad de los mensajes emitidos, ya sean estos de naturaleza marketinera o corporativo-institucional.

Comunicación Estratégica® desarrolla una clasificación específica de cada uno de los mensajes que componen el repertorio de la comunicación.

En nuestra concepción, entendemos que todo cuanto hace una organización es comunicación, ya que no se trata de una actividad opcional. Para Comunicación Estratégica® el siguiente axioma es fundamental:

**Tanto si se lo propone como si no, una empresa
siempre comunica.**

Imagen. ¿Qué impresión suscitamos?

Imagen es el resultado del registro público de la organización. Es una *síntesis mental* que los públicos elaboran acerca de los actos que la organización lleva a cabo, sean estos o no de naturaleza específicamente comunicacional.

La imagen se constituye en un output/input, ya que si bien puede ser considerada un resultado sistémico del accionar corporativo, también es este resultado (entre otros criterios) el que se utiliza para decidir las acciones que se llevarán a cabo. A esto se lo denomina feed-back (retroalimentación) y feed-forward (realimentación hacia adelante).

Mucho se ha hablado, se habla y se hablará acerca de imagen. Comunicación Estratégica® conceptualiza al activador "imagen" con un significado operacional específico:

**Síntesis mental que los públicos elaboran acerca
de la empresa.**

La organización es la responsable de la imagen que los públicos elaboran acerca de ella.

La organización como emergente sistémico

En las organizaciones existe una tendencia hacia la rigidización de los modelos mentales, lo cual suele ampliar considerablemente las brechas cognitivas. Además, y seguramente debido a tantos años de predominio del paradigma tradicional, las organizaciones presentan una tendencia natural hacia el fraccionamiento, siendo que cada área clave cuida su propia quinta. Esto genera lecturas parciales que distorsionan la apreciación de la realidad organizacional y de los escenarios.

Recordemos lo ya expuesto acerca del vuelo del avión. Lo que vuela no son las turbinas, las alas, el fuselaje, los instrumentos o la tripulación por separado. Lo que vuela es el resultado del conjunto de todos estos elementos (inter/retroactuando además con las inter/retroacciones del entorno). Así como el vuelo es un emergente sistémico, también lo es la organización.

Se impone un instrumento efectivo para la articulación de los diferentes modelos mentales que contribuyen a la configuración de ese emergente sistémico. Un instrumento que, dinamizando lo estratégico comunicacional, impulse la creación de valor, aliente a la integración y a la innovación, convoque al compromiso y al alineamiento organizacional. Ese instrumento es el Hexag-ON.

El sistema integrado de dirección de Comunicación Estratégica®, Hexag-ON, opera como una suerte de mapa conceptual[17] para la acción,

---

17. Dentro de la psicología cognoscitiva se han desarrollado procedimientos aplicados que consideran que afectarán la manera en que un aprendiente aborda el proceso

ya que contribuye a la potenciación, elaboración y difusión del conocimiento en la organización que permite tomar decisiones y realizar acciones efectivas.

> *Porque los directores y profesionales eficaces de toda condición, ya sean ejecutivos, administradores públicos, asesores de organizaciones, políticos o sindicalistas, tienen que llegar a ser hábiles en el arte de "leer" las situaciones que intentan organizar o administrar (…) [y elegir] el proceso mediante el cual definimos colectivamente la decisión por tomar, las metas por lograr, los medios que pueden elegirse (…). El establecimiento de un problema es un problema en el que, de manera interactiva (junto con cualquiera que pueda resolverlo), nombramos las cosas a las que prestamos atención y modelamos el contexto en el que lo haremos (…) Así, pues, la tarea no es elegir sino generar: generar una formulación clara y adecuada de cuál "es" la situación problemática, crear a partir de un conjunto de acontecimientos incoherentes y desordenados, una "estructura" coherente dentro de la cual puedan hallar un "lugar" inteligible tanto las realidades presentes cuanto las posibilidades ulteriores y hacer todo esto, no solos, sino en conversación continua con todos los otros participantes.*[18]

> *Parece incuestionable que el desarrollo del pensamiento reflexivo está unido al carácter comunitario del conocimiento, por lo que podemos concluir que (…) el conocimiento compartido se construye por medio de la actividad y el discurso conjuntos.*[19]

Comando del Hexag-ON

El Hexag-ON es un metasistema genérico cuyos resultados en la práctica dependerán de la organización, de los escenarios y de otras variadas circunstancias. Sin embargo, el factor determinante del éxito o el fracaso será el operador (por ejemplo el director de Comunicación).

Las variables "organización" y "otras circunstancias" tal vez estén más o menos alejadas de la posibilidad de configuración y control del

---

de apropiarse del conocimiento. Uno de estos procedimientos es el de los mapas conceptuales, herramientas destinadas a organizar el conocimiento. Tienen por objetivo representar relaciones entre conceptos en forma de proposiciones. Los conceptos están incluidos en cajas o círculos, mientras que las relaciones entre ellos se explicitan mediante líneas que los unen. Las flechas, a su vez, pueden tener palabras asociadas que describen cuál es la naturaleza de la relación que liga los conceptos. Los mapas conceptuales son estrategias de aprendizaje que fueron diseñados originalmente por Novak y Gowin (1987).

18. Shotter, John; *Op. cit..*
19. Ontoria, Antonio: *Op. cit.*

operador. Sin embargo, siempre es importante trabajar con él, porque es el único factor del cual él mismo es absolutamente responsable, de allí la importancia fundamental de hacerle coaching.

Conviene, pues, considerar uno de los aspectos más evidentes que remiten a la influencia de la subjetividad del operador[20] en el proceso de comando del Hexag-ON. Lo denominamos "factor personal" y resulta clave en la representación que el operador tiene acerca de la problemática estratégico-comunicacional de la organización.

Este factor personal está determinado por:

- un *factor individual,* que se constituye a través de
  a. la propia historia del operador, sus experiencias externas a la organización y anteriores a su ingreso en ella;
  b. la historia dentro de la organización desde su ingreso;
  c. la pertenencia del operador a otras organizaciones, y conflictos y armonías que entrañan estas pertenencias simultáneas;
  d. las motivaciones que vinculan al operador con la organización, compromisos y convicciones;

- un *factor organizacional,* constituido por
  a. la participación del operador en una trama de relaciones determinada y en un sistema articulado de roles; su ubicación relativa en la escala jerárquica, cómo se desempeña en las relaciones de poder; y
  b. los procesos conversacionales de la organización, el lenguaje y la comunicación; y

- un *factor situacional,* relativo al aquí y ahora del operador, la importante noción de *timing* o, como lo llamaban los griegos, *kairós.*

La efectividad de nuestra acción es también función de nuestra capacidad de observar, evaluar y diseñar aquellos espacios emocionales que hacen posible lo que previamente no lo era, o que cierran posibilidades que antes se encontraban abiertas. La efectividad de nuestro actuar es función de las condiciones emocionales (las nuestras y las de los demás) propias de la situación dentro de la cual nos desempeñamos. Y no existe acción humana que escape de este condicionamiento emocional. En el hogar, en el trabajo, en el juego, etcétera, lo que podremos realizar, lo que nos

---

20. Adaptado de Etkin, Jorge y Schvarstein, Leonardo: *Identidad de las organizaciones.* Paidós, Buenos Aires, 1989.

sea posible alcanzar, dependerá en medida importante de las condiciones emociona-
les existentes (…) Kairós, para los griegos, era aquel momento del tiempo oportuno,
del tiempo adecuado, de la ocasión en que la posibilidad se manifiesta en la tempora-
lidad para luego desaparecer en ella. A través del kairós, *se reconocía que el valor de*
una acción se realiza en el tiempo y que no todo tiempo es igual. A veces se actúa dema-
siado temprano, otras veces demasiado tarde. Pero también algunas veces se actúa en
el tiempo justo o correcto. Para referirse a este último, los griegos acuñaron el término
de kairós.[21]

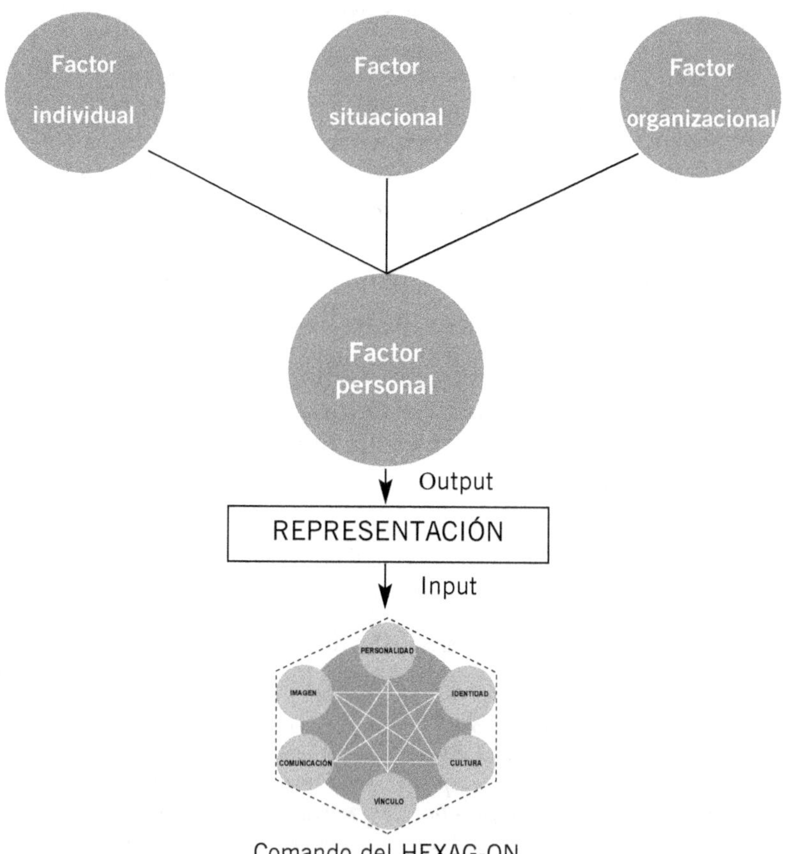

Comando del HEXAG-ON

21. Echeverría, Rafel: *Ontología del lenguaje, Op. cit.*

Impulsar la creación de valor sustentable

La creación de valor económico reside en el incremento del valor de la inversión de los accionistas. Si la organización estuviera a la venta todos los días, entonces cada decisión que se tomara debería estar orientada a que el valor de venta de toda la organización aumente.

Es obvio que este concepto surge en especial del ámbito de la economía y es el criterio fundamental a través del que operan los mercados de valores; en este sentido, se habla particularmente de creación de valor económico.

Lo que pasa es que en nuestros países no estamos acostumbrados a tener que rendir cuentas en una asamblea de accionistas en la que una viejita jubilada con un puñado de acciones puede hacer caer al equipo de administración (...) El criterio de crear valor para el accionista me sirve para resolver varios conflictos muy comunes en el día a día de las empresas.[22]

Desde este enfoque económico, determinar la misión consiste, precisamente, en decidir en cuáles negocios la empresa operará para incrementar el valor de la inversión que han hecho sus accionistas.

Sabemos que existen otras organizaciones que no se rigen por los imperativos de la competitividad económica pero que asimismo –y conviene hacerlo– pueden aplicar el criterio de creación de valor.

Por ejemplo, los funcionarios que gobiernan una determinada organización estatal (empresa de servicios públicos, organismo regulador, etc.) podrían establecer como propósito que dicha organización "valga cada día más para el contribuyente". Es evidente que en este caso cambia el criterio de valor, pasando de un dividendo a un beneficio derivado de una mejor calidad del desempeño.

Asimismo está el caso de las organizaciones privadas sin fines de lucro. Aquí podemos incluir, entre otras, a ONGs, fundaciones, etcétera. En este caso el criterio de creación de valor seguramente pasará por el tipo de propósito para el cual fue creada, por ejemplo, prestar servicios de salud, promover la protección del medio ambiente, etcétera.

Como vemos, la noción de la creación de valor puede ser aplicada a diferentes tipos de organizaciones, desde luego, tras elaborar las lógicas adaptaciones que cada caso impone.

---

2. Levy, Alberto: *La rutina y la ruptura.* Tesis, Buenos Aires, 1990.

Queda claro que el concepto de "competitividad organizacional" presenta diferentes matices de acuerdo con el tipo de organización de que se trate.

En el caso de los negocios, remite al logro y conservación de los propósitos financieros (creación de valor económico).

Si se trata de una fundación, la competitividad está orientada al cumplimiento de la misión en la que está inspirada su creación, por ejemplo, promover las oportunidades de educación en los sectores sociales menos favorecidos (creación de valor social).

Una organización estatal, en cambio, dirige su competitividad a dos orientaciones. Por un lado estarán los propósitos no económicos –por ejemplo, promover el desarrollo económico de una zona geográfica– y, simultáneamente, los propósitos de índole económica, en cumplimiento de un presupuesto establecido (creación de valor en ambos aspectos).

Tenemos una orientación estratégica hacia la maximización del valor del patrimonio neto (el bienestar particular) y otra orientación hacia la maximización del valor social (el bienestar general, fomento de la prosperidad social amplia, paritarismo, solidaridad, acceso amplio a la seguridad social, disminución del desempleo, etc.).

Esto que pareciera referir a dos concepciones antitéticas y excluyentes, es lo que da lugar a la emergencia de lo que denominamos la alternativa superadora: la *creación de valor sustentable.*

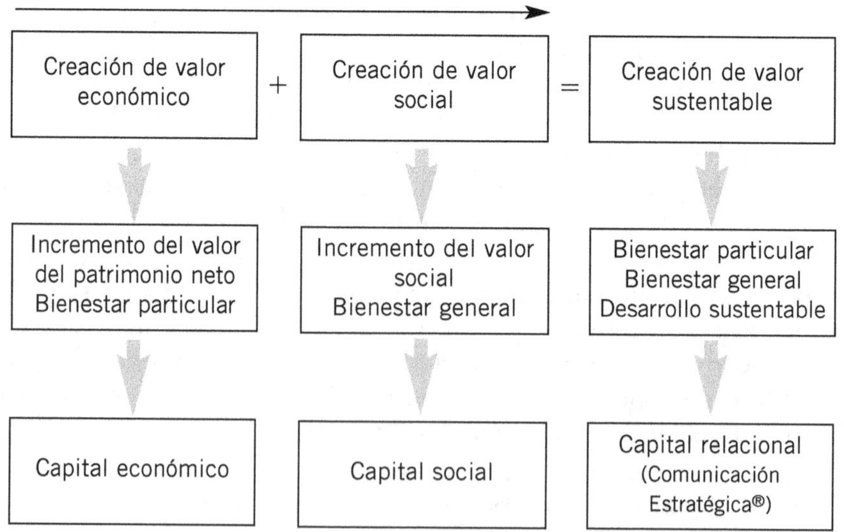

Se trata de entender que, más allá de su naturaleza, las organizaciones deben comprometerse con la competitividad organizacional, procurando optimizar tanto el capital económico como el capital social, y para esto el Hexag-ON puede constituirse en un efectivo impulsor. La creación de valor sustentable tiene por objeto optimizar el capital relacional (no solo respecto de los públicos, sino también del entorno, situaciones e intereses).

La creación de valor sustentable no es tarea fácil, no se consuma de un día para el otro y solo es el resultado de un trabajoso, coherente y paciente proceso que debe ser sostenido en el tiempo.

La comunicación táctica aborda las problemáticas propias del día a día. Comunicación Estratégica® se ocupa de articular las disciplinas tácticas en un proceso global y continuo e impulsor de la creación de valor sustentable.

Las organizaciones con voluntad de lograr competitividad a través de la generación de valor sustentable deben alinear a su gente en virtud de los aspectos estratégicos comunicacionales. Lo pueden realizar a través de tres procesos.

1. *Comunicación y formación*

   Si pretendemos que los empleados nos acompañen en la implementación de la estrategia comunicacional, como mínimo antes deberán conocerla y comprenderla. En este sentido, el Hexag-ON es un vehículo sumamente efectivo que permite comprender de manera simple, fenómenos de naturaleza sumamente compleja.

2. *Desarrollo de objetivos personales y de equipo*

   El director de Comunicación debe ayudar a los empleados a establecer metas individuales y de equipo, alineadas con la estrategia comunicacional. Cada empleado debería tener la oportunidad de comprender cómo puede contribuir a la implementación de dicha estrategia.

   El Hexag-ON es un instrumento que permite fijar metas concretas para contribuir al éxito de la estrategia comunicacional.

3. *Sistemas de incentivo*

   Si la Alta Dirección está realmente comprometida con los lineamientos de la estrategia comunicacional, debería contribuir a la estructuración de sistemas de incentivos y compensaciones que proporcionen un nexo entre los resultados derivados de la estrategia y los incentivos individuales.

El Hexag-ON permite identificar áreas clave de resultados concretos.

La perspectiva de Comunicación Estratégica® está profundamente alineada al propósito de la creación de valor sustentable. A través de la comunicación fundada en la estrategia, trabaja para construir confianza y lealtad y entender el sistema de intereses que prima en cada uno de los públicos, y cómo se articulan estos entre sí y con el sistema de intereses propio de la empresa.

> *Lo que impulsa este modelo no son las utilidades sino la creación de valor para los clientes, proceso fundamental de todas las empresas que tienen éxito. La creación de valor genera la energía que mantiene unidos a estos negocios, y su existencia misma depende de ella. A las fuerzas que gobiernan las relaciones recíprocas y los estados energéticos de las partículas elementales de un sistema de negocios (sus clientes, empleados e inversionistas) las llamamos fuerzas de lealtad. Por los vínculos que existen entre lealtad, valor y utilidades, estas fuerzas son mensurables en función del flujo de fondos. La lealtad está inextricablemente vinculada a la creación de valor como causa y como efecto.*[23]

La Comunicación Estratégica® es un impulsor fundamental de la creación de valor sustentable, ya que la sustentabilidad radica fundamentalmente en llegar a ser una organización más valiosa no solo para los inversionistas, los empleados y los clientes, sino además y al mismo tiempo, para todos los públicos clave.

Determinar cuál será el equilibrio de valor que corresponda lograr para articular los intereses (muchas veces antitéticos) de estos diferentes públicos es una función política que debe asumir el gobierno de la organización. Comunicación Estratégica® contribuirá haciendo posible tal equilibrio a través del comando del Hexag-ON.

Hexag-ON: *executive summary*

La estrategia comporta diferentes jerarquías envolventes y continuas cuyas denominaciones varían de acuerdo con el ámbito de aplicación.

---

23. Reichheld, Frederick: *El efecto de la lealtad.* Norma, Bogotá, 1996.

Por ejemplo, si hablamos de un Estado, el máximo nivel jerárquico bien puede denominarse "estrategia nacional", donde la estrategia económica sería una jerarquía dependiente de la primera.

En el Capítulo 1 hemos definido "Estrategia" como "Lenguaje y constructo decisional compuesto por premisas generales que orientan a otras decisiones derivadas, las cuales persiguen configurar una determinada dinámica del poder tal que posibilite la consecución de los propósitos fundamentales de manera sustentable a la vez que preservar los intereses vitales. Supone prácticas y un proceso con instancias de formalización, emergencia y/o aprendizaje que se constituyen en un ejercicio continuo y prolongado de ajustes recíprocos entre medios y fines".

Se trata de una definición amplia que apunta a cualquiera de las sucesivas jerarquías. Sin embargo, es evidente que el sistema Hexag-ON se encuadra sobre todo en la estrategia comunicacional.

Con el concepto de encuadre estamos definiendo su incumbencia y racionalidad dominante sin perder de vista que se trata de una estrategia que, a su vez, se incluye en una racionalidad jerárquicamente superior que la envuelve, atraviesa y condiciona.

Así, el comando del Hexag-ON (de la estrategia comunicacional) debería estar a cargo del máximo responsable de la problemática estratégico-comunicacional (por ejemplo, el director de Comunicación) y condicionar sus decisiones a las decisiones del máximo nivel político de la organización y por ende a la estrategia correspondiente a ese nivel.

La práctica nos demuestra que:

1) si no se puede medir, no se puede gestionar;
2) si no se puede gestionar, no se puede dirigir; y
3) si no se puede describir, no se puede medir.

Dirigir, gestionar y medir son acciones que dependen de haber sido capaz de describir la estrategia de comunicación. El Hexag-ON permite elaborar dicha descripción a través de la provisión de un lenguaje común a todo el equipo de dirección ejecutiva.

En los equipos de dirección ejecutiva, al conjugarse miembros de diferentes áreas clave de resultado, prevalece una amplia heterogeneidad de modelos mentales. En caso de no contar con un instrumento articulador de las distintas racionalidades como el Hexag-ON, los miembros no podrían trabajar con foco en la estrategia.

El Hexag-ON permite, precisamente, centrar el foco en la estrategia comunicacional ya que:

- traduce la estrategia de comunicación en términos operacionales;
- alinea a la organización con la estrategia comunicacional;
- transforma a la estrategia comunicacional en una tarea cotidiana de todos;
- instaura a la estrategia comunicacional como un proceso continuo; y
- moviliza los cambios e innovaciones requeridos a través de los distintos líderes ejecutivos.

Además:

- describe los componentes básicos de la creación de valor sustentable en una amplia perspectiva que considera procesos internos (de aprendizaje, desarrollo y crecimiento) y de la inter/retroacción de la organización con el entorno;
- evidencia aspectos de la creación de valor sustentable que permiten describir la dinámica de la estrategia de comunicación;
- inaugura un nuevo marco para describir, medir, gestionar y dirigir la problemática estratégico-comunicacional;
- alinea a la organización en la búsqueda de la maximización de la competitividad organizacional a partir de impulsar la creación de valor sustentable y el desarrollo de capital relacional.

Para conocer aspectos específicos concernientes al comando del Hexag-ON, en los siguientes capítulos abordaremos en detalle cada uno de los activadores estratégicos.

CAPÍTULO 4

ACTIVADOR: "PERSONALIDAD"

Cuando la realidad nos supera

La realidad es un amigo que no está

La realidad organizacional está constituida por datos objetivos y hechos reales. Refiere al terreno de lo fáctico y lo empírico. Los elementos que la representan, entre otros, son:

- actividades e índole de su existencia,
- recursos,
- estructura,
- infraestructura,
- entidad jurídica,
- situación económico-financiera.

Esto evidencia la amplitud del campo definido como realidad organizacional y la heterogeneidad de los elementos que lo componen, lo cual nos impone llevar a cabo un recorte operativo para poder abordarla.

La realidad organizacional es inabordable en su totalidad

La realidad se nos presenta como una multiplicidad de estímulos, imposibles de ser abordados al mismo tiempo en su totalidad y concurrencia.

Por eso, mediante un complejo proceso de selección, nos percatamos solo de algunos de los estímulos que la componen.

También ocurre en el terreno de la corporación, donde el operador debe llevar a cabo un recorte, esto es, privilegiar en la observación determinados elementos sobre otros.

Quien observa una organización no puede aprehender directamente todo cuanto en ella sucede, de manera que hay que establecer categorías perceptuales que le permitan llevar a cabo su propósito. Estas categorías estructuran un orden de primacía entre los elementos que componen la realidad. Este orden se utilizará para "construir la realidad" y poder así actuar sobre ella.

La *personalidad* como recorte operativo

Todo operador que elabora una descripción de la realidad, aunque no se percate, en verdad está definiendo una realidad fragmentada e ilusoria. Si el operador toma conciencia de ello y de las consecuentes limitaciones que este hecho instaura, los efectos indeseables se reducen.

Cuando el operador, frente a su voluntad de aprehender la realidad, es capaz de aceptar sus limitaciones, la pertinencia y el valor de sus apreciaciones se incrementan.

La personalidad es el activador que establece un recorte operativo determinado sobre la inabordable realidad de la organización.

La personalidad no se le presenta al operador por sí sola, sino que este ha de ir a su encuentro. El carácter de aprehensión de la personalidad es inquisitivo más que adquisitivo.

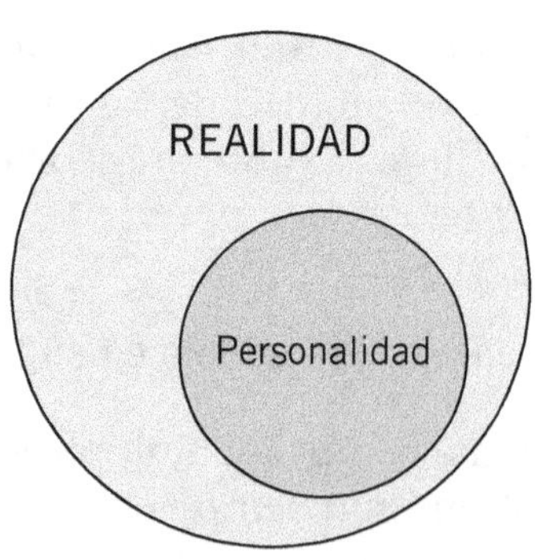

Los componentes de la personalidad

Los elementos que la Comunicación Estratégica® considera para definir la personalidad responden a uno de los muchos modelos posibles. Si bien la experiencia nos demuestra que este es pertinente y suficiente, debe ser considerado solo como una propuesta entre muchas opciones.

Por lo tanto, el operador debe sentirse con la libertad de agregar o reformular los elementos que expondremos.

En *CEI* hemos definido a la personalidad en tres niveles:

– centro psíquico;
– mesopersonalidad;
– exopersonalidad.

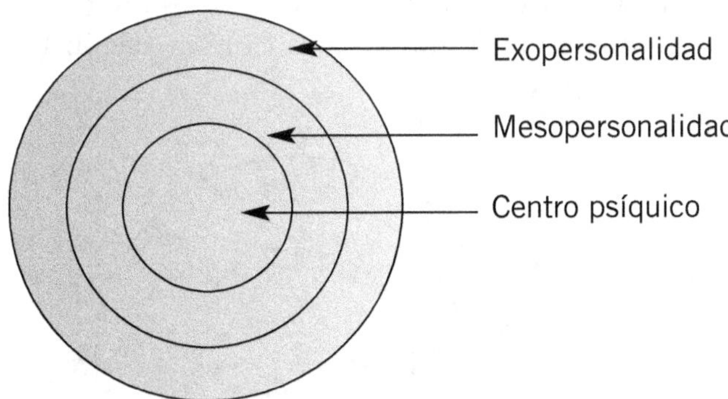

Cada uno de estos niveles contiene los siguientes componentes.

– Endopersonalidad o centro psíquico:
  • misión,
  • metas,
  • actitudes,
  • supuestos.
– Mesopersonalidad:
  • sistemas,
  • carácter,
  • destrezas.
– Exopersonalidad:
  • cuerpo.

Explicamos, además, que existe un elemento que atraviesa a toda la personalidad: la visión.

La visión es el conjunto de ideas que constituyen el concepto de aquello que la organización quiere llegar a ser en el futuro. La visión convoca y orienta hacia una dirección (más o menos determinada) y explicita el modelo idealizado de corporación que se pretende alcanzar.

La visión se refleja en la misión, en los objetivos y en todos los elementos componentes de la personalidad, y se hace tangible en los proyectos organizacionales. Por eso graficamos la visión atravesando la totalidad de la personalidad y sus componentes.

Para no redundar en aquello que ya hemos hecho en *CE1*, aquí solo desarrollaremos algunos conceptos complementarios acerca de los supuestos.

Los supuestos –entre otras cosas– justifican la laboriosa tarea que nos hemos tomado para replantear la idea de estrategia y el poder de los modelos mentales en el ámbito de la Comunicación Estratégica®.

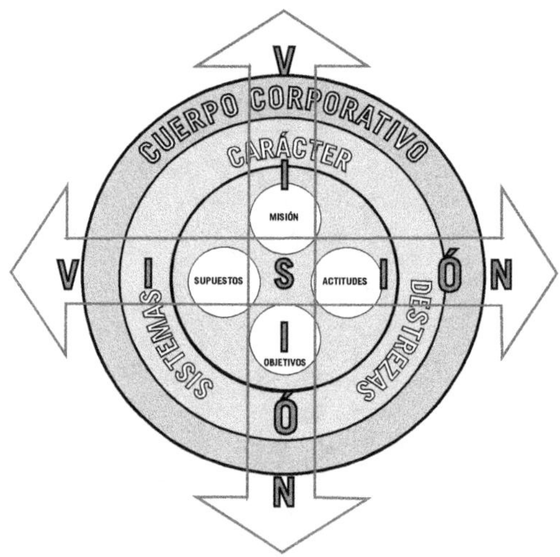

Los supuestos

La idea de "Supuestos" surge de las experiencias descritas por Chris Argyris, de Harvard, y Donald Schön, del MIT, según las cuales todos los miembros de una organización tienen "teorías de la acción" sobre la base de las cuales diseñan sus comportamientos y luego actúan.

Las teorías de la acción permiten reflexionar acerca de los problemas con que los gerentes se topan a diario.

Todos los managers deben poseer la habilidad de actuar y, de manera simultánea, reflexionar acerca de sus acciones. Toda acción se apoya en una base conceptual. A su vez, en una secuencia circular, la acción sirve para confeccionar, controlar y reformular dicha base conceptual. Esto es el aprendizaje en acción.

Podemos distinguir dos tipos de teorías de la acción:

- la teoría expuesta, y
- la teoría en uso.

Denominamos "teoría expuesta" a la explicación que un gerente nos da cuando le preguntamos acerca de cómo actuaría en tal o cual situación, y "teoría en uso" a la que condiciona el comportamiento verdadero.

La teoría expuesta puede coincidir o no con la teoría en uso, y la persona puede ser consciente o no de esta coincidencia o divergencia.

La "teoría expuesta" puede ser útil para saber lo que el gerente va a decir ante determinada situación. Pero quizá suceda que no tenga nada que ver con lo que el gerente en verdad hará.

El operador de Comunicación Estratégica® debe ser capaz de reconocer y distinguir ambas teorías. A partir del reconocimiento de las teorías de la acción, debemos llevar a cabo dos pruebas:

- de congruencia, y
- de consistencia.

La prueba de congruencia consiste en reconocer la congruencia o incongruencia que existe entre la teoría expuesta y la teoría en uso. Esto se logra observando directamente las acciones.

La prueba de consistencia se ocupa de determinar la solidez interna de las teorías de la acción, esto es, determinar si en el seno de la organización coexisten supuestos básicos contradictorios del tipo: "Somos una organización abierta a la comunicación con nuestros públicos", "Pretendemos mantener un *low profile*".

Las teorías de la acción son sistemas complejos de supuestos. Los supuestos son el componente de la personalidad, con los que los miembros de la corporación perciben, piensan y juzgan las situaciones que se les presentan a diario, y actúan en consecuencia.

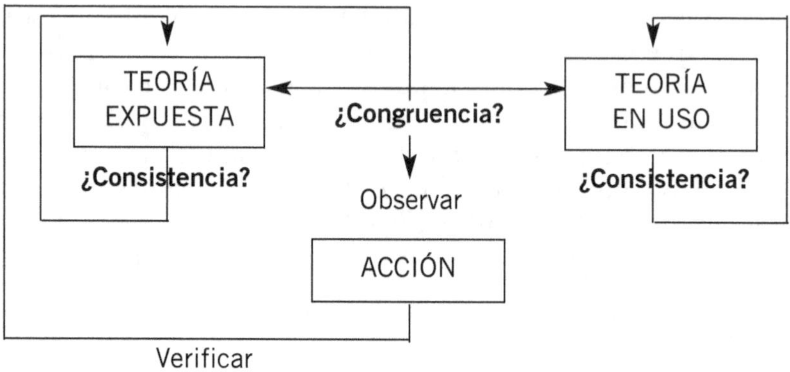

Algunos supuestos son más superficiales que otros. Los referidos a los problemas de eficiencia (cómo hacer correctamente las cosas) suelen ser más superficiales que aquellos referidos a los problemas de efectividad (cuáles son las cosas que hay que hacer).

En algunas ocasiones, nos encontraremos con supuestos que se mantienen desde hace mucho tiempo y están profundamente arraigados en los integrantes de la corporación. Estos, a los que podríamos calificar como "transgeneracionales" (porque se transmiten de generación en generación), generalmente no están presentes en el campo de la conciencia de los gerentes sino que operan de manera muy profunda en la mente casi sin ser advertidos.

En la mayoría de los casos, el operador encontrará que los supuestos no están declarados. Cuando es así, el operador deberá tratar de definirlos con la ayuda de algunos de ejecutivos. Tengamos en cuenta que cuantos más intervengan, más representativos serán los supuestos que hallemos.

La personalidad: campo de observación, análisis y acción

Puesto que la personalidad refiere a un amplio campo del quehacer organizacional más general, las problemáticas que en ella se abordan exceden el ámbito específicamente comunicacional.

De todos modos, no nos hemos de olvidar de que con la perspectiva de Comunicación Estratégica®, acto y comunicación son indisociables, por lo que toda intervención sobre la personalidad tiene indirectamente una repercusión de consecuencias comunicacionales.

CAPÍTULO 5

ACTIVADOR: "IDENTIDAD"

Lo que eres me distrae de lo que dices.

Pedro Salinas[1]

El proyecto organizacional

La identidad es el emergente del interjuego dialéctico entre:

- aquello con lo que la organización ha nacido;
- aquello en lo que la organización se ha convertido;
- pero, por sobre todo, aquello que la organización decide ser.

A partir de esto, podemos decir que la identidad posee una dimensión diagnóstica y otra dimensión pronóstica.

	DIMENSIÓN DIAGNÓSTICA	DIMENSIÓN PRONÓSTICA
Lo exógeno	Lo que se pretende que los públicos crean que la organización es	Lo que se pretende que los públicos crean que la organización habrá de ser
	SITUACIONAL	PROSPECTIVA
Lo endógeno	Lo que la organización cree que es	Lo que la organización cree que habrá de ser
	DIMENSIÓN DIAGNÓSTICA	DIMENSIÓN PRONÓSTICA

---

1. Versos correspondientes a *La voz a ti debida* (1933), de Pedro Salinas, escritor español (1891-1951).

El proyecto organizacional procura transformar el "querer ser" de la Dirección en una visión compartida por todos los miembros de la organización, e implica la existencia de una concepción:

- fundada sobre un proyecto para compartir y realizar juntos;
- unitaria y consensuada;
- que convoque al compromiso personal de los miembros de la organización;
- en la que el gobierno de la organización persigue suscitar la adhesión a una causa reconocida, más que presionar.

El proyecto organizacional consta de un conjunto de proposiciones más o menos ordenadas que orientan los propósitos estratégicos de la compañía (las aspiraciones prospectivas). Reúne los intereses generales, razón por la cual sus postulados están más allá de los intereses particulares de las áreas o personas.

A través del proyecto corporativo, se orienta el desempeño con un rumbo determinado, con lo que se reducen las incertidumbres propias del medio ambiente.

El proyecto corporativo es el fruto de una profunda reflexión por parte de la corporación respecto de:

- sus principios fundacionales,
- su historia, y
- sus aspiraciones.

En ocasiones, estas reflexiones se publican en lo que se denomina *Libro blanco*, documento que en la práctica se constituye en una guía para la conducta organizacional en general.

Autopoiesis

Para comprender qué entendemos por "identidad" en el marco de Comunicación Estratégica®, en tanto uno de los activadores que constituyen el Hexag-ON, necesariamente hemos de abordar la noción de autopoiesis. Coincidimos con Fritjof Capra en el sentido de que

Extender la comprensión sistémica de la vida al ámbito social significa, por consiguiente, aplicar a la realidad social nuestro conocimiento de los patrones y principios

de organización básicos de la vida y, más específicamente, nuestra comprensión de las redes vivas.[2]

El término deriva del griego (*autós*: "por sí mismo" y *poiéin*: "producir") y define el proceso por el que un sistema con organización se autoproduce y autorreproduce. Este concepto fue introducido por los biólogos chilenos Humberto Maturana y Francisco Varela, quienes afirman que:

Los sistemas autoproducidos (una célula, un organismo, la conciencia o psique, una corporación, etc.) constan de una red de procesos u operaciones, que pueden transformar o destruir componentes, pero en los que el mismo sistema opera su identidad como distinta del entorno y la mantiene a través de esa retícula de procesos de interacción entre sus elementos.[3]

Así en el caso de una célula, por ejemplo, se la puede asumir como una fábrica bioquímica que trabaja y despliega sus propias reglas y pautas internas (programas biogenéticos) para reproducir su propia configuración. La autopoiesis designa, pues, la forma en que los sistemas conservan su identidad gracias a operaciones internas en las que autorreproducen sus propios componentes.

Estos sistemas autopoiéticos están abiertos al entorno, ya que realizan intercambios materiales (metabolismo) y energéticos. Al mismo tiempo, están cerrados, clausurados, dado que sus propias operaciones son precisamente las que lo distinguen del entorno.

Esta clausura y autonomía operacional se dinamiza por el programa interno que determina el modo en que el sistema reaccionará ante los estímulos exteriores. Los cambios del contexto son procesados por el sistema como una irritación, una perturbación (el *ruido* de los sistemas técnicos) a la que el sistema responderá de acuerdo con las "instrucciones" de su propio programa interno.

Así, la modificación del comportamiento de una célula producida por estímulos externos, en verdad no surge como efecto directo del impulso causal exterior, sino más bien a través del particular resultado del también particular procesamiento interno de dichos estímulos externos. El entorno es percibido y entendido por la célula (sistema biológico) a través de los parámetros de su "programa" interno.

---

2. Capra, Fritjof: *Las conexiones ocultas.* Anagrama, Barcelona, 2003.
3. Maturana, H., y Varela, F.: *Autopoiesis and cognition.* Reidel, Boston, 1980.

> *La característica más peculiar del sistema autopoiético es que se levanta por sus propios cordones, y se constituye como distinto del medio circundante por medio de su propia dinámica, de tal manera que ambas cosas son inseparables... El ser y el hacer de una unidad autopoiética son inseparables, y esto constituye su modo específico de organización.*[4]

Niklas Luhmann[5] recoge el concepto biológico de autopoiesis desarrollado por Maturana y Varela para aplicarlo a los sistemas sociales[6]. Para él, la autopoeisis no se limita a una propiedad de sistemas biológicos, sino que la propone como una capacidad universal de todo sistema para producir estados propios y bien diferenciados (en su propia estabilidad son los que crean la estructura interna).

La teoría de Luhmann gravita en torno al concepto "comunicación":

> *... siempre que se establezca una relación comunicativa autopoiética, que limite su comunicación y se diferencie así de un medio ambiente. Por lo tanto, los sistemas sociales no están conformados por hombres ni por acciones, sino por comunicaciones.*

De acuerdo con Luhmann, el sistema mismo construye los elementos que lo forman. En este sentido, un sistema autopoiético, con clausura operacional, es aquel que produce comunicación a partir de su propia comunicación, que solo permite el ingreso de las irritaciones comunicativas del entorno por acoplamiento estructural, ya que la comunicación de un sistema solo puede darse a través de su propio medio simbólico y respondiendo a su propio código.

> *La organización produce estos cambios en el espacio (dominio) de sus acoples estructurales con los sectores específicos del contexto; hay una coadaptación o adaptación activa.*
>
> *Puede hablarse de una adaptación a sí mismo en el sentido de que cada grupo acoplado debe buscar una congruencia entre sus componentes, y esta congruencia son las relaciones de la organización, ciertos modos de relación que deben preservarse entre los grupos componentes y entre todos ellos respecto de las condiciones de invariancia o*

---

4. Maturana, H., y Varela, F.: *El árbol del conocimiento.* Ed. Universitaria, Santiago de Chile, 1984.
5. Niklas Luhmann, sociólogo alemán (1927-1998). En Elena Espósito y otros, "Operation/Beobachtung", en GLU - *Glosar zu Niklas Luhmann Theorie sozialer Systeme,* Suhrkamp, Frankfurt am Main, 1997.
6. Cabe señalar que Humberto Maturana manifestó su desacuerdo respecto de esta aplicación.

rasgos de identidad. Esta última congruencia significa que el cambio respecto del núcleo invariante se logra a través de las regulaciones homeostáticas.
Dada la existencia de numerosas situaciones de acople, la adaptación no es un estado global. En los hechos hay simultáneamente sectores y dimensiones técnicas y culturales con mayor o menor grado de conflicto y crisis en sus relaciones con otras partes (del entorno o no). Tampoco puede decirse que existe una inadaptación global. La variedad que prolifera en las organizaciones determina en los hechos una multiplicidad simultánea de acoples entre sus partes y los sistemas desiguales en el entorno, determinando una serie sucesiva de estados (llamados estructuras) cuya invariante constituye la identidad del sistema.[7]

Entonces, la autopoiesis designa la forma en que los sistemas conservan su identidad gracias a las operaciones internas en las que autorreproducen sus propios componentes.

La identidad, mucho más que un logotipo

Nuestra concepción de "identidad" no se inscribe en las problemáticas típicas del diseño gráfico (logotipo, heráldica, manuales de "identidad corporativa"). Estas cuestiones están consideradas en el activador "comunicación" y serán abordadas en el Capítulo 7.

Para Comunicación Estratégica®, el activador identidad remite a la esencia de la organización, su invariancia, es decir, a la idea de sistema autoorganizado.

La autoorganización es un proceso en el que la organización interna de un sistema –generalmente abierto– aumenta su complejidad sin ser guiado por ningún agente externo. Los sistemas autoorganizados, en general exhiben propiedades emergentes. Nuestra concepción de identidad reconoce en la organización, en tanto sistema, la capacidad de autoorganizarse en el sentido de que:

- se produce por sí sola, seleccionando y realizando actividades que necesita para continuar operando, incluyendo la construcción de la estrategia, la determinación de los objetivos y el perfil de su desempeño comunicacional;
- mantiene y preserva sus rasgos de identidad ante las perturbaciones del entorno;

---

7. Schvarstein, Leonardo: *Psicología social de las organizaciones.* Paidós, Buenos Aires, 1991.

- tiene capacidades operacionales ante condiciones diferentes a las de origen, lo que no provoca una pérdida en su continuidad ni en la particular cohesión de sus componentes;
- tiene autonomía en el sentido de que el sistema dispone como elementos constitutivos a sus propias unidades de gobierno;
- configura procesos de control internos a través de los que regula las operaciones y demarca las fronteras del sistema;
- tiene la capacidad de elaborar sus propias renovaciones estructurales ante los cambios.

La autoorganización

… se trata de un proceso complejo, que desempeña una doble función, la de ajustar la realidad interna a los cambios no previstos en el entorno y la de mantener las condiciones que dan continuidad y cohesión a las actividades y relaciones que son el sustento de la organización.

Este proceso se construye desde dentro en las relaciones cotidianas, y no tiene que ver con la eficacia o la racionalidad finalista de las decisiones directivas (…).

Es una dinámica que presenta tensiones y contradicciones. Esta dinámica no lleva al caos o al descontrol, sino que plantea la existencia de una compleja red de relaciones entre los factores que operan en la organización.

No es tanto un problema de no saber qué pasa, como de tener que avanzar utilizando criterios lógicos duales.

El concepto de organización se caracteriza por referir a pautas de relación estable que comparten individuos y grupos, y que les permiten realizar un esfuerzo coordinado, aun cuando el contexto cambiante también requiera una adaptación en su rumbo. Importan tanto los objetivos compartidos como las condiciones de existencia del sistema (sus límites, sus necesidades).

La organización es un doble intento de darle autonomía al sistema (empresa, fábrica, escuela, universidad, partido político, etc.) y también de permitir su adecuación a los cambios ambientales, sin perder identidad.[8]

Queda claro, entonces, que la aparición de una nueva identidad implica la aparición de una nueva organización.

Para abordar este activador con un enfoque operativo, haremos primero una breve exploración conceptual, para luego presentar un esquema de trabajo destinado a la elaboración del texto de identidad.

---

8. Etkin, Jorge: *Op. cit.*

Los rasgos identificatorios (RI)

La identidad está conformada por todos aquellos rasgos (más allá de los soportes gráficos) que permiten distinguir a la organización como diferente y singular; todo aquello que, si desaparece, afecta decisivamente su continuidad. La identidad es un conjunto de características invariantes que constituyen a una organización y la hacen única.

> *La lógica de la identidad organizacional tiene que ver con la supervivencia como conjunto; en las organizaciones se identifican variables de cambio y un núcleo estable. (...) La invariancia se manifiesta por la racionalidad dominante y continuada en los actos administrativos, en la permanencia de ciertos modos de hacer y pensar. (...) Estos rasgos no son una propuesta, un atributo asignado (...), sino que resultan de la presencia de invariancias en el funcionamiento de la organización a lo largo del tiempo.*[9]

Los rasgos identificatorios no están para embellecer, sino para ser descubiertos, distinguidos, reconocidos. Se constituyen en un *input* de trabajo de inestimable valor para la Dirección.

Para abordar y operar la identidad, necesariamente hemos de referirnos a los aspectos que en el marco de Comunicación Estratégica® denominamos rasgos identificatorios, una de las piezas clave en la constitución del texto de identidad.

> *En particular, la identidad (...) está constituida por aquellos rasgos que la organización construye para sí, los que elige (...) y preserva a través del tiempo. Todas las perturbaciones de origen interno o externo son de allí en más procesadas de modo de mantener inalterables estos rasgos que la organización construye para sí.*[10]

Toda organización puede autodefinirse a partir de un conjunto de rasgos identificatorios que se inscriben en la realidad; sin embargo, estos no copian pasivamente la realidad sino que van construyendo la identidad a través de la experiencia y un diálogo continuado con miembros de la organización y demás actores del contexto.

Gracias a los rasgos identificatorios los observadores pueden afirmar que determinado sistema existe y que es diferenciable de otros. La identidad también establece bordes y límites, define qué está dentro y qué está fuera de la organización.

---

9. Etkin, J., y Schvarstein, L.: *Identidad de las organizaciones.* Paidós, Buenos Aires, 1989.
10. Schvarstein, Leonardo: *Psicología social de las organizaciones.* Paidós, Buenos Aires, 1991.

La identidad no es solo deliberada, sino también el resultado de lo emergente y no planeado. Por consiguiente, cuando hablamos de cambio en el ámbito de la identidad, nos referimos a una capacidad de aprendizaje que lleva a un nuevo orden con nuevas formas de relación y significación compartidas. Así, la organización no pierde su continuidad y mantiene su identidad. Es decir que sus rasgos identificatorios permanecen, porque su cambio implicaría una refundación de la organización.

En la identidad siempre existe una tensión entre lo emergente y lo construido, entre la homogeneidad y la heterogeneidad, entre la estabilidad y el cambio. En todo caso, la identidad, aunque es lo permanente, no es algo dado, ya que los miembros de la organización la reconstruyen permanentemente y en ocasiones la cuestionan.

El hallazgo de los rasgos identificatorios es una ardua tarea de descubrimiento que se inscribe en el análisis organizacional. El operador de Comunicación Estratégica® deberá reconocer dichos rasgos para elaborar el texto de identidad.

Los rasgos genéricos (RG)

Así como existen rasgos que distinguen y definen lo singular de una organización determinada (rasgos identificatorios o RI), existen también rasgos que constituyen a todas las organizaciones de un mismo tipo.

En Comunicación Estratégica® los denominamos rasgos rasgos genéricos, por ejemplo:

¿Cuáles son los rasgos comunes a todos los bancos?

¿Cuáles son los rasgos comunes a todos los sindicatos?

¿Cuáles son los rasgos comunes a todas las empresas de medicina prepaga?

El conjunto de los rasgos genéricos y el conjunto de los rasgos identificatorios nos permitirán distinguir los rasgos diferenciadores de aquellos otros que indiferencian a la organización. Algunas preguntas para determinar si un rasgo (indistintamente ya sea identificatorio o genérico) lo es o no:

- En caso de que el rasgo se modifique, ¿ello implica la transformación de la corporación?

- ¿El rasgo permanece "invariante" frente a las alteraciones del contexto?
- ¿Se pueden identificar en la corporación "formas de preservación" del rasgo?
- ¿El rasgo está presente explícita o implícitamente en las decisiones corporativas?

El texto de identidad

A partir del reconocimiento de los rasgos identificatorios y de los rasgos genéricos dispondremos de un rico material para analizar y procesar.

Hasta aquí tenemos una operación de hallazgo, análisis, ordenamiento y procesamiento de la información.

Para la constitución del texto de identidad debemos ahora articular las demandas del entorno con los propósitos estratégicos de la organización.

De estas operaciones surgirán, a modo de acople, los "atributos óptimos" que compondrán el texto de identidad.

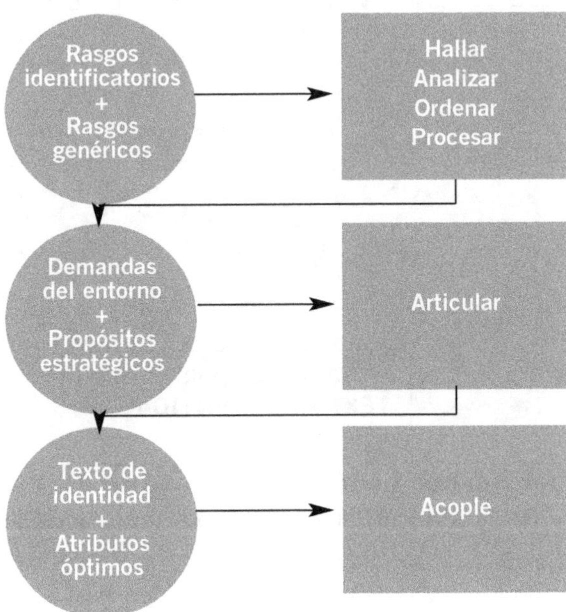

En síntesis, para constituir el texto de identidad hemos de distinguir, analizar, ordenar y procesar los rasgos identificatorios y los rasgos genéricos. El material resultante se articulará con las demandas del entorno y los propósitos estratégicos de la organización para la definición del conjunto de "Atributos Óptimos" que compondrán el texto de identidad.

Tipologías discursivas

Los seres humanos somos sujetos discursivos, las organizaciones también. Ambos nos movemos en medio de discursos socioculturales que nosotros mismos creamos, recreamos y transformamos.

El *discurso Identificatorio* se define como "compuesto por una multiplicidad de enunciados argumentativos, lingüísticos y no lingüísticos, que tienden a ser coherentes entre sí, y que por vías de sus elecciones y omisiones especifican el lugar invariante que la organización pretende"[11].

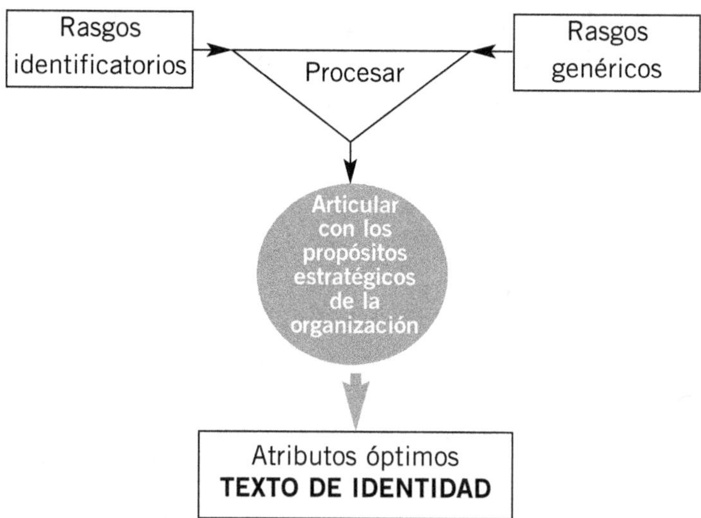

Operacionalmente, podemos hablar de un discurso organizacional como de una configuración espacio-temporal de sentido que, en

---

11. Schvarstein, Leonardo: *Diseño de organizaciones.* Paidós, Buenos Aires, 1998.

tanto representación ideológica, adquiere una determinada forma de autorrepresentación que la organización asume como propia.

En este sentido, podemos definir cuatro tipologías genéricas de discursos organizacionales[12].

1. El discurso autorreferencial

Este discurso pone el énfasis en la identidad del sujeto emisor. Es el discurso que instaura la soberanía de la organización, su garantía, su poder, su autoridad, su dominio. En este discurso la organización expresa lo que ella es y se posiciona como centro gravitacional del acontecer. Su estilo no es precisamente una invitación al diálogo; la autoridad que expresa es más importante que la búsqueda de complicidad con los públicos.

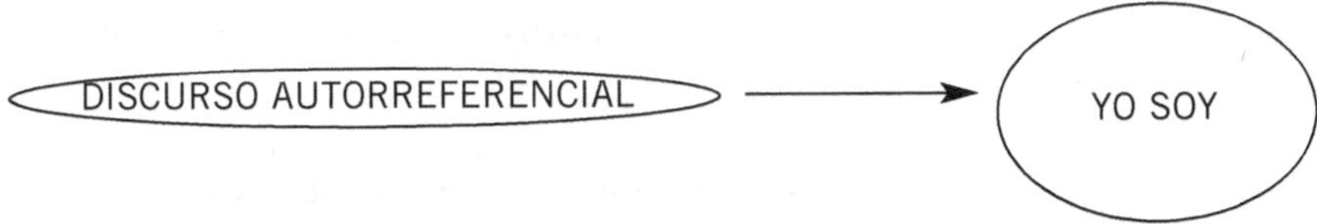

2. El discurso de la actividad

En este tipo de discurso, la organización predominantemente expresa lo que hace; está orientado en forma exclusiva al sector de la actividad en que esta se desempeña. Es un discurso más humilde que el autorreferencial. Esta estrategia discursiva no solo apela a lo que hace, sino también a cómo lo hace, poniendo en este punto la ventaja diferencial del "sabemos hacerlo". Este es un discurso más pertinente para las empresas monoproducto.

A través de este discurso, la empresa trata de exaltar su *know how*.

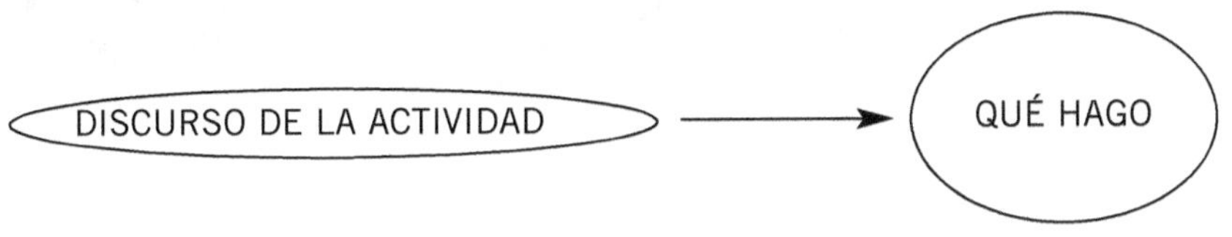

---

12. Adaptado de Weil, Pascale: *La comunicación global*. Ediciones Paidós Ibérica, Barcelona, 1992.

3. El discurso de la vocación

En este discurso la organización exalta el beneficio que ofrece a sus públicos. En el discurso de vocación, se impone el protagonismo de las expectativas de los distintos interlocutores de la organización.

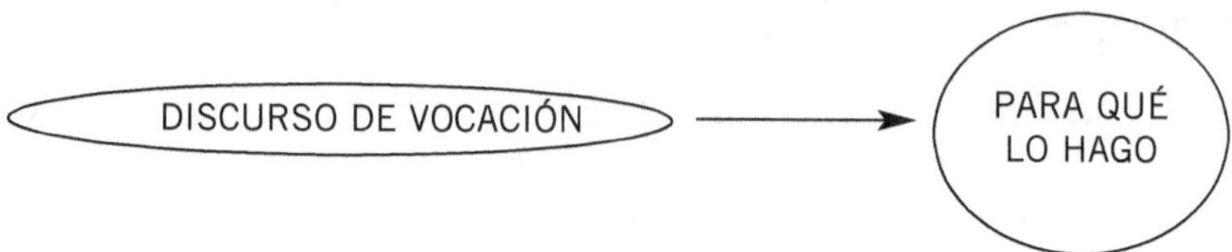

4. El discurso de relación

El interés de este discurso se centra en la relación que la organización mantiene con sus públicos. Expresa el compromiso de la organización en sus vínculos. Hacia lo interno, es tanto una exigencia como un motivo de orgullo.

En la práctica, rara vez los discursos adquieren una categoría pura. Más bien notaremos en general una mezcla, con predominio de alguna de las tipologías clasificatorias.

Por otra parte, si bien es cierto que resulta sumamente auspicioso que una organización cuente con un programa de identidad, no olvidemos que no solo se ha de evaluar lo planificado en un programa, sino además –y fundamentalmente– aquello que la organización enuncia en efecto a través de su praxis discursiva.

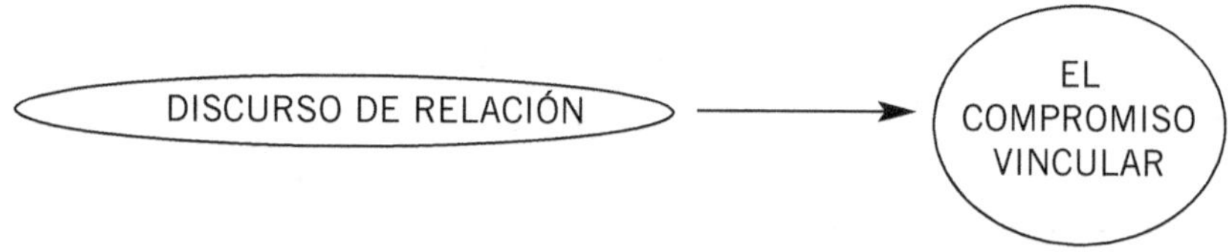

CAPÍTULO 6

ACTIVADOR: "CULTURA"

Marcos interpretativos de la cultura

La palabra *cultura* deriva de *cultivo*, del proceso que implica el cuidado y desarrollo de los frutos de la tierra.

El estudio de la cultura encuentra sus raíces en las teorías de la cultura como un fenómeno social, antropológico y sociológico.

Pese a que no es extraño oír hablar de las organizaciones como culturas, este concepto se popularizó recién a principios de los años '80.

En 1980, *Business Week* publicó "Corporate culture: the hard to change values that spell success or failure", artículo que identificaba a la cultura organizacional como un elemento de influencia fundamental sobre la motivación y el compromiso de los miembros de la organización.

En 1982 se editaron dos exitosos libros que popularizaron el concepto de cultura corporativa: *In search of excellence: lesson from America's best-run companies* (de Peters y Waterman)[1] y *Corporate cultures: the rites and rituals of corporate life* (de Deal y Kennedy)[2].

---

1. Peter, Thomas, y Waterman, Roberts H.: *En busca de la excelencia.* Círculo de lectores, Buenos Aires, 1985.
2. Deal y Kennedy: *Las empresas como sistemas culturales.* Sudamericana, Buenos Aires, 1985.

La cultura es el elemento que le aporta sentido a la vida organizacional. Se desarrolla conforme lo hacen los marcos interpretativos que aplican los miembros para asignar significados a las acciones cotidianas a través de diversos actos comunicacionales, de acuerdo con una lógica simbólica compartida.

De los marcos interpretativos surgen los temas culturales (*cultural issues*), que ejercen una fuerte influencia sobre:

- las actitudes de los miembros;
- la jerga e idiomas que se utilizan;
- las historias, leyendas y chistes que se cuentan;
- las lógicas que se aplican;
- la visión del futuro;
- la identificación de amigos y enemigos;
- etcétera.

Los temas pueden ejercer efectos productivos o destructivos. Un tema productivo entre los miembros de una organización puede ser, por ejemplo, la búsqueda permanente de altos estándares de calidad. Uno de los temas destructivos sería la supuesta reducción de personal que una organización llevará a cabo. Más allá de los efectos productivos o destructivos, los temas culturales pueden tener una intensidad fuerte o débil. Con estos elementos podemos configurar una matriz de impacto de temas culturales como la siguiente:

	TEMA PRODUCTIVO	TEMA DESTRUCTIVO
TEMA FUERTE	Fuerte productivo	Fuerte destructivo
TEMA DÉBIL	Débil productivo	Débil destructivo

Resulta de suma utilidad determinar cuáles son los temas culturales que circulan en una organización.

Funciones de la cultura

Básicamente, la cultura cumple tres funciones generales:

a) de integración,
b) de cohesión, y
c) de implicación de la persona.

138

a) Función de integración

La cultura favorece el *consenso* de la gente respecto de la misión de la organización, sus metas operativas y los medios necesarios para alcanzarlas. Asimismo, es la que orienta el establecimiento de criterios para medir resultados, y forma parte fundamental de las estrategias correctoras.

En una organización suelen existir grupos profesionales con formaciones diversas (ciencias económicas, humanísticas, técnicas, etc.); en este caso, la cultura es un elemento fundamental para su articulación, así como también para las lógicas que cada una de ellas aplica. Esto mismo es válido para los casos en que la organización transita por procesos de absorción, fusión, etc., en los cuales se da la interacción de personas con experiencia en distintas organizaciones.

Un fuerte consenso es lo que diferencia una mera declaración de intenciones de lo que debería ser la cultura, es decir, la referencia más importante para orientar al comportamiento colectivo. En este sentido, podemos decir que la cultura es la base del proyecto organizacional.

b) Función de cohesión

En esta función podemos apreciar de manera más efectiva el carácter pragmático de la cultura y su crítica incidencia en la dinámica organizacional.

El *sentido de pertenencia* que puede generar una cultura es su manifestación más genuina.

Cuando se logra que la gente asuma un conjunto de valores, se constituye un fuerte sentido de pertenencia a la organización.

Si la organización posee una cultura cohesionada, la regulación del poder estará sujeta a un mismo conjunto de valores coherentes entre sí, que garantizan ese consenso en cuanto a los resultados. Es decir que la cultura es el mecanismo autorregulador del poder.

c) Función de implicación de la persona

Hay implicación cuando existe *compatibilidad* y *correspondencia* entre el sistema de valores de la organización y el de la persona. Esto se logra en la intersección de:

- el sistema de valores de la persona,
- su propia percepción del éxito, y
- el concepto que ella tenga de sí

con el sistema de valores de la organización y su cultura.

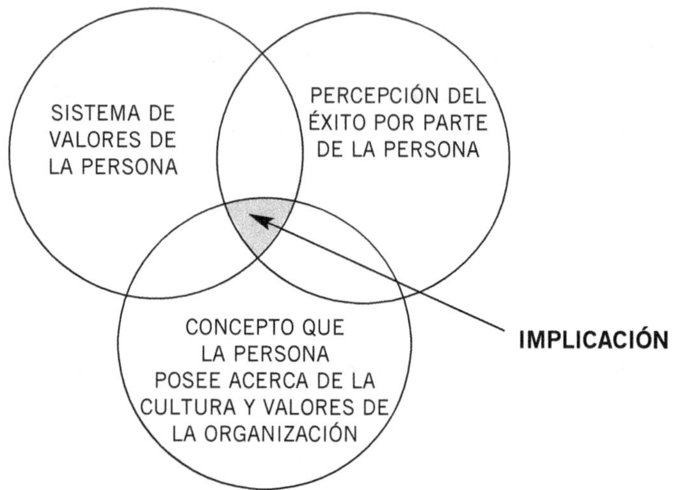

La implicación de la persona comprende:

- el convencimiento y aceptación de los objetivos y los valores de la organización;
- la voluntad de actuar en la dirección de los objetivos y la misión que la organización ha fijado; y
- un fuerte deseo de participar en la vida de la organización.

Tipologías culturales

En *CE1* ya fue abordado el tema de la cultura. Allí tratamos los elementos básicos que generan su dinámica (creencias y valores, héroes, ritos y rituales, red cultural), por lo que aquí no nos extenderemos particularmente sobre ellos. Ahora pretendemos exponer otras perspectivas y enfoques complementarios de los ya enunciados en el primer libro.

Haremos una nueva aproximación a diferentes enfoques tipológicos de la cultura, los cuales nos permitirán diagnosticar el *Estado Cultural actual* (ECA) para luego determinar el *Nuevo Pattern Cultural* (NPC) a conseguir.

Cuando hemos de analizar una cultura, el primer paso lógico es formular hipótesis. Lo que observamos inicialmente son comportamientos, historias y una amplia generalidad de rasgos propios de esa cultura.

Estas observaciones iniciales resultan muy desordenadas y anárquicas. Para clasificarlas con claridad, estableceremos un conjunto de *tipologías culturales,* que nos resultarán de suma utilidad para instrumentar la información recogida y posteriormente operar.

Establecer tipologías culturales significa definir variables clasificatorias consideradas clave, para luego determinar cómo clasificamos la organización a partir de dichas variables. Estas tipologías culturales surgen de:

a) la ideología,
b) las etapas del desarrollo,
c) la mentalidad de la organización, y
d) la relación con el mercado.

a) Ideología

Esta clasificación se basa en el supuesto de que la organización se adapta a sus circunstancias, a través de cuatro mecanismos ideológicos básicos:

- ideología cultural del poder,
- ideología cultural de la función,
- ideología cultural de la tarea, e
- ideología cultural de la persona.

En el cuadro siguiente se sintetizan los rasgos más característicos de cada ideología.

	CULTURA DEL PODER	CULTURA DE LA FUNCIÓN	CULTURA DE LA TAREA	CULTURA DE LA PERSONA
Características generales	-Estructura de tela de araña. -Cultura típica de pequeñas organizaciones de producción, compañías financieras o grandes compañías comerciales. -Cultura dependiente de una central de poder muy fuerte. -El control se ejerce a través de personas clave. -Las decisiones se toman a partir de un equilibrio en las influencias. -Culturas fuertes y orgullosas. -Actúa con rapidez y reacciona eficazmente. -Su modelo de trabajo es la unidad y la lealtad.	-Estructura de templo griego. -Operativamente se sustenta sobre la solidez de sus pilares, sus funciones o especialidades, coordinadas en la cumbre por gestores senior (el frontispicio). -Es una cultura estereotipada, como lo es la burocracia. -Sus valores determinantes son la lógica y la racionalidad. -La descripción exacta y la función del trabajo son más importantes que la persona que lo ejecuta. -La posición en la estructura es lo que da el poder personal, y solo relativamente el de la experiencia. -Es fácil predecir el futuro profesional y la seguridad. No ofrece demasiado riesgo.	-Estructura de red. -Se basa en el proyecto o trabajo concreto. -Es típica de las estructuras matriciales. -El poder homogenizador del grupo es el instrumento para conseguir la eficacia personal. -Es una cultura de equipo. -Es una cultura muy adaptable y flexible. -A menudo se crean grupos *ad hoc*, que se disuelven cuando su función finaliza. -Cultura útil para organizaciones que elaboran productos de corta vida. -Habitualmente esta cultura es la que se halla en las agencias de publicidad.	-Su estructura es una constelación. -Típica de bufetes profesionales, organizaciones de consultoría y/o auditoría. -La persona es el centro de todo. -Carecen casi de estructura.

	CULTURA DEL PODER	CULTURA DE LA FUNCIÓN	CULTURA DE LA TAREA	CULTURA DE LA PERSONA
Características generales		-Es típica y útil en las organizaciones donde hay economías de escala. -Su modelo de trabajo es el flujo y la repetición.		
Formas de pensamiento y aprendizaje	-Se toman decisiones rápidas que se ejecutan también rápidamente. -Son frecuentes las tutorías (*mentoring*). -Es una cultura de protegidos.	-Mentalidad analítica. -Creencia en un mundo formalmente científico. -La capacidad es la expresión de la inteligencia convergente. -Aprendizaje aditivo (muchos cursos). -Énfasis en la planificación, organización y control.	-La resolución de problemas se lleva a cabo mezclando el pensamiento vertical y el lateral. -El equipo es la fórmula para la resolución de problemas y el aprendizaje. -Se alienta la autoformación (en un marco grupal) y la movilidad de los puestos. -Existe una mayor dedicación a las tareas particulares que a las funciones generales.	-Existe escasa planificación del futuro dentro de la organización. -Formación discontinua (años sabáticos, estudios de perfeccionamiento en el extranjero, etc.).

	CULTURA DEL PODER	CULTURA DE LA FUNCIÓN	CULTURA DE LA TAREA	CULTURA DE LA PERSONA
Influencia y poder	-Es una cultura del carisma, donde los cambios se producen cuando cambian las personas. -Los individuos son eslabones que se sustituyen cuando no funcionan. -El éxito depende más de a quién se conoce más que de qué sabe hacer. -Es una cultura de personalidades y poder basada en el reconocimiento. -Escasa influencia del organigrama.	-El poder lo da la posición, no el carisma. -Explicita los derechos y las responsabilidades. -Énfasis en el organigrama. -Los cambios en las estructuras o los sistemas exigen cambios de las funciones o las normas, respectivamente. -Contratos precisos y delimitados.	-Lo ideal es un grupo heterogéneo de talentos cohesionados por el espíritu de equipo. Es decir que se supone que a mayor heterogeneidad, mayor producción grupal. -Se gana influencia a través de saber mantener un debate racional y sensato.	-Las personas son poco influenciables, ya que por tener una cultura indeterminada, no logran identificarse con ella. -Los miembros de esta cultura son poco controlables, ya que se encuentran seguros porque tienden a hacerse imprescindibles. -El cambio es solo contractual. -Relación individual (uno a uno) entre el líder y sus colaboradores.
Motivación e incentivos	-El dinero es básico; simboliza éxitos y resultados. -Las personas son acaparadas como el dinero para formar redes de poder. -La incertidumbre es valorada como libertad de maniobra.	-Valoración de la seguridad. -El incremento de autoridad o estatus es el mayor incentivo en la medida en que se reconoce la autoridad formal de la función.	-Se aprecian la variedad y la promoción profesionales. -Se responde a la remuneración por resultados.	-El máximo valor es la libertad individual y su expresión más genuina, el tiempo libre. -Las relaciones con la organización suelen ser endebles.

A continuación adjunto el cuestionario Harrison, instrumento válido para caracterizar la ideología de la organización. A través del cuestionario se determinarán:

- los valores absolutos correspondientes a cada una de las orientaciones ideológicas (poder, función, tarea, persona), y
- los valores relativos y sesgos particulares de cada área, departamento, fábrica, etc., respecto de la orientación ideológica dominante.

IDEOLOGÍA CORPORATIVA (ELEGIR UNA OPCIÓN EN CADA ÍTEM)

1. Un buen jefe debe ser:

a) Fuerte, decidido y firme, pero justo; protector, generoso e indulgente con los subordinados leales.

b) Impersonal y correcto; evitar el ejercicio de su autoridad en beneficio propio y exigir a sus subordinados solo las obligaciones establecidas.

c) Igualitario, promotor de la participación en asuntos relacionados con el trabajo; utilizar su autoridad para obtener recursos necesarios para el trabajo.

d) Sensible y responsable con los valores y las necesidades de los demás; usar su posición para procurar satisfacción y ofrecer desarrollo y oportunidades para sus subordinados.

2. Un buen subordinado debe ser:

a) Complaciente, gran trabajador y leal con los intereses de su superior.

b) Confiable, responsable, conocedor de los deberes y responsabilidades de su trabajo; evitar acciones que molesten a su superior.

c) Automotivado para contribuir con lo mejor de él al trabajo, abierto a aportar ideas y sugerencias y ceder de buen grado el liderazgo a otros cuando poseen mayor experiencia o capacidad.

d) Potencialmente interesado en el desarrollo de sus capacidades y abierto a aprender y recibir ayuda, respetando los valores de los demás y contribuyendo de buen grado a su desarrollo.

3. Un buen miembro de la organización debe dar prioridad a:

a) Las demandas personales del jefe.
b) Los deberes y responsabilidades propios de su función y los comportamientos personales acostumbrados en la organización.
c) Las necesidades del trabajo respecto de la competencia, habilidad, energía y recursos materiales.
d) Las necesidades personales de cada uno.

4. Las personas que hacen bien las cosas en la organización
son aquellas que son:

a) Inteligentes y capaces para dirigir y controlar el poder.
b) Conscientes y responsables, con un fuerte sentido de lealtad a la organización.
c) Técnica y profesionalmente competentes y están comprometidas con el trabajo bien hecho.
d) Competentes en las relaciones personales y están comprometidas con el desarrollo de la gente.

5. La organización trata al individuo:

a) De acuerdo con el tiempo y energía dedicados a las altas jerarquías de la organización.
b) De acuerdo con los derechos y obligaciones estipulados en su contrato.
c) Como un colaborador que ha comprometido su capacidad y habilidades en una causa común.
d) Como a una persona interesante en sí misma.

6. La gente en su organización está influida y controlada por:

a) El ejercicio personal del poder económico y político (premio/castigo).
d) El ejercicio impersonal del poder económico y político para reforzar los resultados medios.
c) La comunicación y la discusión de las necesidades del trabajo y de la orientación adecuada para lograr los objetivos propuestos.

   d) El interés y el placer de lo que hace y/o el compromiso con las necesidades de los demás.

7. El control por parte de una persona de las actividades de otra es legítimo si:

   a) Tiene más autoridad y poder en la organización.
   b) Esa es su función en la organización.
   c) Tiene más conocimiento y experiencia.
   d) Acepta que la ayuda o enseñanza de la primera puede contribuir al aprendizaje y desarrollo de los demás.

8. La asignación de tareas en la organización se debe basar en:

   a) El juicio y las necesidades personales de la dirección.
   b) La división formal de funciones y responsabilidades.
   c) Los recursos y experiencia de cada uno necesarios para el trabajo.
   d) Los deseos y necesidades personales para el desarrollo individual de los miembros de la organización.

9. El trabajo es el resultado de:

   a) Las expectativas de recompensa, el miedo al castigo o la lealtad personal hacia el poder individual.
   b) El respeto por las obligaciones contractuales apoyado por sanciones y por la lealtad hacia la organización.
   c) La satisfacción por el trabajo bien hecho y el compromiso personal con los objetivos del trabajo.
   d) El placer del trabajo en sí mismo y el compromiso y respeto por las necesidades y valores de los demás.

10. Las personas trabajan juntas cuando:

   a) Lo requiere la Alta Dirección o creen que pueden sacar ventajas del otro.
   b) La coordinación y el cambio están especificados formalmente.
   c) La unión es necesaria para el progreso de la tarea........
   d) La colaboración es especialmente satisfactoria o novedosa.

11. El objeto de mayor competitividad dentro de su organización es:

    a) El poder y ventajas personales.
    b) Un estatus alto en el organigrama.
    c) La excelencia en el trabajo.
    d) La atención a las necesidades propias.

12. Cómo se gestionan los conflictos en su organización:

    a) Son controlados por autoridades más altas y a menudo promovidos por ellas mismas para mantener su propio poder.
    b) Son evitados por la referencia continua a roles, procedimientos y definiciones de responsabilidad.
    c) Mediante una completa discusión de las circunstancias del aspecto polémico del trabajo.
    d) A través de abiertas y hondas discusiones sobre las necesidades y los valores personales implicados.

13. Las decisiones en su organización las toma:

    a) La persona con más poder y autoridad.
    b) Quien tiene descrito ese cometido entre las funciones de su puesto.
    c) Quien más experiencia y conocimiento posee respecto del problema en cuestión.
    d) Quien personalmente se encuentra más comprometido y afectado por el resultado.

14. En su organización la comunicación y la información:

    a) Fluyen de arriba abajo a través de la pirámide jerárquica.
    b) Fluye en ambos sentidos según una pirámide funcional, con cada función controlada por otra superior en la pirámide, y la información horizontal constreñida.
    c) La información acerca de las necesidades del trabajo fluye desde el centro hacia todas las direcciones donde se encuentren los recursos más próximos dentro de la organización para resolver la tarea. La coordinación de la información es global y su estructura cambia en función de cada tarea.

d) Se establece de persona a persona en función de relaciones, de ayuda mutua, satisfacción y valores compartidos. La coordinación establece niveles globales de contribución para el mantenimiento de la organización, establecidos por mutuo acuerdo.

15. El entorno es entendido como:

a) Una competitiva jungla de todos contra todos en la que se explota o se es explotado.

b) Un sistema ordenado y racional en el que la competencia está regulada por leyes y los conflictos, sometidos a negociación y compromiso.

c) Un complejo de formas y sistemas imperfectos que serán reconfigurados y mejorados por los logros de la organización.

d) Un complejo de ayudas y amenazas potenciales que puede ser provechoso para la organización, si se toma como un espacio para el juego y el trabajo indistintamente.

---

b) Etapas de desarrollo

El enfoque que analizaremos a continuación se basa en que la cultura desempeña un rol determinado de acuerdo con la etapa del desarrollo en que la organización se encuentre.

Desde esta postura se supone que una organización en su devenir histórico transitaría por tres etapas sucesivas:

- de creación y primer desarrollo,
- de expansión, y
- de madurez y declive.

Más allá de la utilidad taxonómica de este enfoque, hemos de comprender que a menudo nos encontraremos con organizaciones que, por decisión propia, quedan ancladas en una de estas etapas culturales.

I. Etapa de creación y primer desarrollo
Se caracteriza por la exaltación de los valores compartidos. Se procura que ellos se conviertan en un eficaz instrumento para orientar los comportamientos cotidianos de los miembros. La

cultura es, en este momento, el principal elemento para la constitución de una identidad colectiva. La cultura del primer desarrollo se basa en sólidos valores compartidos, que se distinguen por:

- aportar un significado inequívoco, y
- ser conocidos por todos los miembros.

II. Etapa de expansión

Esta etapa es característica de los períodos en que las organizaciones alcanzan un importante grado de desarrollo, lo cual exige sistemas de gestión y control más complejos.

Por otra parte, es ahora cuando los valores compartidos se han sedimentado, por lo que ya no se hacen tan fácilmente reconocibles sino a través de anécdotas, frases y eslóganes corporativos.

Debido a la expansión, pueden surgir subculturas capaces de provocar crisis culturales que impacten en la identidad misma, razón que a menudo impone la necesidad de un cambio cultural.

III. Etapa de madurez y declive

En esta etapa hay un agotamiento de los mercados y de los productos/servicios. Asimismo, se produce un estancamiento en el crecimiento de la organización, lo que genera serias disfunciones culturales.

Así, la principal función de la cultura durante este período es convertirse en la memoria activa de los tiempos de gloria.

El peligro de este mecanismo radica en que la organización puede quedar sumergida y estancada en logros del pasado y entorpecer la visión del presente y el futuro. A esto se lo denomina "el fracaso del éxito".

c) Mentalidad de la organización

Esta tipología la componen dos clasificaciones: a) según la mentalidad propiamente dicha y b) según el grado de apertura y la fuerza cultural.

a) *Clasificación según la mentalidad propiamente dicha*
Pone énfasis analítico a través de cuatro variables.

- Apertura.
- Cierre.
- Cambio e innovación.
- Orden establecido.

Cabe acotar que las variables "Apertura" y "Cierre" definen al grado de sensibilidad que la cultura posee respecto de los cambios que se suceden en el entorno y de la actitud que se adopta al respecto.

A partir de estas cuatro variables, podemos construir una matriz cuyos ejes representan:

- el grado de apertura o aislamiento del entorno; y
- el grado de innovación y cambio respecto del orden establecido.

Estos ejes dejan definidos cuatro arquetipos culturales que configuran esta clasificación de la mentalidad propiamente dicha.

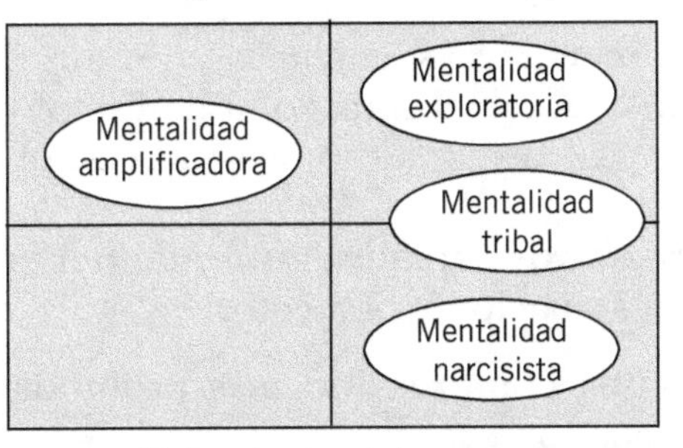

I) Mentalidad narcisista

Se sitúa en el cuadrante delimitado por el aislamiento y la disciplina. Se aísla de las influencias del entorno y defiende el *statu quo.* Es una organización principalmente reactiva, ya que para ella la supervivencia es un valor. Procura la inmutabilidad.

II) Mentalidad tribal
Se sitúa entre la apertura y el aislamiento del entorno y dentro del cuadrante de la disciplina. Persigue el orden interno y el respeto por las jerarquías. Generalmente se estructura de manera piramidal.

III) Mentalidad exploratoria
Se sitúa en el cuadrante delimitado por la apertura al entorno y la disciplina. Se caracteriza por tener una gran apertura hacia lo que sucede en el entorno, donde se puede hallar su mayor fortaleza. Es una organización agresiva y competitiva. Posee iniciativa y autonomía.

IV) Mentalidad amplificadora
Es una organización sumamente innovadora, muy flexible hacia adentro y hacia afuera. No rehúye los riesgos. Su estilo de management suele ser vanguardista y diferenciador.

a) *Clasificación según el grado de apertura y la fuerza cultural*
Esta clasificación ya fue abordada en *CEI*, donde se analiza la cultura a partir de dos ejes (fuerza/debilidad cultural y apertura/cierre hacia el entorno), que configuran los siguientes arquetipos culturales:

- Cultura vegetativa: se encierra en sí misma y no aprende.
- Cultura de autoclausura: "ombliguismo" cultural.
- Cultura pasivo-adaptativa: actitud casi obsesiva para adaptarse.
- Cultura activo-adaptativa: aprende del entorno para optimizar su actuación y proyecto.

Para obtener una comprensión más profunda, el lector puede remitirse al texto citado.

d) Relación con el mercado

Esta clasificación analiza la cultura desde una óptica marketinera. Esta clasificación está compuesta por dos tipologías:

a) riesgo-retroalimentación, y
b) morfología producto-mercado.

152

a) tipología riesgo-retroalimentación: define las culturas corporativas como maduras, heroicas, en proceso, o juveniles.

<table>
<tr><td colspan="3" align="center">VARIABLE RETROALIMENTACIÓN</td></tr>
<tr><td align="center">Negocios</td><td align="center">Lentos</td><td align="center">Rápidos</td></tr>
<tr>
<td align="center">Riesgosos</td>
<td>Cultura madura
Implica grandes inversiones e incierta conclusión y a largo plazo. Se premia la inteligencia e intelectualidad (investigación).</td>
<td>Cultura heroica
Individualistas que casi siempre asumen altísimos riesgos y obteniendo rápidamente la retroinformación. Se premia la toma de riesgos acertada (inversiones)</td>
</tr>
<tr>
<td align="center">Seguros</td>
<td>Cultura de proceso
Se basa en el mantenimiento del statu quo. Es un proceso en el que se premia la constancia y el respeto a las normas (fundaciones).</td>
<td>Cultura juvenil
Medio ambiente muy dinámico con acción y diversión. Los empleados asumen muy pocos riesgos. Se premia la actividad y la motivación.</td>
</tr>
</table>

(Al margen izquierdo, vertical: **VARIABLE RIESGO-PELIGRO**)

b) Tipología *morfología producto-mercado:* define la intensidad competitiva de cada sector de negocios.

Las variables que aquí interesan son dos:

- fuerza requerida de conversión, el grado de énfasis que se pone en el producto en sí, en los procesos de producción; es la orientación industrial;

- fuerza requerida de posicionamiento, el grado de énfasis que se deposita en el mercado, que dependerá de:

  a) la segmentación del mercado, y
  b) la diferencia del producto.

Es la orientación de marketing.
A partir de esto quedan configurados cuatro tipos culturales:

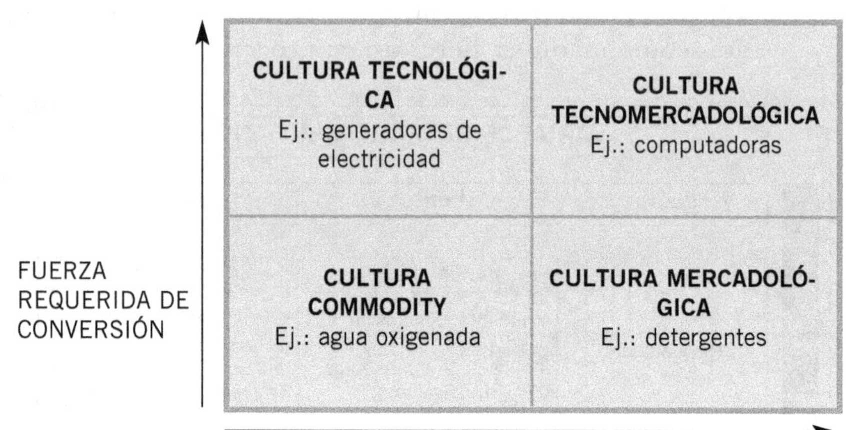

Como afirmaba el economista Galbraith, "muchos empresarios se parecen a los productos que fabrican". Esto refuerza la idea de la simbiosis que existe entre cultura, negocio y empresa.

Estado cultural actual (ECA)

ECA es una matriz, cuyo objeto consiste en posibilitar el procesamiento sintético de los datos que se han de obtener a partir de un análisis de la cultura.

En ella el lector hallará el instrumento eficaz para poder diagnosticar y clasificar el estado cultural actual, sobre la base de las anteriores clasificaciones expuestas:

1. ideología de la organización;
2. etapa del desarrollo;
3. mentalidad de la organización;
4. relación con el mercado.

La matriz que surge es la siguiente:

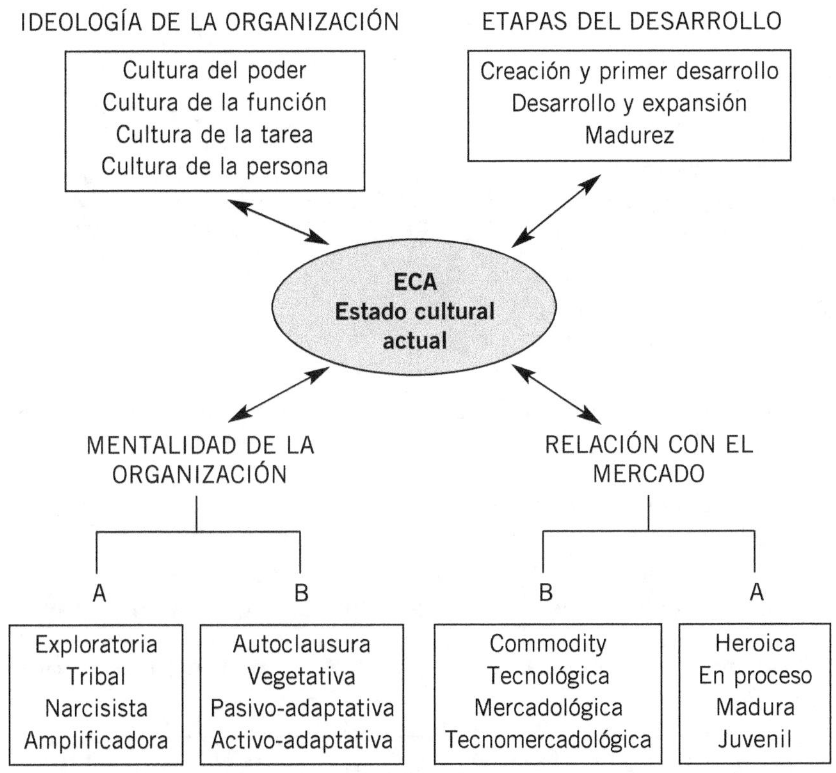

El ECA tiene como propósito fundamental ordenar el conjunto de atributos culturales relevados. Por dicho motivo, la construcción del ECA debe complementarse con:

- un listado de las manifestaciones culturales observadas;
- la caracterización de los principales atributos culturales identificados;
- los métodos de observación/investigación que se han utilizado;
- las evidencias empíricas sobre las cuales se fundamentan las conclusiones expuestas.

Tipos de intervención cultural: ECA y NPC

Denominamos "intervención cultural" a la acción que llevamos a cabo para corregir toda una cultura o una parte específica de ella, con el propósito de llevarla de un estado actual a otro esperado. A este estado esperado lo denominamos "nuevo pattern cultural" (NPC).

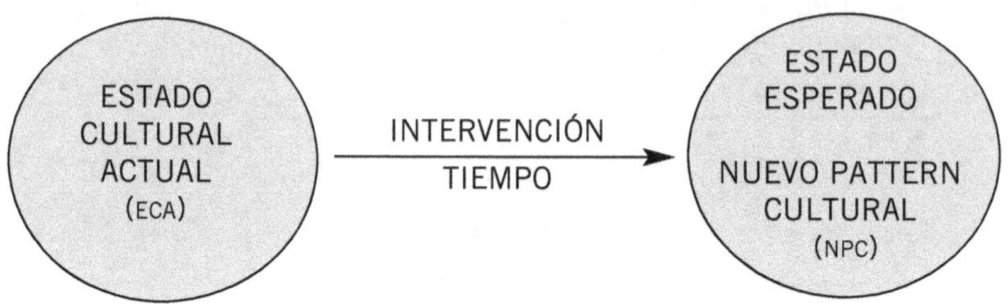

Una vez determinado el ECA, debemos construir el NPC, es decir, el estado cultural esperado. El NPC se define en función de:

- el proyecto corporativo;
- las disfunciones detectadas;
- las funciones que la cultura ha de cumplir;
- las circunstancias coyunturales que la organización atraviesa.

Podemos caracterizar el ECA y el NPC en una matriz como la siguiente.

ECA \ NPC	IDEOLOGÍA DE LA ORGANIZACIÓN	ETAPAS DEL DESARROLLO DE LA ORGANIZACIÓN	MENTALIDAD DE LA ORGANIZACIÓN	RELACIÓN CON EL MERCADO
IDEOLOGÍA DE LA ORGANIZACIÓN				
ETAPAS DEL DESARROLLO DE LA ORGANIZACIÓN				
MENTALIDAD DE LA ORGANIZACIÓN				
RELACIÓN CON EL MERCADO				

A continuación se expone un ejemplo hipotético aplicado.

NPC / ECA	IDEOLOGÍA DE LA ORGANIZACIÓN	ETAPAS DEL DESARROLLO DE LA ORGANIZACIÓN	MENTALIDAD DE LA ORGANIZACIÓN	RELACIÓN CON EL MERCADO
IDEOLOGÍA DE LA ORGANIZACIÓN	Función / Poder			
ETAPAS DEL DESARROLLO DE LA ORGANIZACIÓN		Desarrollo y expansión / Creación y primer desarrollo		
MENTALIDAD DE LA ORGANIZACIÓN			Tribal/activa-adaptativa / Narcisista/autoclausura	
RELACIÓN CON EL MERCADO				Tecnomercado-lógica/juvenil / Tecnológica/proceso

Existen muchos directores que tienen un profundo conocimiento de diversas manifestaciones culturales que acontecen en sus organizaciones; pero esto no quiere decir necesariamente que conozcan la cultura.

Las manifestaciones culturales resultan sumamente instrumentales solo si:

- se pueden formalizar sus interrelaciones y mutua afectación;
- se las puede valorar en términos de gestión; y
- es posible hallar significados pertinentes en ellas.

Podemos definir cuatro tipos básicos de intervención.

– Creación

Es una intervención típica de la fase de nacimiento de una organización. Fundamentalmente, persigue establecer valores compartidos y aportar simbolismo a la gestión a través de ritos y rituales.

– Interpretación

A partir de diversas manifestaciones, se analiza la cultura actual y se elaboran hipótesis.

– **Adaptación**

Suele ser característica en las etapas de desarrollo, momento en el cual la cultura imperante ha de ser adaptada a las necesidades actuales y a la misión de la organización.

– **Cambio**

A menudo toda intervención cultural es denominada "cambio cultural". Nosotros llamamos así a la intervención que busca sustituir valores actuales con otros nuevos. Esta responde a un profundo cambio estructural. Podemos generalizar cuatro tipos básicos de cambio:

- *Cambio planificado*

  Al fragmentarse la cultura en varias subculturas, se procura constituir y acentuar una visión compartida. Asimismo, es probable que se redefinan metas y propósitos. Este es un cambio gerenciado por la dirección.

- *Cambio tecnológico*

  Cuando en el medio ambiente del negocio prolifera el uso de nuevas tecnologías que convierten en obsoleta a aquella que maneja la organización actualmente, se procura generar una revolución tecnológica. Asimismo, esta contracultura tecnológica intenta evidenciar y concientizar acerca de la necesidad de un replanteo cultural.

- *Cambio por desfasaje*

  En este caso se manifiesta una incongruencia entre lo que la organización declara y lo que hace efectivamente.
  En muchos casos, esta situación trasciende a la opinión pública, lo que genera situaciones de impactos muy negativos. Este tipo de cambio es reactivo y se lleva a cabo en circunstancias muy dramáticas para la organización.

- *Cambio acumulativo*

  Es natural y estable. No es disruptivo. Surge de la propia evolución de la dinámica de la organización. El cambio acumulativo no solo es característico de esta etapa, ya que normalmente –de una manera u otra– se manifiesta a lo largo de todo el devenir organizacional.

La intervención se lleva a cabo considerando los efectos que este trabajo ejercerá sobre los cuatro elementos que configuran la dinámica cultural (creencias y valores, héroes, ritos y rituales, red cultural) abordados ya en *CE1*.

Condiciones generales para la intervención cultural

La intervención cultural debe contar necesariamente con un fuerte apoyo por parte de la Presidencia de la organización. Antes de comenzar cualquier acción en dicho sentido, es menester que los directores estén convencidos del proceso que se llevará a cabo. Para cualquier organización resulta extremadamente nocivo despertar expectativas de cambio que no se concretan.

Más aún, cuando la cultura es conservadora y reticente hacia los cambios, el fracaso del cambio propuesto refuerza la actitud de no cambio.

También ha de tenerse en cuenta que iniciar una operación de intervención implica recolectar previamente información muy exhaustiva y elaborar un diagnóstico preciso, para lo cual la colaboración de la dirección resulta fundamental.

COMPROMISO DE LA PRESIDENCIA

Si contamos con un fuerte compromiso de la Dirección, lo que sigue es generar un fuerte consenso en el conjunto de la organización con el propósito de conseguir la mayor colaboración posible por parte de la gente.

Este propósito de consenso está basado en las tres funciones fundamentales de la cultura que citamos al principio de este capítulo.

PROMOVER CONSENSO EN LA GENTE

La intervención cultural generalmente implica planificar, dirigir y coordinar un complejo conjunto de actividades. Esto impone la necesidad de confeccionar gráficos y/o una agenda con tareas específicas que permitan monitorizar permanentemente el trabajo realizado y el que resta por hacer.

ORGANIZAR EL MÉTODO DE TRABAJO

Para evitar que la intervención se convierta en una serie desarticulada de actividades sin dirección alguna, han de plantearse objetivos específicos a alcanzar, y se ha de procurar obtener resultados medibles que puedan constituirse en guía para acciones futuras.

FORMULAR LA INTERVENCIÓN EN TÉRMINOS DE
OBJETIVOS OPERATIVOS

Generalmente se motiva una intervención cultural cuando la organización

- opera en sectores altamente competitivos y/o turbulentos;
- posee una cultura fuerte y poco permeable, mientras que en el entorno se vienen sucediendo cambios profundos;
- tiene problemas de cierta gravedad con sus recursos humanos;
- ha tenido resultados económicos muy negativos;
- experimenta un súbito crecimiento, con un incremento anual en las ventas de alrededor del 25% o más;
- ha de contratar masivamente nuevo personal, ya sea por un gran incremento en las ventas, por una expansión del mercado, de la línea de productos o por motivos de presión competitiva;
- está por convertirse en un gigante corporativo, y la fuerza de ciertos valores compartidos genera burocratización;
- cambia de misión, lo que modifica su razón de ser;
- la cultura existente se vuelve obsoleta frente a un nuevo proyecto corporativo;
- Se producen profundos cambios estructurales, como, por ejemplo,
    - *ruptura de monopolios*: la desregulación del sector en el que opera la organización impone la necesidad de un cambio de mentalidad y de visión;
    - *privatizaciones*: afectan el régimen de propiedad de la organización y su identidad;

- *fusiones y absorciones*: se intenta evitar el choque cultural de las organizacións implicadas y, en cambio, generar sinergia;
- *restructuring*: reestructuración;
- *downsizing*: reacomodación por reducción de tamaño;
- *rightsizing*: reacomodación hacia la dirección correcta;
- *turnaround*: dar vuelta la organización.

Los procesos de *restructuring, downsizing, rigthsizing* y *turn-around*, en general, tienen como propósito generar una recuperación de las utilidades de la compañía, para que luego, en un ambiente menos angustiante, la Dirección logre definir los planes a largo plazo.

El cambio cultural

Cuando el proyecto corporativo cambia, los planes corporativos que de él se desprenden también han de cambiar.

Un cambio cultural le impone a la organización un profundo ejercicio previo de reflexión sobre cuáles serán sus alcances, cuáles serán los plazos, cuánto dinero será necesario para llevarlo a cabo, cuánto se está dispuesto a invertir.

Respecto de la inversión, la Dirección ha de tener en cuenta que el valor de las horas que el personal deberá invertir en el proceso de cambio seguramente supera significativamente el costo de los honorarios del consultor.

En todo ser humano y en toda organización humana existen dos miedos básicos.

- **El miedo a la pérdida**: en general existe una proclividad a sentirnos más cómodos en situaciones ya conocidas de alguna manera, y evitar exponernos a lo nuevo, aun cuando promete ser mejor que el estado actual.
- **El miedo al ataque**: asimismo, siempre nos sentimos amenazados de una u otra manera, ante la aparición de nuevas situaciones. Experimentamos una sensación de no estar preparados para afrontarlas. En general, nos mostramos reacios.

Estos miedos se manifiestan, en mayor o en menor grado, en todos nosotros. Del mismo modo, en el ámbito de las organizaciones, el cambio siempre genera mucha ansiedad debido a su naturaleza incierta.

En este sentido, todo proceso de cambio cultural en el seno de una organización requiere:

- determinación y compromiso por parte de la Dirección y la Alta Gerencia;
- visión clara de lo que se persigue; y
- grandes esfuerzos en capacitación, desarrollo y comunicación.

CAPÍTULO 7

ACTIVADOR: "VÍNCULO"

El asunto público: el vínculo como activador del Hexag-ON

Denominamos "vínculo" al activador que aborda la problemática de los públicos.

Si bien es cierto que en general –en lo que atañe al ámbito de la comunicación organizacional– la problemática de los públicos no es nueva, sí lo es la perspectiva desde la cual la abordaremos en Comunicación Estratégica®.

La perspectiva vincular

La Comunicación Estratégica® propone particularizar la relación que los diferentes públicos mantienen con una empresa dada, ya que:

> ENTRE CADA ORGANIZACIÓN Y CADA PÚBLICO,
> SE CONFIGURA UN VÍNCULO PARTICULAR.

Esto no debe hacernos perder de vista que, si bien existe un vínculo diferente con cada público, se inscribe en –es decir que en gran parte está determinado por– otro vínculo institucional global con el gran público.

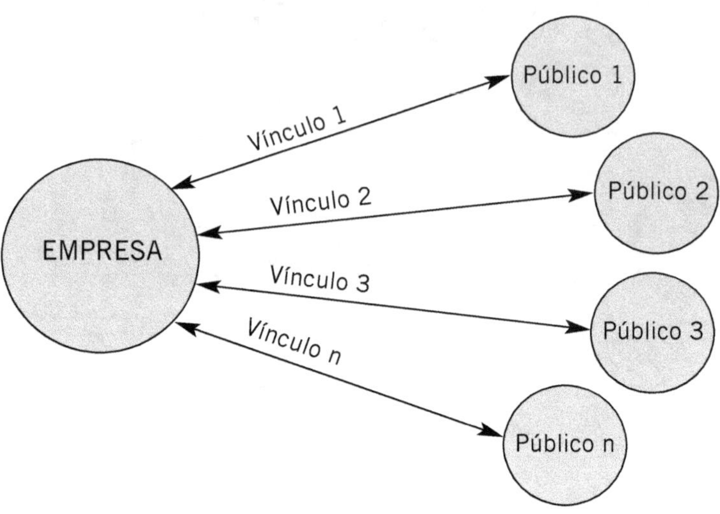

En otras palabras, cada público forma parte del gran público, por lo que cada vínculo forma parte al mismo tiempo del vínculo institucional global.

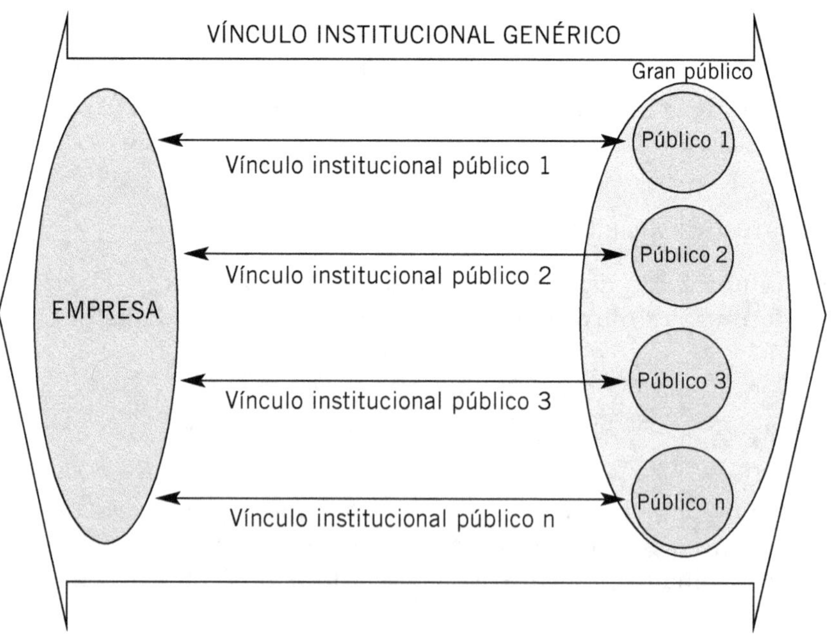

El cambio que se generó en el ámbito de las comunicaciones a partir del cambio de "público" por "públicos" fue fundamental. El pasaje del vocablo del singular al plural hizo hincapié en identificar las características diferenciales y particulares de cada público; de esta manera, se estaba reconociendo la necesidad de segmentar al gran público.

El vínculo como activador de Comunicación Estratégica® se transforma en un poderoso instrumento de gestión para que el operador:

- cuente con un marco referencial que le sirva tanto para orientar la toma de decisiones como para luego justificarlas, mantenerlas o corregirlas;
- logre analizar la dinámica propia de las relaciones que mantiene con todos y cada uno de los públicos;
- pueda diseñar los mensajes clave (*key messages*) correspondientes a cada público;
- logre aplicar acciones concretas basadas en la articulación de los propósitos organizacionales con las expectativas que los públicos tienen hacia la empresa.

...Y a usted, ¿qué le interesa?

Los públicos que se relacionan con una empresa lo hacen siempre basados en sus intereses. Estos intereses pueden ser de naturaleza muy diversa.

Aunque nuestros prejuicios nos impidan asumirlo, nosotros también ejercemos muchos de nuestros comportamientos –por no decir absolutamente todos– movidos por el interés.

Cuando el vendedor en un local nos atiende cortésmente y se desvive por complacer nuestras demandas o caprichos, o cuando alguien le pide un favor a otro, parece estar muy claro el interés que los impulsa y no nos cuesta reconocerlo.

Pero tenemos gran dificultad para aceptar el hecho de que, cuando alguien le manifiesta su cariño a otra persona, también lo hace movido por un interés.

Bien sean necesidades o deseos, los afectos también nos determinan conductas basadas en intereses, en este caso, de naturaleza afectiva.

Como dijimos más arriba, los intereses son de índoles –y agregaría que de intensidades– muy diversas.

Aquella entelequia que denominamos "público" no es otra cosa que un agrupamiento artificial de personas llevado a cabo por la empresa, con el propósito de entender la complejidad de las relaciones que mantiene. Si bien las masas poseen dinámicas propias, al estar conformadas por personas podemos presumir que, más allá de dichas dinámicas, los públicos piensan y actúan en razón de sus intereses, sobre los que se estructuran las expectativas acerca de la empresa.

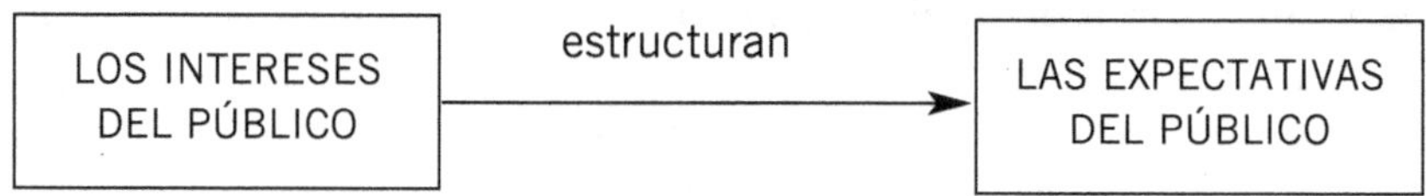

No hay que perder de vista que lo inverso también es cierto: la empresa posee determinados intereses acerca de los diferentes públicos, a partir de los que estructura sus expectativas.

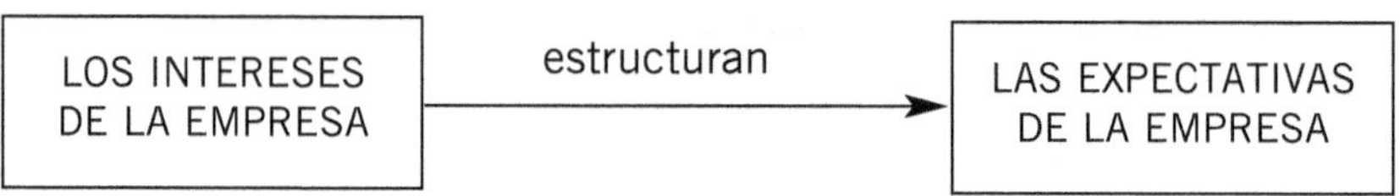

Entonces:

- todos los públicos estructuran sus expectativas en razón de sus intereses;
- las empresas también estructuran las expectativas sobre los diferentes públicos a partir de sus intereses;
- existen diferentes intereses, de variadas naturalezas e intensidades;
- no deben ser encasillados como intereses solo aquellos de índole material.

Si bien todo esto pude resultar obvio, es importante resaltarlo, puesto que Comunicación Estratégica® considera que los intereses constituyen el fundamento que configura la calidad de la relación público-empresa, por lo que propone que, a la hora de segmentar los públicos, son un factor de suma importancia.

Diferenciar los intereses de las posiciones

En una localidad, una empresa química pretende instalar una planta de producción, lo cual significa un hecho muy auspicioso para sus habitantes, porque supone la generación de una considerable cantidad de puestos laborales.

No obstante, esta compañía advierte que existe una alarmante cantidad de gente que se opone.

Portavoces de estas personas acuden a los medios y denuncian el peligro que significa la planta química.

La empresa acusa de miopes a estos sectores, puesto que no logran apreciar la oportunidad de desarrollo que la planta daría a la comunidad.

Con esta actitud, la empresa está incurriendo en un grave error. Ella se concentra exclusivamente en su posición y en la posición de los sectores que se oponen y no –como debería hacerlo– en los intereses que ambas partes tienen.

Los intereses motivan a las personas, son el disparador que disipa el ruido de las posiciones.

Un claro ejemplo de cómo se puede ayudar a comprender y solucionar los conflictos entre partes cuando se consideran los intereses por sobre las posiciones lo constituye el tratado de Camp David firmado entre Egipto e Israel en 1978.

Desde 1967, en la Guerra de los Seis Días, Israel ocupó los territorios egipcios de la península del Sinaí. Cuando, en 1978, Egipto e Israel se reunieron para negociar la paz, sus posiciones eran irreconciliables.

Israel quería conservar una porción del Sinaí, mientras que Egipto reclamaba su soberanía sobre la totalidad del territorio.

Distinguir las posiciones de los intereses posibilitó el hallazgo de una solución.

El interés de Egipto era su soberanía. El interés de Israel la seguridad; pretendía mantener la zona desmilitarizada para imposibilitar el fácil cruce de la frontera por parte de Egipto para un ataque a Israel.

En 1978 los entonces presidentes de Egipto, Anwar al Sadat, y de Israel, Menachem Begin, firmaron un tratado de paz por el cual Israel reconocía la plena soberanía egipcia en el territorio del Sinaí, y Egipto se comprometía a mantener amplias áreas desmilitarizadas.

Como podemos ver, conciliar las posiciones suele resultar mucho más dificultoso que conciliar los intereses, por lo que diferenciar intereses de posiciones es fundamental.

Conciliar los intereses y no las posiciones resulta efectivo, sobre todo, en aquellas situaciones de vínculos conflictivos. Las posiciones suelen encubrir los intereses compartidos que pueden llegar a existir.

Generalmente las personas adoptamos las posiciones más obvias que, en apariencia, mejor respaldan nuestros intereses. Cuando se logran evidenciar los intereses –ocasionalmente ocultos– que motivan las posiciones encontradas, resulta posible hallar una posición alternativa que no solo satisfaga los intereses propios sino también los de los otros. En Camp Davis, esta posición alternativa resultó ser la desmilitarización.

Cuando se evalúa la calidad de la relación entre un público y la empresa, no hay que hacerlo a partir del conflicto de posiciones que puede existir, sino a partir de los conflictos de deseos, necesidades, temores, preocupaciones, etcétera.

Por lo expuesto, la Comunicación Estratégica® propone que el operador considere los intereses como el elemento principal que define la relación empresa-público.

CONCÉNTRESE EN LOS INTERESES
Y NO EN LAS POSICIONES

Segmentación del público y diferenciación de mensajes

Bien sea desde el marketing o bien desde la Comunicación Estratégica®, la segmentación es una práctica en la que –en apariencia– se parte de un todo (el público), para luego subdividirlo en partes con rasgos más o menos homogéneos (cada uno de los públicos).

En verdad el público ya está segmentado; la tarea del operador consiste en reconocer y comprender tales segmentos. Por esto es que la segmentación, más que una subdivisión, es un agrupamiento.

Hemos dicho que cuando se trocó el término "público" por el de "públicos" se produjo un cambio radical en el abordaje de la problemática de la comunicación corporativa. Al detectar las características diferenciales de cada segmento, se estaba reconociendo que cada uno de estos posee intereses y expectativas distintas.

Para que nuestros mensajes logren responder a los intereses y expectativas de los diferentes públicos, debemos elaborar una *diferenciación de mensajes*.

Tengamos en cuenta que la segmentación es una acción que la empresa lleva a cabo con el propósito de identificar los diferentes públicos que existen. En este sentido, podemos afirmar que la segmentación consiste en elaborar una adaptación del público a las expectativas (comunicacionales) de la empresa. En cambio, la diferenciación de mensajes es una adaptación de la organización a las expectativas del público.

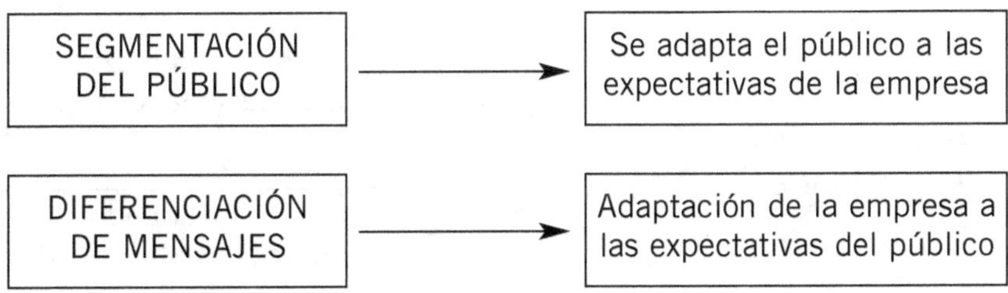

Mensajes clave (*key messages*)

Sabemos que la empresa ha de segmentar al público y diferenciar los mensajes, pero debemos entender *para qué* lleva a cabo estas prácticas.

Por ejemplo, puede ser que a la comunidad le interese que nosotros, como empresa, llevemos a cabo acciones comunitarias, que seamos "buenos vecinos". A los consumidores, que les ofrezcamos buenos productos, servicios y precios. Al personal, que seamos capaces de brindar convenientes condiciones de desarrollo profesional y un óptimo clima laboral. Al gobierno, que cumplamos con nuestras obligaciones tributarias, y al mundo de las finanzas, que seamos rentables.

¿Cuánto le puede importar al mundo de las finanzas que colaboremos en una campaña de amamantamiento? Y si atrajera a algunas pocas personas pertenecientes a este sector, ¿resulta acaso conveniente tomar el tema como eje de nuestras comunicaciones financieras?

No tengo nada en contra de Melanie Klein, ni contra dar el pecho a los bebés, pero no cabe duda de que hay que llegar a cada público con el mensaje que corresponde.

Para ser efectivos en la comunicación, hemos de diferenciar los mensajes según sea el público al que nos dirigimos. Estos mensajes que han de ser el eje de la comunicación con cada público se llaman "mensajes clave" (*key messages*).

La denominación puede llegar a confundir. En verdad no se trata de una pieza comunicacional concreta, sino de un mensaje-síntesis que se espera que construya un público determinado, como resultante de las acciones comunicacionales. Es decir que el mensaje clave es un resultado comunicacional que se propone lograr en un público a través del planeamiento, diseño y transmisión de todos los mensajes dirigidos a dicho público, con el propósito de conseguir un impacto determinado.

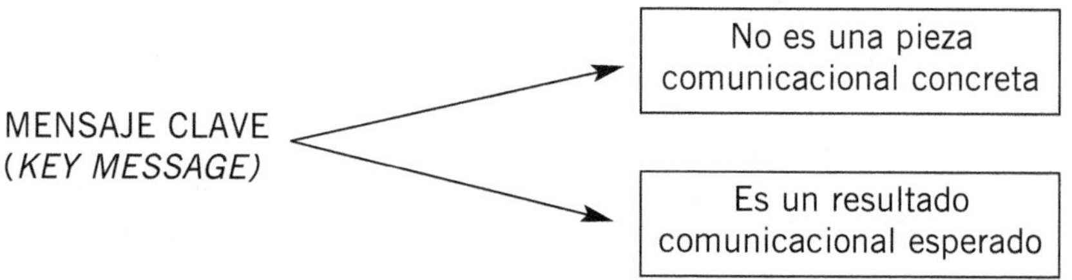

El mensaje clave se corresponde más con una tarea de planeamiento que con una operación concreta de comunicación.

A cada segmento de público le corresponderá uno o más mensaje/s clave.

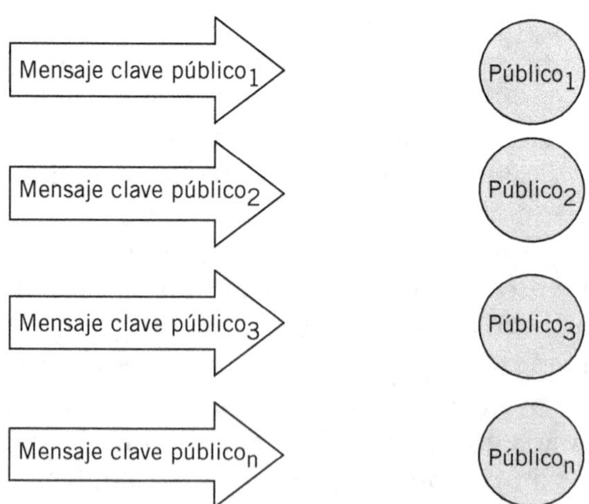

Si bien el mensaje clave debería ser solamente uno, existen ocasiones en las que resulta operativo definir algunos. En este caso, el listado debe ser sumamente escueto y todos los mensajes clave definidos deberán guardar celosa complementariedad y coherencia entre sí.

El mapa de públicos

Hemos considerado la importancia de segmentar el público y de diferenciar los mensajes.

El mapa de públicos es un documento que nos permite visualizar los públicos en que se segmenta al público general, visualización que nos permitirá elaborar una primera diferenciación básica de los mensajes clave, y establecer, asimismo, una escala de prioridades.

En *CE1* hemos expuesto una analogía entre el modelo de Comunicación Estratégica® y un mapa, en el siguiente sentido: un mapa es una abstracción, que si bien no reproduce la región con todos y cada uno de los elementos que la componen, al menos permite elaborar una lectura inteligible de la zona a través de sus elementos más relevantes. De igual modo el modelo de Comunicación Estratégica® pretende ser un instrumento que sirva para representar, de una manera inteligible, el complejo proceso comunicacional en que un sujeto social determinado está inmerso.

Precisamente, a partir de este concepto de mapa podemos decir que el mapa de públicos es un documento operativo que muestra el complejo campo social en el que la empresa está inmersa.

Podríamos decir que la operación de segmentar al público en el mapa de públicos es como elaborar una parcelación; dividiendo, subdividiendo y desagregando al público general y, de ser necesario, a cada uno de los públicos.

Esta tarea de segmentar no debe ser confundida con una destrucción, sino con aquello que los artistas plásticos denominan "deconstrucción".

La deconstrucción es un acto creativo en el cual se pretende descomponer el orden actual para luego elaborar una recomposición más instrumental diferente del orden anterior.

Es importante tener en cuenta al elaborar el mapa de públicos que el valor cuantitativo de los públicos resulta inversamente proporcional a su valor cualitativo. Esto quiere decir que un público que es numéricamente más pequeño, con una perspectiva estratégica, por lo general suele ser de mayor importancia. Por ejemplo:

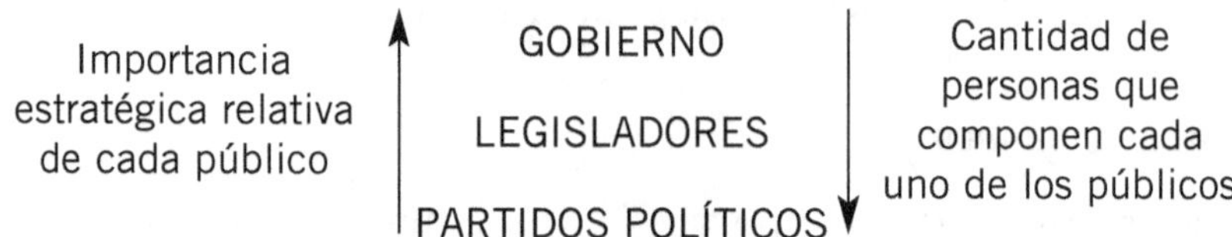

Como hemos advertido, cuando resulta operativo, un público puede ser desagregado en subpúblicos. Por ejemplo, en la mayoría de los casos será necesario subsegmentar al público interno.

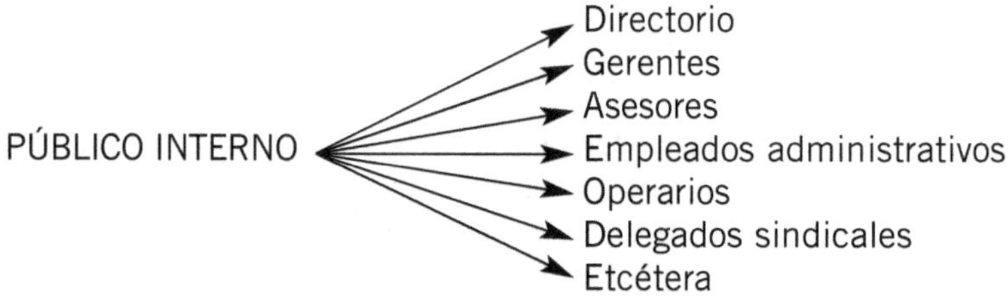

El ejemplo es hipotético y sumamente superficial. Cada empresa deberá considerar sus necesidades, los recursos de que dispone, la estrategia planteada y la coyuntura, entre otros aspectos.

En una primera aproximación, el mapa de públicos es un documento que esclarece el escenario comunicacional mediante la elaboración de una lista que enuncia todos los públicos con los cuales la empresa se comunica. Esta lista puede tener extensiones muy diversas, según sea el caso; sin embargo, es preferible pecar por exceso para evitar la omisión de algún público significativo.

Un mapa de públicos, además de enumerarlos, debe describirlos y establecer tipologías que permitan hacer análisis, accionar estrategias e instrumentar operaciones concretas. (En *CE1* se presenta un modelo de lista de públicos.)

Partiendo de las particularidades que caracterizan a los distintos conjuntos de sujetos, se constituirán tipologías descriptivas.

Si cada público es un agrupamiento, determinado a partir de algún factor de relación, resulta fundamental determinar cuál ha de ser el factor que se priorizará para segmentar y constituir tipologías.

Los criterios de tipificación de los públicos constituyen un factor crítico. El operador debe escoger estos criterios de acuerdo con los propósitos de su gestión.

En verdad, es muy conveniente que estos criterios de tipificación de públicos sean fijados no solo por el operador, sino a partir de un minucioso trabajo conjunto entre los principales directivos de la empresa. Más aún: en no pocas ocasiones resulta sumamente enriquecedora la participación de consejeros externos expertos.

¡Qué buen tipo!

Para escoger los tipos que se instrumentarán en el mapa de públicos deben considerarse los siguientes aspectos:

- la estrategia global de comunicación;
- los elementos relevantes que se privilegian de acuerdo con dicha estrategia global;
- los intereses que motivan y estructuran el vínculo que cada público sostiene con la empresa;
- los descriptores de cada público (valores, estilos de vida, creencias y, en general, características demográficas y conductuales).

LISTADO DE PÚBLICOS	VARIABLES TIPOLÓGICAS			CONJUNTO DE EXPECTATIVAS (CEX)	DESCRIPTORES	MENSAJE CLAVE
	Variable 1	Variable 2	Variable n			
PÚBLICO$_1$						
PÚBLICO$_2$						
PÚBLICO$_3$						
PÚBLICO$_4$						
PÚBLICO$_5$						
PÚBLICO$_n$						

El modelo de mapa de públicos resultante es el siguiente:

En las columnas y filas, el operador deberá registrar aquellos públicos y características tipológicas que sean más instrumentales para su gestión. Con esto estamos aseverando que no existe una fórmula fija para la elección de los elementos que serán considerados en el mapa de públicos.

En la lista de la primera columna, se incluyen los públicos que la empresa considera como relevantes para su desempeño en la dinámica comunicacional. Cuáles se incluirán allí dependerá del tipo de empresa y de la variedad y calidad de las problemáticas que esta ha de afrontar. En *CE1* se enuncia una lista de públicos a modo de ejemplo. Cómo allí explicamos, se presenta solo con fines didácticos y orientativos, y no debe considerarse desde ningún concepto como un modelo de aplicación universal y único.

La columna siguiente –variables tipológicas– se subdivide en una serie de columnas que enuncian aquellas variables que logran describir cualitativamente a cada público según las necesidades de la empresa. Constituyen ejemplos de estas variables:

PODER DE LOS PÚBLICOS	IMPORTANCIA
•Poder permanente	•Importancia fundamental
•Poder transitorio	•Importancia relativa
•Importancia coyuntural	

POSICIÓN	COMPOSICIÓN
•Detractores	•Macrogrupo homogéneo
•Aliados	•Microgrupo homogéneo
•Benéficos	•Macrogrupo heterogéneo
•Aliados potenciales	•Microgrupo heterogéneo

CONOCIMIENTO DE LA EMPRESA	INFLUENCIA
•Profundo y global	•Líderes de opinión
•Global poco profundo	•Intermediarios
•Parcial	• Neutros

La columna siguiente es la correspondiente al conjunto de expectativas (CEX). Si usted, lector, sospecha que el nombre "CEX" tiene algún fin mnemotécnico de libre asociación, está absolutamente en lo cierto.

Los CEXs surgen de los sistemas de intereses que caracterizan a los públicos. Ejemplos –simplistas pero claros–son obtener:

- rentabilidad (accionistas);
- información actualizada (periodismo);

- seguridad, beneficios y buen clima laboral (empleados);
- buena calidad de los productos (consumidores);
- cumplimiento de los compromisos tributarios (entes recaudadores);
- generación de fuentes de trabajo (gobierno).

Desde luego, los mismos públicos mencionados pueden tener otros CEXs mucho más complejos y menos lineales que los expuestos.

La definición de los CEXs constituye un acto fundamental que de ningún modo debe ser tomado con ligereza, puesto que de esta definición dependerá en gran medida el tipo de vínculo que la empresa procurará configurar con cada público.

Más adelante abordaremos los CEXs con mayor detenimiento.

Constituyen la columna siguiente los descriptores de dichos públicos. Estas características descriptivas pueden ser, entre otras:

- geográficas,
- sociales,
- económicas,
- demográficas,
- psicográficas,
- conductuales,
- etcétera.

En la última columna de nuestro mapa de públicos se exponen los mensajes clave –según ya explicamos–, que se definen a partir de los CEXs correspondientes a cada público.

El mapa de públicos es una escueta descripción preoperacional del ecosistema que conforman la empresa y el público.

Sabemos que el fenómeno comunicacional es complejo y dinámico. El mapa de públicos, como instrumento para la gestión de la comunicación, no puede ser un elemento estático.

Los sistemas de intereses de los públicos no son estáticos. Esto implica que tanto las variables tipológicas como los CEXs, también cambien y se modifiquen de acuerdo con las circunstancias.

Los diferentes descriptores, aunque seguro que en un grado menos vertiginoso, también se modifican.

El mapa de públicos es un instrumento de gestión, que la Comunicación Estratégica® aplica a una empresa en situación, por lo cual deberá someterse a un continuo ejercicio de adaptación coyuntural.

Todo lo que usted siempre quiso saber sobre CEX y nunca se atrevió a preguntar (o el postulado de Woody Scheinsohn)

En las postrimerías de la década de los '70 y a principios de los '80, Lee Iacocca se hallaba al frente de la Chrysler. Iacocca asumió el cargo en septiembre de 1979, y la empresa ya estaba en serios problemas. Para no hablar con eufemismos, la Chrysler estaba al borde de la bancarrota.

Luego de analizar varias opciones para salvar la empresa, se decidió solicitar ayuda al gobierno federal de los Estados Unidos. Se pretendía que fuera el aval de los préstamos que la Chrysler necesitaba para continuar (la Chrysler debía desembolsar 100 millones de dólares al mes –1.200 millones de dólares al año–; entiéndase que solo para asegurar la continuidad).

El público en general se oponía a dicha solicitud, y era a los empresarios a quienes más les disgustaba la posibilidad de la concesión.

Desde luego, estas expresiones no se realizaban en la intimidad. A través de los medios masivos, se oían declaraciones lapidarias contra la Chrysler y contra el gobierno, si es que este "osaba conceder semejante privilegio". Como relata el mismo Iacocca: "En opinión de la mayoría de la clase empresarial, la concesión de asistencia federal a la Chrysler constituía un sacrilegio, una herejía, un repudio de los principios que inspiraban la actividad de la empresa norteamericana". En dichas circunstancias, con la oposición de vastos sectores de la sociedad, no iba a ser fácil convencer al gobierno de que concediera las garantías.

La argumentación de Iacocca fue categórica: si la Chrysler quebraba, el gobierno iba a tener que desembolsar, solo en el primer año, 2.700 millones de dólares por despidos, en concepto de seguros de desempleo y prestaciones sociales. Por consiguiente, Lee Iacocca expuso ante el Congreso: "...Muchachos, ustedes tienen que elegir. ¿Quieren pagar de inmediato los 2.700 millones, o prefieren garantizar créditos por valor de la mitad de este importe con fundadas probabilidades de recobrar el dinero? Pueden pagar ahora o hacerlo más tarde, como prefieran".

Hábilmente, Iacocca recurrió a una máxima de las relaciones humanas:

> "PIENSE SIEMPRE DESDE LA ÓPTICA
> DE SU INTERLOCUTOR".

Esta simple máxima tiene efectos casi mágicos, impulsa a que la gente se siente a escuchar con atención a la otra parte. Pruebe ponerla en práctica en los negocios, con familiares y con amigos, y verá los resultados.

Existe un famoso dicho de Dale Carnegie:

> "CUANDO USTED VA PESCAR, ¿QUÉ COLOCA EN EL ANZUELO: SU POSTRE PREFERIDO, O LA CARNADA QUE LES AGRADA A LOS PECES?".

Soy consciente de que la aplicación de este dicho al ámbito de la comunicación corporativa puede resultar poco feliz. En primer lugar, porque no pretendo ganarme el odio de las organizaciones proteccionistas y en segundo lugar, porque como comunicadores, no nos podemos autoconcebir como cazadores de presas, en este caso, del público.

Pero creo que el dicho nos sirve para expresar didácticamente cómo se debe pensar cuando uno define un CEX. Tanto lo expresado por Carnegie como la argumentación que utilizó Iacocca ante el Congreso de los Estados Unidos guardan una fuerte relación con lo que hay que privilegiar a la hora de definir un CEX. Esto es, el conjunto de las expectativas concretas de un público, que emergen del sistema de intereses que moviliza a ese público.

Con nuestra perspectiva, todo público tiene su CEX, por lo que no creemos que existan públicos aCEXuados.

La Comunicación Estratégica® considera que los sistemas de intereses se constituyen en el elemento conceptual troncal para la comprensión del activador vínculo.

La problemática esencial del vínculo consiste en intentar articular los sistemas de intereses de los públicos con el sistema de intereses de la empresa.

El estudio del vínculo implica el estudio de los intereses y motivaciones que ligan al público con la empresa, y viceversa. Comprendiendo los CEXs de cada público, podemos inferir el mensaje clave correspondiente, o sea, el efecto comunicacional esperado. En este sentido, los CEXs son considerados como los factores fundamentales para la segmentación de los públicos y la diferenciación de los mensajes.

Protagonismo fundamental de los públicos

Comunicación Estratégica® adhiere a la idea de que aquello que llamamos realidad es el resultado de la comunicación.

Las percepciones que tenemos de un hecho y las apreciaciones que elaboramos acerca de ellas son ilusorias. Incluso sucede a menudo que distorsionamos los hechos para que estos no contradigan nuestra "realidad".

No existe una sola realidad. De hecho, se dan innumerables versiones de ella que pueden ser contradictorias entre sí. El resultado de todas estas versiones no es el producto de verdades irrefutables y objetivas, sino de la comunicación.

Como veremos en el próximo capítulo, la pragmática de la comunicación humana estudia los modos de influencia mutua que se dan entre las personas a través de la comunicación, cómo pueden surgir –a partir de los procesos de comunicación– realidades, conceptos e ideas distintos.

Podemos decir que un mensaje no queda absolutamente construido hasta que el destinatario lo interpreta y le asigna un sentido determinado; por eso un mensaje ha de ser considerado como una creación del destinatario.

Esta actividad constructivista que lleva a cabo el público es la que fundamenta nuestra postura acerca de que, en definitiva, el sentido de un mensaje es el que el receptor le asigna, lo que él interpreta, interpretación que no siempre concuerda con el sentido que pretendió darle el enunciador.

Para nuestra postura, los públicos tienen un rol plenamente activo. Con esto quiero decir que deben ser considerados como un elemento creativo en el proceso de comunicación. Ellos no incorporan los mensajes tal como les llegan, sino que *los construyen* sobre la base de una amplia variedad de factores.

¿Qué es el posicionamiento?

El concepto de posicionamiento se originó a principios de la década de los '70 a partir de los estudios de Al Ries y Jack Trout[1]; lo podemos definir como el conjunto de actividades que se instrumentan con el propósito de conseguir una posición valiosa en la mente de los públicos.

En próximos capítulos nos detendremos a indagar acerca del tratamiento de la información por parte de las personas –y por ende, de los públicos–, para fundamentar la importancia del posicionamiento como instrumento de gestión.

Si tomamos conciencia de que las personas poseen determinados mapas de la realidad, y logramos posicionar a la empresa, encuadrando la comunicación dentro de esos esquemas de pensamiento de los públicos, tendremos –al menos– la oportunidad de establecer interacciones eficaces con ellos.

Al conocer los mapas de la realidad de los públicos, podremos identificar los rasgos organizadores centrales que ellos utilizan como categoría fundamental de análisis y determinar así cuál es el encuadre comunicacional más adecuado.

La Comunicación Estratégica® conceptualiza el posicionamiento como la herramienta idónea para definir la información que puede resultar procesable para un público –con sus propias expectativas–, con el objeto de saber desde dónde hemos de comunicarnos con él, a través de mensajes que revistan valor para ese público.

La Comunicación Estratégica® instrumenta el posicionamiento como una macroactividad de síntesis, para abordar lógica y operacionalmente toda la complejidad que implican la imagen y su interacción con las otros activadores.

El posicionamiento no "saca un concepto de la galera" para establecerlo "a la fuerza" en la mente de los públicos. Su enfoque más bien se orienta a trabajar con aquello que ya está establecido en la mente del público, procurando elaborar una revinculación en los conceptos preexistentes, obviamente, a favor de los propósitos organizacionales.

Todo esto se apoya en lo que explicaremos luego (Capítulo 8) respecto del tratamiento de la información, y fundamenta la necesidad

---

1. El concepto lo introdujeron estos autores en 1972 a través de la publicación de una serie de artículos para la revista *Advertising Age.*

de arbitrar medios idóneos que nos permitan identificar qué hay en las mentes de los públicos para trabajar a partir de ello.

El posicionamiento es una macroactividad, orientada a articular dos actividades básicas, la segmentación y la diferenciación, con el objeto de crear una posición valiosa en la mente de los públicos:

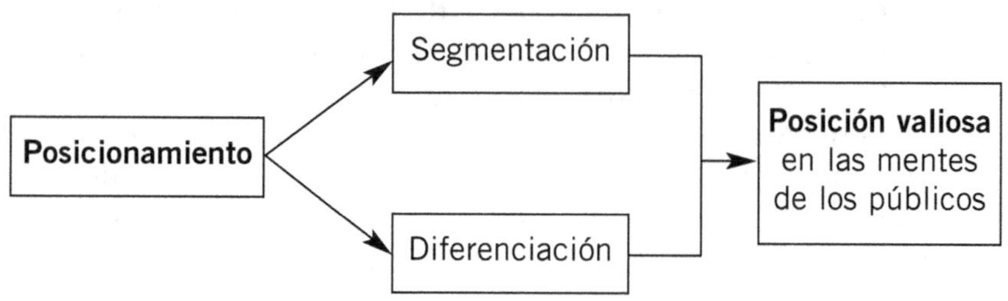

El posicionamiento y los diferentes *mindsets*

La empresa ocupa una posición determinada en la mente de cada público. Si no somos capaces de instrumentar operacionalmente este hecho, de poco nos puede servir conocerlo teóricamente.

Entonces debemos ser capaces de:

- formular un método que nos permita aplicar de manera práctica el concepto de *posicionamiento*;
- lograr que este método sea fácil de operar;
- basarnos en supuestos conceptualmente correctos, para que los resultados obtenidos sean igualmente correctos.

El posicionamiento es una herramienta muy utilizada en marketing, por lo que su uso generalmente se aplica a la problemática de los productos y las marcas; sin embargo, el concepto de posicionamiento también puede ser aplicado a la problemática corporativa.

No obstante el hecho de que pueda ser aplicado a la problemática corporativa, no nos debe hacer caer en el error de suponer que hablar de posicionamiento, en el territorio del producto y la marca, resulta lo mismo que hacerlo en el territorio de lo organizacional.

No es correcto extrapolar literalmente los conceptos de posicionamiento del marketing a la problemática corporativa. De hecho, por causa de este error conceptual habitualmente se incurre en gravísimas incorrecciones operacionales.

Comencemos por precisar los elementos a partir de los cuales la Comunicación Estratégica® define un posicionamiento.

Cuando se intenta interpretar la posición que una empresa ocupa en la mente del público, la Comunicación Estratégica® permite identificar el conjunto de atributos característicos (reales o fantaseados) que ese público asigna a la corporación.

Debe tenerse en cuenta que, desde la concepción del posicionamiento, los atributos que la corporación verdaderamente posee no son tan importantes como aquellos que el público le asigna.

Nunca nos hemos de olvidar que una cosa es aquello que se planifica y pretende, y otra lo que en verdad sucede. Con esto queremos resaltar que una cosa son los atributos que la empresa planifica (por ejemplo, los AO) y otra los atributos que el público le asigna.

Denominamos *mindset* a la *posición mental* que ocupa la compañía en cada uno de los públicos. Como hemos mencionado anteriormente, su lectura inteligible se realiza a través de *atributos*.

El posicionamiento incluye tres "clases de *mindsets*":

- *Mindset* actual (MA).
- *Mindset* meta (MM).
- *Mindset* ideal (MI).

El *mindset* actual (MA) es la posición mental que la empresa ocupa en los públicos en un momento dado; se corresponde con la noción de *atributos asignados* a la corporación por parte del público.

Más allá del análisis de la empresa en cuestión, debe asimismo ser considerada la posición mental de las empresas competidoras y de otras que, sin serlo, pueden servir como categoría de análisis referencial.

Por ejemplo, resulta claro que si estamos observando el MA de un laboratorio de especialidades medicinales de capitales estadounidenses, resultará oportuno analizar también el MA de otro laboratorio que compita con el primero en el mismo mercado. Pero quizá también resulte oportuno realizar un examen del MA de una empresa del sector alimentario que también esté constituida por capitales de ese mismo origen; o quizá el MA de una central atómica que, al igual que el laboratorio, tenga ciertas dificultades con agrupaciones ambientalistas.

Cuál es la mejor opción depende de los propósitos estratégicos, del público que se analiza y de las categorías de análisis que se establezcan.

Hago esta aclaración porque desde el ámbito del marketing generalmente solo se analiza el posicionamiento de un producto, confrontándolo con el que presenta un producto competidor. Un análisis solo de tipo "marketinero" en el ámbito de la Comunicación Estratégica® resulta insuficiente.

El *mindset* ideal (MI) es el máximo satisfactor. Representa los atributos esperados por los públicos de acuerdo con sus CEXs. Como su nombre lo explicita, el *mindset* ideal es *ideal,* y su existencia no necesariamente es real. Simboliza algo, los "atributos" a los que los públicos aspiran.

Puede suceder que el MI resulte inalcanzable, porque la empresa no puede aspirar a que se le asignen determinados atributos que el público espera que ofrezca, pero ella debe arbitrar todos los medios que estén a su alcance para que exista el mayor grado de compatibilización entre el MI (representaciones de atributos ideales en la mente de los públicos) y el MA (atributos asignados por los públicos).

Por ejemplo, una empresa de reciente creación no podrá pretender que se le asigne el atributo "larga trayectoria" hasta después de transcurrido un tiempo. En su defecto, quizá sí pueda –como paliativo– aspirar a que se les asigne el atributo "larga trayectoria" a los directores responsables.

Si confrontamos el MA con el MI, podremos determinar el grado de compatibilización que existe entre ellos:

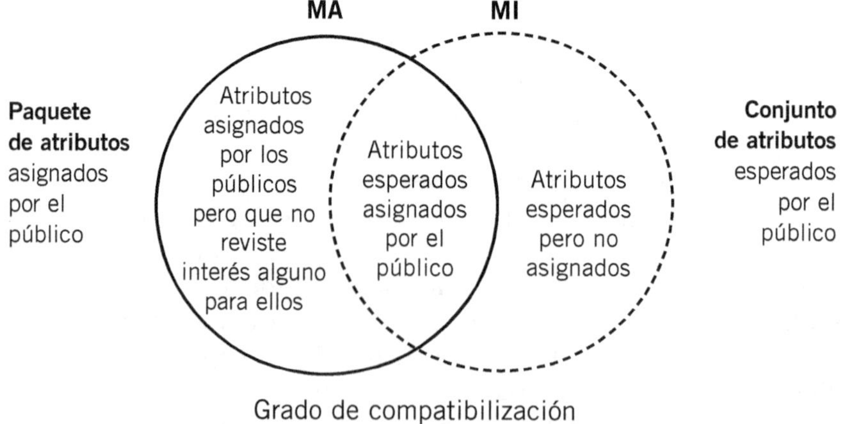

Grado de compatibilización

Para poder optimizar el grado de compatibilización entre el MA y el MI la empresa ha de plantear un *mindset* meta (MM), que se define desde la óptica de la corporación; es el máximo grado de compatibilización posible entre el MA y el MI, sobre la base de las limitaciones y potencialidades existentes.

El MM representa la intención, por parte de la empresa, de ubicarse en una determinada posición en la mente del público.

En la mayoría de los casos, el MA no coincide con el MM, por lo que resta llevar a cabo un trabajo para lograr alcanzar el MM.

No obstante, en ocasiones puede suceder que el MA coincida con el MM. Esto acontece cuando la empresa ocupa en un público el *mindset* que se propone.

Pero no se ilusione; aunque exista coincidencia entre el MA y el MM, igualmente habrá que trabajar, en este caso, para sostener el *mindset* logrado. ¡Es una lucha, no hay feriado!

Si existiera muy bajo grado de compatibilización entre el MI y el MA, se deberá hacer grandes esfuerzos, primero, para definir el MM más conveniente –y alcanzable– para achicar la brecha existente, y segundo –a través de la *comunicación corporativa*–, a fin de "instaurar" ese MM en la mente de los públicos.

Para profundizar la explicación de los tres diferentes conceptos de *mindset,* los graficaremos a continuación.

MINDSETs

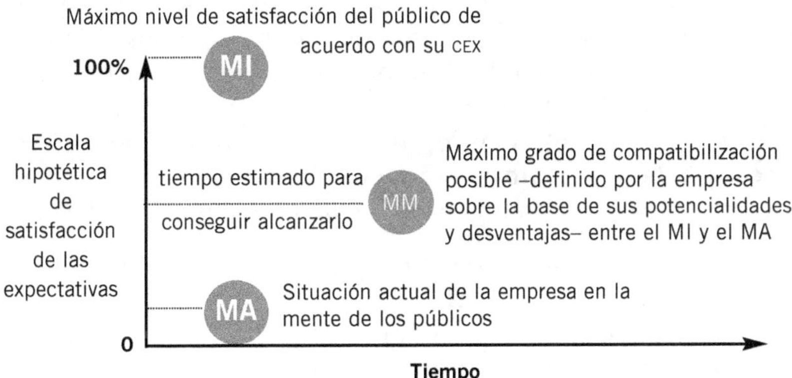

El posicionamiento nos revela, precisamente, las *posiciones* que la empresa ocupa en la mente de los diferentes públicos, determinando los *atributos óptimos* que son relevantes para cada uno de esos públicos.

Conociendo los *atributos esperados* y los *atributos óptimos* con los que la empresa cuenta o –al menos– a los que puede aspirar, es posible determinar el grado de satisfacción de los CEXs.

Posicionamiento vincular

La Comunicación Estratégica® utiliza al posicionamiento vincular para elaborar una descripción sintética de los distintos tipos de vínculos empresa-público que se pueden configurar.

El modelo que proponemos es una adaptación *ad hoc* del método vincular generalmente aplicado a la problemática del marketing.

Así surgen cuatro diferentes tipologías básicas de vínculos:

- Vínculo comunitario o paterno-filial.
- Vínculo materno-filial.
- Vínculo simbologista.
- Vínculo pragmático.

Según veremos más adelante, cada uno de estos vínculos define un marco discursivo y una lógica comunicacional imperante, que la empresa ha de implementar con los diferentes públicos de acuerdo con los CEXs de esos públicos.

El concepto central del *posicionamiento vincular* (PV) es la "vincularidad", es decir, la relación que se configura entre la empresa y el público, y entre la empresa y cada uno de los públicos, con un enfoque sistémico-relacional. El PV toma la corporación como una interfaz entre un público y su CEX.

La perspectiva del PV hace que nos concentremos en el vínculo empresa-público que entre ambos configuran, y no en uno u otro.

A través del posicionamiento vincular podemos establecer:

- Cómo está posicionada la empresa y cómo lo están las empresas análogas o referenciales.
- Cuál es el mejor posicionamiento para la empresa de acuerdo con los propósitos organizacionales.
- Cómo podemos alcanzar ese posicionamiento.

184

Construcción de un mapa de posicionamiento vincular. Breves bases teóricas

Así como elaboramos un mapa de públicos que los segmenta clasificándolos en distintas tipologías, podemos elaborar un mapa complementario, que identifique las diferentes tipologías de vínculos que la empresa configura con cada uno de los públicos.

El *mapa de posicionamiento vincular* se construye a partir de dos ordenadas:

- La ordenada del *público* (horizontal).
- La ordenada de la *corporación* (vertical).

ORDENADA DE LA CORPORACIÓN

ORDENADA DEL PÚBLICO

Ordenada del público

La *ordenada del público* centra su interés en la calidad de las expectativas (CEXs) de este, clasificándolas en "predominio de la primarización" o "predominio de la secundarización".

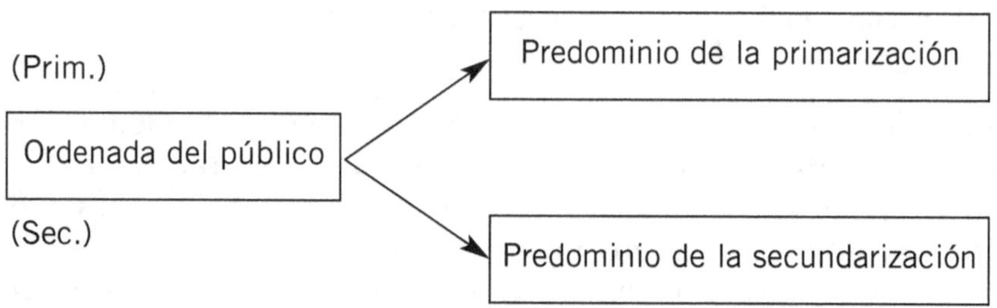

El "predominio de la primarización" en los CEXs del público representa:

- el apego a todo lo conocido y las costumbres;
- la fusión con las figuras familiares (madre, padre, hermanos, hijos, abuelos, amigos, etc.);
- la primacía de lo afectivo (ya sea amor u odio);
- la asimilación de todo lo desconocido a lo ya conocido;
- una tendencia a desplazar la propia individualidad hacia la identificación con otros.

El "predominio de la secundarización" en los CEXs del público representa:

- la búsqueda de la autonomía;
- una tendencia a la propia diferenciación frente a los otros;
- el desarrollo de la expectativa individual antes que la colectiva;
- la búsqueda de un estilo propio antes que aceptar pautas de conductas doctrinarias o dogmáticas;
- el predominio de roles de decisión, valorizándose la propia creación.

En la ordenada del público las ideas representativas de cada extremo (primarización y secundarización) son antitéticas, es decir que se caracterizan por su oposición.

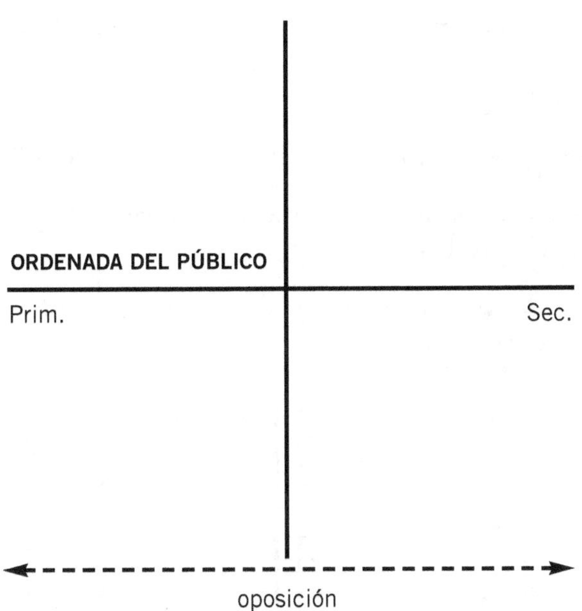

Ordenada de la corporación

Para describir la *ordenada de la corporación* recurrimos a la fórmula de De Saussure para establecer una relación entre significante y significado.

$$\text{signo} = \frac{\text{significante}}{\text{significado}}$$

La corporación puede presentarse ante el público dándole valor protagónico al significante o al significado.

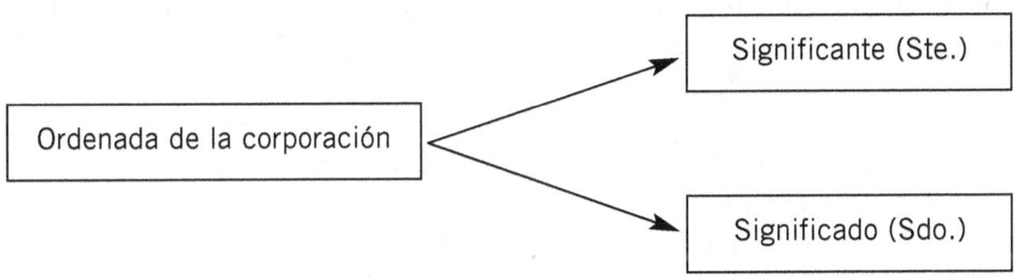

Un significante (Ste.) es el que significa un significado (Sdo.).

- Cuando predomina el significante se pretende poner el acento en generar significación. Tiene relación con el plano de la expresión.

Un significado es aquello que un significante significa.

- Cuando predomina el significado se pretende poner el acento en los contenidos.

Las ideas que concurren en la ordenada de la corporación se caracterizan por la correspondencia.

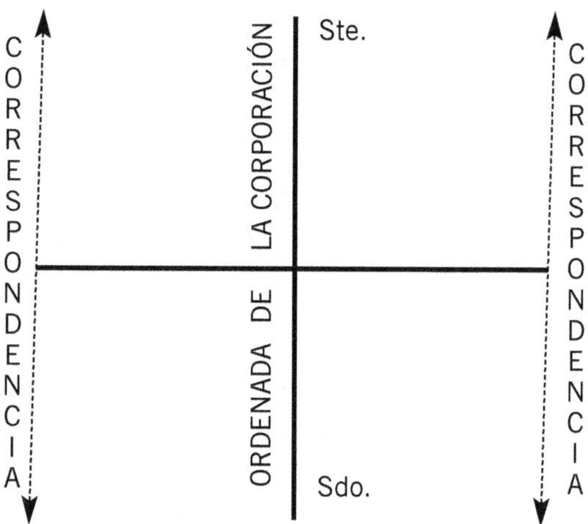

Oposición y correspondencia

En el siguiente gráfico podemos ver más claramente cómo, a partir de la ordenada del público y de la ordenada de la corporación, se estructuran:

- las oposiciones (por ejemplo, simbiosis-discriminación, tradición-autonomía, identificación "con"-identidad "propia", lo afectivo-lo racional, etc.); y
- las correspondencias (por ejemplo, simbiosis, tradición, semejanza, identificación, dependencia, lo afectivo, grupo primario, etc.).

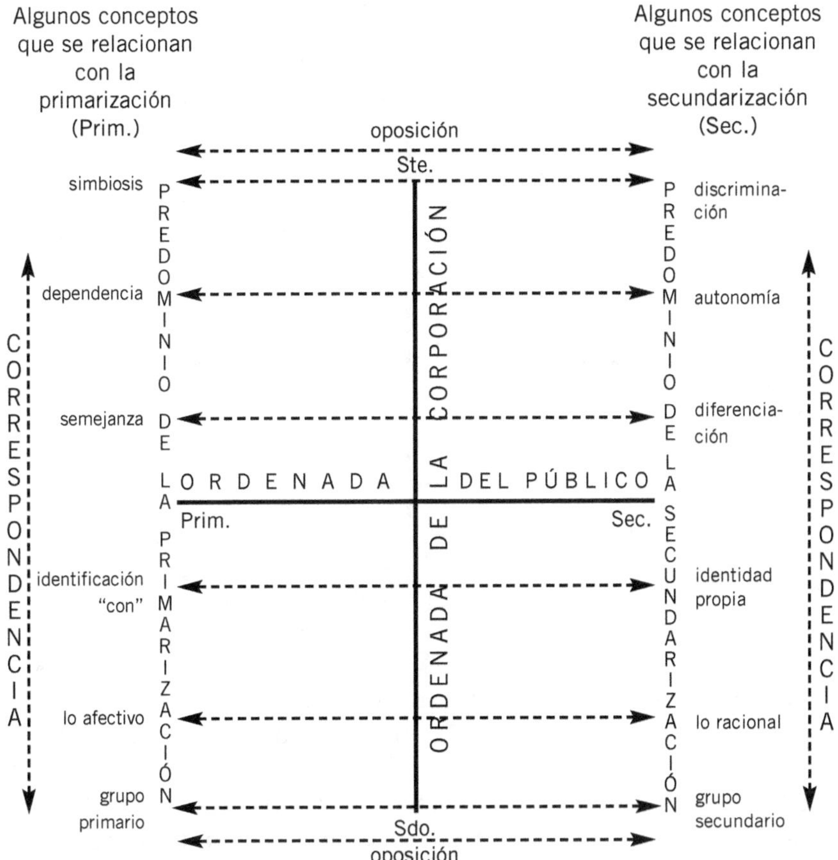

La ordenada del público y la ordenada de la corporación determinan cuatro cuadrantes:

- Cuadrante con predominio de la primarización y el significante, denominado *Vínculo comunitario* (VC).
- Cuadrante con predominio de la primarización y el significado, denominado *Vínculo materno-filial* (VM-F).
- Cuadrante con predominio de la secundarización y el significante, denominado *Vínculo simbologista* (VS).
- Cuadrante con predominio de la secundarización y el significado, denominado *Vínculo pragmático* (VP).

El mapa de posicionamiento vincular queda definido de la siguiente forma:

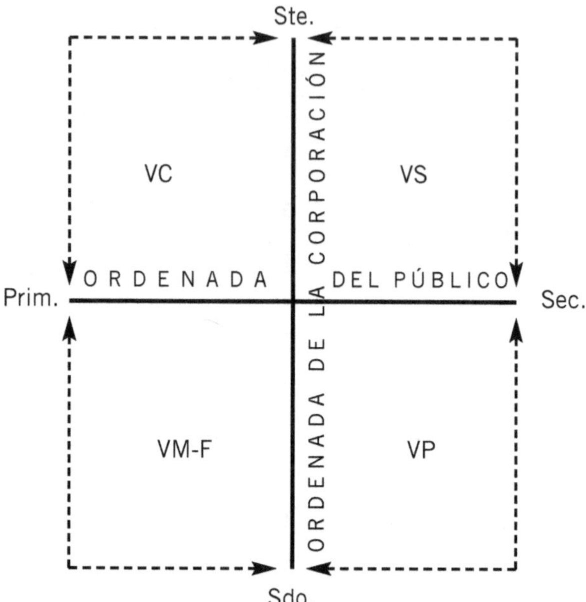

Como hemos dicho, cada uno de estos vínculos determina un marco discursivo desde el cual la empresa puede encuadrar sus mensajes.

Abordamos todo el encuadre teórico previo solo para exponer los fundamentos que configuran el mapa de posicionamiento vincular. Lo importante es que el operador sepa cómo poner en práctica esta batería –hasta aquí– solo conceptual.

Instrumentación del mapa de posicionamiento vincular. Bases para la aplicación práctica

Comencemos por describir sintéticamente las principales características que representan cada uno de los vínculos.

Vínculo comunitario (VC)

El VC se caracteriza por los siguientes aspectos:
- Existe una sobrevaloración de la masculinidad (también se lo

190

denomina vínculo paterno-filial).

- Se concibe al varón como depositario del poder.
- La femineidad está subordinada. El público encarna o aspira a encarnar "lo masculino"; generalmente, de una manera muy idealizada.
- La empresa es portadora de poderes.
- Alta estimulación de la pertenencia e identificación con un grupo (sociedad, organización, etc.).

En el VC existen dos polos relacionados, que operan como dos subsegmentos:

- Polo mandato:
  - Se correlaciona con formas discursivas imperativas y el "deber ser".
  - Evidencia un predominio patriarcal.
  - Supone la subordinación de las personas a valores "sublimes".
  - Implica el desarrollo de la fuerza (corporal, económica, tecnológica, política, etc.) con el propósito de ponerla al servicio de la moral, la comunidad de pertenencia y/o doctrinas.

Ejemplos de *VC polo mandato* los constituyen organizaciones mili-

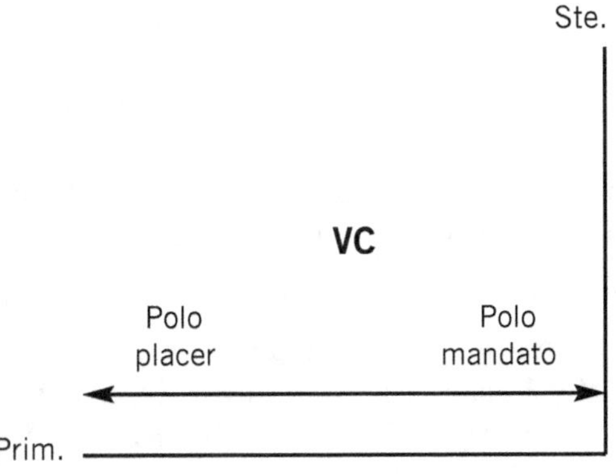

tares, religiosas, etcétera.

- Polo placer:
  - La masculinidad es asumida desde el placer, la liberalidad, la

sensualidad y el hedonismo erótico.
- El papel de la femineidad está subordinado al de objeto de goce.
- Se valoran los instrumentos que posibilitan alcanzar las expectativas de manera fácil (por ejemplo, la tecnología), para un mejor aprovechamiento del tiempo libre, que puede ser destinado a los placeres de la vida.
- Se valora la abundancia.

Ejemplos de este tipo de corporaciones VC *polo placer* los constituyen el Club Playboy, el Club Med, lugares de esparcimiento nocturno, hoteles paradisíacos que invitan al hedonismo, etcétera.

Vínculo materno-filial (VM-F)

Sus principales características son:

- Se idealiza la función maternal como fuente de cuidado y protección, y también, de gratificación.
- El público es –o aspira a ser– madre (rol protector) o hijo (rol protegido).
- La corporación representa la protección y/o gratificación maternal.
- La masculinidad es subordinada a un papel complementario.
- Se valoriza la vida.
- Las interacciones son afectivas.

Al igual que lo que sucede en el VC, en el VM-F existen dos subsegmentos representados por el *polo mandato* y el *polo placer*.

- Polo mandato:
  - Se valoriza la autoridad matriarcal.
  - Se opera desde la calidez, cercanía afectiva y confortabilidad.
  - La función corporativa es la provisión de alimento, techo, amor, protección, etcétera.

Un ejemplo de estas organizaciones VM-F *polo mandato* lo constituye la Casa Cuna.

- Polo placer:

– La vida es entendida como el placer infantil eternizado.
– Hay un protagonismo fundamental del rol hijo.
– La función corporativa es brindar goce "naïf".

Un ejemplo del perfil corporativo VM-F *polo placer* lo constituye

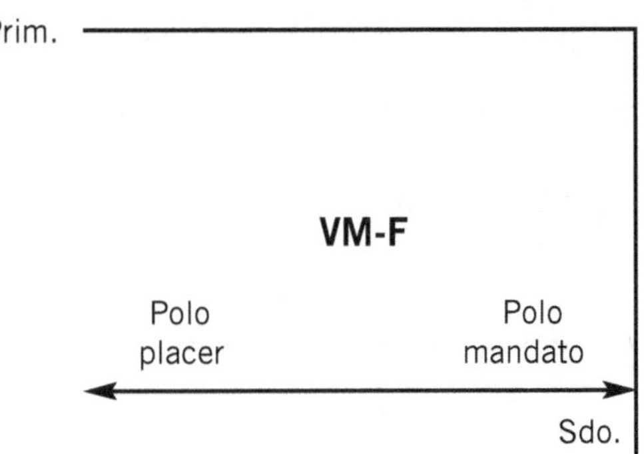

Disney World.

Vínculo simbologista (VS)

Este vínculo presenta las siguientes características:

- Se relaciona con el estatus.
- Valoriza la creación.
- Valoriza la innovación.
- Valoriza la estética.
- Persigue la sensualidad refinada.

Ejemplos de empresas con perfil de VS son las relacionadas con el mundo del diseño de modas (Vogue, Kenzo, etc.).

Vínculo pragmático (VP)

El VP tiene las siguientes características:

- Se priorizan las expectativas, propósitos y metas a ser alcanzados, subordinando los medios.
- El público asume un rol protagónico y de "decisor".

- Se priorizan la autonomía y el poder de elección.
- Se valoriza el análisis de todos los elementos implicados.
- Hay oposición a los dogmas e ideologías.
- No debe ser confundido con el "practicismo", el "utilitarismo", lo "acomodaticio" y/o el "oportunismo".
- La corporación debe considerar la posibilidad de aportar a los públicos ventajas, opciones y relaciones de costo-beneficio.

Un ejemplo de empresa con perfil de VP puede ser Microsoft.

Exhibimos a continuación un mapa de posicionamiento vincu-

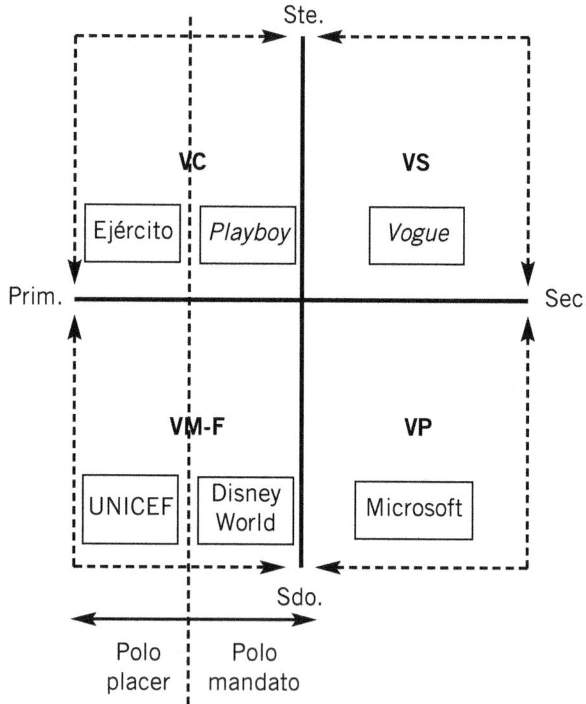

lar (MPV) que sintetiza los ejemplos expuestos para cada uno de los vínculos.

194

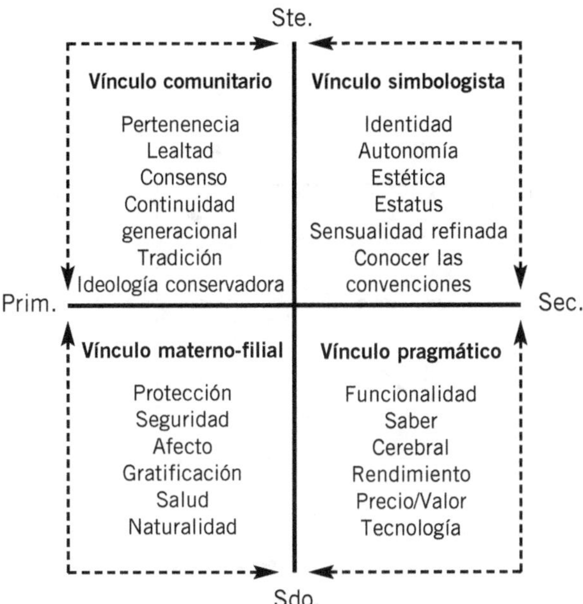

Podemos graficar un MPV que exponga las principales ideas y atributos que imperan en cada uno de los vínculos, como el que sigue:

Ningún vínculo debe ser considerado mejor o peor que otro; solo representan modos e ideas diferentes. Todos poseen, por igual, oportunidad de desarrollo, éxito o fracaso.

Vínculos combinatorios

Los cuatro vínculos que abordamos hasta aquí son los denominados *vínculos puros*, pero existe la posibilidad de concebir, además, seis *vínculos combinatorios*: VC/VM-F, VC/VS, VC/VP, VM-F/VS, VM-F/VP, VS/VS.

Por lo tanto, los vínculos que es posible ubicar en el mapa de posicionamiento vincular son diez (cuatro puros y seis combinatorios). El *posicionamiento vincular* nos permite identificar el vínculo que establece el público con la corporación, vínculo que estará en función de las expectativas (CEXs) de dicho público.

El vínculo correspondiente define el marco comunicacional en el cual hemos de relacionarnos con el público. Al definir el vínculo que

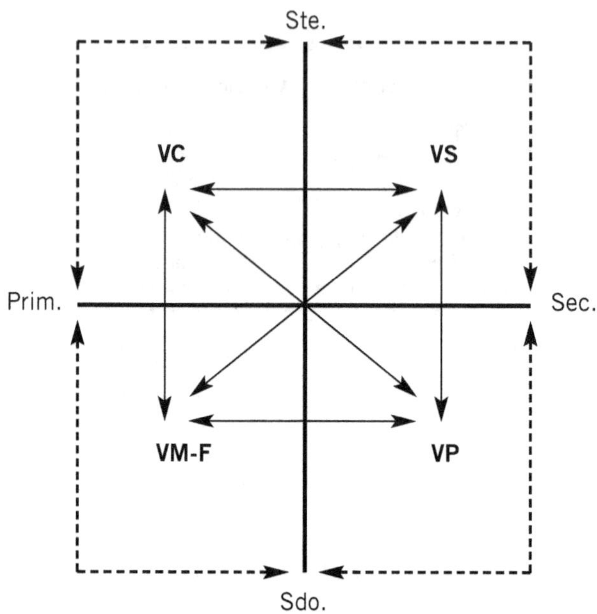

Vínculos combinatorios

nos relaciona con un público, estamos definiendo las argumentaciones y atributos esperados por él (sobre la base de su CEX).

Algunas consideraciones operacionales

Como hemos dicho, un público constituye una abstracción, pero es una abstracción sobre la cual hemos de *operar*.

Los públicos están constituidos por personas, que son, con seguridad, distintas unas de otras. Cada una de ellas tiene su propia personalidad, aspiraciones y experiencias. Además, la mayoría de quienes conforman un público no se conocen entre sí. Entonces, ¿cómo podemos pensar que las personas que conforman un público son homogéneas?

La Comunicación Estratégica® no niega la heterogeneidad que existe entre las personas que conforman un público. Pero, asimismo, pretende brindar una respuesta instrumental, que permita un abordaje operativo.

La respuesta a este dilema es concentrarse en la homogeneidad de las expectativas (CEXs), que es lo que constituye a un público como tal, en vez de hacerlo en la inabordable heterogeneidad individual.

La denominación de un público solo importa en la medida en que nos permite definir un "rol de público", por ejemplo, accionista, empleado, etcétera. A partir de ello se identifican las expectativas homogéneas de las personas que constituyen dicho público. Esta homogeneidad de las expectativas (CEXs) es la que nos permite decodificar el relacionamiento particular (*vínculo*) que ese público mantiene con la empresa.

El *vínculo* nos permitirá definir los *atributos* que resultan relevan-

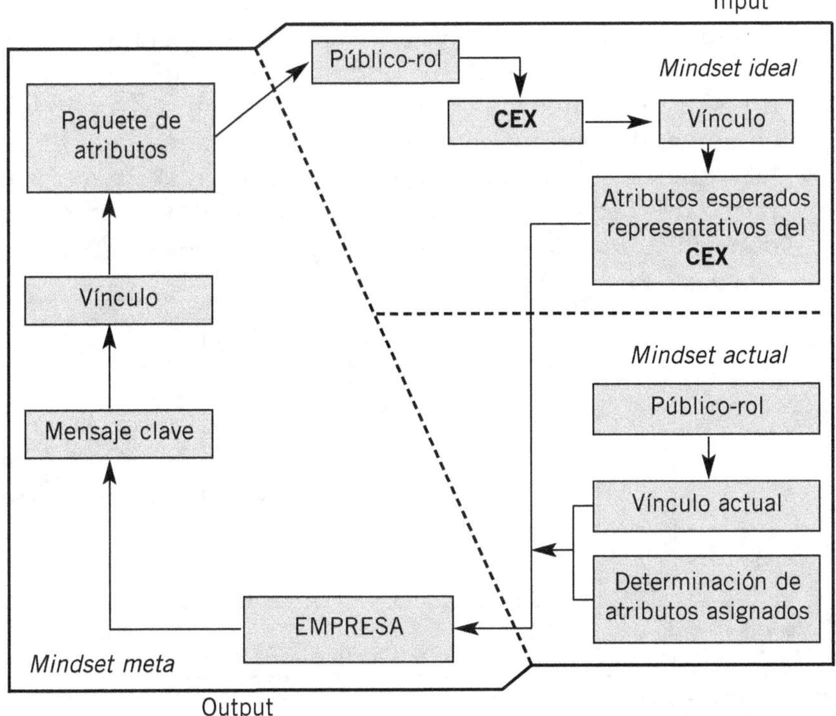

tes para ese público (*atributos esperados*).

La matriz analítica de posicionamiento CEXual

La *matriz analítica de posicionamiento* CEX*ual* (cuando presente este concepto ante el Directorio de la empresa en la cual trabaja o ante un

cliente, usted puede optar por denominarla –y se lo recomiendo–
matriz analítica de posicionamiento) surge del mapa de públicos anteriormente descripto.

La matriz analítica de posicionamiento CEXual (MAP) es, como su nombre lo indica, un modelo sintético de análisis. El mapa de públicos constituye un primer relevamiento y análisis de datos. La MAP expone una síntesis de la relación entre la *segmentación* y la *diferenciación*.

Nuestra MAP está integrada por los siguientes componentes:

- Columnas que representan la actividad de *segmentación,* es decir, los diferentes CEX*s* y *atributos esperados* por los públicos. Para la Comunicación Estratégica®, CEXs y atributos esperados son sinónimo de *público.* Lo que verdaderamente define a un público no es su denominación (consumidores, accionistas, periodistas, comunidad, gobierno, etc.), sino sus expectativas.
- Filas que representan la actividad de *diferenciación,* o sea, la respuesta que la empresa ofrece a través de diferentes *mensajes clave* que vehiculizan una "oferta" de *paquetes de atributos,* según los vínculos.

	SEGMENTACIÓN →					
	CEX$_1$ vínculo 1 Atributos esperados por el público 1	CEX$_2$ vínculo 2 Atributos esperados por el público 2	CEX$_3$ vínculo 3 Atributos esperados por el público 3	CEX$_4$ vínculo 4 Atributos esperados por el público 4	CEX$_5$ vínculo 5 Atributos esperados por el público 5	CEX$_6$ vínculo n Atributos esperados por el público 6
Mensaje clave 1 / Paquete de atributos 1						
Mensaje clave 2 / Paquete de atributos 2						
Mensaje clave 3 / Paquete de atributos 3						
Mensaje clave 4 / Paquete de atributos 4						
Mensaje clave 5 / Paquete de atributos 5						
Mensaje clave n / Paquete de atributos n						

(Fila lateral: DIFERENCIACIÓN)

Hipersegmentación e hiperdiferenciación

En vistas de las futuras tendencias, ¿usted se enojaría mucho si le proponemos complicar lo expuesto acerca de nuestra MAP?

Correré el riesgo de que así sea, considerando los cambios decisivos del escenario con los que nos podremos estar topando en los próximos años, meses o –quién puede saber– en las próximas horas. En honor a la verdad, muchos de los cambios a los que me estoy refiriendo ya están sucediendo o han tenido lugar, pero no están instalados debido a que no son tan fáciles de digerir.

La explosión incremental de nuevas tecnologías genera una correspondiente explosión incremental de nuevos medios. Y esto –aunque nos aporta enormes beneficios– igualmente nos complica el panorama, exigiéndonos realizar un trabajo más dificultoso y demandándonos mayores habilidades profesionales.

Sucede que la aparición de nuevas tecnologías mediáticas no necesariamente produce la desaparición de las anteriores. La televisión no mató al cine ni a la radio, ni tampoco a la "galaxia Gutenberg" de la impresión. Es decir que el advenimiento de nuevos medios, lejos de simplificar el escenario mediático, lo complica.

Tengamos en cuenta que el cambio incremental del escenario mediático no es solo cuantitativo, sino –y fundamentalmente– cualitativo.

Con esto quiero decir que no solo aparecen más sistemas mediáticos, sino que estos influyen de manera notoria en los ya existentes. Cada sistema mediático, ante la aparición de uno nuevo, reacomoda su papel, redefiniendo sus características y objetivos, compitiendo para retener y/o ganar la atención de los públicos y la adhesión de los anunciantes.

Hoy la tecnología posibilita a los medios identificar, segmentar, seleccionar y atraer a públicos pequeños, más atentos y receptivos. Los medios se vuelven altamente selectivos.

Ya se habla de "marketing uno por uno", aquel que es dirigido a esa persona específica que se llama Juan Pérez.

En este sentido, ¿falta mucho para que se hable de "comunicación empresaria uno por uno"? Hoy, técnicamente, el "uno por uno" es viable, pero su costo aún es prohibitivo para la mayoría de las empresas. Pero vuelvo a preguntarme: ¿falta mucho para que se instale como metodología? Sin duda, debemos estar preparados para ello.

El futuro de los medios parece estar en la selectividad. Años atrás, hablábamos de *broadcasting* (los medios masivos) para referirnos, por ejemplo, a un canal de televisión determinado. Hoy ya no es raro oír hablar de *narrowcasting* (los medios selectivos), como sería, por ejemplo, un canal dedicado exclusivamente al deporte.

Pero ya están llegando los *catchcasting* (medios hiperselectivos), tales como, por ejemplo, un canal dedicado exclusivamente al rugby.

Vuelvo a repetir que urge estar preparados para operar ante los nuevos desafíos con los que nos encontraremos, cuando la hiperselectividad mediática esté definitivamente instaurada.

Este viaje al "futuro" mediático es el que determina la necesidad de tener una MAP alternativa para ser aplicada en un escenario de hiperselectividad.

La hiperselectividad mediática nos posibilitará instrumentar un mix de medios más rico y versátil, aunque también mucho más complejo.

El *posicionamiento* quedará definido a partir de la *hipersegmentación* de públicos, y a partir de la correspondiente *hiperdiferenciación* de mensajes.

Con esto quiero decir que no solo definiremos, por ejemplo, el público "consumidores", sino que este, a su vez, será subsegmentado en grupos más pequeños de consumidores que posean características claramente diferenciales y representativas. Posiblemente estos diferentes pequeños grupos de consumidores posean expectativas diferentes, y cada uno de ellos se vincule de una manera particular con nuestra empresa. Pues bien, entonces, para cada uno de estos grupos deberemos concebir un mensaje focal diferenciado, que llegará por medios hiperselectivos. Esta misma lógica será aplicada a todos los públicos.

Pongamos como ejemplo el público "periodistas". Con la hipersegmentación e hiperdiferenciación ya no solo nos concentraremos en los atributos esperados en general (por ejemplo: "información fidedigna", "facilitación de acceso a la información", "rapidez de respuesta", "buenos archivos"), sino que cada uno de estos atributos esperados nos estará definiendo un CEX. De esta manera, la estructura de nuestra MAP se vería modificada de la siguiente manera:

SEGMENTACIÓN

DIFERENCIACIÓN

	Vínculo CEX$_1$ Público - Periodistas Atributos esperados (*) — Información fidedigna — Facilitación de acceso a la información — Rapidez de respuestas — Buenos archivos				Vínculo CEX$_n$ Público$_n$ Atributos esperados			
	Vínculo CEX$_{1-1}$ Periodistas Información fidedigna	Vínculo CEX$_{1-2}$ Periodistas Facilitación de acceso a información	Vínculo CEX$_{1-3}$ Periodistas Rapidez de respuesta	Vínculo CEX$_{1-4}$ Periodistas Buenos archivos	Vínculo CEX$_{n-1}$ Público$_n$ Atributos esperados	Vínculo CEX$_{n-2}$ Público$_n$ Atributos esperados	Vínculo CEX$_{n-3}$ Público$_n$ Atributos esperados	Vínculo CEX$_{n-n}$ Público$_n$ Atributos esperados
Mensaje clave$_1$ / Paquete de atributos$_1$ — Mensaje clave$_{1-1}$ Paquete de atributos$_{1-1}$								
Mensaje clave$_{1-2}$ Paquete de atributos$_{1-2}$								
Mensaje clave$_{1-3}$ Paquete de atributos$_{1-3}$								
Mensaje clave$_{1-4}$ Paquete de atributos$_{1-4}$								
Mensaje clave$_n$ / Paquete de atributos$_n$ — Mensaje clave$_{n-1}$ Paquete de atributos$_{n-1}$								
Mensaje clave$_{n-2}$ Paquete de atributos$_{n-2}$								
Mensaje clave$_{n-3}$ Paquete de atributos$_{n-3}$								
Mensaje clave$_{n-n}$ Paquete de atributos$_{n-n}$								

La hiperselectividad mediática parece hacer innecesaria la integración comunicacional propuesta por la Comunicación Estratégica®. Podría suponerse que si somos capaces de llegar de manera selectiva a las personas, no resulta necesario integrar los mensajes, pues –aparentemente– cada mensaje se sostendría por sí mismo. Sin embargo, el incremento de los sistemas mediáticos hace que los públicos estén expuestos a cada vez más medios. Una persona puede recibir un mensaje por televisión, otro por radio, otro por un periódico y otro por Internet. En general, la persona no diferencia los mensajes de la empresa. Le importa muy poco si se trata de uno que vio en televisión, escuchó por radio, leyó en una revista o le llegó por correo. Mucho menos aun le importa si se trata de publicidad, promoción, merchandising, relaciones públicas o incluso un rumor. La persona asume cada uno de los diferentes mensajes de la empresa como una comunicación mediática global que la organización emite, sin importarle en definitiva por qué medio le llega.

La mayor exposición de los públicos a distintos medios y el tratamiento informacional que las personas hacemos con los mensajes de una empresa –tema que será profundizado en próximos capítulos–, otorgan una clara importancia a la *integración comunicacional* como factor fundamental para lograr el éxito a través de la coherencia.

Mensaje clave corporativo

Llegados a este punto, seguramente usted se estará preguntando:

> ¿El mensaje clave es el "mensaje básico" o el
> "mensaje corporativo" al que se refieren varios autores?

La respuesta es *no*.

Hemos dicho que el mensaje clave es el resultado comunicacional esperado con relación a un público determinado. Surge a partir del *posicionamiento* (*segmentación* de los públicos y *diferenciación* de los mensajes); por ello se inscribe en el activador "Vínculo".

En cambio, el denominado *mensaje básico* o *mensaje corporativo* no está dirigido a un público en particular, sino al *gran público,* es decir, al conjunto de todos los públicos.

Desde la perspectiva de la Comunicación Estratégica® preferimos rehuir a las denominaciones generalizadas de "mensaje básico" o "mensaje corporativo" y cambiarlas por la designación de *mensaje clave corporativo* (*corporate key message*). Preferimos esta última denominación porque –al igual que lo que sucede con el mensaje clave– refiere al *resultado comunicacional esperado*, pero, desde luego, en este caso respecto del gran público. Entendamos pues que el mensaje clave corporativo no es un mensaje concretamente emitido, sino aquello que esperamos que el gran público asuma acerca de la empresa.

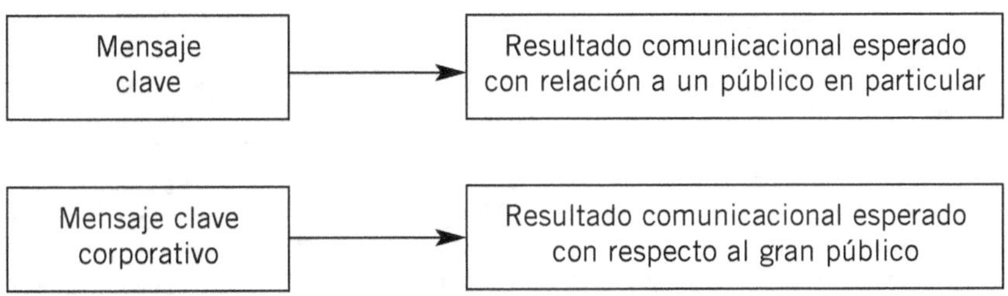

El mensaje clave corporativo es un emergente directo del *texto de identidad* (*atributos óptimos*).

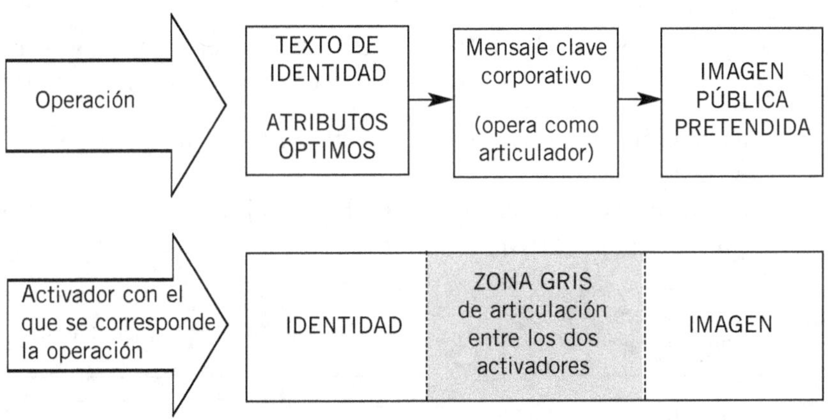

Si asumimos los imperativos de la coherencia, entenderemos que cada uno de los mensajes clave correspondientes a cada público debe guardar absoluta pertinencia y reciprocidad con el mensaje clave corporativo correspondiente al gran público.

Por lo tanto, así como cada uno de los vínculos que la empresa mantiene con los diferentes públicos se inscribe en un *vínculo institucional* con el gran público, cada uno de los *mensajes clave* correspondientes a cada segmento debería ser un desprendimiento del mensaje clave corporativo.

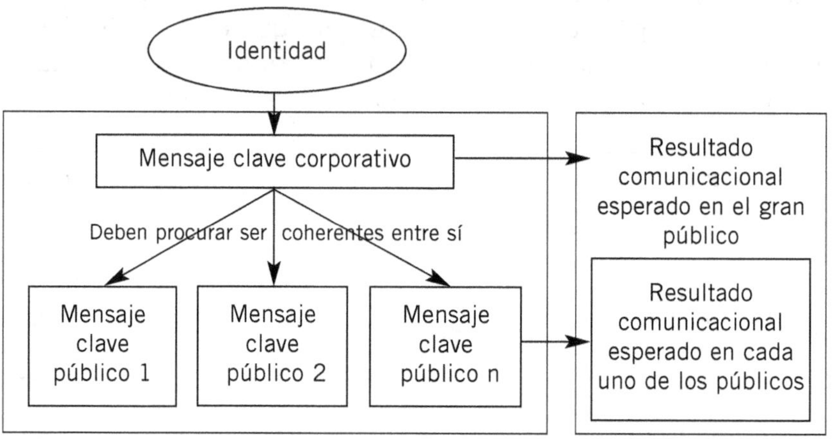

También debemos tener cuidado de no confundir el mensaje clave corporativo con el *eslogan corporativo*.

Antes de abordar específicamente esta diferencia vamos a ir a un ejemplo de la práctica real que nos permitirá comprender mejor:

- la relación que existe entre el *texto de identidad* y el mensaje clave corporativo;
- la diferencia que existe entre el mensaje clave corporativo y el eslogan corporativo.

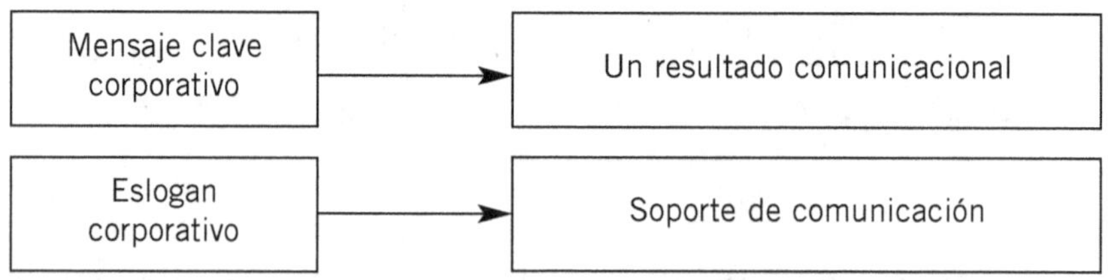

Veamos un ejemplo. Un laboratorio farmacéutico "x" constituye su *texto de identidad* a partir de tres *atributos óptimos* (hipotéticos):

- Calidad.
- Investigación.
- Trayectoria.

A partir de esto se puede deducir el siguiente mensaje clave corporativo –aquello que se espera que el gran público asuma acerca de este laboratorio farmacéutico, el resultado comunicacional esperado–:

- "x" es una empresa apasionada por la calidad, la cual es aplicada a sus productos, a su gestión, y a la relación que mantiene con los diversos públicos.
- "x" es una empresa que no solo comercializa sino que, además –y fundamentalmente–, investiga soluciones terapéuticas destinadas a ofrecer una óptima calidad de vida.
- "x" es una empresa de amplia trayectoria, que protagonizó distintas etapas de la historia de nuestro país y pretende contribuir a la realización de un futuro mejor para todos.

Este mensaje clave corporativo –por definición– no es expresado literalmente sino a través de diversos *actos* –que asimismo se constituyen como mensajes–; entre muchos otros:

- La aplicación de estrictos controles de calidad.
- El descubrimiento de nuevas y mejores fórmulas.
- Promover la publicación de libros con los resultados de investigaciones realizadas.

Como podemos observar, salvo algunas excepciones, generalmente resulta inapropiado expresar directa y explícitamente aquello que pretendemos que el otro piense acerca de nosotros. Por ello, la empresa debe definir primero el mensaje clave corporativo –con el propósito de esclarecer aquello que se pretende que el gran público asuma acerca de ella–, para luego pensar en los contenidos de las piezas comunicacionales y en los actos que sean capaces de conseguir el efecto anhelado.

Podríamos sintetizar esta idea diciendo que mientras el mensaje clave corporativo debe ser expresado de manera directa y cruda –pero además creativa–, los contenidos de los mensajes (efectivamente emitidos) destinados a provocar el efecto deseado deben procurar ser lo más indirectos que resulte posible –pero, además, claros y precisos–.

Respecto de la diferencia entre los conceptos *mensaje clave corporativo* y *eslogan corporativo*, podemos decir que mientras el primero remite a un efecto comunicacional esperado con relación al gran público, el segundo se constituye en un soporte comunicacional.

En opinión de Borrini "...el *eslogan corporativo* es la manifestación más importante después del nombre de una empresa... es la super-síntesis del más sintético de los lenguajes, el más poderoso extracto de una loción que viene en frasco muy chico, la frase que aspira nada menos que a contener la identidad esencial de una compañía..."[2]

Si bien hemos dicho que el mensaje clave corporativo y el eslogan corporativo no son necesariamente idénticos, esto no significa que no deban guardar una profunda coherencia entre sí.

Para sintetizar todo lo expuesto en este punto del presente capítulo elaboramos el siguiente gráfico.

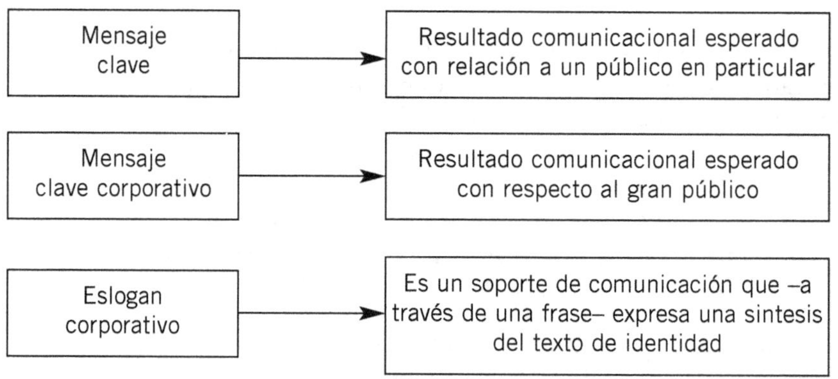

Niveles de análisis del posicionamiento

Debemos aclarar la diferencia que existe entre tres niveles de análisis del posicionamiento (sea o no vincular).

---

2. Borrini, Alberto. *El silencio no es negocio.* Ediciones El Cronista Comercial, Buenos Aires, 1983.

Existe un primer nivel de posicionamiento que denominaremos *posicionamiento segmento*, analizado con referencia a un público en particular (por ejemplo, periodistas, líderes de opinión, consumidores, etc.).

Otro nivel es el *posicionamiento corporativo*, que expresa una síntesis de la totalidad de los *posicionamientos segmento*.

El tercer nivel es el denominado *posicionamiento genérico*.

El posicionamiento genérico constituye una categoría de análisis referida a las empresas análogas u otras que, sin serlo, posibilitan una comparación referencial y pertinente a los propósitos de la observación.

Una pregunta que surge a partir del análisis del posicionamiento genérico es: ¿cuál es el posicionamiento de –por ejemplo– los bancos en un determinado público?

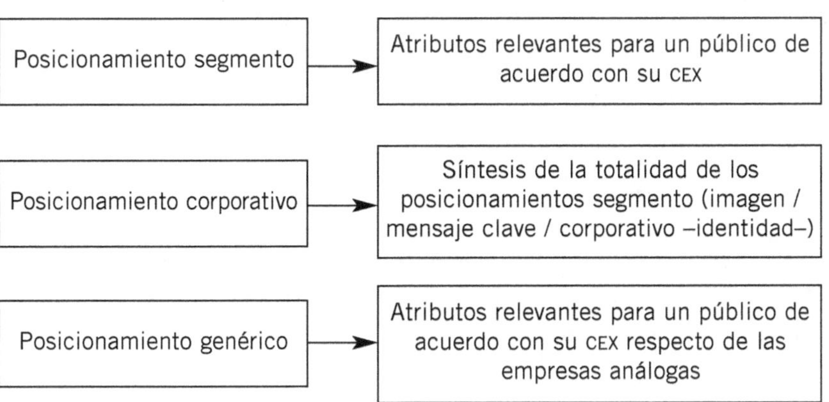

La *perspectiva vincular* es un instrumento que el operador de Comunicación Estratégica®, en tanto decisor, puede utilizar para analizar de manera *metódica* la relación que mantiene la empresa con los diversos públicos. Asimismo, también puede elaborar un análisis de la relación que los públicos mantienen con otras empresas.

Estos análisis constituyen la plataforma decisional elemental a partir de la cual la Comunicación Estratégica® pretende concebir mensajes con *valor* para cada uno de los públicos (y subpúblicos).

CAPÍTULO 8

ACTIVADOR: "COMUNICACIÓN"

PARTE 1
LA DIMENSIÓN HUMANA

La comunicación como activador

Sin duda alguna, para el área de Comunicación de una organización (ya sea una dirección, gerencia, jefatura o departamento), entre todos los activadores la *comunicación* es la herramienta de gestión por excelencia. Este activador debería ser el "producto" elaborado a partir de los dictados emergentes del resto de los activadores del Hexag-ON.

En el marco de Comunicación Estratégica®, la *comunicación* refiere al activador que aborda el conjunto de los mensajes efectivamente emitidos por la organización, sean estos voluntarios o involuntarios.

Como veremos más adelante, no todos los mensajes emitidos por una organización son de naturaleza voluntaria. Desde este punto de vista, lo que intenta hacer la comunicación es obtener una mayor gobernabilidad sobre el amplio campo de emisión, reconociendo los mensajes involuntarios en lo posible con anticipación a la emisión efectiva, y si se los reconoce con posterioridad a la emisión, intervenir para:

- capitalizar el rédito de lectura en caso de que sea favorable a la estrategia;
- o bien, en caso de resultar negativos, atenuar los efectos indeseables.

Si bien generalmente se suelen designar como "comunicación corporativa" los mensajes con contenidos que excluyentemente refieren a la organización en su rol de enunciador, en Comunicación Estratégica® no entendemos así esta cuestión.

Si bien elaboraremos una clasificación de las distintas tipologías de la comunicación que se pueden dar en una organización, la *comunicación*, como uno de los activadores del Hexag-ON, *engloba a la totalidad de estas tipologías.*

Entonces, en nuestra perspectiva, la *comunicación* –entendida como activador– no se refiere a un tipo determinado de comunicación, es decir que no queda definida por oposición a las "otras comunicaciones" como por ejemplo la de marketing o la interna. Como activador, la *comunicación* las engloba a todas, por lo que para nosotros no existen "otras comunicaciones".

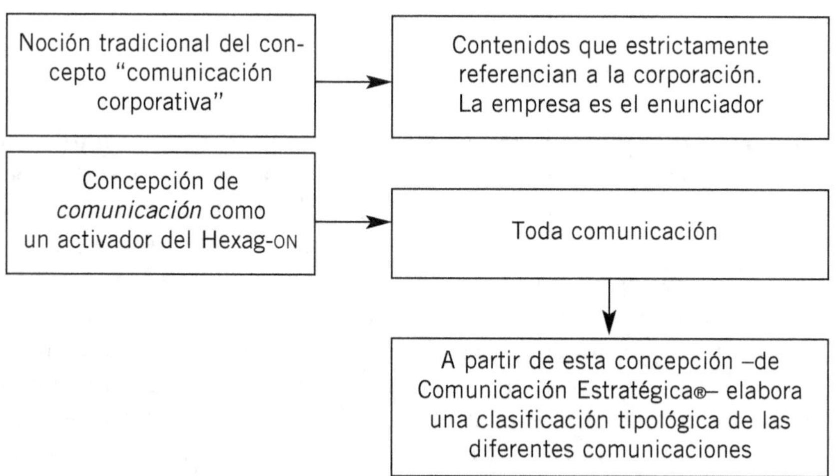

Los modelos

La comunicación ha sido estudiada por diversas ciencias sociales. De allí que podamos encontrar numerosos modelos de comunicación, cada uno imbuido de las características conceptuales de las diferentes ciencias a partir de las cuales fue concebido.

Si bien es cierto que todo modelo de comunicación posee la limitación de ser en sí mismo una abstracción y está imposibilitado de evidenciar la totalidad de los elementos intervinientes, resulta ser un auxiliar de suma utilidad a la hora de intentar entender dicho proceso.

Para poder exponer su perspectiva, la Comunicación Estratégica® debió concebir su propio modelo, que básicamente se nutre de las siguientes líneas conceptuales:

- Teoría general de los sistemas.
- Pragmática de la comunicación humana.
- Comunicación de redes.

A menudo, para explicar la comunicación corporativa se recurre a las teorías expuestas en los modelos de la *Mass Communication Research*, los cuales refieren a la comunicación de masa (fundamentalmente TV, radio y periodismo gráfico).

Si bien la Comunicación Estratégica® no deja de reconocer los valiosos aportes de estos modelos a la evolución de la teoría de la comunicación, creemos que no resultan instrumentales para extrapolarlos literalmente a la problemática de la *comunicación*.

Los modelos de la *Mass Communication Research* exaltan la preponderancia del emisor por sobre el receptor. En estos modelos el receptor cumple un rol pasivo. El emisor es quien decide cuándo inicia el proceso de comunicación, quien elabora el mensaje y quien lo emite, por el canal que considera más adecuado. Implícitamente se afirmaba que lo que el emisor había planificado comunicar era lo que efectivamente transmitía.

En cuanto al concepto de *feed-back*, estos modelos lo interpretan como la capacidad de convertir al emisor en receptor, dejando esta vez al nuevo receptor (ex emisor) en el rol pasivo.

La Comunicación Estratégica®, desde su modelo y desde su operar, asigna al receptor un protagonismo fundamental en la construcción del mensaje. Es el receptor quien lo modela, a partir de su percepción, su experiencia y sus capacidades.

En nuestra concepción constructivista, entendemos que el receptor es un "elemento creativo" del proceso comunicacional. El receptor no incorpora el mensaje tal cual le llega, sino que lo interpreta y le da un sentido; él *construye* su propio mensaje, que en definitiva es su propia creación. Así, un mensaje no queda totalmente construido hasta que el receptor lo interpreta y le asigna un sentido determinado. Este es el verdadero sentido del mensaje y no el que planificó el emisor.

Nuestra perspectiva está centrada en la interacción de los actores del proceso comunicacional; creemos que en este proceso los fines no están definidos *a priori*, sino que se construyen en el transcurso de la interacción, apartándonos de esta manera de los modelos lineales y mecanicistas. Además, se considera que tanto el emisor como el receptor están afectados por el momento y las circunstancias en las cuales se desarrolla el acto comunicacional.

El modelo de Comunicación Estratégica® está concebido con la perspectiva de la interacción humana para poder abordar las problemáticas corporativas y todas las complejidades que les son propias.

En el modelo de Comunicación Estratégica® se consideran todos los activadores, la interacción de los públicos entre sí y entre ellos con la organización, las configuraciones ecosistémicas y otros elementos relevantes y pertinentes a los procesos comunicacionales de la organización.

La organización humana, la comunicación humana

Estamos convencidos de que la observación de la comunicación humana constituye un eficaz ejercicio para un mejor entendimiento y abordaje operacional de los fenómenos comunicacionales corporativos.

Para una persona normal, la comunicación es una actividad habitual y corriente.

Según algunos estudios, una persona promedio ocupa el 70% de sus horas activas en comunicación (en el siguiente orden: 1) hablando o escuchando, y 2) leyendo o escribiendo). Esto se traduce en unas diez u once horas diarias dedicadas a la comunicación.

"Todos sabemos comunicar." No obstante, con seguridad usted alguna vez se ha encontrado con expresiones tales como: "¿De qué me estás hablando?", "No me entendés", "¿Qué me habrá querido decir?", "Me lo dijo de mala manera", entre otras tantas.

Pero ¿por qué algo tan elemental como comunicarse resulta a menudo tan complicado?

Nuestro desempeño cotidiano nos demuestra que mantener una buena comunicación no es algo tan sencillo como parece.

212

Todos sabemos que la comunicación es una actividad necesaria, pero además debemos asumir que es una actividad ineludible.

Nuestra concepción de la comunicación está profundamente influida por los postulados del *Mental Research Institute* (MRI) de Palo Alto, California, y entendemos que:

> "La comunicación es una condición *sine qua non* de la vida humana y el orden social"

Los conceptos del MRI refieren al estudio de las manifestaciones observables de la relación, de las cuales el vehículo es la comunicación en sí.

Asimismo, se centran en la interacción humana, ubicando el foco ya no –como lo hacían los modelos de la Mass Communication Research– en las condiciones "ideales" de comunicación, sino en el estudio de *aquello que efectivamente ocurre y se da de hecho en la comunicación*.

Al igual que ocurre en la semiótica, el estudio de la comunicación humana puede ser subdividido en tres áreas:

- Sintáctica.
- Semántica.
- Pragmática.

La *sintáctica* es el estudio de la relación de los signos entre sí con independencia de lo que designan. Se ocupa de los aspectos relativos a la transmisión de información, como, por ejemplo, la codificación, los canales, la redundancia y el ruido, entre otros.

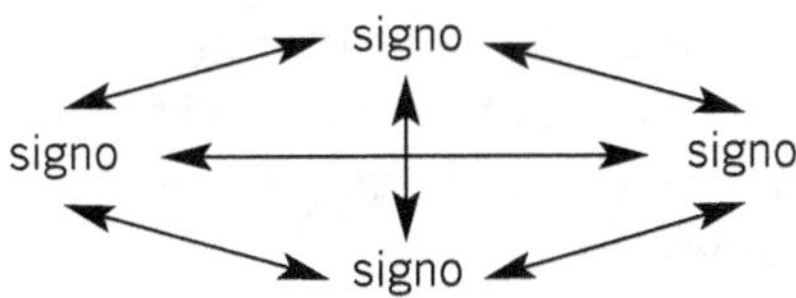

La *semántica* se ocupa de los problemas relativos a los significados de los mensajes, es decir, de la relación entre el signo y la idea u objeto que designan. La semántica abarca también el estudio de las cuestiones que surgen de aquello que los signos denotan y connotan.

Como sabemos, la comunicación afecta la conducta de las personas. El problema central de la *pragmática* es la relación que existe entre los signos y las emociones, los hábitos y las reacciones de los sujetos.

Es la pragmática la que permite entender cómo es que los mismos objetos o ideas pueden disparar significados distintos en diferentes personas.

La pragmática de la comunicación destierra la concepción tradicional de la "teoría de la comunicación", según la cual existe el emisor de un mensaje y el receptor de ese mensaje. La pragmática se concentra en el proceso comunicacional recíproco en el que ambas personas están implicadas; reaccionando, enviando, recibiendo y actuando. De esta manera la terminología "transmisor-receptor" se invalida.

Las palabras –que están particularmente al servicio de la sintáctica y la semántica– no son los únicos datos relevantes para la pragmática. Ella también considera el impacto que ejercen sobre la conducta otros elementos, tales como los emergentes no verbales (gestos, tonos de voz, el lenguaje corporal, etc.) y el contexto en el que ocurre la comunicación.

Así, la pragmática considera que toda conducta –y no solo lo verbal hablado– es comunicación, y toda comunicación –incluso los componentes impersonales del contexto– afectan de una u otra manera la conducta.

Para nosotros, comunicación y conducta son virtuales sinónimos.

Hemos de dejar bien explicitado que la diferenciación que se establece entre sintáctica, semántica y pragmática debe ser considerada como una conceptualización teórica, ya que en la práctica estas tres áreas son interdependientes.

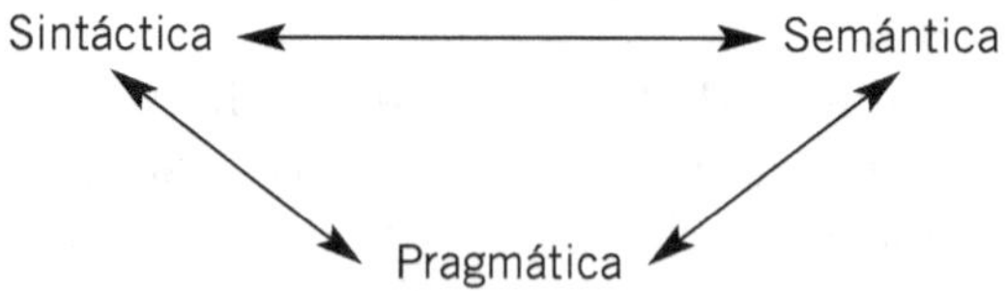

Por lo antedicho, la Comunicación Estratégica® analiza los procesos comunicacionales de la organización desde las tres áreas: sintáctica, semántica y pragmática.

Axiomas exploratorios de la comunicación

La perspectiva sistémica de la comunicación humana propone axiomas generales para poder elaborar una aproximación conceptual y operativa. Estos axiomas son expresados con un espíritu informal y un carácter tentativo, con el propósito de lograr un mejor entendimiento del fenómeno comunicacional.

Asimismo, más allá de la utilidad de los axiomas exploratorios para la apropiación del marco conceptual de la Comunicación Estratégica®, los conceptos de comunicación humana que en ellos se incluyen pueden resultar de utilidad al lector, para aplicarlos en sus interacciones cotidianas.

- Primer axioma exploratorio:
  "La imposibilidad de no comunicar"

Como hemos visto en *CE1*, todo comunica, no existe posibilidad de "no comunicar". Si hay dos o más personas interactuando, es imposible que "no comuniquen", porque la "no comunicación" es sinónimo de "no conducta" y esto no es posible.

Siempre que se interactúa, se está comunicando. Ya sea que una persona esté escuchando, durmiendo o mirando para otro lado, cualquiera que sea la conducta, esa conducta "significa" algo para quien está interactuando con ella, y por lo tanto es portadora de un mensaje determinado.

Aunque yo adopte una conducta "aparentemente pasiva o ausente", el otro que interactúa conmigo siempre fantasea, deduce y/o comprende alguna cosa a partir de mi interacción con él.

Todo intento de "no comunicación" en verdad es "comunicación negativa".

¿Qué pensaría usted de una persona a la cual le dirige la palabra, y ella no le contesta? A partir de esta observación, podemos afirmar que toda "no comunicación", en virtud de la naturaleza de las impresiones que dispara, debe ser interpretada como "comunicación negativa".

Para ejemplificar la "comunicación negativa" podemos recurrir a una escena cotidiana: el viaje en ascensor con desconocidos. Es una situación muy tensionante.

Dependiendo de con quién uno viaje, también es cierto que puede resultar muy interesante, aunque igualmente genera tensión.

Comienza el viaje, las miradas intentan no encontrarse, se mira al piso, al espejo o hacia fuera del habitáculo. Todas estas conductas "hablan por sí solas" –ese es el problema–. Esta situación resulta tan *locuaz* como la más variada, ininterrumpida y verborrágica de las conversaciones. Se está expresando: "No quiero hablar con vos", y *sin decir nada.*

Aunque no nos hubiésemos propuesto expresar esto, lo cierto es que igualmente lo hemos expresado. Esto es "comunicación negativa".

En nuestra vida de sociedad, cuando nos encontramos frente a una propuesta para establecer una relación, puede suceder que queramos aceptar o no el convite.

Si estamos de acuerdo, no existe problema alguno. La *aceptación de la comunicación* es la primera de las variantes posibles de respuesta.

La circunstancia embarazosa deviene cuando no queremos aceptar esa vinculación. Más allá del interés teórico de esta circunstancia, y con el propósito de que el lector recupere en su vida práctica el valor monetario abonado por este libro, abordaremos a continuación las otras dos variantes posibles, en ambos casos para rehuir de estas situaciones. (Las siguientes variantes pueden ser instrumentadas ante quienes nos solicitan préstamos, nos pretenden vender algo inservible, recaudadores indeseables... Usted sabe.)

La primera variante es la denominada *rechazo directo*: "Discúlpeme pero no quiero hablar". A menos que advirtamos la presencia de peligro, en la generalidad de los casos no estamos preparados para contestar con esta variante. Asumimos que un comportamiento de este tipo significa "mala educación".

La segunda variante es la *comunicación descalificadora,* que consiste en responder a una solicitud de relacionamiento, con una respuesta pobre, esquiva, lacónica y/o ambigua. También pueden incluirse en esta variante aquellas respuestas que desvían el tema sobre el cual se pretende establecer la conversación. En lugar de realimentarse la expectativa de establecer una relación, se la desalienta.

En esta variante, mediante la actitud que se asume y sin decirlo directamente, se está expresando: "No quiero comunicarme con vos".

En definitiva, no existe manera de que las personas no tengamos conducta, y toda conducta conlleva un valor comunicativo. Usted comunica infinidad de cosas quizá sin advertirlo. Recuérdelo: *no es posible no comunicar.*

Este primer axioma exploratorio es importantísimo para fundamentar los postulados básicos de la Comunicación Estratégica®, porque partimos de él cuando afirmamos que las organizaciones comunican tanto si se lo proponen como si no. Ya no se trata de "comunicar o no comunicar" sino de "comunicar bien o comunicar mal".

Le dejo un ejercicio. Piense en las implicancias de este axioma exploratorio en la problemática de los procesos comunicacionales de una organización, en la interacción de la organización con los públicos.

- **Segundo axioma exploratorio:**
  "Existen dos niveles de comunicación"

En la comunicación existen dos niveles:

- nivel de contenido,
- nivel de relación.

El *nivel de contenido* está definido por los datos, la información que conlleva un determinado mensaje.

Más allá de la información en sí, las personas transmitimos una "información acerca de la comunicación", es decir una información acerca de cómo ha de ser interpretado nuestro mensaje. Por ejemplo: "Es una orden", o "No te lo tomes en serio, estaba bromeando", o "No me vayas a contradecir". Esta información acerca de cómo ha de ser interpretado el mensaje se la identifica como *nivel de relación.*

Desde ningún concepto deber ser subestimado el nivel de relación. Es un error suponer que basta "tener algo bueno para decir" para poder descuidar "cómo lo decimos".

Tan importante es el nivel de relación, que muchas veces las personas en apariencia discuten acerca de un determinado contenido, cuando lo que en verdad está sucediendo es que están discutiendo acerca del nivel de relación.

Quiero decir que a menudo, un determinado contenido –dato/información– se convierte en una buena excusa para discutir acerca del nivel de relación que se da entre las personas. ¿Alguna vez le sucedió escuchar una discusión entre dos personas en la cual las dos estaban defendiendo la misma postura y sin embargo no lograban ponerse de acuerdo?

Debe tenerse en cuenta que el nivel de relación no siempre es manifestado de manera verbal, a veces se utilizan recursos muy sutiles. Incluso muchas veces se establece un determinado nivel de relación de manera involuntaria.

Vuelvo a hostigar al lector con otro ejercicio –pero para no afectar el nivel de relación, me disculpo por adelantado–. Piense ahora las implicancias que tiene este axioma exploratorio –que define que en la comunicación existe un nivel de contenido y otro de relación– en la problemática de los procesos comunicacionales de una organización.

- Tercer axioma exploratorio:
  "La comunicación digital y la comunicación analógica"

Existen dos niveles del lenguaje que nos permiten referirnos a las cosas:

- las cosas pueden ser representadas por algo similar al original; por ejemplo, un dibujo *(lenguaje analógico)*;
- las cosas pueden ser representadas mediante una palabra, ya sea oral o escrita *(lenguaje digital)*.

El lenguaje analógico es el que utiliza recursos que guardan una *analogía directa* con aquella entidad que quiero representar, por ejemplo:

El lenguaje digital es el que la representa mediante una palabra; en este mismo ejemplo:

ELEFANTE

En el lenguaje digital, lo único que vincula a la palabra con la cosa es una convención semántica preestablecida, en este caso en el idioma español. En cambio, en el lenguaje analógico existe algo particularmente "parecido a la cosa" en lo que se utiliza para expresarla.

Para ejemplificar pensemos en el juego "Dígalo con mímica". Básicamente este juego consiste en traducir el lenguaje digital al lenguaje analógico. Sabemos que hay ocasiones en la que la consigna resulta complicada. ¿Cómo se las arreglaría usted para transmitir mediante el lenguaje analógico –a fin de que su equipo lo interprete– el título de la película *Siempre?* Lo sé, no es imposible, pero no me va a negar que es complicado.

Lo que sucede es que estos dos lenguajes no son idénticos. Muchos elementos que aparecen en el lenguaje digital no se presentan en el analógico, y muchos elementos que aparecen en el lenguaje analógico no se dan en el digital. Esta es la razón por la que resulta complicada la traducción exacta de un lenguaje a otro.

En la comunicación humana se denomina comunicación analógica todo aquello que no sea comunicación verbal. Se corresponde con el lenguaje analógico:

- postura corporal,
- movimientos,
- gestos,
- tono de voz,
- ritmo del habla,
- distancia corporal,
- indicadores comunicacionales del contexto,
- etcétera.

El lenguaje analógico tiene gran incidencia en el nivel de relación de toda comunicación. Muchas veces una persona puede falsear con un comentario en el nivel de contenido, pero –en el nivel de relación– los gestos generalmente la delatan.

Sucede que el lenguaje analógico es mucho más arcaico y universal. Los niños aprenden antes el lenguaje analógico que el digital, y comienzan a utilizar lo verbal partiendo también de lo analógico: por ejemplo, al gato le dicen "miau" y no "gato".

Existen indicios analógicos que las otras personas nos envían –quizá involuntariamente–, y que nos provocan determinadas impresiones –favorables o desfavorables–. Lo mismo les sucede a las otras personas con respecto a nosotros.

El problema consiste en no considerar los efectos determinantes que puede ejercer el lenguaje analógico.

Las organizaciones también manejan estos dos lenguajes. Piense en las implicancias de ello.

Reflexione acerca de la importancia que tiene la coherencia entre lo que la organización "dice" y lo que "hace".

- ## Cuarto axioma exploratorio:
  ## "Puntuación y secuencia de los hechos"

Este axioma se refiere al intercambio de mensajes que sucede entre los comunicantes. Si observamos el desarrollo de una comunicación, podemos definirla como una secuencia dinámica e ininterrumpida de intercambios. Pero las personas participantes en esa interacción introducen la "puntuación de la secuencia de los hechos", la cual determina las conductas. Los hechos comunicacionales son organizados de determinada manera: "Dije eso porque él primero me dijo lo otro".

La organización de esta secuencia depende mucho de quién es el que la efectúa. Es posible que el suceso que usted ha definido como el principio de una comunicación no sea el mismo que ha definido otra persona.

Lo relevante del caso radica en que este elemento es tomado como "causa", es decir, como el supuesto desencadenante de determinado evento que sucede como consecuencia de él. El desacuerdo entre personas en la puntuación de una secuencia de hechos es la causa de innumerables conflictos interaccionales.

Supongamos una situación que involucra a un periodista y su entrevistado. En el desarrollo de la entrevista, el entrevistado "rebaja" y desautoriza al periodista. El periodista, por su parte, agrede e increpa al entrevistado.

Luego del reportaje, ambos analizan lo sucedido basados en sus propias impresiones.

El entrevistado alude que tuvo que desautorizar al periodista porque se sintió agredido por él. Por su parte el periodista declara que agredió al entrevistado debido a que este lo desautorizó ante la audiencia.

Podemos simplificar el asunto en los siguientes términos: "Te rebajo porque me agredes" – "Te agredo porque me rebajas".

Para ilustrar lo sucedido, elaboramos un gráfico que nos permite visualizar la secuencia de los hechos. El punto en el que iniciamos esta secuencia es absolutamente arbitrario:

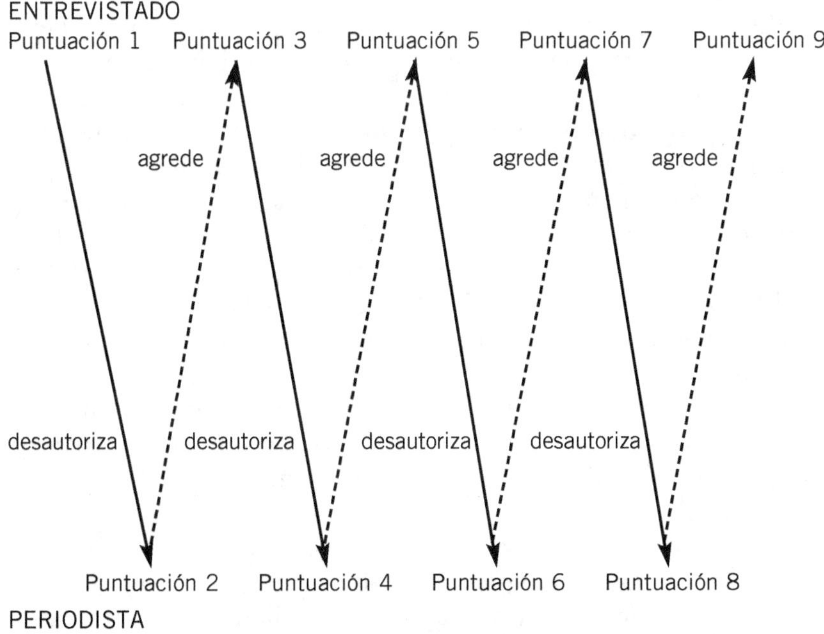

Según las explicaciones del entrevistado ("Te rebajo porque me agredes"), solo él pudo percatarse de la puntuación:

2-3-4

4-5-6

6-7-8

Según el entrevistado, su conducta –que está representada en el gráfico por las líneas llenas– es una respuesta a la conducta del periodista –líneas punteadas–.

Por su parte, el periodista explica que sucedió todo lo contrario ("Te agredo porque me rebajas"). La puntuación elaborada por él es:

1-2-3

3-4-5

5-6-7

En este caso, el periodista explica que su conducta –líneas punteadas– es la reacción a la conducta del entrevistado –líneas llenas–.

Pensemos si situaciones similares a esta, observada entre un periodista y un entrevistado –hipotética, aunque no sabemos en qué medida...– no nos suceden a nosotros todos los días en muchas situaciones interrelacionales. La puntuación de la secuencia de los hechos nos afecta en variados aspectos de nuestras vidas. A algunos más, a algunos menos. Desde conflictos laborales, familiares y políticos hasta la carrera armamentista o controversias entre países.

Aunque en el dominio de "lo real" –lo fáctico– es probable que exista una causa y un efecto, esa causa y ese efecto siempre están definidos desde la subjetividad de las personas; por ello "causa y efecto" son producto de interpretaciones de lo que sucede en la "realidad" que construimos.

Nuestros modos de pensamiento nos han preparado para ver un principio y un fin, una causa y un efecto, un emisor y un receptor. Pero la comunicación no es lineal sino circular, como el dilema del huevo y la gallina.

Sin revolucionar demasiado el gallinero, analice, estimado lector, las implicancias del axioma exploratorio de la puntuación de la secuencia de los hechos aplicado a la problemática cotidiana de la organización.

Por ejemplo:

¿Cómo afecta este axioma en un conflicto entre un jefe y su subordinado?

¿Cómo afecta este axioma en un conflicto laboral entre un empleador y sus empleados?

¿Cómo afecta este axioma en un conflicto entre la organización y alguno de sus públicos?

- Quinto axioma exploratorio: "La interacción simétrica
  y la interacción complementaria"

Podemos establecer una correlación de estos dos patrones (simetría y complementariedad) con los conceptos de "igualdad" y "diferencia":

- *interacción simétrica*: interacciones basadas en la igualdad;
- *interacción complementaria*: interacciones basadas en la diferencia.

En las relaciones simétricas, los participantes tienden a tener una conducta recíproca, ya sea desde la maldad, la bondad, la agresividad, la fuerza, etc. Es decir que, por ejemplo, dado un determinado nivel de agresividad del participante A, B va a ser igual o más agresivo.

Si bien desde ningún concepto ha de considerarse a las relaciones simétricas como sinónimo de *contienda*, cuando estas vinculaciones pierden la estabilidad degeneran en lo que se denomina *escalada simétrica*. La escalada simétrica debe ser considerada como una "patología" de las relaciones simétricas.

La pugna es un peligro implícito en las relaciones simétricas. Esta tendencia a menudo desencadena una disputa entre las partes. Esto se puede observar en los vínculos conyugales, en negociaciones entre fuerzas políticas o en las relaciones diplomáticas entre países.

En las relaciones complementarias la conducta de un participante complementa la del otro y ambos logran configurar una situación cualitativamente distinta a la original.

En estas relaciones existen dos posiciones: la primaria y la secundaria. Estas posiciones no deben ser confundidas, significándolas respectivamente como superior e inferior, mejor o peor, débil o fuerte, buena o mala.

Quienes participan de una relación complementaria pueden tener conductas disímiles, pero en tanto ninguna parte obliga a la otra a mantener una relación complementaria, son conductas de mutuo encastre en la que cada uno tiende a beneficiar al otro y la relación que los une.

Muchos de los fundamentos de los métodos de negociación, mediación y resolución de conflictos tan ampliamente difundidos en la actualidad están basados en los conceptos correspondientes a las relaciones complementarias.

En el caso de las relaciones complementarias, las "patologías" correspondientes son mucho más difíciles de abordar que las las relaciones simétricas. Esto sucede porque en las relaciones simétricas las confrontaciones son relativamente abiertas, mientras que en las complementarias no.

Podríamos decir que en la patología de la relación simétrica existe el rechazo abierto hacia el otro, en tanto que en la patología de la relación complementaria surge la desconfirmación del otro antes que el rechazo. La desconfirmación, por constituir un artilugio mucho más sutil y encubierto, presenta más dificultades en el momento de intentar su resolución.

El hecho de que una relación sea simétrica o complementaria no representa nada "malo" ni nada "bueno", nada "normal" ni "anormal" en sí mismo. Los conceptos "relación simétrica" y "relación complementaria" responden a una categorización básica de los intercambios comunicacionales.

Ambos tipos de relación son igualmente importantes y –si consideramos una calificación de relación sana– deberían estar presentes alternativamente u operando en diferentes áreas. Con esto queremos decir que cada patrón interaccional puede estabilizar al otro.

Como ejercicio le sugiero al lector que considere las implicancias de las interacciones simétricas y complementarias en las relaciones que la organización configura con sus públicos.

Las organizaciones son personas

El abordaje de la comunicación humana presenta la ventaja de que, al ser una vivencia cotidiana, todos podemos asimilarla confrontando sus postulados con las experiencias que vivimos a diario.

Por otra parte, también es cierto que pueden surgir ciertos obstáculos, derivados del hecho de que, al estar observando determinados fenómenos intrínsecos de nuestra conducta, se pueden llegar a activar aspectos del inconsciente para entorpecer el entendimiento de estos temas.

Por dicho motivo, usted no debe sentirse desalentado si advierte que le resulta dificultoso asimilar estos conceptos acerca de la comunicación humana. Reléalos e intente llevar a cabo los ejercicios de reflexión sugeridos, aplicando los axiomas exploratorios a la problemática organizacional. Así, al tomar una mayor distancia de la observación de sus propias conductas, quizá le resulte más fácil la elaboración del activador en cuestión.

Sin duda alguna, el abordaje del estudio de la comunicación con la perspectiva que hemos escogido resultará sumamente útil para aplicar estos conceptos al ámbito específico de las comunicaciones de una organización, ofreciendo un marco de referencia sólido e instrumentos operativamente prácticos.

Mensajes

Como vimos, las organizaciones son generadoras de mensajes, tanto si se lo proponen como si no lo hacen. En el modelo de Comunicación Estratégica® –expuesto en *CE1*– ya hemos identificado algunos tipos de mensajes que la organización transmite.

En este apartado retomaremos el tema, con la intención de elaborar una clasificación más pormenorizada acerca de los diferentes tipos de mensajes que una organización puede llegar a transmitir, concebida exclusivamente para la *comunicación* como activador de la Comunicación Estratégica®.

Mensajes intencionales

Denominamos mensajes intencionales a todos aquellos que siguen un proceso de codificación técnicamente asistido, con el propósito de generar un efecto determinado en los públicos. Con este tipo de mensajes la organización posee cierto dominio de la situación comunicacional, porque son mensajes que transitan por procesos de codificación y control relativamente eficaces.

Ejemplos de este tipo de mensajes son, entre otros:

- avisos publicitarios,
- folletos,
- carpetas informativas para el periodismo (*brochure*),
- documentales corporativos.

Mensajes no intencionales

En este caso, la organización genera un mensaje sin habérselo propuesto. Cuando la organización se percata –a tiempo– de esta desviación es posible instrumentar las medidas correctoras que correspondan.

Pero en muchos casos la organización no es que no se dé por enterada, sino que verdaderamente *no se entera*. Por ello resulta tan importante ejercer una función de testeo permanente.

Al contrario de lo que sucede con los mensajes voluntarios, con los involuntarios la organización pierde cierta gobernabilidad de la situación comunicacional, puesto que son mensajes que no están sometidos a procesos de codificación o control.

Ejemplos de este tipo de mensajes son, entre otras situaciones, las siguientes:

- Se filtra una información reservada y el periodismo se hace eco de ella, poniéndola en conocimiento del público.
- Distorsión por parte del público de alguna información que se difunde.
- Los consumidores descubren una falla involuntaria de origen en el producto.
- Surgen acusaciones públicas por alguna acción de la organización.

Tanto los mensajes intencionales como los no intencionales pueden subclasificarse a su vez en mensajes *explícitos* e *implícitos*.

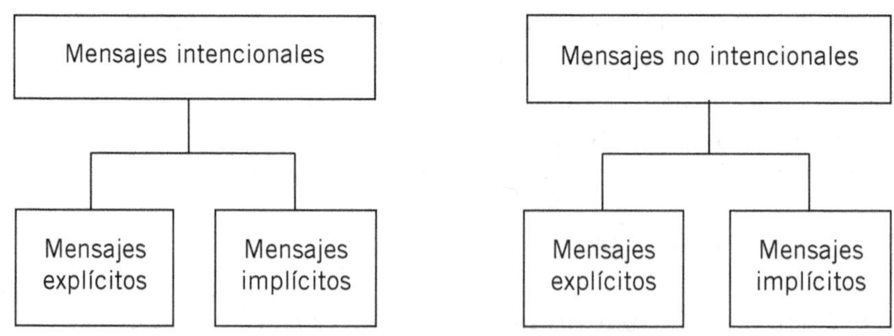

Mensajes explícitos

Son mensajes con un fuerte predominio de lo denotativo y lo manifiesto. Guardan una fuerte relación con la información, lo analítico y el conocimiento. Constituyen ejemplos de este tipo de mensajes, entre otros:

- comunicados de prensa,
- manual de procedimientos,
- balance,
- manual para la utilización de un producto.

Mensajes implícitos

Los mensajes implícitos poseen una predominancia de lo connotativo y lo tácito, es decir que expresan significados difusos.

La connotación es el significado que desborda aquello que el mensaje refiere.

Los mensajes implícitos se relacionan con lo subjetivo, la significación y la emoción.

Podríamos aseverar que todos los mensajes tienen una dimensión connotativa. Expondremos algunos ejemplos:

- Una empresa de servicios públicos realiza sus trabajos en una calle con abundante tránsito vehicular, en las horas de mayor congestionamiento. Resulta irreproducible en este libro la decodificación que elaboran los conductores de vehículos que han de transitar por dicha arteria, a partir de la conducta –mensaje– de la organización.
- Dado un proceso de despidos masivos en una empresa, los públicos relacionados con el mundo de las finanzas pueden llegar a inferir que esa organización enfrenta dificultades económicas.
- Se anuncia la reducción en la tarifa de un servicio público, y los clientes sospechan que hasta ese día les estuvieron cobrando de más.

Un primer impulso nos llevaría a pensar que los mensajes intencionales solo pueden ser explícitos y que los mensajes no intencionales solo pueden ser implícitos. En condiciones "ideales de comunicación" –y no sobre la base de la pragmática–, este pensamiento puede ser conceptualmente adecuado.

Es coherente pensar que si una organización se propone transmitir un mensaje técnicamente asistido, dicho mensaje –concebido y transmitido a través de codificadores y controles– no admitirá "segundas lecturas". Asimismo, al menos se intentará que ese mensaje sea lo más explícito posible respecto de lo que la organización "tiene en claro" y desea referir. Esto es coherente, por supuesto, pero el resultado deseado se verificaría solo ante condiciones "ideales" de comunicación. En la práctica, esto no es así.

En Comunicación Estratégica® adherimos más a la pragmática de la comunicación antes que a la elaboración de situaciones absolutamente figuradas con base en condiciones "ideales". Muchos de los mensajes que una organización concibe y transmite mediante complejos procesos de codificación y control no son interpretados por el público de la manera en que la organización lo planeó.

Por otra parte, a diario las organizaciones transmiten un mensaje de manera explícita, pero con el propósito de que el público interprete implícitamente otro. Es decir que voluntariamente planea y se propone que el público elabore una segunda lectura del mensaje explícito. Por ejemplo, cuando una organización lleva a cabo una donación de fondos a una organización de bien público, la "conducta-mensaje explícito", *la donación,* se realiza para que el público decodifique un mensaje implícito: "Esta organización tiene compromiso con las necesidades de la comunidad".

Debemos advertir que este último tipo de mensaje –mensaje voluntario implícito– es una opción arriesgada. Esto se debe a que, al ser de una naturaleza más difusa, los significados que los públicos le asignan pueden tener una gran aleatoriedad. Por ejemplo, en el ejemplo anterior de la donación, el público inversor (accionistas) puede interpretar que se está malgastando el dinero de la organización.

Además de los cuatro tipos de mensajes que vimos (intencionales, no intencionales, explícitos e implícitos), existen otros dos que son independientes de estos: los mensajes *residuales* y los mensajes *exteriores.*

Mensajes residuales

La lógica de las comunicaciones tácticas a menudo se centra en las urgencias coyunturales del momento y –desacertadamente o por imposición de los estratos superiores de los cuales depende– subestima las implicancias históricas, e incluso a veces las futuras.

En nuestra concepción de Comunicación Estratégica® consideramos a las organizaciones como organismos con historia continua y dinámica.

Es decir que no operamos basados en un análisis *fotográfico* de un momento dado, sino más bien sobre la base de un análisis *cinematográfico secuencial* del acontecer corporativo.

Esta concepción nos permite tener en consideración aquellos pensamientos de los públicos generados por un suceso –conducta mensaje– del pasado, pero que puede estar operando en sus mentes en el aquí y ahora e influyendo en ellos. Podríamos sintetizar diciendo que un mensaje residual es aquel de un "allá y entonces" que ejerce su influencia en un "aquí y ahora".

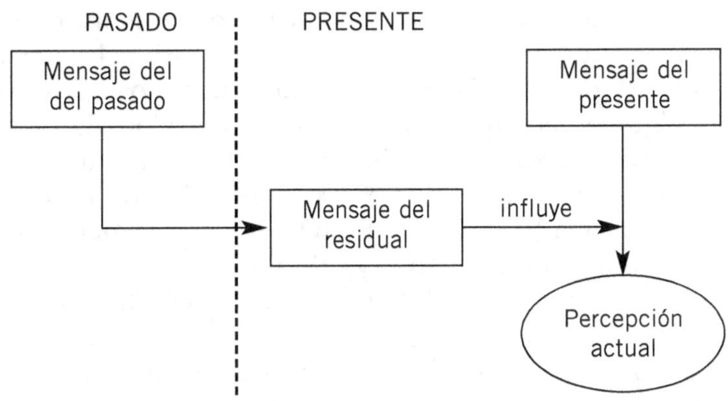

Por ejemplo, si una empresa alimentaria en un pasado causó intoxicaciones graves en la población, este hecho aún puede estar operando en la mente del público. Estos mensajes residuales negativos, que podemos denominar *parásitos residuales de la comunicación,* actúan a modo de *ruido.*

Los mensajes residuales no siempre son negativos. Por ejemplo, una empresa puede haber colaborado en el pasado en una causa pública muy importante, ya sea ayudando a víctimas de terremotos o de inundaciones o cualquier otra variante similar. De esta manera, puede suceder que el público recuerde por sí mismo con agrado esta actuación solidaria de la empresa, o bien que esta deba instrumentar acciones tendientes a reactivar en la memoria social actual –con la sutileza que el caso requiere– los aportes comunitarios realizados en el pasado.

Mensajes exteriores

El mensaje exterior es, como su nombre intenta evidenciar, aquel que procede de áreas externas a aquellas en las que la organización actúa.

Se trata de sucesos tales como opiniones, informaciones, eventos, rumores y otros estímulos de diversa naturaleza, los cuales si bien no pertenecen al ámbito específico de la organización ni a ningún otro ámbito directamente relacionado con ella, ejercen una fuerte influencia sobre los públicos, debido a que suelen atraer la atención de la gente. En general tienen un carácter fortuito e impredecible.

Podemos considerar, por ejemplo, lo que sucede en Argentina cuando la Selección nacional de fútbol debe jugar un partido en un campeonato mundial. Si bien es cierto que no toda la gente estará pendiente de ese partido, no podemos ignorar que desviará la atención de un amplio sector de la población. En algunos públicos más y en otros menos, en algunos sectores más y en otros menos, en algunos negocios más y en otros menos, en definitiva la influencia se hará sentir.

Otro ejemplo lo constituye un caso hipotético de desconfianza generalizada hacia la Justicia. Puede suceder que los medios masivos estén siguiendo un caso específico y exista una sentencia explícita de la sociedad con referencia a él. Pero si a partir de esta toma de posición popular comienza a generalizarse, por ejemplo, la idea de ineficacia, ineficiencia o corrupción en la Justicia, la situación puede llegar a influir en la opinión de los públicos también respecto de otras causas. De esta manera puede llegar a ser sospechada (y hasta condenada) por la sociedad una persona pública declarada inocente por las autoridades que deben juzgarla. En esta situación, el solo hecho de estar acusado ya constituye una condena.

Anteriormente mencionamos que los elementos comunicacionales impersonales correspondientes al contexto ejercían su influencia en los procesos interaccionales existentes entre la organización y el público. Muchos de estos elementos comunicacionales impersonales del contexto –no todos– se corresponden con la naturaleza de los mensajes exteriores.

Una vez más, dependerá de la habilidad –y, no lo negaremos, de una gran dosis de buena suerte– del operador de Comunicación

Estratégica® el lograr instrumentar a los mensajes exteriores en favor de los objetivos de la organización.

La idea de circuito comunicacional

En *CE1* elaboramos el modelo de Comunicación Estratégica®, un auxiliar conceptual para explicar los postulados básicos de nuestra disciplina. A través de él intentamos fundamentar nuestra concepción, exponiendo una síntesis de los elementos más relevantes del proceso comunicacional de la organización.

Por otra parte, en el modelo de Comunicación Estratégica® se resignificaron muchos conceptos que con frecuencia fueron y son utilizados de manera vulgar, imprecisa y hasta contradictoria.

Este modelo se constituye en el disparador de esta disciplina que denominamos Comunicación Estratégica®, inaugurando nuevos horizontes en el abordaje de la problemática comunicacional de las organizaciones.

Como aproximación fundante de Comunicación Estratégica®, conocer y reflexionar acerca del modelo que hemos elaborado es esencial. Por ello se recomienda al lector que no soslaye la lectura del apartado correspondiente.

Partiendo del modelo de Comunicación Estratégica® nos concentraremos específicamente en la dinámica de los mensajes; para ello elaboraremos un recorte operativo de dicho modelo, del cual extraemos solo aquellos elementos necesarios para la observación de los diferentes tipos de mensajes. El producto de este recorte configura lo que denominamos *circuito comunicacional*.

El circuito comunicacional tiene un propósito didáctico y esclarecedor. El gráfico siguiente, en el cual representamos dicho circuito, nos permitirá identificar los mensajes intencionales, no intencionales, explícitos, implícitos, residuales y exteriores.

El circuito comunicacional no reemplaza el modelo de Comunicación Estratégica®, que define la problemática global. El circuito comunicacional centra su interés en una parte de dicha problemática, aquella que se restringe a la circulación de los mensajes. En este sentido, es un recorte didáctico del modelo para el mejor entendimiento de una cuestión específica.

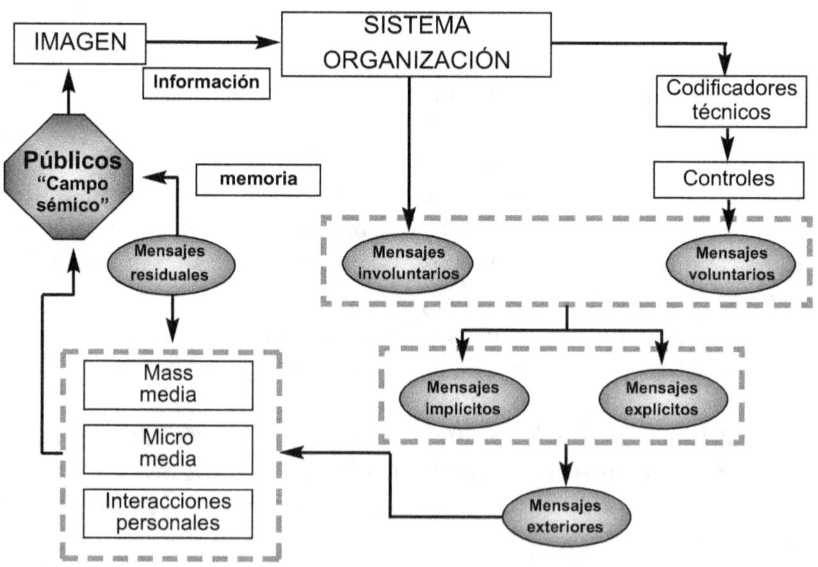

Para no generar un cortocircuito

Le propongo elaborar una explicación más detallada acerca del circuito comunicacional.

Si usted relee los conceptos acerca de los distintos tipos de mensajes que hemos abordado (intencionales, no intencionales, explícitos, implícitos, residuales y exteriores), podrá asignarle cierto sentido al gráfico expuesto.

Pero en él aparecen algunos elementos novedosos –no explicados anteriormente– que se han incluido debido a que facilitan la comprensión de los conceptos correspondientes a cada tipo de mensaje.

Expliquemos el gráfico del circuito comunicacional.

Comenzamos el circuito arbitrariamente a partir del elemento *organización*, definida como un *sistema integral comunicacional*. La *organización* no solo debe ser entendida como una entidad de producción, comercialización, comunitaria o de finanzas. Sus metas, planes y acciones determinan en el entorno general e inmediato relevantes consecuencias *interaccionales*, en el más amplio sentido del término. Por eso creemos que la organización debe autoconcebirse como un *sistema integral de comunicación*. El segundo elemento lo constituye el subsistema definido por los *mensajes intencionales* y los *mensajes no intencionales*. Podemos observar que los mensajes intencionales pasan por procesos de *codificación* y *control*.

La *codificación*, dicho burda pero claramente, es la fabricación de mensajes. Expresándolo más delicadamente, se trata de la función de concepción de los mensajes. No debe pensarse que, para una adecuada codificación, la cualidad determinante es la creatividad. El proceso de *codificación* consiste en articular los propósitos de la comunicación –contenido y relación– con la creatividad aplicada.

El *control* refiere a las operaciones tendientes a:

- buscar datos que permitan orientar la evaluación (sondeos, encuestas, censos, grupos de foco, etc.);
- verificar que los mensajes refieran a lo que deben referir;
- asegurar la adecuada transmisión de los mensajes.

Entonces los mensajes intencionales siempre pasan por procesos de codificación y control relativamente eficaces, en tanto que los mensajes no intencionales no atraviesan por ninguno de estos procesos.

Otro elemento descrito en nuestro circuito comunicacional es el subsistema que conforman los *mensajes explícitos* y los *mensajes implícitos*. Este subsistema "subclasifica" a los *mensajes intencionales* y a los *no intencionales*, pudiéndose identificar cuatro categorías posibles:

- Mensajes intencionales explícitos.
- Mensajes no intencionales explícitos.
- Mensajes intencionales implícitos.
- Mensajes no intencionales implícitos.

Estos tipos de mensajes, al igual que los *mensajes residuales* y los *mensajes externos* al circuito, fueron descritos anteriormente.

El subsistema que conforman los *mass media,* los *micro media* y las *interacciones personales* refiere a las diferentes clases de canales por los que puede circular el mensaje.

En los *mass media,* un "emisor único" se dirige a una gran cantidad de interlocutores. Esto determina que en general deban ser entendidos más como "medios de *difusión* masiva" que como "medios de *comunicación* masiva", puesto que la difusión se caracteriza por:

- ser unidireccional,
- no presentar reciprocidad,
- ser simultánea –al mismo tiempo–, dirigida a una gran masa,
- ser impersonal.

En los *mass media,* por existir gran distancia física entre los comunicantes, los mensajes transmitidos impactan con baja fuerza relativa de implicancia en los públicos.

Si bien no es el objeto de esta obra abordar una crítica acerca de los medios, considerando los cambios que se vienen sucediendo no podemos dejar de hacer aunque más no sea una efímera observación.

Gracias a las nuevas tecnologías, los *mass media* son cada vez más interactivos. Si bien por el momento lo interactivo solo logra reducir un poco la condición impersonal de los mensajes, debemos notar que al menos genera un notable aumento en el nivel de implicancia, y esto sin perder el potencial de masividad.

Los *micro media* son canales de comunicación selectivos. Comparados con los *mass media,* se trata de canales interpersonales, por lo que se alejan paulatinamente del concepto de "difusión" para acercarse más al de "comunicación".

En los *micro media,* los interlocutores pueden intercambiar sus roles protagónicos, los mensajes son más o menos personalizados, bidireccionales, y existe cierta proximidad psicológica entre los comunicantes.

Ejemplos de *micro media* los constituyen: el contacto personal (entrevistas o reuniones), el teléfono, los documentos, el fax, la teleconferencia y el correo electrónico, entre otros.

Debe observarse que todos los mensajes descritos circulan indefectiblemente a través de un mass media o bien a través de un micro media. La excepción a esto la constituyen los *mensajes residuales,* los cuales poseen un canal exclusivo que es la "*memoria* de los públicos".

Si bien es cierto que generalmente los *mensajes residuales* se activan a partir de otros mensajes que son transmitidos por mass o micro media, y que operan como disparadores de estos mediante el recuerdo, existe la posibilidad de que este recuerdo sea producto de un ejercicio individual de la persona. Por esta razón asignamos a los mensajes residuales un canal exclusivo: la *memoria de los públicos.*

Otro elemento del circuito comunicacional es el *campo sémico,* que es la configuración espacio-temporal en donde confluye la totalidad del material significativo y en donde interactúa un complejo entramado social. El *campo sémico* no solo está constituido por las señales de la organización, sino por todos aquellos estímulos que puedan impactar en los públicos.

Nos queda por abordar el elemento *imagen,* aspecto que será abordado en profundidad más adelante, en el capítulo correspondiente. Este elemento es importantísimo, porque es a partir de él que la organización obtiene la información con la cual se fundamenta, soporta y realimenta la estrategia comunicacional. Podríamos decir que este elemento es el origen y la resultante (causalidad circular) de la gestión comunicacional. A partir del elemento *imagen* se reanuda todo el circuito.

Tengamos en cuenta que el valor del circuito es meramente *didáctico,* por lo que en él se recorta al proceso global de comunicación de manera voluntaria —a fin de simplificar—, exponiéndose solo los elementos necesarios para permitir una visualización clasificatoria de los tipos de mensajes. Por ejemplo, el circuito ignora la identificación de los diferentes *ruidos* que sí se incluyen en el modelo de Comunicación Estratégica®.

Quien desee visualizar el proceso comunicacional global, puede consultar lo expuesto en *CE1*, donde se analiza el modelo de Comunicación Estratégica®, cuyo objeto es abordar la problemática global del proceso.

CAPÍTULO 9

ACTIVADOR: "COMUNICACIÓN"

PARTE 2
EL DIAMANTE DE LA GESTIÓN COMUNICACIONAL.
UNA GESTIÓN CON DIEZ ÁREAS

Las áreas de gestión de la comunicación

Sabemos que existen públicos con expectativas diferentes y que ellos aguardan que sean satisfechas.

También sabemos que la comunicación, como fenómeno genérico, tiene una dinámica compleja. Esto lo hemos asumido a través del estudio de los axiomas.

Sabemos que comunicamos, sí o sí, por lo que debemos tomar la iniciativa dirigiendo las comunicaciones de manera profesional y competitiva.

Identificamos que existen distintos tipos de mensajes que circulan por variados canales.

Pero hasta aquí abordamos categorías genéricas, que si bien son muy instrumentales para crear un marco de referencia conceptual (¡casi nada!), de poco nos servirían para llevar a cabo el planeamiento y gestión de la comunicación. Para ello elaboraremos una categorización de las distintas áreas de gestión comunicacional.

Esta clasificación se corresponde con el concepto *comunicación* como activador del Hexag-ON. Explicitamos esto para dejar bien sentado que elaboramos la presente clasificación desde el marco referencial de Comunicación Estratégica®.

Hemos de reconocer que, si bien es posible que pequemos por extensión, no todas las organizaciones deben, pueden y/o quieren gestionar la totalidad de las áreas definidas por Comunicación Estratégica®.

Por otro lado, las áreas descritas no son las únicas probables. Las organizaciones, basadas en sus necesidades y problemáticas específicas, seguramente podrán configurar otras áreas de gestión además de las expuestas.

El valor de las áreas que la Comunicación Estratégica® define, reside en su practicidad y en que, al menos, sirven para orientar al operador a fin de que elabore su propia clasificación. Las áreas de gestión identificadas se definen a partir de sus propósitos; por eso pensamos que nuestra clasificación es más operacional que las tradicionales (comunicación externa, comunicación intermedia, comunicación interna y otras por el estilo).

La Comunicación Estratégica® define diez áreas de gestión de la comunicación, a saber:

- Comunicación de diseño.
- Comunicación de marketing.
- Relaciones institucionales y con la comunidad.
- Relaciones gubernamentales.
- Comunicación financiera.
- Comunicación *business to business.*
- Relaciones con el periodismo.
- Comunicación interna.
- Cybercomunicaciones y multimedia (C&M).
- Administración de datos e indagaciones (ADI).

Los nombres que hemos escogido para definir las áreas de gestión pueden resultar un tanto arbitrarios. No obstante, pensamos que estas definiciones son suficientemente descriptivas en lo que respecta a los contenidos y propósitos de cada área.

Estas diez áreas de gestión de la comunicación pueden ser graficadas en lo que denominamos el *Diamante de gestión comunicacional.*

Nuestro *Diamante de gestión comunicacional* no clasifica soportes concretos de comunicación sino que define las áreas en las cuales se aplican esos soportes.

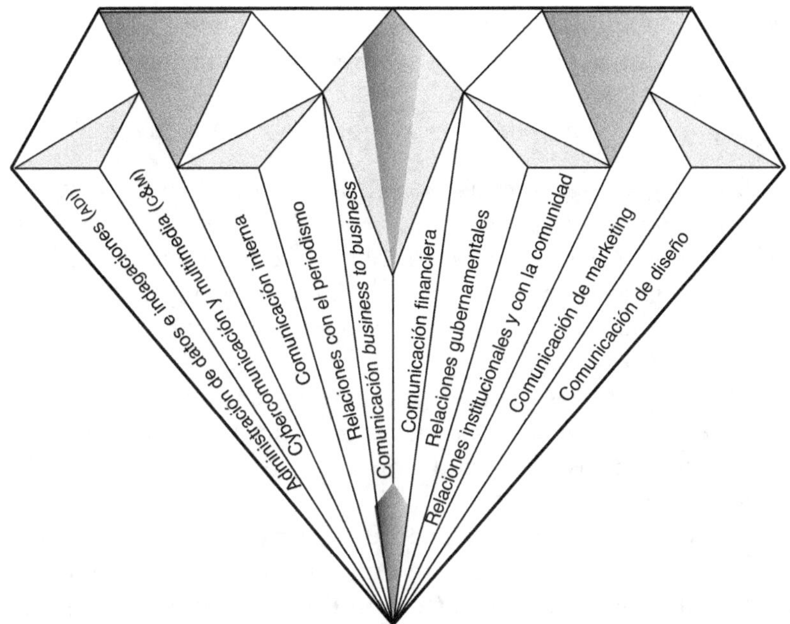

Los soportes son los vehículos concretos de la comunicación, por ejemplo:

- un folleto;
- un aviso;
- un producto;
- las instalaciones;
- una acción.

Como advertirá el lector, es prácticamente imposible elaborar un listado descriptivo que incluya la totalidad de los posibles soportes de la *comunicación*.

En su defecto, propongo elaborar un ordenamiento genérico de los soportes, agrupándolos en cinco categorías descriptivas:

- soportes materiales
  (ejemplo: avisos, carteles, merchandising, etc.);
- soportes identificatorios inmateriales
  (ejemplo: heráldica corporativa, nombre, isologo, etc.);
- soportes de actuación
  (ejemplo: atención al público por parte de los empleados);

- soportes ambientales
  (ejemplo: arquitectura y decoración de locales);
- soportes de gestión
  (ejemplo: código de ética, política de RR.HH., etcétera).

Estas categorías genéricas permitirán agrupar los soportes de comunicación, identificando el amplio abanico de posibilidades existente. Consideremos que si bien es posible que exista cierto solapamiento en estas categorías, la importancia de ellas reside en la orientación que brindan a la hora de reconocer, agrupar y ordenar los diferentes soportes de la *comunicación.*

A continuación, realizaremos una somera descripción de las áreas que define nuestro *Diamante de gestión comunicacional,* advirtiendo desde ya que los conceptos que incluiremos en cada descripción serán necesariamente sintéticos.

Sugiero que, aunque le resulte conocida, obvia o simplemente inservible, no eluda la lectura de ninguna de las áreas que describiremos. Probablemente desde la Comunicación Estratégica® apliquemos algunos conceptos diferentes de aquellos que generalmente son utilizados. Además, su lectura es igualmente importante para comprender el rol de cada área en el concierto de las que integran el *Diamante de gestión comunicacional.*

Comunicación de diseño

Esta es el área privilegiada de los diseñadores gráficos y arquitectos. A veces, a los mensajes de esta naturaleza se los denomina "comunicación de imagen", como si fuera la única responsable en la configuración de la "imagen". Asimismo, también se los suele denominar "de identidad", entendiéndolos como el sistema de signos visuales con los cuales la organización elige identificarse ante los públicos.

Ya hemos explicado que en el marco referencial de la Comunicación Estratégica® la "identidad" no debe ser confundida con la "identidad corporativa". Para nosotros la *identidad* es el activador en el cual se define el discurso organizacional y sus atributos.

Aquello que en ocasiones se denomina "identidad corporativa", en Comunicación Estratégica® lo denominamos "identificación física visual", y esta es precisamente incumbencia del área que nos ocupa.

Es decir que para la Comunicación Estratégica® la identificación física visual es el conjunto articulado de signos visuales, cuyo objeto consiste en facilitar el reconocimiento, la distinción y la recordación de la organización ante sus públicos, siendo este el eje operativo del área de *Comunicación de diseño*.

Ejemplos de cuestiones que atañen a esta área:

- isologo;
- papelería;
- las gamas cromáticas;
- diseño industrial, el producto físico (la cosa tangible y funcional);
- packaging;
- edificios, locales y oficinas;
- indumentaria del personal;
- vehículos.

Los principios de gestión que rigen el área de *Comunicación de diseño*, generalmente se organizan en un "Manual de identificación física y visual", un documento que normaliza (explicita las normas) que rigen para la confección de los soportes concretos. En ocasiones, y por las razones antes expuestas, este manual es denominado "Manual de identidad corporativa", término que no utilizaremos desde la Comunicación Estratégica®. El "Manual de identificación física y visual" debe ser confeccionado por un profesional del área del diseño que posea un profundo conocimiento de los códigos gráficos.

El área de *Comunicación de diseño* es muy importante, pero su gran visibilidad no ha de obnubilar. Esta área es solo una de las que componen el *Diamante de gestión comunicacional*, las cuales, en conjunto, contribuyen a que los públicos construyan una imagen determinada.

El área de *Comunicación de diseño* tiene como principal propósito gestionar la coherencia expresiva entre todos los soportes gráficos y cuida que estos refieran al *texto de identidad* definido.

Comunicación de marketing

Denominamos *Comunicación de marketing* al área caracterizada por los mensajes en los que el principal enunciador es el producto, el servicio o las marcas que la empresa comercializa. En esta área el público privilegiado es el mercado (cliente, consumidor, etc.).

No podemos no considerar el avance que el marketing ha desarrollado sobre diversas áreas de gestión. Algunas posturas consideran que "todo es marketing"; incluso hoy se habla de *marketing de quinta generación,* con referencia a aquel que se ocupa de la organización como producto global.

La Comunicación de marketing es aquella con perfil estrictamente comercial que se dirige al mercado

La *Comunicación de marketing,* entendida como área de gestión de la *comunicación,* aborda entre otros los siguientes aspectos:

- publicidad de producto/marca;
- ventas;

- promoción;
- merchandising;
- distribución;
- congresos y exposiciones;
- patrocinio (*sponsoring*);
- servicios y atención a clientes;
- posicionamiento;
- política de marcas.

Mientras que las gerencias de Marketing, Publicidad y Producto se abocarán a resolver las exigencias impuestas por la táctica, la Dirección de Comunicación evidenciará las exigencias que dicta la estrategia.

La acción de la Dirección de Comunicación no debe consistir en "poner piedras en el camino", sino en colaborar con su visión, articulando las exigencias tácticas (marketing, publicidad y producto) con las exigencias estratégicas (comunicación).

En el ámbito del marketing se ha tergiversado un tanto la regla mnemotécnica formulada por Jerome McCarthy[1] que expresaba la "mezcla de marketing" o "*marketing mix*" a través de las célebres cuatro "P": P de producto, P de plaza o distribución, P de promoción y P de precio. Se ha asumido que solo en la "P" correspondiente a promoción se concentraba la problemática comunicacional.

Debemos recordar que desde los postulados de la Comunicación Estratégica®, en el *marketing mix* todo comunica.

Sabemos que la *promoción* comunica. Pero también comunica el *producto* a través de su diseño, calidad, servicio, etc. Comunica a su vez la *distribución*, por ejemplo a través de los canales que se escogen, si son masivos, selectivos o exclusivos, el cumplimiento de los plazos de entrega, etc. El *precio* comunica a qué mercado pretendemos dirigirnos.

Un avance importante hacia una concepción más integral de las comunicaciones de marketing lo representan los estudios del grupo de la Northwestern University.

Desde la Comunicación Estratégica® creemos que es importantísimo que los hombres de marketing amplíen sus criterios acerca de la comunicación. Muchos ya lo están haciendo. Pero es igualmente

---

1. McCarthy, Jerome E.: *Basic Marketing. A managerial Approach.* Irwin, Sidney, 1994.

importante que no circunscriban la comunicación como un instrumento exclusivo del marketing, sino que contribuyan a constituirla en un instrumento vital de la gestión global de la organización.

Relaciones institucionales y con la comunidad

Las sociedades son cada vez más pluralistas y participativas; existen muchos y variados canales masivos de expresión que están cada vez más al alcance del ciudadano "común" y, aunque aún no funcionen con la dinámica óptima, existe una mayor cantidad de "mecanismos" institucionales para dar curso a las propuestas y/o reclamos de los integrantes de la comunidad.

Todos estos factores imponen que la empresa ya no pueda ser un actor "ausente" de la vida comunitaria. Generar regalías y buenos productos es condición necesaria pero ya no suficiente. Por su bien, la empresa debe expresar algún tipo de compromiso hacia la comunidad.

La dinámica socioeconómica actual determina que existan conflictos (manifiestos o latentes) entre la empresa y diversos sectores de la sociedad.

No es que los conflictos sean malos; si se abordan y resuelven son muy positivos, contribuyen a madurar. Pero sin duda alguna, al menos hay que estar preparados para enfrentarlos.

Dependiendo de sus alcances, actualmente es raro que los conflictos puedan mantenerse circunscriptos al conocimiento de las partes directamente implicadas. Al desarrollarse en la arena pública, los sectores en disputa intentan ganar la simpatía de la mayoría.

El mejor momento para ganar el favor de la gente en un conflicto es antes de que este se desencadene abiertamente, porque es en ese momento precisamente que la gente no se siente presionada a optar por una u otra postura.

En este sentido, hay que ponerse a trabajar *ayer*.

Concluimos, entonces, que las organizaciones, más allá de su naturaleza, deben hacer serios esfuerzos para forjar "vínculos convenientes" con la comunidad.

En el área de las *Relaciones institucionales y con la comunidad* podemos identificar algunas herramientas operacionales básicas, que a menudo generan confusión. Por este motivo, a continuación describiremos algunas de ellas:

- *Mecenazgo:* es el sostén económico o cualquier material aportado por una empresa o sujeto social, para una obra o para personas dedicadas a actividades que revisten algún tipo de interés general. Estas actividades pueden ser de diversa naturaleza, por ejemplo: educacional, artística, cultural, cívica, etc. La lógica imperante en las acciones de mecenazgo responde más a lo cualitativo que a lo cuantitativo, por lo que se supone que no se persigue obtener un beneficio comercial directo. Más precisamente, apunta a la valoración social de la empresa.
  El mecenazgo debe ser diferenciado del *patrocinio* (*sponsoring*), puesto que el propósito de este es obtener un beneficio directo en el territorio del producto/marca (marketing).
- *Patronazgo:* es una ayuda moral más que material.
- *Balance social:* básicamente es un documento que define dos propósitos organizacionales:
  – objetivo económico;
  – objetivo social.

En general, este documento reconoce dos grandes partidas:

1. Lo recibido por la organización:
   – Por parte de los públicos internos.
   – Por parte de los públicos externos.
   – Por parte del entorno geográfico.
2. Lo que la organización aporta:
   – A sus públicos internos.
   – A la comunidad toda.
   – A su entorno geográfico y medioambiental.
   – Al país.

A través del balance social, la organización expresa un compromiso de retribución y agradecimiento hacia la comunidad, asumiendo su responsabilidad y protagonismo social.

En el área de las *Relaciones institucionales y con la comunidad* debe ser abordada la problemática medioambiental, para lo cual elaboraremos una clasificación de los diferentes grupos activistas abocados a la cuestión:

- *Ecologistas:* se ocupan de promover el equilibrio entre el ser humano y la naturaleza que lo rodea. Algunos los clasifican como aquellos que denuncian las acciones que destruyen el medio ambiente.
- *Conservacionistas:* se preocupan por la explotación racional de los recursos naturales, procurando que las generaciones futuras puedan disfrutarlos.
- *Ambientalistas:* entran en acción para reparar los daños ya producidos. Algunos los identifican como aquellos preocupados por la educación de las personas sobre las problemáticas medioambientales y la toma de conciencia al respecto.
- *Proteccionistas:* son aquellos que se oponen a la explotación de los recursos naturales –fundamentalmente animales y bosques– en beneficio del hombre. Su lema: "Se mira y no se toca".

La ética comienza a perfilarse como un tema muy fuerte en el ámbito empresarial. Por ejemplo, en los Estados Unidos, la revista *Business Ethics* organiza cada año el "Business Ethics Award", que se constituye en una especie de "Oscar a la ética" de las empresas. El jurado está conformado representantes de los negocios y académicos, quienes no evalúan tanto el éxito comercial como lo que ellos denominan "la responsabilidad social" de las compañías. Se organiza a través de cinco rubros, que abarcan desde temas generales como la "excelencia general en temas de ética" a aspectos más específicos, como las relaciones con el personal, el respeto por el medio ambiente y las acciones comunitarias llevadas a cabo. Las categorías son muy amplias; por ejemplo, la empresa Xerox fue distinguida por una categoría que se denomina "diversidad", en la cual se considera la representación de las minorías en los cargos ejecutivos y la igualdad de oportunidades para todos.

Más allá de los premios, la ética comienza a ser un tema observado por el público, pero, claro, si existen estímulos, tanto mejor.

Las *Relaciones institucionales y con la comunidad* son un área de gestión importante, amplia y compleja. Entre las problemáticas de las cuales se ocupa, podemos identificar:

- Relaciones con líderes comunitarios.
- Relaciones con agrupaciones políticas.

246

- Relaciones con agrupaciones sindicales.
- Relaciones con asociaciones, federaciones y cámaras.
- Asistencia a la organización para la confección de un "código de ética".
- Manejo de asuntos legales.

Relaciones gubernamentales

Esta área se ocupa principalmente de las relaciones con el poder; tiene como propósito explorar, construir y disponer de dispositivos ágiles para acceder a él. Es el área privilegiada de los expertos en acciones de *lobbying*.

Si bien el *lobbying* no es la única actividad que se desarrolla en el seno de esta área, por la relevancia que aquí asume conviene que llevemos a cabo algunas precisiones respecto de él.

Primeramente, estableceremos una diferenciación entre *lobbying*, *lobby* y *lobbyist*:

- *Lobbying*: es la actividad en sí.
- *Lobby*: oficina o agencia dedicada al *lobbying*.
- *Lobbyist*: persona que opera el *lobbying* (*lobbysta*).

Realizada esta aclaración, podemos ahora definir qué es lo que entendemos por la actividad de lobbying, ya que a menudo se confunden los términos "grupos de presión" y "lobby", que, vulgarmente, son utilizados de manera indistinta.

El "grupo de presión" es el *mandante*, que encarga al lobby (el mandatario) llevar a cabo una determinada acción (lobbying) con el propósito de conseguir un determinado objetivo o defender una causa emparentada con los intereses de ese grupo. De esa manera, cuando se manifiestan expresiones tales como "el lobby industrial" o el "lobby petrolero" se está confundiendo al "grupo de presión" de los sectores industrial y petrolero (los mandantes) con aquellos (sus mandatarios) a los que supuestamente se les encomienda llevar a cabo las acciones concretas de lobbying. El lobby es, entonces, la representación de los grupos de presión ante, por ejemplo, la administración pública.

En otras ocasiones, el lobbying está abocado al armado de alianzas coyunturales de intereses, aunque las actividades de los grupos de presión estén desvinculadas entre sí.

Por ejemplo, la empresa japonesa Toyota consiguió frustrar en los Estados Unidos las restricciones que el sector automotor de ese país pretendía que se instauraran, que afectaban fundamentalmente a la industria automotriz japonesa. Toyota logró esto estrechando relaciones con IBM, Boeing, los exportadores agropecuarios y el sector portuario. ¿Qué intereses relacionados pueden tener en los Estados Unidos IBM, Boeing, los exportadores agropecuarios y el sector portuario? Aparentemente ninguno; sin embargo, todos ellos estaban interesados en que se mantuviera un fluido intercambio con Japón.

En los Estados Unidos, el lobbying está reglamentado desde 1946 por la Federal Registration of Lobbying Act. Desde aquel momento, los lobbyists poseen oficinas propias en el interior del Congreso estadounidense y deben circular por sus pasillos con tarjetas de identificación sobre las solapas de sus sacos, que los acreditan como tales.

Prácticamente todas las administraciones gubernamentales de los Estados Unidos tuvieron en sus filas a ex lobbyistas. Asimismo, en cada una de estas administraciones, luego de cumplir con su función pública, muchos de sus otrora integrantes –seguramente por conocer los manejos en las entrañas mismas del poder– han ingresado en el selectivo "club de ex funcionarios" que no se resignan a perder su porción de poder y pasan a revistar como lobbystas. El cruce de las actividades de los lobbyistas y los funcionarios del gobierno estadounidense es tal que la administración de Bill Clinton decidió hacer firmar un "código de conducta" a todo su gabinete. En este documento, los funcionarios se comprometían a no ejercer el lobbying al menos cinco años después de la salida del gobierno y a no representar –de por vida– a empresas o gobiernos extranjeros.

En la Argentina, los lobbyistas principalmente operan representando intereses específicos en los ámbitos gubernamentales y reparticiones públicas. En ocasiones también operan en el ámbito de las cámaras sectoriales y los sindicatos.

Quienes desconocen el tema –la amplia mayoría– consideran al lobbying una actividad corrupta o al menos emparentada con esa categoría. Reducen al lobbyista a la figura de un simple pagador de "coimas".

Desde luego que *existe de todo en la viña del Señor* y que, en nombre del lobby, se pueden llevar a cabo muchas irregularidades. Pero esto no debe ser denominado lobbying.

El verdadero lobbyista no debe ser confundido. Se trata de un "profesional de la persuasión", que representa intereses específicos de un mandante y, procurando convencer a quienes tienen el poder para decidir, opera presentando argumentos que apoyen los propósitos de su cliente.

En la Argentina operan profesionales muy serios del lobbying, que están contribuyendo a que progresivamente exista un mayor respeto por la actividad.

Las problemáticas típicas que aborda el área de *Relaciones gubernamentales* son, entre otras:

- Relaciones con lobbies.
- Relaciones con agrupaciones partidarias.
- Relaciones con miembros de los poderes públicos.
- Relaciones con reparticiones públicas.
- Relaciones con operadores.
- Relaciones con legisladores.
- Relaciones con diplomáticos.

Comunicación financiera

Se trata del área que se ocupa de las comunicaciones dirigidas al sector financiero.

No debe pensarse que las únicas empresas que incursionan en esta tarea son aquellas que cotizan en la Bolsa. Existen algunas empresas que, aunque actualmente no cotizan en la Bolsa, estiman igualmente importante posicionarse en el mercado, bien sea para cubrirse ante posibles decisiones futuras de cotizar, o para mantener estrechos lazos con sus actuales o futuros socios financieros (por ejemplo, entidades bancarias).

Entonces, el área denominada *Comunicación financiera* no solo abarca la problemática bursátil.

Podemos elaborar un listado de públicos tipo que puede ser incluido en un *Subprograma de comunicación financiera*:

- Miembros de empresas analistas de inversiones.
- Analistas independientes.
- Consejeros de inversión.
- Miembros de empresas que cotizan en la Bolsa.
- Fondos comunes de inversión.
- Administradoras de fondos de retiro.
- Bancos.
- Compañías de seguros.
- Cajas de pensiones.
- Organismos oficiales de información económico-financiera.
- Periodistas y directores de medios especializados en finanzas.
- Etcétera.

Debemos tener en cuenta que un mensaje financiero, ante todo, es un mensaje organizacional, por lo que su contenido hace referencia (explícita o implícitamente) a los atributos organizacionales.

En los mensajes financieros suele ser importante la personalización. La mejor referencia a este respecto la constituye el presidente de la compañía. Esta referencia casi siempre resulta muy oportuna en los soportes comunicacionales de esta área.

La información económico-financiera de una empresa se obtiene básicamente del balance general de sumas y saldos, y sus anexos, la memoria y el estado de resultados. Para los públicos de esta área, estos instrumentos resultan fundamentales, por lo que todas las comunicaciones que realice deben guardar coherencia con la información incluida en estos instrumentos.

A menudo resulta harto trabajoso convencer a algunos directivos de que la información financiera no debe ser sinónimo de *información aburrida*. Estos directivos erróneamente sospechan que la información financiera ha de ser absolutamente "aséptica" en lo que respecta a los recursos creativos utilizados en su elaboración, rozando lo tedioso, con el objeto de despojarla de toda ambigüedad; pero a veces lo aburrido es más ambiguo que lo didáctico.

Claro está que no debemos pecar de ingenuos, puesto que a veces lo que se pretende precisamente es ser ambiguo –con toda la intencionalidad–; pero aun así, si la ambigüedad es didáctica, resulta dos veces ambigua.

Los recursos creativos y estéticos de los cuales disponemos para la confección de la memoria y balance son, básicamente, cuatro:

- gráficos;
- fotografías;
- redacción;
- diseño.

En algunos casos excepcionales, las empresas se animan a utilizar esos recursos con cierto atrevimiento. Por ejemplo, en 1994, PepsiCo exhibió en la tapa de su balance una imagen de la modelo Cindy Crawford.

Según las dimensiones de la compañía, su área de actuación y los propósitos que tenga, puede resultar muy acertada la publicación del balance en varios idiomas. Por ejemplo, recientemente Nike incluyó en su balance la carta de su presidente en inglés, chino, español y francés.

En el caso de una empresa interesada en el Mercosur, sería muy acertado publicar el balance al menos en español, inglés y portugués. No debemos olvidar que muchas empresas de origen nacional actualmente cotizan en bolsas del extranjero. Esta es una simple y buena manera de cultivar las relaciones con inversores de todo el mundo.

A esta área le atañen, entre otras, las siguientes problemáticas:

- Relaciones con inversores reales.
- Relaciones con inversores potenciales.
- Relaciones con analistas financieros.
- Relaciones con el periodismo especializado.
- Relaciones con agentes.
- Organización de *road-shows.* Esta práctica es producto de una tradición anglosajona, según la cual los directivos de la empresa llevan a cabo una gira por diversos lugares (localidades, ciudades, países) con el objeto de tomar contacto con inversionistas presentes y futuros. Es costosa en términos de tiempo y presupuesto, por lo que conviene tener muy buenos motivos para llevarla a cabo; por ejemplo, un incremento del capital.
- Preparación de soportes informativos.
- Colaboración en el armado de la memoria y balance.
- Organización de asambleas ordinarias /extraordinarias de accionistas.
- Colaboración activa en procesos de adquisiciones y fusiones.

Comunicación *business to business*

Esta área se caracteriza por ocuparse de la comunicación denominada *business to business, B to B*, "de profesional a profesional" o "entre empresas".

En esta área las comunicaciones tienen un espíritu muy afín al de la comunicación de marketing, pero con un tono mucho más selectivo y altamente profesionalizado. No se preocupa por la masividad y sí por los contenidos técnicos.

Ejemplos de esta comunicación son, entre otros, los siguientes casos:

- Los laboratorios medicinales cuando se dirigen a los profesionales farmacéuticos.
- Las empresas de hardware cuando se dirigen a los ingenieros.
- Una empresa del sector automotor cuando se dirige a sus concesionarios.
- Una empresa cuando se dirige a sus proveedores, distribuidores, etcétera.
- Relaciones interempresarias, por ejemplo:
  - Relaciones con empresas del sector.
  - Alianzas estratégicas.
  - Franchising.
  - Interfaz entre empresas pertenecientes a un mismo grupo.

Relaciones con el periodismo

El área de *Relaciones con el periodismo* se ocupa de fomentar vínculos de mutua confianza entre las empresas y profesionales periodísticos y la organización.

Se trata de un área de gestión fundamental. El problema es que a menudo en ella se depositan todas las expectativas, entendiéndose que las relaciones con el periodismo, en vez de ser *una tarea*, es *la tarea*.

Tanto es así que muchas empresas consultoras, que en verdad realizan solo una gestión limitada a esta área, se autodenominan "empresas asesoras en imagen", "empresas asesoras en comunicación", u otra definición similar.

Esto llevó a que los relacionistas públicos tengan que sufrir el hecho de que se confunda su profesión –Relaciones públicas: RR.PP.– con Relaciones con la prensa –también RR.PP.–. Desde luego, la Comunicación Estratégica® no lo entiende así.

A veces se incurre en el error de pensar que una gran presencia en los medios es lo más indicado, cuando en verdad los mejores resultados se obtienen cuando la presencia se manifiesta en la circunstancia y el momento adecuados.

En este sentido, ya no debemos aseverar que lo más adecuado es el perfil alto o el perfil bajo, sino el *perfil óptimo*. Por eso la gestión de esta área significa mucho más que conseguir "espacio gratis de publicidad".

Para abordar adecuadamente la gestión del área de *Relaciones con el periodismo* la organización debe:

- Poseer voluntad de informar, pero sin perder de vista los propósitos que rigen el subprograma.
- Fijar un interlocutor único y un canal siempre abierto para la comunicación con el periodismo, con el objeto de aclarar dudas, ampliar noticias o cualquier otro requerimiento que este pueda manifestar.
- Colaborar ágil y eficazmente con el periodismo. En general, la información pierde su valor conforme pasa el tiempo. El tiempo para el periodismo es un factor clave, por lo que, en lo posible, deben darse respuestas rápidas a los requerimientos, intentando asimismo simplificar la tarea del periodista.
- Ser veraces. ¿Quiere que el periodismo le pierda la confianza para siempre?: el camino más fácil y rápido es engañar con información falsa una sola vez a un solo periodista.

Precisamente porque la gestión con el periodismo tiene resultados bastante incontrolables, debemos prestar especial atención a aquellos hechos en los que sí podemos ejercer ciertos controles.

Por ejemplo, si consideramos que cada medio tiene sus propias dinámicas de *newsmaking* y lo urgen diferentes tiempos, cuando se nos solicita alguna información y no disponemos de ella en su totalidad, es conveniente confeccionar y enviar algún avance de lo requerido. Al cumplirse el período previo a la elaboración de la información –

con mucha discreción– conviene verificar si el periodista ha recibido el envío previo.

Siempre es conveniente constituir una base de datos con contactos periodísticos lo suficientemente amplia y actualizada; pero ¡cuidado!: contar con una base de datos con esas características no nos habilita a hacer un uso indiscriminado y abusivo de ella.

Los contactos con el periodismo deben ser racionalizados. Una cantidad descomunal de contactos no determina necesariamente el éxito en una gestión en esta área; es más, puede llegar a ser absolutamente contraproducente. A esto lo denomino "SCAP": *síndrome de contactos abusivos con el periodismo*.

Cuando contactamos a un periodista, la información que le brindemos debe contener un valor real, o, al menos, debemos tener la capacidad de ayudar al periodista a convertirla en *noticia*.

El "SCAP" se observa sobre todo en el uso indiscriminado del recurso "conferencia de prensa".

Muchos ejecutivos, ante cualquier dato que tienen para poner en conocimiento del público –aunque sea insignificante–, organizan una conferencia de prensa con el objeto de darlo a conocer.

No podemos dejar de evaluar nunca el valor real que una determinada información tiene para un periodista. La conferencia de prensa es un evento de gran importancia que supone la declaración de una noticia relevante, al menos, para el periodista. Entonces, la primera pregunta que debemos hacernos ante la necesidad de dar a conocer una información es: ¿se justifica organizar una conferencia de prensa? Solo cuando la respuesta sea rotundamente afirmativa podemos seguir adelante. No debemos olvidar que existen otros recursos, como, por ejemplo, la organización de una entrevista con el presidente de la empresa, un desayuno de trabajo para un grupo reducido de periodistas, y otras alternativas similares. Si el operador del área de *Relaciones con el periodismo* padece de "SCAP", le sucederá que, cuando realmente tenga una noticia de valor para dar a conocer, los medios no le darán importancia.

Las tareas típicas de esta área son:

- Mantener contactos con periodistas.
- Establecer nuevos contactos.
- Administrar el fichero de medios. En él se consignan los siguientes datos típicos:

- naturaleza del medio;
- temáticas o especialidad;
- alcance territorial y penetración;
- periodicidad;
- precio;
- target;
- antigüedad;
- calidad de la información/prestigio;
- datos del/los contacto/s.

- Flujograma para atender los requerimientos del periodismo.
- Organización de conferencias o ruedas de prensa.
- Gestión y coordinación de reportajes y notas.
- Envío de gacetillas y comunicados de prensa.
- Confección de dossiers y kits de prensa.
- *Mediascope*: se trata de una observación sistemática, que mide a través de distintas variables (centímetros de columna, segundos, etc.) la presencia de la organización en diferentes *mass media*. Asimismo, juntamente con el área de *Administración de datos e indagaciones* (que abordaremos más adelante), se analizarán los contenidos de las exposiciones mediáticas. A partir de esta información se pueden confeccionar cuadros y gráficos en los que se expongan estas apariciones, y hasta confeccionar algunas conclusiones con valor estadístico.
- Confección del *press book:* recopilación y archivo de recortes y grabaciones de las apariciones mediáticas de la organización, en un álbum adecuadamente ordenado por temas.
- Seguimiento de gestiones.

Esta área, asimismo, debería sugerir y administrar la realización de *media-training*. También denominado *media-coach, media-workshop,* etc., el *media-training* consta de sesiones destinadas a entrenar voceros, ejecutivos o equipos directivos, para que logren adquirir un óptimo desempeño ante los medios (periodismo escrito, radial, pero, fundamentalmente, televisivo).

El participante es sometido a diferentes situaciones como, por ejemplo:

- entrevistas individuales ante un periodista "piadoso" y entrevistas ante un periodista "agresivo";

- frente a dos periodistas;
- lectura de comunicados de prensa;
- conducción de conferencias de prensa;
- participación en debates;
- desempeño ante una crisis.

Las actuaciones son grabadas para posteriormente examinar y analizar el desempeño del participante. Entre los elementos a evaluar están los *indicadores de expresión*:

- timbre de voz;
- tono;
- mirada;
- soltura;
- gestos;
- vestimenta;
- muletillas;
- contenidos;
- discurso;
- coherencia;
- precisión;
- poder de convicción;
- impacto de las argumentaciones;
- fuerza de las pruebas;
- etcétera.

Para que este entrenamiento resulte más beneficioso, es conveniente que sea dirigido por una persona con formación interdisciplinaria, que pueda analizar las situaciones considerando desde los aspectos psicológicos hasta los actorales y estéticos. Asimismo, las entrevistas y simulacros deberían ser realizados por periodistas profesionales.

Cuando este entrenamiento es organizado para un grupo, no conviene que este sea muy numeroso (alrededor de seis personas).

El *media-training*, para que sea efectivo, debe ser tomado con seriedad y dedicación. Si bien este ejercicio generalmente se lleva a cabo en una jornada diaria intensiva, hay que dedicar tiempo para reflexionar acerca de los consejos que elabora el entrenador, reconocer las debilidades que nos pone en evidencia, y abordarlas para retrabajarlas a partir de nuestras ventajas. Es conveniente convertir al *media-training* en una práctica periódica. Lo vale.

Como vemos, el área de *Relaciones con el periodismo* es compleja. Gestionarla competitivamente implica abordarla con seriedad e impone "relaciones" que no suelen ser simples.

Invitar a almorzar a periodistas y/o directores de medios suele ser importante; asimismo, a casi ninguno de ellos les caerá mal recibir obsequios en festividades; pero piense en nuestro concepto de CEX. La *expectativa fundamental* que moviliza al periodismo es el "valor" que, al menos para él, reviste la noticia. El mejor "obsequio" que le podemos ofrecer a un periodista serio es una información con alto valor de noticia.

Comunicación interna

No están muy alejados de la realidad aquellos que afirman que el público interno es el *primer público*.

Algunas organizaciones erróneamente se concentran en lo que se denomina la comunicación con los públicos externos y descuidan peligrosamente a los públicos internos. Así se preocupan más por la "competitividad externa" que por la "competitividad interna". De esta manera, están muy bien preparadas para soportar los terremotos que pueden acontecer en el entorno, pero no advierten el peligro destructivo de los fenómenos de implosión.

Una empresa sana debe ser competitiva externa e internamente.

El área de *Comunicación interna* tiene como principal propósito integrar el proyecto organizacional en el seno de la compañía.

¿A qué director no le interesa que el personal ponga la misma garra que él para conseguir los objetivos?

Una organización es su proyecto. La organización sin proyecto no es organización, no existe. Para llevar adelante su proyecto, la organización debe conseguir la adhesión a sus propósitos, y en ese sentido debe trabajarse desde el área de *Comunicación interna*.

La comunicación interna del proyecto organizacional básicamente persigue:

- Lograr mayor consenso entre los integrantes de la comunidad interna para la definición y consecución de los propósitos.

- Promover en ellos las actitudes necesarias para el logro de ese proyecto.

No debemos olvidar que el proyecto resulta eficaz cuando su realización requiere la participación de todos. Cuando uno está implicado se siente más comprometido.

La relevancia del área de *Comunicación interna* crece conforme aumenta la importancia que la organización concede a sus recursos humanos. Y a propósito de recursos humanos, es aquí donde hemos de reflexionar respecto de si la *Comunicación interna* debe depender orgánicamente de la Dirección de Recursos Humanos o de la Dirección de Comunicación.

Desde la Comunicación Estratégica®, y al contrario de lo que habitualmente sucede, basándonos en una necesidad de coordinación operativa, creemos que la *Comunicación interna* debe depender de la Dirección de Comunicación. Esto no nos exime de la necesidad de un trabajo interactivo con la Dirección de Recursos Humanos, más bien lo impone como condición.

El área de *Comunicación interna* cuenta con dos instrumentos básicos para la investigación:

- Barómetro de clima interno: algunos también lo denominan "encuesta de clima interno" porque precisamente se basa en encuestas metódicas realizadas al personal acerca de temas troncales, como, por ejemplo, higiene, seguridad, formación, desarrollo, promoción de cuadros, participación, desempeño de la compañía, etcétera. Para llevar a cabo este estudio, generalmente se utilizan cuestionarios autoadministrados y anónimos.
- Auditoría de comunicación interna: este es un instrumento destinado a evaluar específicamente la dinámica de la comunicación interna. Se trata de técnicas orientadas a la evaluación de las acciones concretas y sus resultados. Se deben implementar procedimientos cualitativos como la discusión grupal (*focus group*) o las entrevistas, y procedimientos cuantitativos, como el índice de lectura del *house organ* o el índice de satisfacción de cualquier soporte de comunicación interna. Generalmente los cuestionarios correspondientes a los procedimientos cuantitativos se formulan a partir de los resultados

de los procedimientos cualitativos. Podríamos decir que los procedimientos cualitativos nos dan *el estado del tiempo*, mientras que los procedimientos cuantitativos revelan *la temperatura*.

En la comunicación interna podemos definir cuatro niveles:

- *Nivel intrapersonal*
  Este es el nivel más básico de comunicación; se trata de la comunicación con uno mismo. Por ejemplo, un supervisor interpreta primero él las indicaciones de sus superiores; luego, según lo que haya interpretado –la comunicación con él mismo–, transmitirá las directivas a sus subordinados. (Pedimos disculpas por el verticalismo del ejemplo.)

El proceso intrapersonal de creación de mensajes se denomina "encodificación"; el proceso intrapersonal de interpretación se denomina "decodificación":

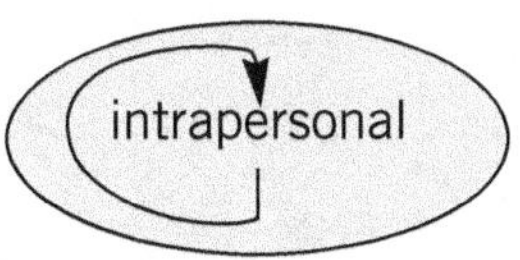

- *Nivel interpersonal*
  Esta comunicación se da entre dos personas. La comunicación interpersonal se construye sobre la intrapersonal, ya que para comunicarse efectivamente con el otro, la persona primero ha de comunicarse consigo misma (autocomunicarse).

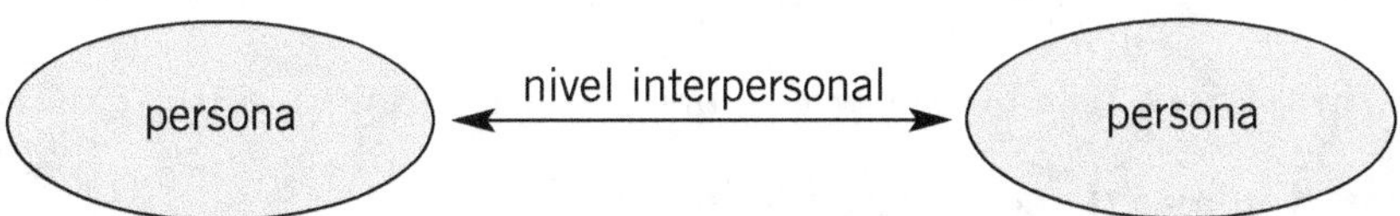

- *Nivel de pequeños grupos*
  Este nivel de comunicación acontece en pequeños grupos de tres o más personas. Este nivel es más complejo que el anterior debido a que la interacción del grupo está compuesta por muchas relaciones interpersonales.

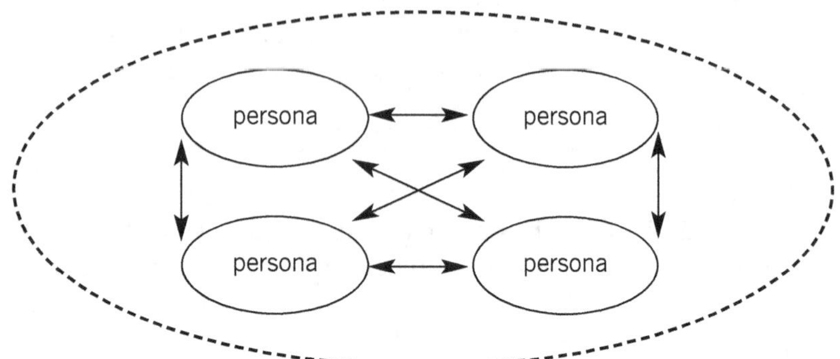

- *Nivel de multigrupos*

  La comunicación de multigrupos se desarrolla en el seno de un sistema social (por ejemplo, una empresa) compuesto por grupos interdependientes. Este nivel es más complejo que los niveles anteriores puesto que los incluye.

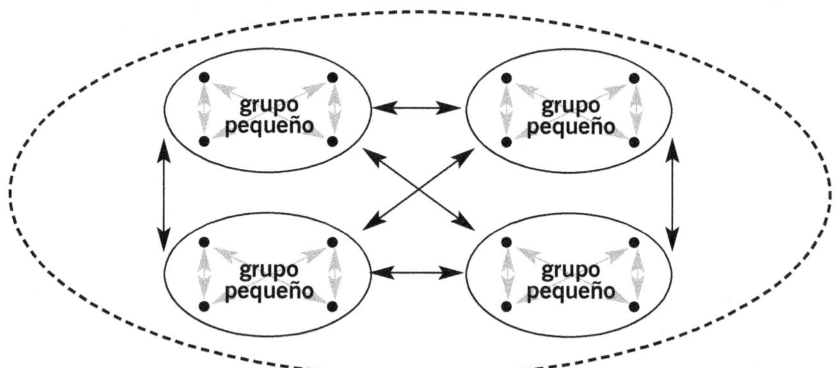

En el área de *Comunicación interna* se instrumentan dos canales:

- Canales de comunicación formales.
- Canales de comunicación informales.

Los canales de comunicación formales se definen a partir de la estructura organizacional establecida (niveles, divisiones, departamentalización, responsabilidad, descripción de tareas, etc.).

Por su parte, los canales de comunicación informales emergen de la interacción natural que existe entre los miembros de la organización; no están planificados y no respetan la estructura organizacional formal. Sucede que rara vez los canales de comunicación formal satisfacen la necesidad de información de los miembros, frente a lo cual ellos desarrollan otros canales alternativos e informales.

Canales de comunicación formales

Tradicionalmente, la naturaleza de los canales de comunicación formales puede responder a cuatro trayectorias:

- Trayectoria descendente.
- Trayectoria ascendente.
- Trayectoria horizontal.
- Trayectoria diagonal.

A continuación, graficaremos estas trayectorias posibles de los canales formales de comunicación, plasmadas sobre una estructura formal hipotética.

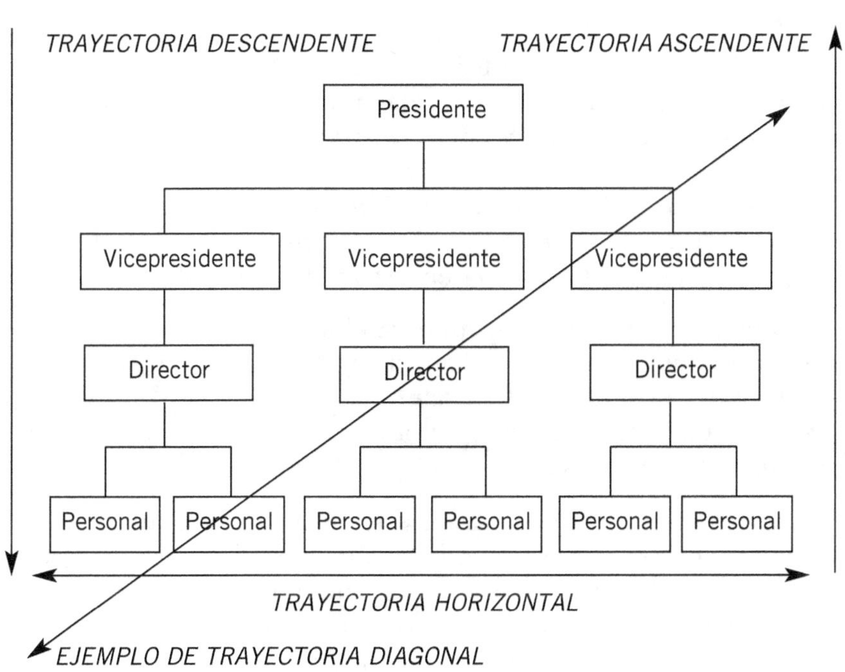

La *comunicación interna de trayectoria descendente* tiene como objetivos, entre otros:

- Consolidación del conocimiento y el entendimiento de los principios y propósitos organizacionales.
- Construcción de la *identidad*.
- Fortalecimiento de los roles jerárquicos.
- El logro de credibilidad y confianza.

En esta trayectoria, es más importante la veracidad de los contenidos que los soportes que se escogen para operar. Entre los soportes más comúnmente utilizados encontramos: publicaciones periódicas, folletos, carteles, objetos promocionales, videos, etcétera.

La *comunicación interna de trayectoria ascendente* se orienta a favorecer el diálogo organizacional y tiene como propósitos, entre otros:

- Exaltar el protagonismo de las distintas jerarquías.
- Favorecer la reflexión y el análisis.
- Obtener el máximo aprovechamiento de las ideas.
- Lograr consenso.

Entre los soportes más tradicionales de esta trayectoria encontramos los métodos de sugerencias, la "jornadas de despachos abiertos", las notas de subordinados a superiores con respuesta obligatoria, etcétera.

La *comunicación interna de trayectoria horizontal* tiene por objeto favorecer la comunicación entre personas de diferentes departamentos y entre miembros de un mismo departamento para:

- Facilitar y dinamizar los intercambios.
- Construir el proyecto organizacional con alta participación.
- Optimizar el desarrollo organizacional.
- Dinamizar procesos de gestión.
- Fomentar la cohesión.

Si bien sabemos que la comunicación es una actividad que cotidianamente todos llevamos a cabo —como vimos al comienzo del capítulo—, esta actividad no es tan sencilla como aparenta.

Las organizaciones deben coadyuvar a generar una buena dinámica comunicacional interna entre sus miembros, estimulándolos con actividades de capacitación en el área, que los entrenen para descubrir y manejar habilidades específicas –por ejemplo, aprender a escuchar y saber expresar aquello que uno se propone decir–.

En este sentido, resulta fundamental la capacitación de los niveles de mando con técnicas de dinámica de grupo aplicada, coordinación de grupos de trabajo, etcétera.

Los soportes más eficaces de la comunicación interna de trayectoria horizontal son aquellos capaces de estimular el diálogo y el intercambio de ideas, como la formalización de reuniones, encuentros, sesiones informativas de retroalimentación, convenciones y demás eventos.

Las *comunicaciones internas de trayectoria diagonal* son el instrumento idóneo para que entre las personas y grupos que conforman la organización se configure un lenguaje común y se promuevan acciones coherentes con los principios organizacionales. Sus propósitos fundamentales son:

- Incrementar el rendimiento.
- Promover procesos de cambio.
- Acentuar el espíritu de trabajo en equipo.
- Dinamizar el potencial innovador.

La *comunicación interna de trayectoria diagonal* debe implementarse solo cuando la organización está comprometida con el reconocimiento de los valores que poseen las personas, grupos y multigrupos que la integran, y la organización toda.

Asimismo, con un criterio basado en las necesidades operacionales, debe manifestarse una voluntad real para hacer flexibles los accesos a la información en toda la estructura.

La *comunicación interna de trayectoria diagonal* está íntimamente relacionada con los postulados del management participativo, por lo que los soportes que en ella se utilizan responden a este enfoque:

- Equipos de proyectos.
- Equipos de gestión.
- Auditorías internas.
- Círculos de calidad.
- *Task-forces.*
- Etcétera.

Hasta aquí, con la comunicación interna de trayectorias descendentes, ascendentes, horizontales y diagonales, abordamos lo que denominamos canales de comunicación formales de la *Comunicación interna*.

A continuación, abordaremos los canales de comunicación informales.

Canales de comunicación informales

Como hemos dicho, aparte de los flujos de comunicación formales (planificados y más o menos controlables), generalmente surge, de manera natural, otro flujo informal.

En *CE1* hablamos de la "red cultural" como uno de los componentes de la cultura.

A lo que nos estamos refiriendo aquí con los canales de comunicación informales de la *Comunicación interna*, es, precisamente, a esta red.

Los canales de comunicación informales de la *Comunicación interna* se refieren a las interacciones que se llevan a cabo en el seno de la organización y que no están necesariamente prescritas en la jerarquía y estructura formales de la organización.

La necesidad de llenar un vacío informativo (o la sensación de ese vacío) es la causa fundamental por la que se monta este dispositivo de comunicación "clandestina".

En toda organización, cada persona tiene alguna tarea que desarrollar (a no ser que se trate de una fábrica de "ñoquis" [en la Argentina, seguro que van entender el chiste]), pero además de esta tarea, todos desempeñan lo que podríamos llamar un "empleo paralelo" que no figura ni en el organigrama ni en las tarjetas personales. Este empleo contiene las jerarquías ocultas.

En estos canales, puede que un empleado de bajo rango posea un poder de influencia muy efectivo. En la red no solo se transmite la información sino que, asimismo, se la interpreta y reinterpreta.

Si un director asume la existencia de canales informales, puede llegar a instrumentarlos en su beneficio; por ejemplo, para:

- reforzar las creencias básicas;
- fijar un rumbo de cambio;

- realzar el valor simbólico de los "héroes organizacionales", de sus hazañas y de sus logros;
- etcétera.

Para ejercer cierta ejecutividad sobre los canales informales, debemos comenzar por una descripción somera de las características más relevantes de los *personajes típicos* que podemos hallar en la red cultural:

- Narradores

Estos personajes gustan de relatar historias para obtener poder e influencia. Sus historias explican y dan significado a la cotidianeidad de la organización.

Esta es una actividad poderosa, porque ellos contribuyen a la construcción de la "realidad" organizacional; pero los narradores no son líderes.

En general, la gente les teme, porque todo hecho es un elemento potencial para ser incluido en sus historias; no obstante, pese a ello, se los venera y hasta protege. Un narrador es muy detallista, posee imaginación y agudeza perceptual.

Los narradores suelen estar en el epicentro de las actividades de la organización, por lo que sus posiciones les permiten el acceso a un gran caudal de información. Ellos mantienen la cohesión y proporcionan una guía de orientación para las actuaciones.

Los narradores transmiten las leyendas de la compañía, cuentan las historias de los héroes visionarios y del "despedido latente". Revelan lo que es necesario para progresar en la organización.

- Sacerdotes

Los sacerdotes son los guardianes de los valores culturales; siempre poseen tiempo para "oír confesiones" y dar solución a cualquier problema, aun los de índole moral.

Podríamos decir que es la función de mayor responsabilidad en la red cultural.

Para ser sacerdote se requiere madurez y mayor antigüedad en la organización que los demás compañeros (esto aporta cierta prueba de que "se las arregló bien para sobrevivir en la organización").

Los sacerdotes conocen la historia de la compañía, por lo que son convocados cuando se pretende recuperar en la memoria algún hecho del pasado, o utilizar este para justificar alguna decisión presente.

A diferencia de los narradores, los sacerdotes no se detienen en los detalles. Si se les pregunta una opinión acerca de un hecho acontecido en el presente, su respuesta estará basada en un evento pasado.

A menudo, los sacerdotes auxilian a sus compañeros en caso de sufrir alguna derrota, desaliento o frustración.

Los directores habilidosos pretenden tenerlos cerca, para que cualquier decisión que tomen cuente con la "bendición sacerdotal".

• Murmuradores

El murmurador es una persona atemorizante con la que nadie quiere tener problemas.

Su poder no radica en la jerarquía o contextura física, sino en que su jefe "lo escucha" y otorga importancia a lo que le cuenta. Sin demostrarlo, puede sacudir las piezas del tablero.

Los murmuradores ascienden vertiginosamente en muchas organizaciones, pero asimismo se los encuentra en puestos por los que nadie ofrecería un centavo, enterrados en el anonimato para todos, menos para su jefe.

Cuando alguien pretende que se lleve a cabo alguna determinada acción, se dirige a los murmuradores.

Quienes murmuran al oído poseen la capacidad de leer los pensamientos de sus jefes con rapidez y precisión, aun en ausencia de indicios significativos. Asimismo, son capaces de generar resultados, gracias a que estructuran un vasto sistema de contactos a lo largo y a lo ancho de la organización, ya que son muy activos para mantenerse al tanto de todo aquello que trasciende esta red.

Su poder radica en la relación simbiótica que son capaces de configurar entre ellos y una figura clave. Los caracteriza una profunda lealtad.

No obstante esto, conviene "tenerlos bien controlados", porque, cuando persiguen causas propias, se corre el riesgo de que su poder se vuelva contraproducente para la organización.

• Chismosos

Podríamos decir que son los trovadores de los canales informales. A diferencia de los narradores y los sacerdotes, nadie espera de ellos seriedad ni información cierta, y, a diferencia de los murmuradores, no están ni cerca del poder ni de su lado.

Son quienes le ponen "sal" a la vida organizacional con chismes intrascendentes; su función principal es proveer cotidianamente de "diversión" a sus compañeros. Por esta función de entretenimiento, su papel es simpático pero, al mismo tiempo, temido.

En cuanto a la cultura, tienen funciones relevantes. Si bien los narradores construyen las leyendas organizacionales y a los héroes, son los chismosos quienes ayudan a que el proceso de construcción de héroes prospere, adornando y aumentando sus hazañas.

Tienen una espectacular habilidad de penetrar en todos los niveles de la organización. Asimismo, su capacidad de diseminar información es mayor que la de los narradores y sacerdotes. Estos hablan prácticamente de persona a persona, en cambio los chismosos hablan con grupos enteros (en los almuerzos, descansos, etc.), lo que les otorga la posibilidad de diseminar la información con una mayor rapidez.

Si bien no son considerados personas serias, los chismosos son capaces de bajar o subir héroes.

- Fuentes secretarias

Secretarias y secretarios son quienes nos pueden describir cómo es la organización verdaderamente y qué está sucediendo en realidad.

Las fuentes secretarias, cuando trabajan con gerentes de alto rango, suelen conocer muchos asuntos clave del negocio, trampas y trucos. Por ello es que muchos gerentes, al ascender en la organización, se llevan consigo a la secretaria que los asistió hasta ese momento.

Las fuentes secretarias mantienen sintonizados al día a sus jefes, acerca de los acontecimientos cotidianos de la vida organizacional.

- Espías

Muchos ejecutivos de alto rango tienen compañeros "bien pagados" e infiltrados entre los demás. Los espías son personas leales que mantienen bien informado a alguien. A diferencia de los murmuradores, el espía tiene un papel que pasa mucho más inadvertido.

Los espías son individuos agradables que tienen acceso a muchas personas y no constituyen una figura amenazante, puesto que no son candidatos a ascender. En general, les caen bien a todos. Si bien ellos saben que no van a ascender, entienden que mientras mantengan abiertos sus canales informativos, al menos el puesto lo tienen asegurado.

Los espías hábiles nunca hablan mal de nadie, por ello se los respeta y quiere. Son personas meticulosas en las relaciones interpersonales que cuidan de no afectar negativamente a nadie; son muy cautelosos y precisos para no cerrar ninguno de los canales informativos.

Los gerentes utilizan a los espías para verificar rumores, equilibrar la información que obtienen a través de las fuentes secretarias y averiguar su posición en la red cultural.

- Cofradías

Se trata de asociaciones ocultas entre dos o más personas que se juntan secretamente para llevar adelante algún propósito en común.

Las cofradías aportan a sus miembros un sostén y la fuerza requerida para llevar a cabo las acciones que se proponen; asimismo, accionan como una especie de mecanismo de protección mutua.

Desde luego, la confianza y la lealtad hacia el grupo se convierten en las condiciones excluyentes para llevar adelante una cofradía. Podríamos decir que las cofradías son una "subcultura" dentro de la cultura. Las cofradías se caracterizan por tener bien identificados sus propósitos y claramente establecido el "reparto de las utilidades".

Si bien es cierto que los canales formales son más gobernables que los informales, no podemos decir lo mismo acerca del impacto que cada uno suscita en las personas. No olvidemos que mientras los canales formales están impuestos, los informales surgen y fluyen naturalmente −o, al menos, eso aparentan−.

Experimentados ejecutivos senior opinan que el 90% de las cosas que suceden en la vida de una organización no tienen relación alguna con los acontecimientos formales. Entonces no cabe duda de que, al menos, debemos ser conscientes de la existencia de estos canales informales y, en la medida de lo posible, intentar sacarles algún provecho.

Si nos hemos dedicado tanto al área de *Comunicación interna* (y queda aún mucho por decir), es porque la consideramos un aspecto importantísimo de la gestión. Cabe agregar que es esta área la encargada de confeccionar el *house organ* y los *newsletters* de la compañía.

Como organismo vivo que es, resulta muy difícil que la organización tenga un buen desempeño exterior si no cuenta, como base, con condiciones comunicacionales internas adecuadas. La buena comunicación comienza por casa.

Cybercomunicaciones y multimedia (C&M)

La telemática introdujo una variedad de alternativas comunicacionales que hay que conocer y dominar progresivamente.

Internet posibilita a la organización llegar de manera directa a millones de personas en todo el mundo (cada vez son más), y sin la mediación de "porteros" (editores y periodistas). Además, no se necesitan grandes sumas de dinero para diseñar un *web site* a fin de habitar el ciberespacio.

La primera gran pregunta que debemos hacernos es: ¿Para qué queremos estar presentes en la red?.

Ante todo, debemos poner en claro cuáles son nuestros propósitos, qué es aquello que nos moviliza a estar en la Red. Esta respuesta nos permitirá dilucidar el nivel de elaboración con el que deberá contar nuestra página web, los contenidos, el diseño, los niveles de interactividad y las interconexiones con otros *sitios*.

Las respuestas posibles son innumerables: informar al público, informar al consumidor, contactar a nuestros empleados, desarrollar una marca, venta directa, servicios al cliente, etc. Cada organización puede descubrir diferentes necesidades; el abanico es demasiado amplio, pero solo si comenzamos por encontrar la respuesta a esta pregunta podremos crear el *sitio a la medida de nuestras verdaderas necesidades*.

Clarificando nuestros propósitos, lograremos definir el universo de públicos y sus respectivos CEXs. Hasta aquí, el procedimiento no difiere en gran medida de aquellos que se implementan en las otras áreas descriptas. Lo que sí distingue a esta área de C&M de las restantes es que los modos con los cuales se manejan los públicos en estos medios determinan ciertas peculiaridades. Así, los mensajes de C&M deberán ser codificados teniéndolas muy en cuenta.

- En Internet disponemos de espacio prácticamente ilimitado, lo cual nos puede tentar a excedernos en la cantidad de información que se incluye en la *página*. Debemos definir el punto en el cual la cantidad de información que ponemos a disposición del público, lejos de atraerlo, lo confunde y hasta espanta. En lo posible, procuraremos ser concisos e incitaremos a buscar información complementaria cuando el visitante precise explicaciones más profundas.
- Para lograr lo anterior, el lenguaje utilizado y la organización se constituyen en factores críticos.
- El *sitio* debe ser atractivo, estar en la Red es parte de un "show". Para esto se debe considerar la necesidad de incluir gráficos, audiovisuales, fotografías e íconos sorprendentes, que incluyan colores y una estética coherentes con los propósitos comunicacionales. Asimismo, debemos considerar las posibilidades que nos brinda la utilización de la interactividad.
- La velocidad es un factor de suma importancia. El navegante seguramente no deseará estar sentado frente a la pantalla en blanco más allá de unos pocos segundos.
- El *site* debe ser fácil de utilizar. Un sitio complicado no invita a la exploración. Debe ser fácil la navegación de una sección a otra e igualmente simple el hallazgo de la información buscada.
- No hay que confundir facilidad de uso con aburrimiento. Un sitio debe ser divertido y dinámico. Una buena manera de lograr interés por parte del navegante consiste en posibilitarle un alto grado de participación activa en la experiencia. De eso se trata la interactividad.
- Según el dinamismo informativo de los contenidos, resulta importantísimo actualizar la información al menos dos veces a la semana.
- Para evaluar el sitio, conviene convocar a especialistas independientes y "objetivos". No es bueno que la evaluación la lleven a cabo los mismos diseñadores. Cuanto más externa a la organización sea la persona que evalúa el sitio, mejor resul-

ta. Lo ideal es cumplir con un continuo proceso de creación, control, evaluación y control de la página web.

Como dijimos anteriormente, la página tiene sus peculiaridades. Está habilitada durante las 24 horas, nos permite dirigirnos directamente a la persona que queremos contactar, y en ella se pueden incluir textos, gráficos, fotografías, audios y videos, entre otros recursos.

En las incumbencias de C&M, la tendencia más revolucionaria la marca la irrupción de la Web 2.0. Más allá de las consideraciones técnicas, sus disrupciones más inquietantes se despliegan en el terreno de lo social, lo cultural y lo político.

La denominación surge de la comparación de esta "nueva Internet" 2.0 con la "anterior Internet", denominada 1.0. En la Web 2.0 los navegantes abandonan la pasividad frente a los contenidos para asumir un rol plenamente activo, participando con aportes y compartiendo lo propio.

Sin duda la aparición de las "comunidades" y "redes sociales" provocó un profundo cambio de paradigma.

Ahora los grandes protagonistas pasan a ser los *peers,* que en su traducción del idioma inglés significa "pares", los iguales.

Un emblema de la Web 2.0 lo constituyen los blogs. También son conocidos como *weblogs* o *bitácoras.* El blog es un espacio en la Web que se actualiza periódicamente con *posts* (entradas) que se ordenan de forma cronológica inversa (el último post aparece primero).

La mayoría de los post contienen texto y fotos, aunque cada vez más aportan contenidos audiovisuales. Los post generalmente son generados por el creador del blog (*blogger*), aunque también existen blogs colectivos en los que participan varios autores. En la jerga, al acto de subir información al blog se lo conoce como *bloguear* o *postear.* Muchas organizaciones ya están echando mano a este recurso.

Una de las características más interesantes de los blogs que reviste especial interés desde el punto de vista de la comunicación, es que todos los navegantes pueden dejar sus propios comentarios en cada post. Tanto en los post como en los comentarios, se pueden incluir links a otros sitios web y/o blogs, lo cual puede dar lugar, en cuestión de segundos, a una "conversación colectiva" entre miles de usuarios que dialogan, debaten, aportan y enriquecen lo publicado con nuevas informaciones y enlaces. Se construye así una gran red expansiva de increíble *poder viral*, muy difícil de controlar.

El desarrollo de los blogs, sumados a otras plataformas tales como YouTube, generó un aumento del llamado "periodismo participativo", también conocido con otras denominaciones (periodismo ciudadano, periodismo cívico, etc.).

El "periodismo participativo" supone una nueva configuración en la distribución de la información. La Internet 2.0, con nuevas plataformas que invitan a la participación ciudadana, es un nuevo medio de expresión mundial que acrecienta en las personas el interés por informar hechos sin la mediación de filtros y/o censuras. Las audiencias espectadoras pasivas hasta el momento comenzaron así a producir y publicar contenidos.

Se trata de un nuevo modelo descentralizado de expresión ciudadana, en el que la participación de la audiencia completa la noticia o información con comentarios que la corrigen, amplían o aportan precisiones sobre la publicación original.

Dan Gillmor, considerado uno de los más entusiastas impulsores del periodismo participativo, expresó algunos principios respecto de esta práctica[2]:

- *Mis lectores saben más que yo.*
- *Esta no es una amenaza, sino una oportunidad.*
- *Podemos usar este principio para crear juntos algo intermedio entre un seminario y una conversación, que nos eduque a todos.*
- *La tecnología de la interactividad y las comunicaciones —en la forma de correo electrónico, blogs, foros, sitios web y otras— hace que esto pase.*

Otro fenómeno emergente de la Web 2.0 son las campañas de marketing viral.

Se trata de técnicas de marketing basadas en las redes sociales y tendientes a generar *conocimiento de marca* (*Brand Awareness*), a través de procesos de autorreplicación viral análogos a la expansión de un virus informático. Hoy ya existen agencias específicas que se encargan de realizar campañas de marketing viral en la red.

---

2. Zanoni, Leandro: *El imperio digital.* Ediciones B, Buenos Aires, 2008.

A todo esto, y para completar un cóctel ciertamente explosivo, deberíamos sumar los desarrollos tecnológicos, el aumento de usuarios y la versatilidad de uso que se vienen dando en el campo de la telefonía celular.

Mucho más podríamos hablar sobre el fenómeno de la Web 2.0 y las nuevas tecnologías; sin embargo, esto excede los propósitos de esta obra. No obstante, conviene que profesionales de la comunicación y dirigentes pongan suficiente atención y sigan muy de cerca el desarrollo del fenómeno Web 2.0 para poder anticiparse a las consecuencias inusitadas que pueden emerger.

> *Internet y la Web Social conforman una de las mayores revoluciones tecnológicas, sociales y culturales de la época moderna. Una revolución que sentimos y vemos desarrollarse a nuestro alrededor, que nos impacta, y a veces, nos confunde. Una revolución de la que por ahora apenas intuimos sus efectos en vastos sectores de la economía, la política y el desarrollo social. Una revolución que, por primera vez, dejará más poder en manos de la gente, de todos nosotros, y que impulsará muchas otras revoluciones. Una revolución horizontal.*[3]

Al área de C&M le pueden corresponder, entre otras problemáticas:

- Contribuir a la aplicación de soportes tecnológicos en presentaciones, promociones, servicios al cliente, situaciones de crisis, etcétera.
- Diseñar y mantener la página web, la extranet y los proyectos BTL de la organización.
- Brindar servicios on line.
- Organizar videoconferencias.
- Atender lo que respecta a la multimedia.
- Administrar la intranet de la organización y optimizar los canales de promoción de la comunicación interna.
- Organizar producciones propias de programas o microprogramas en medios tradicionales (televisión, radio).

---

3. Alonso, G. y Arébalos, A.: *La revolución horizontal*. Ediciones B, Buenos Aires, 2009.

Administración de datos e indagaciones (ADI)

Esta área se ocupa de obtener, procesar, archivar y tener disponible información correspondiente a la organización que en algún momento alguna persona, perteneciente a ella o no, puede llegar a requerir.

Si bien esta área aporta datos numéricos que pueden ser utilizados por la organización para instrumentarlos ante la necesidad de desarrollar determinadas argumentaciones (por ejemplo, en una acción de lobby para que se le conceda a la organización una excepción impositiva), el área de ADI también debe administrar la información cualitativa.

Se trata del área encargada de proveer a la Dirección de Comunicación el material necesario para que se desarrollen las investigaciones, análisis y apreciaciones estratégicas. Es la usina de la "inteligencia estratégica" de la organización.

El área de ADI debe arbitrar los medios para contar con datos correspondientes a distintos estudios, por ejemplo:

- Investigaciones de mercado (solo aquellas que sean de incumbencia estratégica).
- Porcentajes de operaciones realizadas en el territorio nacional y los correspondientes a las realizadas en el extranjero.
- Contribución de la organización al PBI.
- Impacto de la organización en la problemática del empleo.
- Resultados del *balance social*.
- Inversión realizada para amortiguar los impactos medioambientales.
- Etcétera.

Como vemos, la posibilidades son muy amplias. El área de ADI no es la responsable de llevar a cabo los estudios, pero sí de conseguir la información y disponer de ella en el momento en que es requerida. Asimismo, debe contribuir al análisis de esos datos.

Más allá de los datos provenientes de diferentes estudios (*research/survey*), ADI debe disponer de otras informaciones correspondientes a la organización. Por ejemplo, fundadores y año de su creación, historia de la organización, perfil, etcétera.

Entonces, el área de ADI administrará los siguientes datos genéricos:

- Datos duros.
- Datos blandos.
- Datos correspondientes a la organización.

Gran parte del éxito en la gestión de esta área dependerá de la organización y ordenamiento de los datos, de forma tal que se los pueda recuperar en el momento en que se los necesite.

ADI ha de ser un área principalmente destinada a "servicios al cliente interno" de la organización. Cada una de las restantes áreas se dirigirá a la de ADI para que esta provea datos que puedan necesitar.

Así, por ejemplo, el área de *Relaciones con el periodismo* podría solicitar a ADI información histórica de la compañía, porque un periodista está interesado en ella; o el área de *Relaciones con la comunidad* podría requerirle información acerca del impacto benéfico de la organización como oferente de empleos.

Desde luego que el área de ADI, para obtener los datos, debe interactuar con las direcciones correspondientes. Por ejemplo, en lo que respecta a la obtención de los datos acerca del impacto benéfico de la organización en el mercado laboral, debería interactuar con la Dirección de Recursos Humanos.

Como vemos, el área de ADI a veces debe actuar como "interfaz", es decir intermediar entre un área que precisa determinada información y otra que la posee o puede orientar su búsqueda. Pero, más allá de su función de "servicios al cliente interno" e "interfaz", el área de ADI también podrá prestar asistencia a agentes externos a la organización, en aquellos casos en los que esta considere que puede y quiere colaborar brindando información "no clasificada", como, por ejemplo:

- Información en la cual alguna empresa privada dedicada a la recopilación de datos o estudios de mercado pueda estar interesada.
- Información que algún ente oficial u organismo internacional pueda necesitar (por ejemplo, para un relevamiento del INDEC o del FMI).

Desde luego que la información que por gentileza la organización ponga a disposición de agentes externos será aquella que se clasifique como "pública", entendiéndose que es posible que exista otra que será del dominio exclusivo de la organización por considerársela "confidencial".

Asimismo, el área de ADI debe administrar las relaciones con organizaciones, entes, organismos, etc. capaces de ofrecer o vender información a la organización cuando esta la requiera.

Esta área, asimismo, se ocupa del *Issues Management*, disciplina que consiste en el seguimiento de los "temas clave" que circularon, circulan y/o circularán en el discurso social, por lo que resultan fundamentales para la toma de decisiones o en el proceso de planeamiento estratégico de la comunicación.

- *Issues Management*

Traducido del inglés, puede ser interpretado como la gestión de temas o asuntos clave. El término fue introducido por el estadounidense Howard Chase, editor de un newsletter titulado *Corporate Public Issues*, y quien a mediados de los años '70 desarrolló las primeras ideas para aplicar *Issues Management* en las organizaciones.

El *Issues Management* consiste en anticipar los temas políticos, sociales y económicos que pueden afectar a las organizaciones o representar nuevas oportunidades de negocios.

El estadounidense Raymond Ewing[4], considerado uno de los "padres del *Issues Management*", define a esta disciplina como "un proceso diseñado para enfocar problemas altamente prioritarios y tendencias que afectarán a grupos sociales clave". Ewing establece tres categorías:

- Temas corrientes: cuestiones que ya están en el proceso legislativo o de regulación.
- Temas emergentes: asuntos que están evolucionando y que darán lugar a leyes y regulaciones en un período que va de un año y medio hasta tres.
- Temas estratégicos: cuestiones importantes en el largo plazo y cuyo impacto no será sentido hasta dentro de por lo menos cua-

---

4. Ewing, Raymond: *Managing the new bottom line: issues management for senior executives*. Dow Jones-Irwin, New York, 1987.

tro años y hasta veinte. Estos temas estratégicos son determinantes para el desarrollo de los planes estratégicos de la organización.

Los expertos recomiendan plantearse las siguientes preguntas para la identificación de temas:

- ¿El tema es interno o externo?
- ¿Es un asunto legislativo y de regulación, o se trata de una cuestión económico-social?
- ¿En qué estado se encuentra: en desarrollo o es apenas emergente?
- ¿Podría tener impacto directo en la organización?
- ¿La organización puede influir en el desarrollo del *issue* y obtener un resultado favorable? ¿Pueden las entidades empresarias organizarse para influir?
- ¿El tema amenaza las ganancias?
- ¿Puede el *issue* afectar al mercado en general?
- ¿Cuál es el impacto estructural en la región?
- ¿Quienes son los principales movilizadores del tema? ¿Qué posiciones tomaron o podrían llegar a tomar?

Las prioridades pueden ser evaluadas a través de la siguiente matriz.

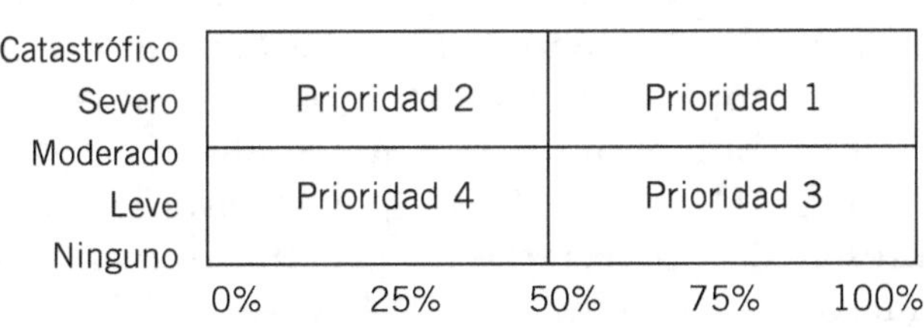

Los temas ubicados en los cuadrantes de prioridad 1 y 2 necesitarán la atención directa de los gerentes senior.

Una vez detectadas las cuestiones prioritarias se debe procurar la detección de otros temas relevantes que pueden llegar a afectar a la organización.

Para ello existen numerosas técnicas. Una de estas es el denominado *barrido de medios* (*media scanning*), que consiste en el seguimiento sistemático de variados medios con el propósito de observar los temas que en ellos se abordan. Hay que tener muy en cuenta que el secreto para el usufructo beneficioso del *media scanning* no está en la acumulación de información sino en saber "leerla" y procesarla. Es importante no concentrarse exclusivamente en los medios dedicados a los negocios sino cubrir también aquellos que se ocupan de temas de interés general, espectáculos, deportes, artes, temas de interés para la juventud, etc. A propósito de este último tema, Peter Schwartz – autor del libro *The Art of Long View*[5]– aconseja visitar los sitios frecuentados por los jóvenes para estar al corriente de las modas y poder anticipar, así, algunas de las tendencias de quienes conformarán la sociedad adulta de mañana.

Otras técnicas consisten en la organización de almuerzos o jornadas de reflexión con estudiosos, periodistas y otros líderes de opinión, y asistir a conferencias y congresos para poder intercambiar impresiones acerca de las corrientes observables en el presente.

Como vemos, en el proceso de *Issues Management,* si somos hábiles y lo suficientemente *humildes* como para detenernos a observar, de todo cuanto nos acontece cotidianamente podemos aprender algo.

Unas de las técnicas más aceptadas es la de los *escenarios,* desarrollada por Pierre Wack y Ted Newland.

La petrolera holando-británica Shell es una de las empresas precursoras en la implementación del *Issues Management,* desarrollando modelos propios de pronóstico basados en la técnica de los escenarios. El modelo predictivo de Shell se basa en un método del futurólogo Hermann Kahn, que consiste en escribir historias desde el presente, y proyectarlas hacia el futuro de acuerdo con supuestos y numerosas variables.

La técnica de los escenarios le permitió a Shell anticiparse a las crisis energéticas de los '70 y '80, pudiendo trepar por sobre sus competidores y colocarse así en el primer puesto del ranking del sector.

La virtud de la técnica de los escenarios consiste en poder construir una variedad de futuros probables con suficiente antelación como para elaborar estrategias y respuestas operativas.

---

5. Schwartz, Peter. *The art of the Long View.* Currency Doubleday, New York, 1991.

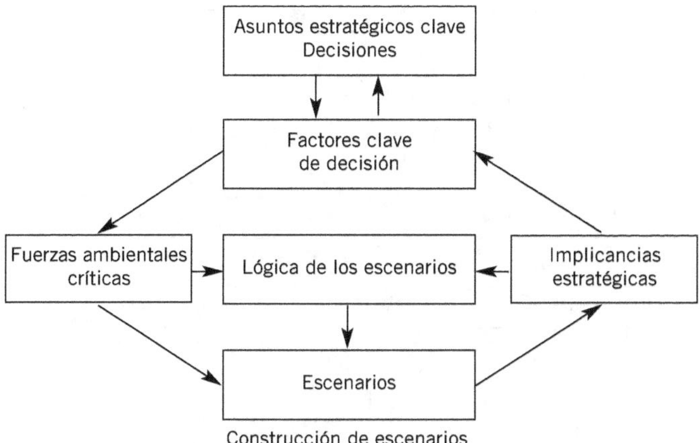

Construcción de escenarios

La clave del *Issues Management* está en la detección de los temas con una anticipación suficiente como para poder elaborar estrategias y actuar en consecuencia. Pero debemos tener en cuenta que no basta con detectar los aspectos clave, pues además habrá que crear conciencia en el seno de la organización acerca de la importancia que revisten.

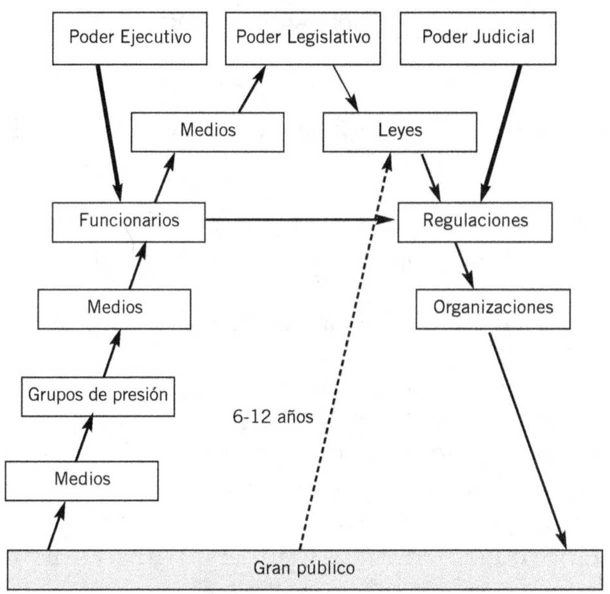

El control social de la organización

Fuente: Revista *Imagen*. Año 1, Número 7, Buenos Aires, noviembre de 1996.

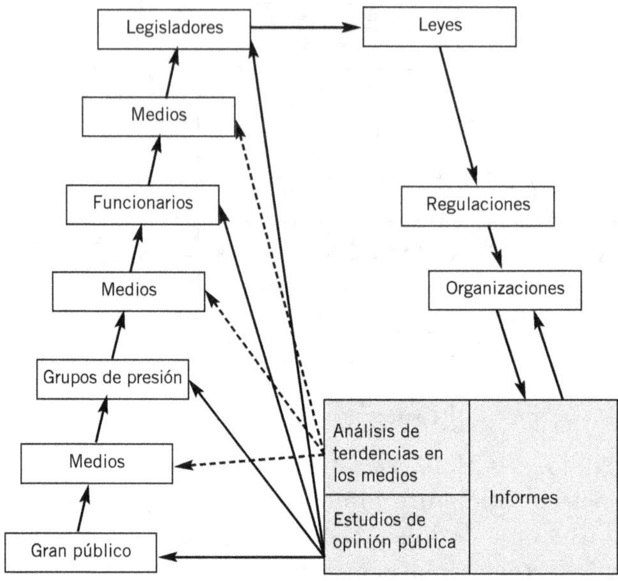

El proceso de las políticas públicas

Fuente: Revista *Imagen*. Año 1, Número 7, Buenos Aires, noviembre de 1996.

El postulado de Arthur Page, ejecutivo de AT&T, resalta la importancia del *Issues Management:*

> *En democracia todos los negocios empiezan con el*
> *permiso público y subsisten con la aprobación del público.*

Resumiendo, las funciones principales de la ADI son:

- Administración de datos blandos.
- Administración de datos duros.
- Administración de datos correspondientes a la organización.
- Servicios a clientes internos e interfaz.
- Servicios a agentes externos.
- Relaciones con organismos y empresas capaces de ofrecer información relevante para la organización.
- Relaciones con personas capaces de ofrecer información relevante para la organización.

- Apertura de canales que permitan llegar hasta potenciales fuentes informativas.
- *Issues Management.*

Los diamantes de la gestión comunicacional... son eternos

Así completamos las diez áreas que conforman el *diamante de la gestión comunicacional,* que es el instrumento mediante el cual la Comunicación Estratégica® lleva a cabo la gestión de la temática de intervención que hemos denominado *comunicación.* Cada área del *diamante de la gestión comunicacional* debería ser pensada como una *subfunción* de la función comunicación en general.

Por cierto, lo expuesto acerca de cada una de las áreas, forzosamente, por una razón de espacio, ha debido presentarse con el espíritu de una reseña muy breve.

No obstante, esta breve reseña tiene un fin descriptivo y sintetizador, y, a dicho efecto, estimo que el abordaje que llevamos a cabo cumple con su propósito.

Estas áreas no deben ser visualizadas necesariamente como estructuras administrativas de la Dirección de Comunicación. Pero, si bien no es el espíritu del *diamante,* si el presupuesto del área lo permitiera, conformarlas sería lo ideal. Pero convengamos en que, en la generalidad de los casos, las organizaciones no están dispuestas a asignar los recursos necesarios para constituir semejante estructura de comunicación.

Esto, sin embargo, no debe constituirse en un impedimento para que estas áreas al menos sean consideradas por el operador de Comunicación Estratégica® para realizar en ellas un posible abordaje operacional.

El espíritu de estas áreas es permitirle pensar de manera ordenada –repito: *pensar de manera ordenada–* el abordaje de la *comunicación.*

En este sentido, no podemos ignorar las interrelaciones y solapamientos que necesariamente se dan entre las actividades de las diferentes áreas del *diamante de la gestión comunicacional.*

Mientras tanto, las empresas, ante la creciente necesidad de buscar soluciones para sus comunicaciones en el terreno organizacional y luego de tantos años de predominio del modelo de comunicación publicitaria, han debido explorar otras alternativas comunicacionales. Estos hallazgos se han convertido en herramientas muy válidas, pero, asimismo, han instaurado cierta confusión, fundamentalmente por la naturaleza heterogénea de muchas de estas novedosas herramientas.

Ya no resulta extraño oír hablar de términos tales como los siguientes:

- *Publicidad corporativa*
- *Advocacy* (Alegato)
- *Cause marketing* (marketing de causa)
- *Ecomarketing*
- *Advertorial* (publieditorial)
- *Public journalism* (periodismo cívico)

Publicidad corporativa

Es aquella que no se centra en un producto o marca sino en toda una organización en conjunto.

Singer declara: "...Detrás del poder del fuego está puesto el poder de la mente... Esta es la tecnología Singer...".
Parecería que Singer es mucho más que máquinas de coser.

Advocacy (Alegato)

Es una expresión mediante la cual una organización milita a favor o en contra de una causa determinada –una reforma, un punto de vista, planteos legislativos, o sobre cualquier otro aspecto relacionado con la sociedad–.

La organización se constituye así en el abogado de dicha causa: *aboga* (*advocate*) por ella.

Camel no desperdicia ningún canal mediático para buscar adherentes a su causa. En este ejemplo, lo hace a través del cartón de cigarrillos.

Before Congress Takes One More Dime ...

They Should Stop Wasting What They Have.

ONE DIME

Your politicians must think you're made of money. They're trying to raise your federal cigarette tax by as much as $7.50 a carton. They plan to use the proceeds for their $441-billion government-run health plan.

But as a smoker, you're already taxed to the hilt. Why should you pay more?

Instead, Congress should cut billions in government waste. And use the savings for health-care reform.

If you agree, say so! Just fill out the attached petition card. Then clip and mail to: Anti-Tax Petitions, P.O. Box 77077, Washington, DC 20013-8077

We'll see that copies of your card get to your members of Congress promptly.

But hurry. Your lawmakers could vote on the health plan any day now. They want your input, so mail that petition card now!

Give Congress your 29 cents' worth! Clip and mail to: Anti-Tax Petitions / P.O. Box 77077 / Washington, DC 20013-8077.

Dear Member of Congress:
I am against any tax increase on cigarettes. We pay enough taxes already. In my view, you should slash wasteful spending before you even consider a tax hike.
Cut the waste! Stop the tax! Vote NO on new cigarette taxes.

Signed:
Name
Address
City   State   ZIP

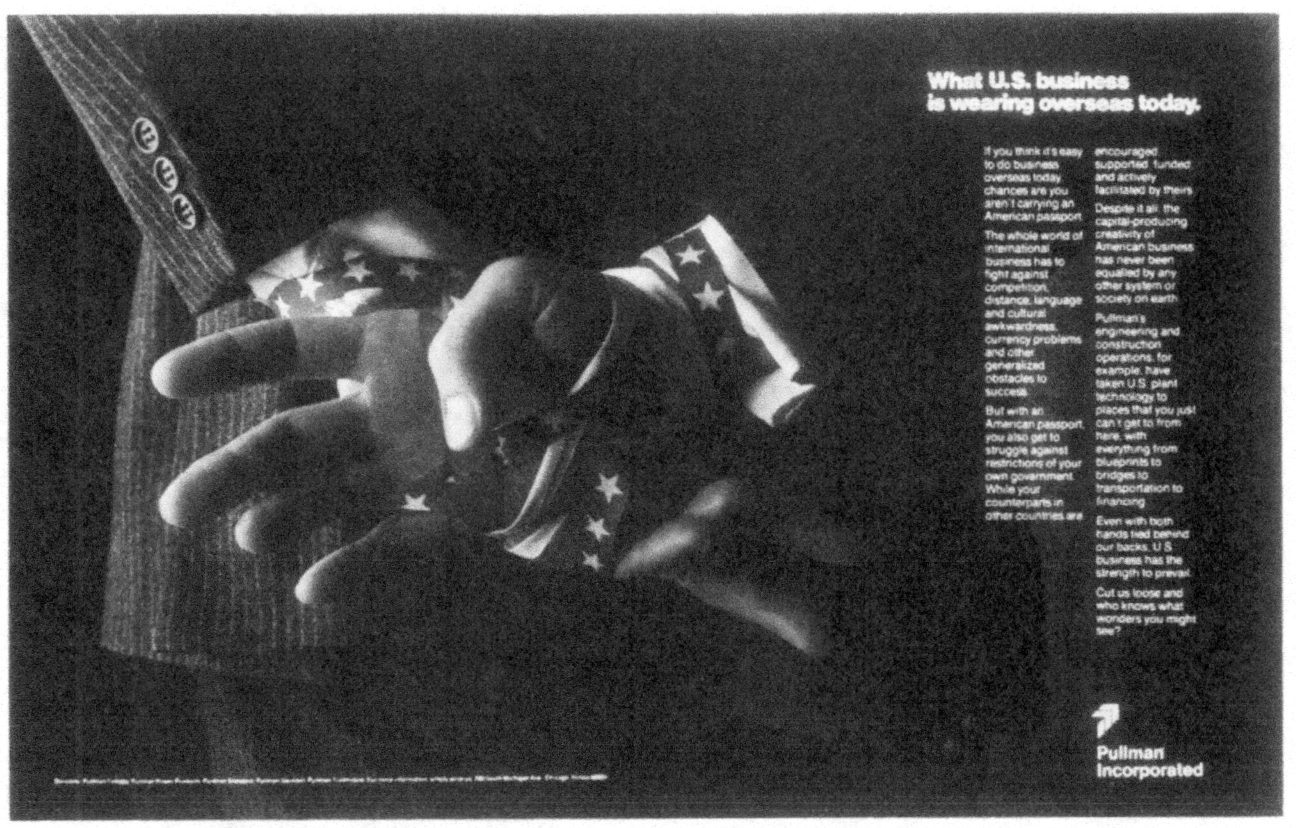

What U.S. business is wearing overseas today.

If you think it's easy to do business overseas today, chances are you aren't carrying an American passport.

The whole world of international business has to fight against competition, distance, language and cultural awkwardness, currency problems and other generalized obstacles to success.

But with an American passport, you also get to struggle against restrictions of your own government. While your counterparts in other countries are encouraged, supported, funded and actively facilitated by theirs.

Despite it all, the capital-producing creativity of American business has never been equalled by any other system or society on earth.

Pullman's engineering and construction operations, for example, have taken U.S. plant technology to places that you just can't get to from here, with everything from blueprints to bridges to transportation to financing.

Even with both hands tied behind our backs, U.S. business has the strength to prevail.

Cut us loose and who knows what wonders you might see?

Pullman
Incorporated

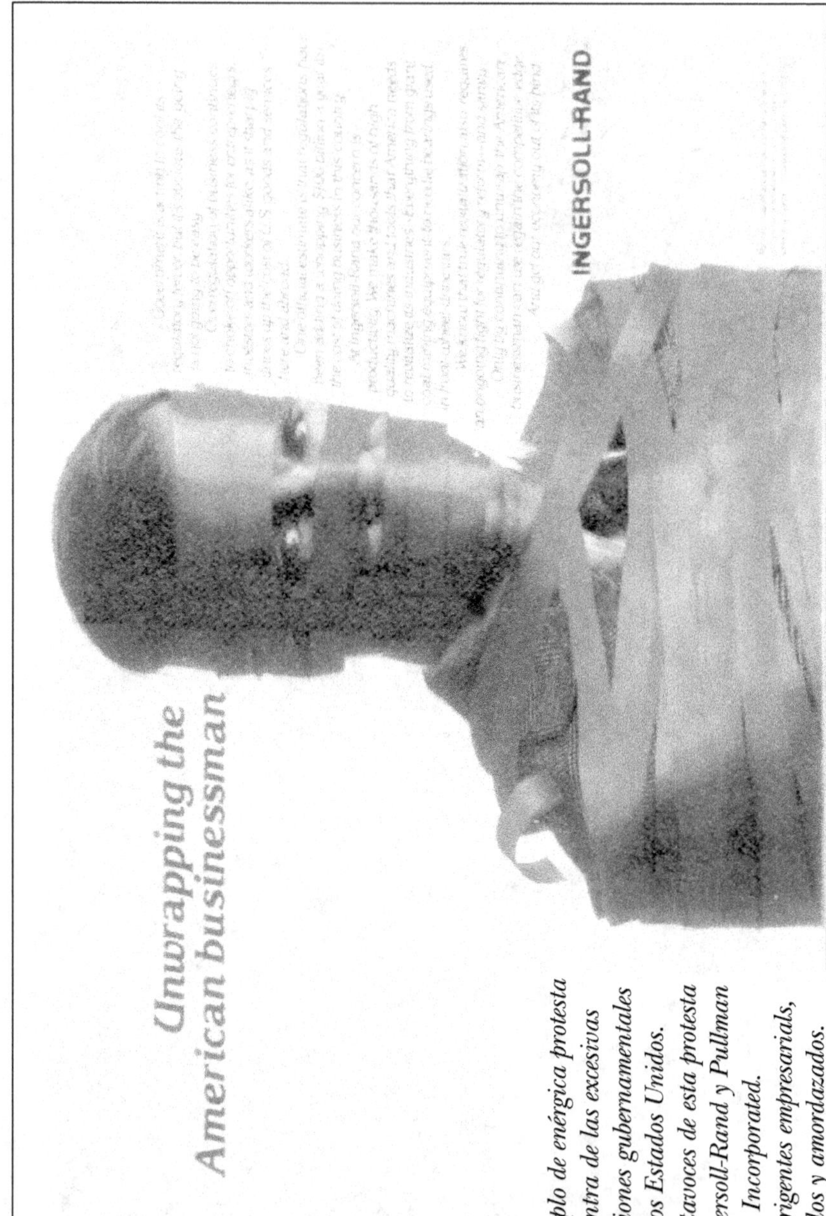

Un ejemplo de enérgica protesta
en contra de las excesivas
regulaciones gubernamentales
en los Estados Unidos.
Los portavoces de esta protesta
son Ingersoll-Rand y Pullman
Incorporated.
Los dirigentes empresariais,
atados y amordazados.

No debe confundirse la *advocacy* con la publicidad corporativa, ya que entre ellas existen grandes diferencias. Mientras la *advocacy* se expresa de manera combativa y partidista (toma partido ante un tema controvertido), la publicidad corporativa generalmente no aborda asuntos controvertidos y se expresa a través de mensajes moderados expresados con cierta calidez.

La motivación de una corporación para llevar a cabo una acción de publicidad corporativa rara vez es la aparición de un conflicto; más bien se trata del convencimiento de que a dicha empresa no se la conoce bien. La empresa puede elegir si va a realizar o no una campaña de publicidad corporativa.

La *advocacy*, en cambio, se aplica cuando a la organización generalmente no le quedan alternativas y debe tomar la iniciativa ante una polémica pública. Así, en estas situaciones, la empresa ha de optar entre adoptar una actitud pasiva ante los trascendidos o tomar la voz cantante en el asunto.

Por su naturaleza, la *advocacy* no puede rehuir la polémica; precisamente, esta es su razón de ser.

Cause marketing (marketing de causa)

Muchas veces la organización toma la iniciativa de adherir a causas públicas: pero no todas las causas en las que la organización participa son necesariamente de naturaleza controvertida, de ahí que realicemos una distinción entre *cause marketing* y *advocacy*.

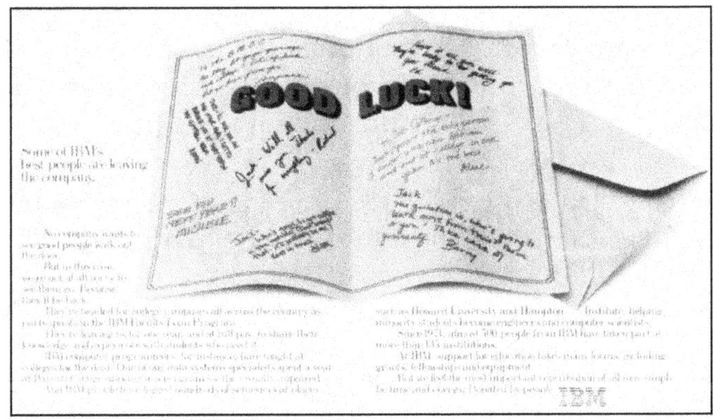

IBM pone a disposición su mejor gente, enviándola a impartir clases de especialización a estudiantes enfermos o con dificultades, por cuenta y cargo de la compañía.

A través del *cause marketing* la organización se hace eco de una causa que generalmente cuenta con un apoyo masivo. Así, la empresa se erige en portavoz de "aquello que la gente quiere". El *cause marketing* no le requiere a la corporación el mismo grado de compromiso que la *advocacy*. En la *advocacy*, la organización arriesga mucho más.

Ecomarketing

El cuidado y la preocupación por el medio ambiente y la calidad de vida se están convirtiendo en un imperativo para las organizaciones. Es así que se está gestando una generación de productos con "atributos ambientalistas".

Existen productos tales como el papel ecológico, la nafta ecológica, etc. Incluso se habla de "*eco-fashion*" para referirse a los tejidos livianos realizados con fibras naturales.

También sectores aparentemente apartados de la problemática intentan aportar lo suyo. Por ejemplo, en el sector bancario, existen entidades que ofrecen créditos para fomentar en las pymes la protección del medio ambiente. Algunas tarjetas de crédito destinan un pequeño porcentaje de las compras que sus clientes realizan a donaciones para organismos proteccionistas o para la reforestación. Algunas empresas ya cuentan con una dirección de *Environmental affairs*.

Advertorial (publieditorial)

Se trata de un *formato comunicacional*, a través del cual la organización pronuncia diferentes opiniones, expresándolas con cierto estilo editorialista pero persiguiendo un claro propósito de seducción publicitaria.

Cabe destacar que la *advertorial*, para ser calificada como tal, debe ser pública, pagada, expresar algún punto de vista o alguna información que refleje un intento por parte de la organización de participar en una polémica; y debe estar dotada de algún elemento –nombre, logotipo, etc.– que haga clara la identificación de su fuente.

También se la denomina "*op-ed*", contracción de la expresión inglesa "*opposite editorial*", debido a que habitualmente se la publica en la página opuesta a la del editorial.

Public journalism (periodismo cívico)

En los Estados Unidos está creciendo una nueva corriente de periodismo denominada "cívico". Por ahora, este periodismo aborda predominantemente temas políticos electorales y, desde esta perspectiva, puede ser definido como un periodismo que se ocupa del votante más que del candidato.

En general, los votantes sienten que los medios se ocupan más de los candidatos que de ellos. El periodismo cívico se propone otorgar un espacio para que el votante pueda exponer sus dificultades concretas y cotidianas.

¿Cuánto tiempo falta para que el eje de interés del *public journalism* se desplace hacia otros ejes de la cotidianeidad ciudadana como el consumismo, la contribución de las empresas a la comunidad, la ética, etcétera?

Todos estos instrumentos son de una naturaleza heterogénea, por lo que resulta muy complicado llevar a cabo una clasificación definitiva.

Hasta la publicidad, que aparenta ser el instrumento más puro en lo que a su naturaleza se refiere, comienza a complicarse, ya que, por ejemplo, muchos anunciantes solicitan a sus publicitarios que elaboren un análisis del contexto informativo en el cual se insertan sus avisos, procurando evaluar si el contenido editorial del medio pautado potencia o disgrega el efecto del mensaje publicitario. Desde luego, este análisis se lleva a cabo con el auxilio de diferentes profesionales (sociólogos, semiólogos, periodistas, etc.).

Entonces, por ejemplo...

¿En que área clasificaría usted el *ecomarketing*? ¿En *Comunicación de marketing* o en *Relaciones institucionales y con la comunidad*?

¿En que área ubicaría el *advertorial*? ¿En *Relaciones con el periodismo*, en *Relaciones institucionales y con la comunidad* o, acaso, en *Relaciones gubernamentales*?

Y si lo que se quiere es publicar el último balance en la Web, ¿qué área sería la implicada? ¿*C&M* o *Comunicación financiera*?

La inmensa mayoría de los instrumentos de la *comunicación* son de naturaleza mixta, lo cual impide encasillarlos definitivamente en una de las áreas del *diamante de la gestión comunicacional*.

En este contexto, el propósito de la Comunicación Estratégica® no es que el operador obsesivamente clasifique los instrumentos para dilucidar a qué área corresponden.

El verdadero valor del *diamante de la gestión comunicacional* radica en su intento por poner orden –operativo– ante el desorden natural.

En su esencia, el fenómeno de la comunicación organizacional es multifacético, caótico y desordenado, lo cual muchas veces constituye una muy buena excusa para no hacer nada. A través del *diamante de la gestión comunicacional* la Comunicación Estratégica® pone a disposición del director que sí quiere hacer algo, un instrumento para lograr operatividad, llevando a cabo una gestión relativamente operable y ordenada.

No se sienta desalentado pensando que, al existir tantas áreas posibles, resulta inverosímil el intento de llevar a cabo una gestión inteligente y planificada de la *comunicación*.

Sabemos que en lo fáctico, queramos o no, nos lo propongamos o no, la comunicación es así de multifacética. La comunicación impacta en todas las diferentes áreas, más allá de que estén o no gestionadas.

De más está decir que, si el presupuesto así lo permite, lo ideal es ocuparse de la gestión de todas y cada una de las áreas –con estructura interna o con agentes externos–. Pero si esto no es posible, al menos debemos contar con un razonamiento operacional que nos permita comprender que, aunque estemos operando en una única área, igualmente esta gestión va a tener algún tipo de repercusión sobre las otras.

El solo hecho de pensar con esta perspectiva constituye un avance muy importante.

Esto es perder la miopía y la ingenuidad en la gestión de la comunicación.

Esto es inteligencia aplicada a la comunicación.

El operador cuenta ahora con un *diamante* "en bruto" para instrumentar cierta gobernabilidad en las comunicaciones y llevar a cabo una gestión *brillante*. Solo resta pulirlo a partir de los imperativos que imponen las necesidades particulares de cada organización.

Joya, ¿no?

CAPÍTULO 10

ACTIVADOR: "IMAGEN"

Es solo una cuestión de imagen

Desde la Comunicación Estratégica® entendemos la *imagen* como el activador que aborda el proceso a través del cual el público elabora una síntesis mental en relación con una organización.

Pensamos que no es del todo correcta la denominación "gestión de imagen", ampliamente generalizada. Puesto que la imagen es una construcción elaborada por el público, no resulta posible gestionarla directamente sino de manera indirecta, a través del Hexag-ON, es decir por medio de todos los restantes activadores, fundamentalmente a través del denominado *comunicación*.

La *imagen* como activador es considerada sobre todo como un resultado de la gestión, e implica la articulación de cuatro conceptos básicos:

- *Imagen pública* (IP): síntesis interpretativa que opera el público, acerca de la organización.
- *Endoimagen* (EI): síntesis interpretativa de la organización, que operan exclusivamente los públicos internos.
- *Imagen pública pretendida* (IPP): síntesis interpretativa que se pretende que opere el público acerca de la organización.

- *Imagen sectorial* (IS): síntesis interpretativa que opera el público acerca del sector competitivo al que la organización pertenece. La IS casi siempre opera a modo de filtro, pero puede suceder que el público pueda desprenderse en parte de su influencia.

A propósito de esto, ocasionalmente, cuando la organización opera en el extranjero y el campo de indagación tiene lugar en un país anfitrión, aparecerá en escena una quinta imagen: la *imagen país de origen* (IPO), esto es, la síntesis interpretativa que opera el público en el país anfitrión, acerca del país de origen de la organización.

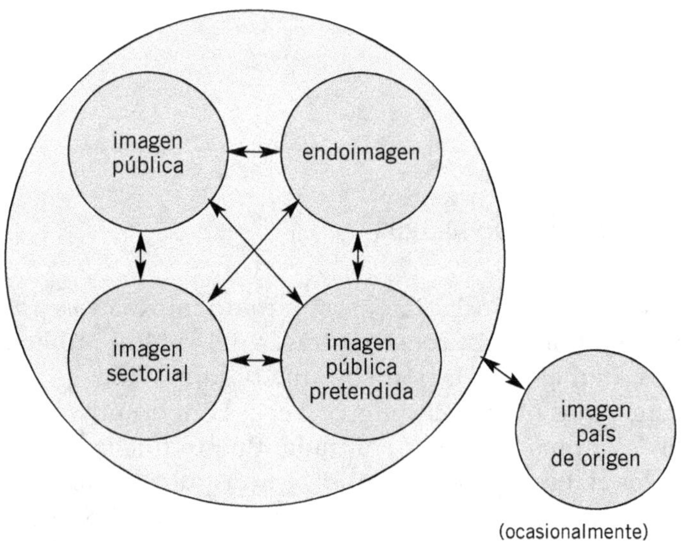

La *imagen corporativa* como *activador*

Estas "imágenes" son categorías de análisis de la *imagen* y todas ellas tienen interrelación y se afectan recíprocamente.

Conocidas la IP, la EI, la IS/IPO y la IPP, el abordaje de la *imagen* como activador impone un primer nivel de análisis que consiste en indagar la relación que existe entre ellas:

IP - EI
IP - IPP
IP - IS
EI - IPP
EI - IS
IS - IPP

De los resultados de este análisis podemos desarrollar algunas hipótesis, como las que a modo de ejemplo (sumamente simplistas) exponemos a continuación.

si IP e IS > EI	Es necesario llevar a cabo un profundo trabajo con los públicos internos.
si IP e IS< EI	Es necesario un profundo trabajo con los públicos externos, aprovechando la segura buena predisposición de los RR.HH.
si EI e IS > IPP	O bien los propósitos de la IPP están subdimensionados, o en verdad se pretende poner mayor energía en la EI.
si EI< IPP	Antes de iniciarse cualquier acción hacia los públicos externos, debe llevarse a cabo un intenso programa interno de concientización e implicación.
si IP > IPP	El resultado del programa está superando las expectativas, o se subdimensionaron sus posibilidades.
si IP < IPP	El resultado del programa no alcanzó las expectativas, o se sobredimensionaron sus posibilidades.
si IP < IS	Hemos de indagar profundamente acerca de los motivos por los cuales los públicos nos diferencian negativamente respecto de las organizaciones que compiten/actúan en nuestro sector de actividad.
si IP > IS	Si bien podemos estar satisfechos, no nos conviene "dormirnos en los laureles". Si la diferencia es notoria, en un futuro, el desprestigio del sector nos puede llegar a involucrarnos. Por esto no hay que descartar la realización de un programa conjunto con los principales representantes del sector.

La organización como sistema

Como dijimos en *CE1*[1], la organización –en tanto sistema– está inserta a su vez en otros sistemas mayores que la envuelven (entorno inmediato o suprasistema, y entorno general o macrosistema).

La Comunicación Estratégica®, desde su perspectiva sistémica, entiende que existe una dependencia de la organización respecto de estos sistemas mayores. Causas y efectos en el seno de la organización son interdependientes con las causas y efectos en los entornos inmediato y general.

---

1. Scheinsohn, Daniel: *Comunicación Estratégica*. Granica, Buenos Aires, 2009, Capítulo 6.

La tarea básica del operador de Comunicación Estratégica® consiste en:

- el estudio de las características de los elementos que conforman los sistemas (sistema organización, suprasistema y macrosistema); y
- entender las reglas que rigen sus interrelaciones.

Cumpliendo con esta tarea, el operador podrá instrumentar la Comunicación Estratégica® con el propósito de conseguir una homeostasis organizacional, entendiendo a la homeostasis como el principio de equilibrio que rige el comportamiento de los sistemas.

La imagen como resultante gestáltica

En una concepción gestáltica, la imagen es un proceso de conceptualización llevado a cabo por el público, quien metaboliza un conjunto de estímulos generados por la corporación.

En nuestra concepción constructivista, estamos convencidos de que el público tiene un protagonismo fundamental en lo que a la imagen como una resultante se refiere. Es decir que una parte decisiva del resultado no depende del estímulo en sí, sino del proceso de conceptualización que elabora el propio público.

Para explicar esto, observemos la siguiente figura:

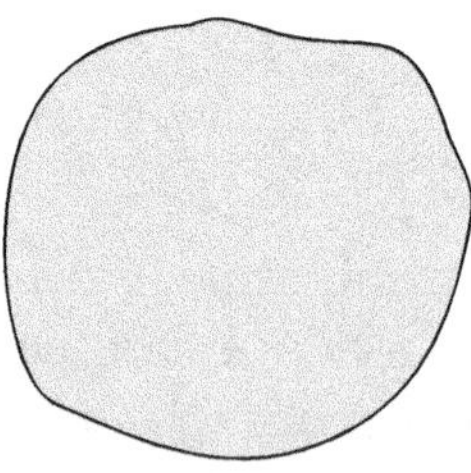

Seguramente, la mayoría de quienes observan el dibujo anterior lo conceptualiza como una circunferencia. Sin embargo, si nos atenemos a la definición estricta de lo que es una circunferencia –línea curva, continua y cerrada, formada por puntos equidistantes de uno central– comprenderemos que en verdad el dibujo es una figura que *se asemeja* a una circunferencia, pero que no lo es.

Este fenómeno de la "circunferencia que no lo es" nos explica la "ley gestáltica de la pregnancia", según la cual el cerebro conceptualiza los estímulos a través de las ideas y conceptos que ya están previamente instalados en la memoria.

Así nos resulta más simple conceptualizar la figura –mucho más imperfecta de lo que en verdad sería una circunferencia– como el equivalente estructural "circunferencia" que guardamos en nuestro cerebro.

Desde luego, este fenómeno de "la circunferencia que no lo es" exige que exista cierta similitud estructural entre el estímulo y el correspondiente equivalente "alojado" en nuestro cerebro. Si el estímulo es poco equivalente, la probabilidad de tal conceptualización será escasa; en cambio, si existe mayor similitud (isomorfismo), la probabilidad de conceptualización será mayor.

Con esto estamos afirmando que ningún trabajo organizacional (por ejemplo, a través de un programa de Comunicación Estratégica®) ni el trabajo de síntesis de los públicos (a no ser que se trate de públicos psicóticos) conseguirán configurar una imagen de algo que no es lo que se pretende proyectar. Por eso es que en Comunicación Estratégica®, a través de nuestro *mix* (*temáticas de intervención*), no solo trabajamos con instrumentos de "idealización", sino que además procuramos llevar a cabo un abordaje de "la realidad" para que, a partir de esta, podamos trabajar en dirección de una "idealización de esa realidad" y no de otra.

Como queda explicitado, la Comunicación Estratégica® trabaja a partir del material surgido de la realidad organizacional y lo optimiza.

El fenómeno de la "circunferencia que no lo es" sirve como un ángulo de explicación del fenómeno de la configuración de la imagen pública.

La imagen pública es un concepto configurado en la mente del público. Por eso no lo denominamos "imagen *de* empresa", puesto que en verdad la imagen no es "de la empresa" sino "del público" acerca de ella.

A partir de la percepción particular de cada uno de los públicos y sobre la base del material previo que hay en sus mentes, estos elaboran ciertas correcciones, sintetizando todo en una resultante determinada. A esta resultante determinada la denominamos "imagen".

La imagen es mucho más que una percepción

El concepto de *imagen* que manejamos en Comunicación Estratégica® no se corresponde con la acepción visual del término (etimológicamente, del griego *eikón* [icón]) que se utiliza habitualmente, sino con la acepción de *imago* en tanto "imagen mental".

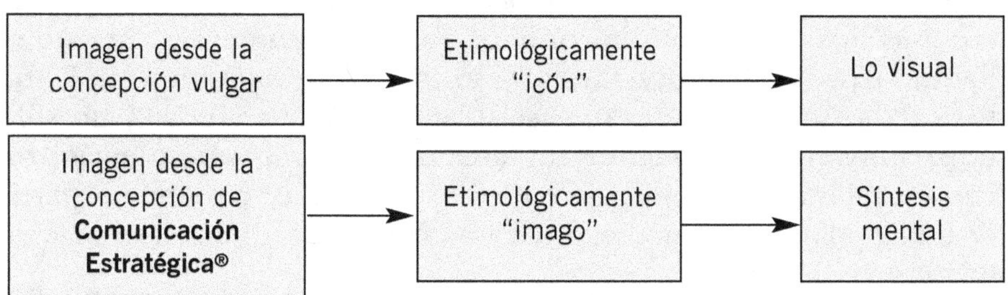

A propósito de la aclaración anterior, es común escuchar, a quienes operan en el campo de la imagen, reducir esta problemática a "la *percepción* que los públicos tienen de la organización", suponiendo de esta manera que la imagen es solo un resultado perceptual.

Esta incorrección trasciende de ser meramente expresiva y puede generar un error en el abordaje operacional. Así, es muy común que al llevar a cabo una "investigación en el campo de la imagen", el operador se concentre en investigar "la percepción pública" en vez de hacerlo en *la síntesis mental que tiene lugar en la mente del público a partir de esa percepción compartida y de otros factores.*

Al igual que la memoria, sensaciones, experiencias y vivencias, entre otras, la percepción es solo un elemento más entre todos los factores implicados en la configuración de la imagen.

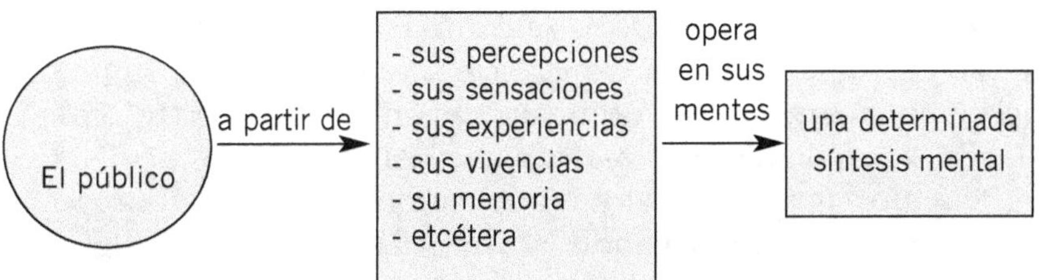

La génesis de la imagen es el punto en el cual el público percibe y procesa un conjunto de estímulos, operando en sus mentes una síntesis que instaura un determinado imaginario colectivo.

La mente humana

Con el propósito de comprender algunos "porqués" del proceso de la configuración de la imagen, intentaremos realizar una aproximación –en extremo simplista– al funcionamiento de la mente humana.

Lo asombroso del cerebro no es tanto su capacidad para el almacenamiento de una gran cantidad de datos, como su velocidad para obtener la información que precisa.

Al estar leyendo usted estas líneas, su cerebro está llevando a cabo una verdadera proeza. En centésimas de segundo, está reconociendo cada palabra que va leyendo y busca su significado en un archivo que contiene alrededor de 50.000 palabras y millones de datos de otro tipo.

Si bien es cierto que nuestro cerebro pudo haber encontrado formas para memorizar mucha más información, para que podamos sobrevivir debió sacrificar la cantidad en favor de la velocidad.

Nuestros antepasados estaban expuestos a un permanente riesgo de ser atacados por animales salvajes.

Para sobrevivir, sus cerebros les facilitaban las técnicas de defensa más efectivas para aplicar. Con un cerebro "lento" nuestra especie hubiese perecido.

Para lograr velocidad, el cerebro humano posee un sistema optimizador que codifica la información y la ordena por modelos.

Volviendo al ejemplo de nuestro "antepasado cavernícola", seguramente este creó un "modelo del comportamiento" de los animales al que iba añadiendo todo dato nuevo que recibía.

De esta manera, cuando se encontraba con un animal, el código interno correspondiente a esa especie actuaba como un impulso que iniciaba un veloz proceso de recuperación de toda información relacionada, permitiéndole contar con alternativas posibles de defensa.

Podemos imaginarnos los modelos como si fuesen rompecabezas en los cuales se van encajando las nuevas piezas, es decir, los nuevos datos.

Estos modelos mentales están formados físicamente por las interconexiones entre las neuronas, las células del cerebro. El cerebro contiene unos 10.000 millones de neuronas.

Cada información nueva que se añade a algún modelo genera un cambio en la intensidad o en el número de las conexiones neuronales.

Entonces, la mente es un sistema elaborador de modelos de información, los cuales son elaborados para su posterior identificación y uso.

El cerebro... ¿más o menos como una computadora?

Así como ocurre en una computadora, en la mente humana los datos que se "decide" retener ocuparán una posición determinada en el banco de la memoria.

Una diferencia importante radica en que –por ahora, y no sé por cuánto tiempo más– la computadora acepta lo que se le dice, y la mente humana casi nunca lo hace.

Como dijimos anteriormente, los modelos mentales se van formando como si fuesen rompecabezas en los cuales se van encajando las nuevas piezas (cada nueva información). En su obsesión por contar rápidamente con la información necesaria, el cerebro "prefiere" rechazar toda nueva información que no se ajusta a los modelos preestablecidos.

Como un mecanismo "defensivo" hacia el incesante caudal de información, la mente humana posee un *sistema optimizador* para la aceptación de toda nueva información.

Para que la mente humana acepte una nueva información, esta debe compatibilizar con los conocimientos, experiencias anteriores y el estado de ánimo actual de la persona. Lo demás "no se computa".

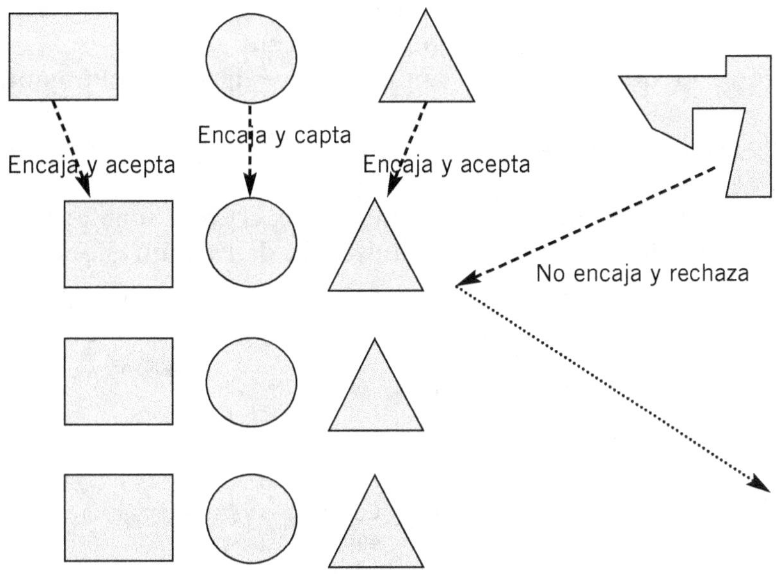

La mente humana, para poder operar y no sucumbir ante la hiperestimulación a la que está expuesta, para bien o para mal, aprendió a simplificarlo todo. Esta simplificación es la que muchas veces entorpece la capacidad creativa de las personas.

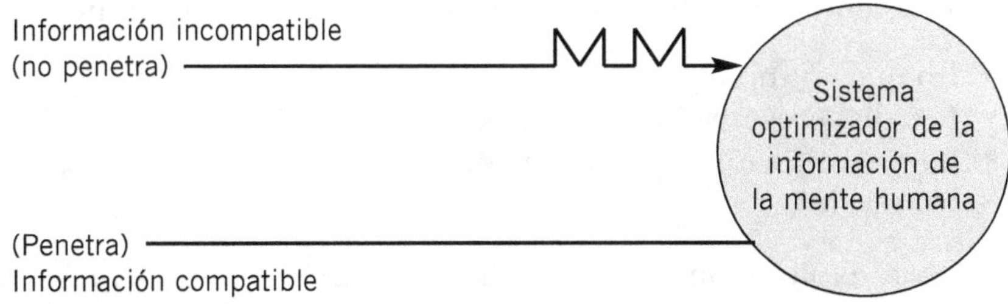

La arquitectura de la realidad

En Comunicación Estratégica® consideramos muy importante el campo de estudio que aborda el tratamiento de la información por parte del público. Este campo, por un lado, aborda las problemáticas típicas de las neurociencias que se ocupan de la percepción sensorial, ya sea partiendo de los elementos exteroceptivos (gusto, olfato, vista, etc.) o de los interoceptivos (sistema nervioso central).

Pero, además, dentro del campo de investigación del tratamiento de la información por parte del público, debemos considerar cómo es que las personas organizan sus cogniciones a través de *conjuntos significantes.*

Intentaremos ahora indagar un poco más profundamente acerca de este complejo proceso de organización de las impresiones.

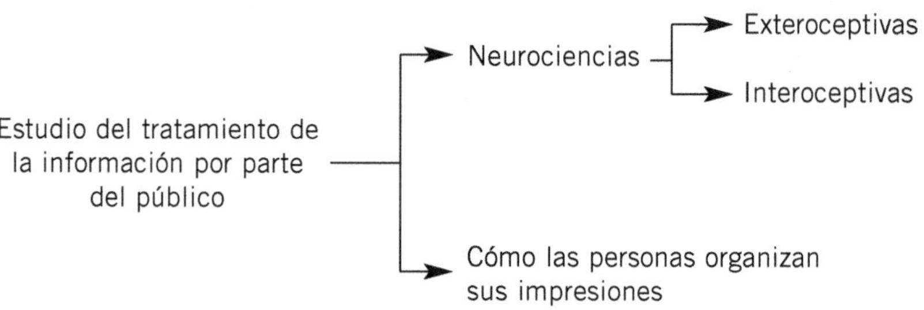

Si bien es cierto que el cerebro funciona de manera muy similar a una computadora, lo cierto es que esta "computadora" obedece a lógicas diversas, es una computadora socializada que crea su propia realidad.

El pensamiento podría ser descripto en gran medida como:

- Lo que contiene.
- Los distintos niveles de representación.
- Su organización (comunicación e interacción entre los distintos niveles).

En esta explicación de las relaciones entre distintas representaciones, se puede evidenciar claramente la complejidad de los actos comunicacionales ya que, cuando dos o más sujetos interactúan, se comportan –la mayoría de las veces– con base en distintos esquemas de pensamiento.

Las dificultades comunicacionales con las que nos podemos topar a diario pueden deberse esencialmente a:

- representaciones diferentes;
- insuficiencia o ausencia de representación.

Cuando existen representaciones diferentes, hay que esforzarse por optimizar los métodos de escucha, observación, reformulación de mensajes, etcétera.

Cuando existen problemas de insuficiencia o ausencia de representaciones, hemos de concentrarnos en crear las condiciones propicias para que nuestro interlocutor pueda construir las representaciones necesarias sobre las cuales podamos actuar luego.

Muchos de estos conceptos tienen que ver con saber de dónde provienen las distintas interpretaciones de la realidad, del mundo y de uno mismo.

Trataremos de indagar cómo es que se configuran y constituyen estos "mapas de la realidad", para qué sirven, cómo se manifiestan y cómo podemos instrumentar todos estos conocimientos para aplicarlos en la Comunicación Estratégica®.

La matriz cognitiva

La realidad se nos presenta como una compleja multiplicidad de estímulos en una secuencia ininterrumpida de diferentes experiencias y acontecimientos. En nuestra concepción constructivista, adherimos a la idea de que las personas no reaccionan de manera pasiva a estos estímulos, sino que, más bien, introducen una determinada organización en esa multiplicidad, participando así de manera activa en este proceso.

De ahí resulta que los hechos sean:

- seleccionados;
- percibidos;
- articulados;
- interpretados de determinada manera.

Este modelo interno de cada persona, a través del cual se organiza y significa el universo experiencial, lo denominamos *matriz cognitiva.*

La matriz cognitiva es una estructura que instaura un sistema de creencias que se integran y refuerzan entre sí y a partir de la cual se conforman esquemas mentales de razonamiento.

La matriz cognitiva es como un prisma que condiciona la conducta, porque es a través de ella que se dinamizan los esquemas de razonamiento a partir de los cuales se actúa.

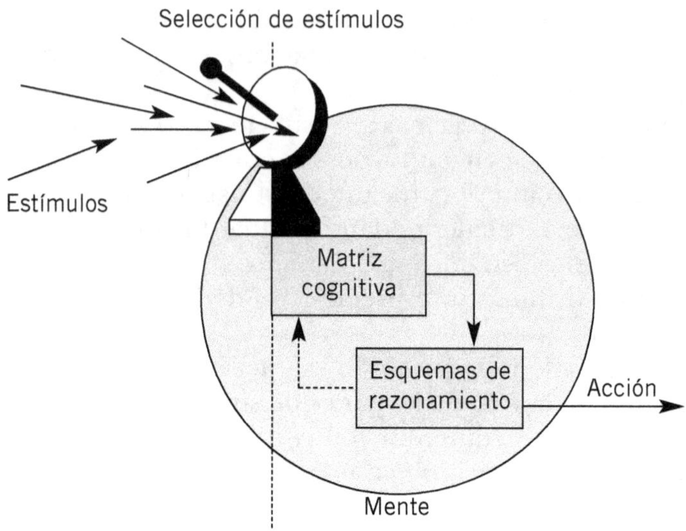

Entonces, dado que la mente humana solo reconoce aquella información "procesable", debemos dilucidar cuál es la información "procesable" para nuestro público.

Consecuencias de los procesos mentales

A partir del simplista abordaje del funcionamiento de la mente que hemos realizado, podemos inferir las siguientes consecuencias que afectan el proceso acumulativo de la configuración de la imagen de una organización por parte del público.

- *Exposición selectiva*

Las expectativas (CEX) de las personas ejercen una influencia sobre su comportamiento en relación con las comunicaciones mayor que la que las comunicaciones pueden ejercer sobre sus CEXs.

<table>
<tr><td>Influencia de los CEXs sobre el comportamiento del público ante las comunicaciones</td><td>Influencia de las comunicaciones sobre los CEXs del público</td></tr>
</table>

En general, las personas tienden a exponerse a aquellos mensajes que están de acuerdo con sus intereses y expectativas preexistentes.

La consecuencia de la exposición selectiva del público nos está remarcando la necesidad de utilizar como portadores de nuestros mensajes aquellos vehículos representativos de los intereses del público.

- *Percepción selectiva*

Las personas, consciente o inconscientemente, evitan los mensajes que son contrarios a sus intereses. Si no pueden eludirlos, con frecuencia no los perciben, o los modifican y reinterpretan, para acomodarlos a sus propias posturas e intereses. Las percepciones están influidas, en mayor o en menor medida, por aquello que las personas desean percibir y por lo que habitualmente han percibido y se han acostumbrado a percibir.

Esta dinámica nos está señalando la necesidad de construir los mensajes según los intereses del público y las expectativas que de ellos se derivan (CEX).

- *Memorización selectiva*

En el proceso de configuración de la imagen, el tiempo es un factor dialéctico.

Por un lado, como hemos visto anteriormente, el tiempo es una condición del proceso de configuración de la *imagen*, ya que esta es configurada por el público a través de diversas acciones sostenidas en el tiempo. Pero, por otro lado, el paso del tiempo propicia la función de olvido.

Entonces, en todo programa debemos tener en consideración que si bien la duración es un elemento que no puede desvincularse del proceso, el tiempo ejerce una acción de desgaste.

La *imagen* se configura a partir de un proceso de acumulación y sedimentación de los elementos que el público percibe, y la memoria acumulativa está sometida a un proceso de olvido.

El olvido ejerce su efecto sobre el público a través del tiempo, lo que justifica el diseño de un programa de Comunicación Estratégica® donde cada campaña y cada mensaje que se emita tengan continuidad con los siguientes. Así, cada percepción en su estado residual es renovada con el añadido de un nuevo mensaje, antes que el recuerdo del primero se extinga.

El público olvida con mayor velocidad los mensajes que no se corresponden con sus intereses o se les oponen.

- *La limitada capacidad receptora del público*

La masificación del consumo, el incremento de la competitividad y el advenimiento de nuevos sistemas y medios de comunicación son algunas de las causas que generan estridencia y saturación informativa.

El público está expuesto a una hiperestimulación de diversos signos que producen un alto grado de desorden y complejidad comunicacional.

Los enunciadores que concurren en el campo social han de competir ferozmente para ganar la atención del público.

El aparato perceptual de los seres humanos posee una capacidad de recepción limitada. Los seres humanos no podemos dar cuenta de todos los mensajes a los que estamos expuestos, por lo que hemos de elaborar una "forzosa selección" entre todos los estímulos que se presentan ante nosotros. En esta selección, los CEXs de los públicos tienen una importancia fundamental.

Podemos graficar los principales condicionantes que se articulan en la exposición de los públicos ante la información. El gráfico se concentra en tres variables (ver página siguiente):

- La cantidad de información a la que el público está expuesto –que, como hemos visto, es excesiva– (círculo A).
- La capacidad receptora limitada, o sea, los mensajes que el público puede captar (círculo B).
- Los sistemas de intereses del público sobre la base de los cuales se definen los CEXs (círculo C).

La zona 1 representa la información a la que el público está expuesto y que puede captar, pero que no se corresponde con sus CEXs.

La zona 2 representa la información que, si bien se corresponde con los CEXs del público, este no la puede captar debido a su limitada capacidad receptora.

La zona 3 representa la información que se inscribe en los CEXs del público y, asimismo, este puede puede recibir; pero es una información que no está a su alcance. En la zona 3, la organización puede intensificar sus esfuerzos de comunicación.

Por último, la zona –sombreada– de intersección de los tres círculos señala la información efectivamente capitalizable ("procesable" por el público), puesta a disposición del público y pertinente a los CEXs que este presenta.

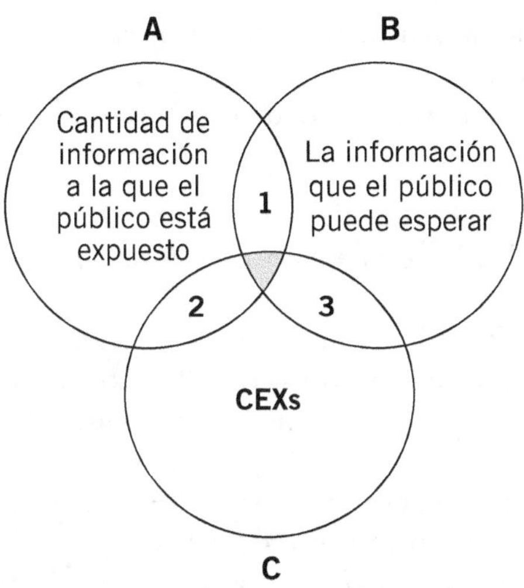

El proceso de configuración de la imagen

Como hemos afirmado, la imagen pública no es el resultado de una percepción puntual, sino de un conjunto de percepciones acumuladas a partir de las cuales el público elabora una síntesis determinada.

A partir de eso podemos decir que la configuración de la imagen es el producto de un proceso fundamentalmente acumulativo y aleatorio en gran medida.

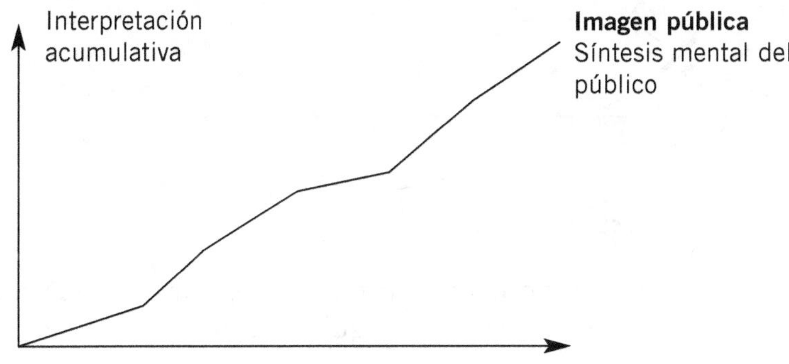

Aunque en las mentes del público la configuración de la imagen pública emerge como una resultante global e ininterrumpida, en verdad se trata de un proceso fragmentario y discontinuo.

- Fragmentario: está compuesto por una serie de informaciones diversas, que son interpretadas, cotejadas y asociadas con las preexistentes.
- Discontinuo: acontece en diversos momentos, espacios y circunstancias.

Para que podamos entender mejor este proceso, lo analizaremos articulándolo con la idea de *circuito comunicacional* expuesto en el capítulo anterior.

Si partimos de la unidad más simple de este proceso –un mensaje– observaremos que un conjunto de ellos configurarán una secuencia de mensajes que progresivamente irá conformando un circuito comunicacional.

Al circuito comunicacional le suceden otros circuitos, generándose así una secuencia indefinida de ellos.

En el siguiente gráfico podemos observar simplificadamente el proceso acumulativo de la configuración de la imagen pública, articulado con la idea de circuito comunicacional.

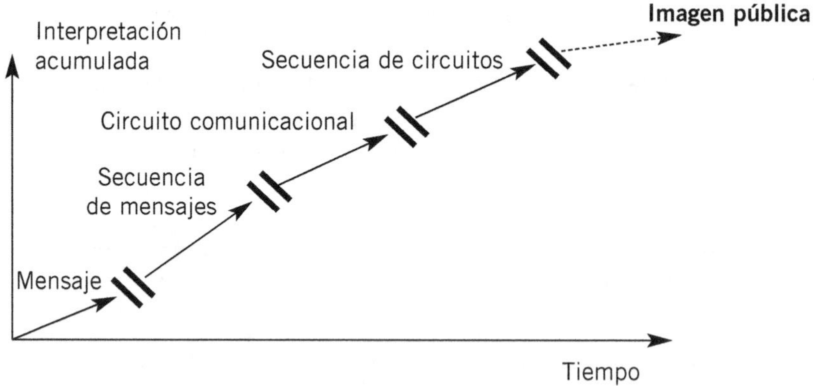

El grado de inclinación

Podríamos sintetizar que en el proceso acumulativo de la configuración de la imagen intervienen los siguientes factores fundamentales:

- El grado de saturación existente en el ecosistema comunicacional.
- La persona selecciona aquellos mensajes que prefiere percibir.
- Para que el público pueda asociar todos nuestros mensajes entre sí y el proceso acumulativo resulte satisfactorio, es necesario que exista un alto grado de coherencia entre los mensajes.
- Las personas olvidan una gran parte de los mensajes que perciben y operan una retención selectiva de la información.
- Se debe determinar la tasa de repetición exacta de los mensajes, de manera que se consiga un grado de fijación óptimo y no generen hartazgo en el público.

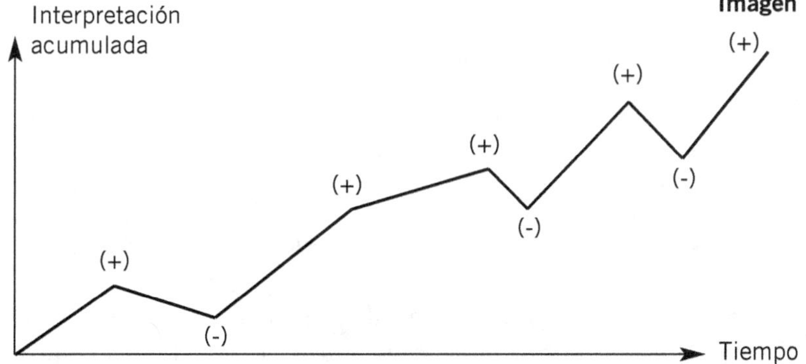

A partir de estos elementos, podemos decir que el proceso de interpretación acumulativa no es un ejercicio de simple depositación "bancaria" de la información, sino que esta pasa por un procesamiento en la mente del público. Esta acumulación puede resultar positiva o negativa (pero no en el sentido de bueno o malo), a saber:

- Acumulación positiva: cuando el proceso se conforma a partir de informaciones concordantes, la resultante se expresa con una suma (+).
- Acumulación negativa: cuando el proceso se conforma a partir de informaciones discordantes, la resultante se expresa con una resta (-).

Asimismo, podemos determinar el grado de inclinación (predominantemente positiva o predominantemente negativa) del proceso acumulativo de la configuración de la imagen pública.

En la concepción de Comunicación Estratégica®, el público es quien verdaderamente, a partir de sus interpretaciones, configura la *imagen*.

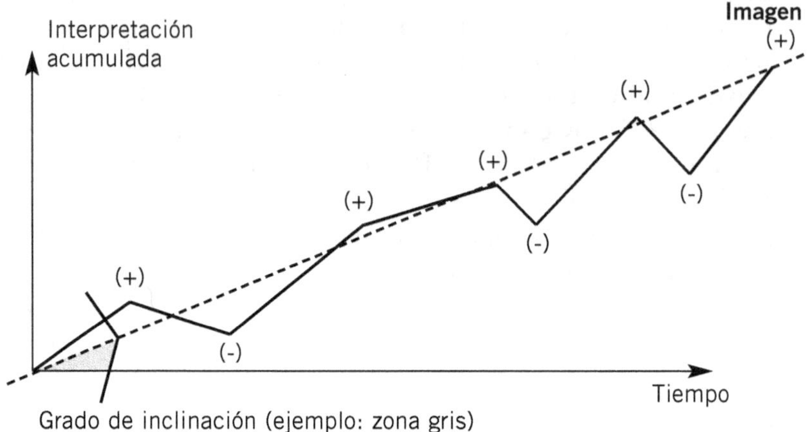

Las investigaciones básicas de la *imagen*

Cada organización es única, al igual que sus necesidades –y sus presupuestos–. Si bien no podemos exponer métodos de investigación de aplicación universal, en su defecto elaboraremos una enunciación de aquellos más comúnmente utilizados.

Es importante diferenciar la concepción generalizada de "investigación de imagen" de cómo se la entiende en el marco de la Comunicación Estratégica®.

A menudo se denominan "investigación de imagen" los estudios realizados acerca de los instrumentos de la identificación físico-visual de la organización (logosímbolos, gamas cromáticas, heráldica, interiorismo, arquitectura, etc.). Son estudios complejos; por ejemplo, algunos de ellos utilizan el taquitoscopio, que es un instrumento para "medir" el movimiento de los ojos ante un estímulo. También se realizan, entre otros, estudios acerca de la recordación del logosímbolo y su pregnancia.

Para la Comunicación Estratégica®, estos estudios no pertenecen al ámbito de la *imagen,* sino al ámbito de otro activador: la *comunicación* y, más específicamente, al área de *Comunicación de diseño* de nuestro diamante de la gestión Comunicacional (ver Cap. 7).

La Comunicación Estratégica® entiende que el campo de investigación de la *imagen* es aquel que *indaga estrictamente acerca de la síntesis mental que el público elabora respecto de la organización.*

Los instrumentos para investigar el campo de la *imagen* pueden ser clasificados de la siguiente manera:

- **Instrumentos informales**

Son instrumentos que no están regidos ni por un "método científico" de investigación, ni por un método cuantitativo. ¡Atención! Los hallazgos obtenidos a través de estos instrumentos no tienen valor estadístico y preciso, sino solo valor de información básica general.

Permiten recopilar información útil y obtener un panorama general de la situación a ser investigada, de manera rápida y con bajo costo.

Entre los instrumentos informales más utilizados encontramos los siguientes:

- Contactos informales con miembros de diversos públicos.
- Panel de expertos: se convoca a un grupo de especialistas en el tema que se desea investigar, con el objeto de que aporten sus puntos de vista.
- Análisis de la correspondencia.
- Informes de quienes interaccionan directamente con diversos públicos (por ejemplo, vendedores).
- Buzón de sugerencias.

- **Instrumentos cuantitativos**

Se trata de aquellos instrumentos que permiten arribar a resultados más precisos y en cierta medida más confiables. Se caracterizan por estudiar la realidad, traduciéndola en resultados conceptuales con valor numérico. Los instrumentos cuantitativos, cuando están adecuadamente instrumentados, permiten obtener datos precisos, válidos y confiables.

Los instrumentos cuantitativos más utilizados en el campo de la imagen son: índice de notoriedad, índice de contenidos e índice de motivación.

- *Índice de notoriedad*

  Son aquellos estudios que indagan sobre el conocimiento que el público posee acerca de una organización.

  Generalmente están referidos a investigar el conocimiento del nombre y/o de las actividades que la organización realiza.

Pueden ser efectuados con modalidad espontánea o asistida. En la modalidad espontánea se le solicita a la persona que mencione nombres de organizaciones de un determinado sector; por ejemplo: "Aunque solo sea por el nombre, ¿qué organizaciones de supermercados conoce usted?". Se explicita "aunque solo sea por el nombre" porque algunos pueden considerar que "conocer" una organización es haber tenido una experiencia concreta con ella, y este punto aquí no cuenta. En esta modalidad espontánea es importante registrar el orden en que las personas mencionan los nombres.

En la modalidad asistida, se le expone a la persona una lista de organizaciones y se le solicita que indique cuáles conoce. Por ejemplo:

	No la conoce	La conoce
Empresa 1		
Empresa 2		
Empresa 3		
Empresa 4		
Empresa 5		

Este mismo listado puede ser enriquecido, solicitando que la respuesta se exponga en una escala de conocimiento como la siguiente:

	No conocida	Poco conocida	Bien conocida	Muy conocida
Empresa 1				
Empresa 2				
Empresa 3				
Empresa 4				
Empresa 5				

En ocasiones, además de los nombres de organizaciones verdaderas, se agregan otros inventados de empresas que no existen. Esto con el propósito de considerar el nivel de sinceridad de las respuestas.

Hemos dicho que otro aspecto que se estudia en las investigaciones de notoriedad es el referido al conocimiento del público acerca de las actividades que la organización realiza. Con este propósito se puede diseñar un formulario que exponga diferentes actividades, para que el encuestado señale aquellas en las que supone que la organización se desempeña.

Petrolera	
Servicios financieros	
Servicios bancarios	
Construcción	

En síntesis, la conformación del índice de notoriedad puede ser resumida de la siguiente manera:

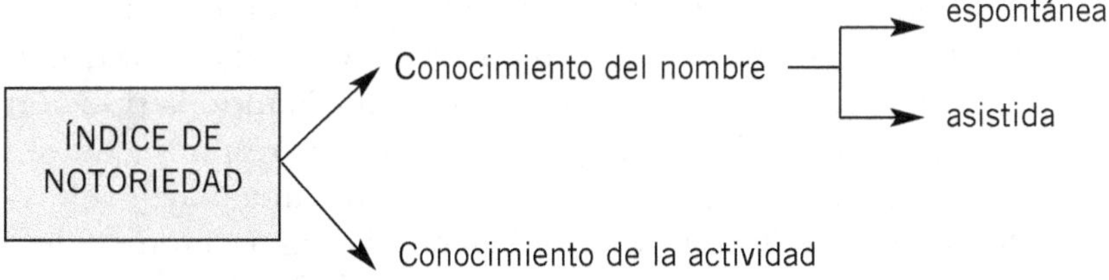

Las investigaciones de notoriedad se ocupan del nivel de conocimiento que el público posee acerca de la organización, y no de las actitudes que tiene hacia ella. Tener alta notoriedad no es bueno ni malo *per se.* La organización puede tener mucha notoriedad por una excelente gestión o por constantes denuncias de contrabando. Y esto no lo aborda el índice de notoriedad.
El índice de notoriedad no se ocupa ni de la dirección ni de la intensidad de la imagen.

– *Índice de contenido*
El índice de contenido, precisamente, se ocupa de la dirección y de la intensidad de la imagen, por lo que aborda las actitudes del público hacia la organización.
Uno de los métodos más utilizados para abordar el índice de contenido es el de "diferencial semántico", mediante el cual al

entrevistado se le presenta un conjunto de adjetivos antitéticos y separados por una escala compuesta de siete posiciones. Cada una de estas posiciones, según se ubique a la izquierda o a la derecha, indica una intensidad a favor o en contra de cada adjetivo, y en el centro de la escala la intensidad es neutral. Por ejemplo:

	3	2	1	0	1	2	3	
Tradicional								Moderna
Eficiente								Ineficiente
Rentable								No rentable
Low-tech								*High-tech*

Para confeccionar este tipo de cuestionarios, es conveniente que los adjetivos que pueden resultar positivos o negativos sean colocados alternativamente a la izquierda y a la derecha (en nuestro ejemplo: *Low-tech* a la izquierda, *High-tech* a la derecha; *Rentable* a la izquierda, *No rentable* a la derecha). Alternando la posición de los adjetivos positivos y negativos se evita la "respuesta automática" y se induce al encuestado a que aplique una mayor reflexión. Otros de los métodos utilizados para investigar el índice de contenido es la "escala de calificación". Se solicita al encuestado que califique una determinada acción en una escala del 1 al 10, en la cual 1-2 es muy malo, 3-4 es malo, 5 es regular, 6 es bueno, 7-8 es muy bueno y 9-10 es excelente. Por ejemplo:

	1	2	3	4	5	6	7	8	9	10
Buena atención al público										
Garantía										
Rapidez										
Servicio										

Otra opción puede ser la denominada "elección de ideas", por la cual se confecciona un listado que contiene diferentes definiciones respecto de la compañía. Al entrevistado se le solicita que señale aquellas que asocia efectivamente con la organización. Por ejemplo:

Es una organización tecnológicamente avanzada	
Es una organización orientada al servicio al cliente	
Es una organización confiable	
Es una organización líder	

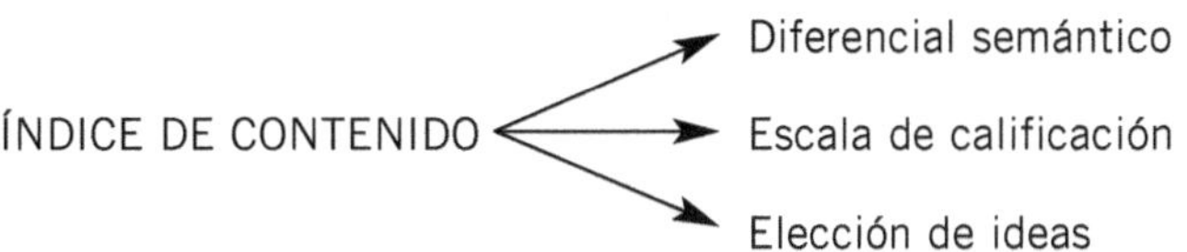

Para cualquiera de los casos, en la confección de estos formularios correspondientes al índice de contenidos conviene que los adjetivos expuestos sean escogidos cuidadosamente teniendo en cuenta los propósitos que rigen la investigación.

— *Índice de motivación*

El índice de motivación indaga acerca de aquello que resulta más importante para el público. Por ejemplo, si se trata de una organización dedicada a la fabricación y comercialización de automóviles, al entrevistado se le realiza una pregunta del tipo: "¿Qué aspectos considera más importantes para evaluar una empresa automotriz?".

Esta indagación puede ser espontánea o asistida.

En la modalidad espontánea, el interrogado responderá mencionando por orden de importancia los aspectos prioritarios para él.

	Aspectos importantes
1	¿?
2	¿?
3	¿?
4	¿?

En la modalidad asistida, el interrogado debe elegir, de una lista, aquellos aspectos que considera prioritarios a la hora de evaluar una organización (del sector específico de que se trate;

en nuestro ejemplo, automotriz), y los enumerará sobre la base de la prioridad que le asigna. Asimismo, se le puede otorgar la posibilidad de agregar otros aspectos no incluidos en el listado. El estudio del índice de motivación se complementa interrogando al entrevistado acerca de las causas que motivan el orden escogido.

	Orden de prioridad
Tecnología	
Servicio posventa	
Garantía	
Confiabilidad	
Prestigio	
Otros:	

Al conocer los índices de notoriedad, contenidos y motivación, la organización puede determinar la dirección y la intensidad de la *imagen,* y los factores motivadores.

• Instrumentos cualitativos

Los instrumentos cualitativos son procedimientos de investigación que toman como fuentes de datos las conductas directamente observables. En el caso de la investigación en el campo de la imagen, estos instrumentos permiten conocer metódicamente las ideas que el público posee acerca de la organización. Las conclusiones que arrojan estas investigaciones son de índole comprensiva.

Más allá de que los instrumentos cualitativos constituyen un método de investigación en sí mismo, generalmente son el punto de partida más indicado para cualquier investigación con instrumentos cuantitativos (sobre todo, en el caso de los índices de contenido y motivación). A partir de los instrumentos cualitativos podemos arribar a la confección de los cuestionarios correspondientes a las investigaciones cuantitativas.

Según mi experiencia, estos instrumentos –siempre y cuando sean operados de manera idónea– arrojan hallazgos muy valiosos (y en ocasiones, más reveladores que los instrumentos cuantitativos).

Entre los instrumentos cualitativos que más utilizamos en Comunicación Estratégica® encontramos los siguientes: observación participante, entrevistas personales (*one-on-ones*), y grupos de foco (*focus groups*). Analizaremos a continuación cada uno de ellos.

- *Observación participante*

Se trata de una observación que el investigador (o equipo investigador) lleva a cabo de manera directa y participativa en el campo de indagación (por ejemplo, en el seno de la organización) por un período determinado.

En la observación participante, el observador puede o no llevar a cabo las mismas tareas técnicas que realizan las personas observadas.

- *Entrevistas one-on-ones*

Se trata de entrevistas personales realizadas a referentes significativos para los propósitos de la investigación. Estas entrevistas permiten abordar un amplio espectro temático con gran profundidad.

Si las circunstancias lo permiten, conviene llevar un registro grabado de cada entrevista. Asimismo, se deberá evaluar la participación de dos observadores asistentes, los cuales podrán elaborar, cada uno por separado, un protocolo de la información recopilada en el encuentro.

El secreto del éxito de las entrevistas *one-on-ones* radica, entre otras cosas, en:

- El análisis previo de la situación.
- La selección adecuada de los entrevistados.
- La pertinencia de la guía para la entrevista.
- La capacidad del entrevistador para crear una atmósfera adecuada.
- El análisis pertinente de los hallazgos.

- *Los grupos de foco* (focus groups*)*.

En mi experiencia, el método de grupos de foco (*focus groups*) es el que mejor posibilita la indagación, exploración y descubrimiento de temas relevantes. En los grupos de foco, un coordinador administra la operatividad de un grupo (aproximadamente de diez participantes) orientado a la discusión de determinados temas pertinentes a los propósitos de la investigación. El éxito de los resultados de la investigación dependerá de los siguientes factores:

- La definición de los objetivos de la investigación.
- La definición del perfil de los participantes.
- La guía de discusión.
- La coordinación grupal.

Un aspecto fundamental es el referido al marco referencial del investigador, es decir, desde qué posición se investiga, porque es desde ese lugar que también se elaborarán las hipótesis y los hallazgos. Para aplicar los resultados de una investigación en el ámbito de la Comunicación Estratégica® resulta más que conveniente que el investigador conozca acerca de esta disciplina y su marco referencial.

CAPÍTULO 11

EL PLANEAMIENTO ESTRATÉGICO

¿Qué es el planeamiento estratégico?

Planear es definir propósitos. A través del proceso de planeamiento, la organización determina una dirección hacia la cual han de ser dirigidos los esfuerzos.

El planeamiento estratégico consiste en definir el resultado que queremos conseguir, de manera previa a la ejecución de las acciones necesarias para lograrlo. En el planeamiento estratégico "el fin es el principio".

A veces se suele confundir el concepto de "planeamiento estratégico" con el de "pronóstico". Básicamente, el planeamiento estratégico consiste en la concepción y definición de un plan. En cambio, el pronóstico consiste en calcular volúmenes, gastos, flujos de fondos, costos, inversiones, etcétera.

Planear es pensar antes de actuar, y pronosticar es apropiarse de una mayor cantidad de información para poder pensar.

En resumen, podemos decir que el planeamiento consiste en decidir hoy lo que la organización desea para su futuro. Es el proceso mediante el cual la organización articula los propósitos, los recursos, las oportunidades y las amenazas.

Cada organización emplea una extensión, un detalle y una formalidad determinados, los cuales pueden variar considerablemente.

Algunas organizaciones viven muy atrapadas por el "día a día", lo que ocasiona que en ellas se destine poco tiempo –o ninguno– a pensar en perspectivas de largo plazo. Otras en cambio actúan "como si" llevaran a cabo algunas actividades de planeamiento formal. Así los departamentos se desviven confeccionando planes por escrito, para que luego sean archivados. Es fundamental tener en consideración que una cosa es planear y otra es implementar. En ocasiones puede suceder que se formule el plan más brillante pero que nunca logre implementarse o que, al hacerlo, emerjan resultados imprevistos.

No siempre es posible seguir al pie de la letra lo planeado formalmente. Muchas veces el planeamiento progresa de a pequeños pasos sucesivos, en ocasiones retrocediendo y en otras ocasiones progresando mediante bruscos saltos cualitativos y cuantitativos.

No existen pruebas concluyentes que demuestren que las organizaciones que desarrollan procesos de planeamiento sean más exitosas que aquellas que no lo hacen. Si acaso así sucediera, tampoco podemos aseverar que esa diferencia se deba precisamente al planeamiento, ya que generalmente las organizaciones que planean son las más competitivas, y la prosperidad que lograron alcanzar no puede ser asignada exclusivamente al planeamiento.

Sin embargo, desde nuestra perspectiva, si se seleccionan procedimientos adecuados, creemos que el planeamiento estratégico puede producir beneficios positivos para cualquier organización que pretenda prosperar y desarrollarse.

Requisitos básicos para el planeamiento

Los siguientes son algunos de los requisitos básicos que deben cumplimentarse para el ejercicio de planeamiento.

Compromiso de la alta dirección

La organización debe vivir el ejercicio de planeamiento como un propósito de la alta dirección. Si esto no sucede, la gente no se involucrará, y es muy probable que no surjan ideas productivas. Más aun, aunque se generen ideas interesantes, si no existe el compromiso de la alta dirección resultará muy dificultoso ponerlas en práctica.

Análisis global

Una disfuncionalidad bastante común que se observa en las organizaciones es que los problemas se suelen enfocar con una determinada perspectiva (por ejemplo, desde el marketing, desde los recursos humanos, desde lo financiero, etc.). A esto se lo denomina "visión túnel". Desde luego, esta "visión túnel" tiene relación directa con aquellas áreas que más poder e influencia ejercen en la estructura gerencial.

El planeamiento ha de llevarse a cabo con una mentalidad abierta y una perspectiva totalizadora, que permita comprender todas las problemáticas de manera holística y las interrelaciones de unas con otras.

Participación

Para optimizar los resultados del planeamiento, lo ideal es contar, en su elaboración, con la mayor cantidad posible de miembros pertenecientes a la organización. Solo así podremos comprometer a todos los integrantes para implementar aquello que se planee.

Para esto se debe dinamizar el flujo comunicacional interno (vertical ascendente/descente, horizontal y diagonal).

El planeamiento como proceso de aprendizaje

La capacidad de desarrollo de una organización en un entorno altamente competitivo y en constante cambiante como es el actual, depende directamente de su capacidad de aprendizaje. Planear es aprender.

Para aprender es necesario trabajar hacia adentro de uno mismo, descubriendo nuestras interpretaciones internas del mundo y explicitándolas a los demás para que sean sometidas a un inexorable examen.

Los equipos deben trabajar en procura de desarrollar un clima en el que se estimulen las ansias de superación permanente y en el que se promuevan el compromiso y la confianza entre sus miembros. Un clima en el que se logre dinamizar un equilibrio entre los naturales impulsos de convencer a los demás acerca de las propias ideas (alegato) y la imperiosa necesidad de explorar nuevas perspectivas (indagación). Solo en un clima así las personas expresan sus pensamientos de manera legítima y lo ofrecen generosamente para que, a través del diálogo o la discusión experta, sean influidos, cuestionados o enriquecidos por los pensamientos de los otros miembros del equipo.

Todos los equipos pueden aprender; sucede en las artes, el deporte y las ciencias. Los equipos gerenciales y las organizaciones no están excluidos de esta posibilidad.

El aprendizaje surge con la capacidad de diálogo. "Diálogo" deriva del griego *dia* (varios) y *logos* (razón), lo que significa "la razón que se busca entre varios". El diálogo le permite al equipo alcanzar un grado de pertinencia tal en las interpretaciones, que a sus integrantes les resulta imposible alcanzarlo de manera individual.

El aprendizaje organizacional debe ser concebido como:

- Un proceso siempre abierto, sin punto de llegada.
- Un proceso continuo, realimentado por las experiencias.
- Un proceso que requiere resolver los modos opuestos de adaptación a la realidad.

Los gerentes también son humanos

Como hemos descripto anteriormente, los seres humanos actuamos y comprendemos el mundo sobre la base de nuestros mapas mentales.

Aunque a algunos les parezca extraño, los gerentes también son humanos, razón por la cual también actúan sobre la base de estos mapas mentales.

Cada gerente elabora una interpretación de "lo que la organización es", interpretación que principalmente está influida por:

- Quién es el gerente.
- Cuál es su situación particular.
- Aquello que el gerente representa.

Esto quiere decir que lo que el gerente interpreta depende del lugar desde el cual lo interpreta.

Entonces cada gerente posee como un filtro que le hace configurar en su mente una "organización interpretación" (OI), razón por la cual debe trabajarse para que las interpretaciones de los gerentes (OI) coincidan lo máximo posible con la organización real (OR).

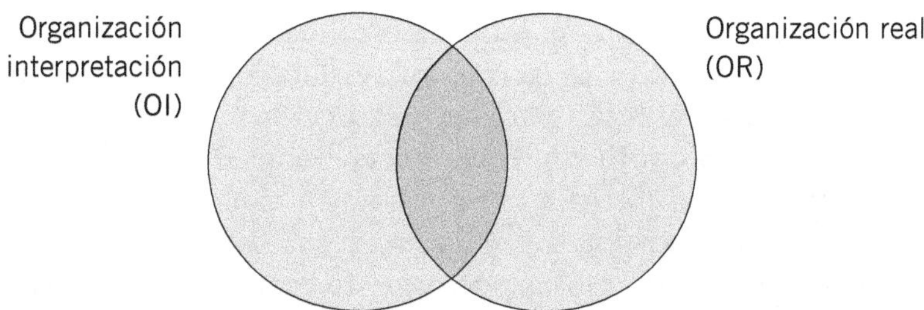

A continuación, elaboraremos un ejercicio para visualizar los desajustes entre la OR y la EI de dos gerentes.

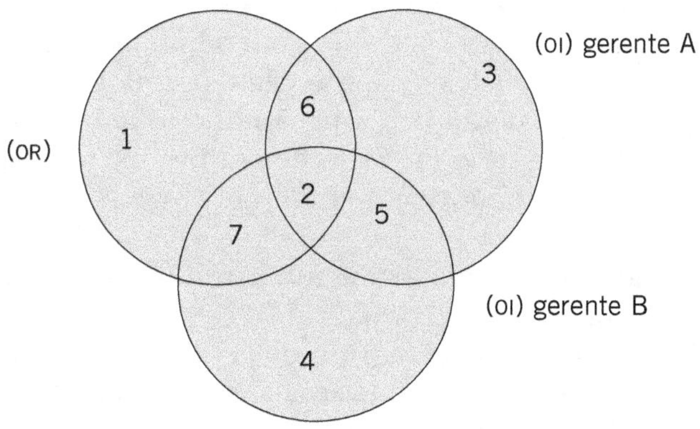

En el gráfico exponemos tres círculos que representan:

1. la organización real (OR) y
2. las interpretaciones (OI) de dos gerentes (A y B). De esta manera quedan definidos siete campos.

El campo 1 es el que incluye los aspectos de la organización real, que no son considerados ni por A ni por B. Para estos gerentes, es como si las características de este campo no existieran, ya que no entran en sus respectivos campos de consideración.

En el campo 2 se encuentran los elementos de la organización real que son considerados tanto por A como por B.

En el campo 3 se hallan los elementos que el gerente A cree que existen, pero que en verdad no se corresponden con la problemática real de la empresa. Además, estos elementos "inexistentes" considerados por A no son considerados (para su suerte) por B.

Por el contrario, en el campo 4 ubicamos los aspectos que B considera como verdaderos pero que en verdad son "inexistentes" y no son considerados (esta vez para su suerte) por B.

En el campo 5 confluyen las incorrecciones de A y B, ya que en él se hallan los elementos que tanto A como B consideran reales, pero que en verdad no existen.

En el campo 6 están los aspectos de lo real que son considerados por A pero no por B; y en el campo 7 los aspectos de lo real considerados por B pero no por A.

¿Ya he logrado volverlo loco? Le pido disculpas si le provoqué alguna confusión, pero esto no se reduce a un irritante, teórico y delirante juego de palabras. Esto es lo que generalmente sucede en todas las organizaciones, todos los días y en cada momento.

Tengamos en cuenta que este ejemplo lo hemos reducido a solo dos gerentes. Imagínese el grado de confusión que generan las brechas entre OR y OI cuando se manifiestan entre los miembros de toda una junta.

En el ejercicio de planeamiento estratégico se evidencia el problema de las brechas interpretativas.

Si bien es cierto que el registro de la OR, en tanto perteneciente al estricto campo de "lo real", en verdad es imposible, lo que nos hemos de proponer es achicar a su mínima expresión posible la brecha existente entre la OR y la OI.

El problema de las brechas que existen entre OR y OI nos evidencia cuánto puede ayudar el operador de Comunicación Estratégica® en el seno mismo de una organización. La Comunicación Estratégica® puede contribuir al desarrollo organizacional, reduciendo las brechas que existen entre las OI de los distintos ejecutivos, y las que existen entre estas OI y la OR.

El director de Comunicación debe participar activamente del proceso de planeamiento, pero ya no con el rol histórico al que se ha relegado al ejecutivo del área, es decir, como soporte de las decisiones de marketing, sino como representante de un área estratégica de gestión.

El director de Comunicación puede y debe contribuir con su interpretación de la organización, a exponerla para que sea sometida a un profundo análisis, y para que los demás ejecutivos la enriquezcan con sus "propias versiones", disminuyendo las brechas.

Los tres tiempos del planeamiento

Basados en el elemento tiempo, podemos distinguir al menos tres diferentes tipos de planeamiento, cada uno de los cuales implica diferentes niveles de responsabilidades ejecutivas, diferentes resultados esperados y diferentes instrumentos analíticos.

Fundamentalmente debido a la aceleración de los procesos de cambio (social, político, económico, tecnológico, educacional, etc.), muchas organizaciones encuentran serias dificultades para planear a plazos mayores de tres o cinco años vista.

Sobre la base de estas restricciones, hemos de reconocer que para una organización resulta complicado establecer objetivos concretos (intención, medida y plazo) para un período superior a diez años. (Asimismo, esos objetivos raramente resultarán prácticos por un período superior a cinco años.)

Los tres tipos básicos de planeamiento respecto del elemento tiempo son:

Planeamiento a largo plazo

Abarca un período de cinco a diez años y proporciona el direccionamiento y la visualización del futuro de la organización. Aunque se lo considere un hecho provisorio y sin el grado de precisión deseable, en lo posible estas pautas deben ser cuantificadas. La responsabilidad principal recae sobre la alta dirección.

Planeamiento a mediano plazo

Abarca un período de tres a cinco años. La responsabilidad principal recae sobre la alta dirección y las gerencias.

Planeamiento a corto plazo

Abarca un período de uno a dos años. La responsabilidad recae sobre la alta dirección, las gerencias y, eventualmente, sobre algunas jefaturas.

No caiga en la trampa

La mayoría de la bibliografía que circula acerca de temas de imagen y comunicación organizacional está escrita por autores que se formaron originalmente en otras disciplinas (yo no me excluyo de esta sentencia).

Algunos de estos autores traspolan "literalmente" los modelos que se aplican en esas disciplinas a la problemática de la imagen y la comunicación organizacional.

La adaptación de modelos no es un error; es válido y valorable. El problema surge cuando no se elaboran las adaptaciones necesarias para que el modelo sea adecuado, cuando la aplicación es "literal", tal cual como se instrumenta en la disciplina original.

Por ello, desde la Comunicación Estratégica® pretendemos crear un marco de referencia válido, a partir del cual el director de Comunicación –o quien sea el ejecutivo encargado de la comunicación organizacional– pueda analizar, decidir y operar de manera pertinente.

Esto lo enfatizo por los siguientes motivos:

- En el proceso de planeamiento, al interactuar con otros ejecutivos de la compañía, usted se hallará instrumentando herramientas que originalmente fueron creadas para otro marco referencial, y entonces su correcta instrumentación en la problemática comunicacional requerirá que usted elabore algunos ajustes conceptuales.
- La instrumentación "literal" de conceptos y herramientas pertenecientes a otro marco conceptual, en el ámbito de la problemática comunicacional, suelen arrojar resultados absolutamente contrarios a los pretendidos.

Expongamos un ejemplo.

En el planeamiento estratégico, habitualmente se utiliza la "matriz FODA" que posibilita analizar las *fuerzas*, las *oportunidades*, las *debilidades* y las *amenazas* (de las iniciales de estos elementos se toma la denominación FODA).

		ORGANIZACIÓN	
		Fortalezas	Debilidades
MERCADOS	Oportunidades	1	2
	Amenazas	3	4

Por ejemplo, aplicada a las decisiones de marketing, la matriz FODA determina lo siguiente:

- En el cuadrante 1 (Oportunidades/Fortalezas) hay crecimiento, por lo que deben asignarse recursos.
- En el cuadrante 2 (Oportunidades/Debilidades) se debe actuar para revertir las debilidades de la empresa.
- En el cuadrante 3 (Amenazas/Fortalezas) se debe asignar recursos pero con cautela.
- En el cuadrante 4 (Amenazas/Debilidades) se debe "desinvertir".

Si tuviéramos que aplicar el análisis de la matriz FODA en el ámbito de la problemática de la comunicación organizacional, pretendiendo que sus resultados sean pertinentes, observaremos que:

- Deberíamos cambiar el término "Mercado" (Oportunidades/Amenazas) por "Público" (Oportunidades/Amenazas). El análisis FODA debería realizarse respecto de cada uno de los diferentes públicos.
  Entonces, nuestra matriz FODA quedaría establecida de la siguiente manera:

		ORGANIZACIÓN	
		Fortalezas	**Debilidades**
PÚBLICO	**Oportunidades**	1	2
	Amenazas	3	4

- En el cuadrante 3 (Amenazas/Fortalezas), en vez de asignarse recursos con cautela, se deberían asignar recursos con "cierta preferencia".
- En el cuadrante 4 (Amenazas/Debilidades) en vez de "desinvertir", se deberían asignar recursos con "mucho entusiasmo".

Así como vimos en el ejemplo anterior sobre la matriz FODA –que para instrumentarla de manera correcta en el ámbito de la Comunicación Estratégica® es necesario llevar a cabo algunos ajustes–

, de la misma manera sucede con muchos elementos de otras disciplinas, que erróneamente pretenden aplicarse sin los ajustes correspondientes al ámbito de la problemática comunicacional.

Otro concepto que habitualmente se instrumenta de manera errónea, es el de "posicionamiento".

El *posicionamiento* se constituye en una actividad crítica para el éxito de la gestión comunicacional. Mientras que en el marketing la empresa *compite* con otras (a través de sus productos y marcas), en el entorno comunicacional a menudo no se compite más que con los errores, incoherencias e inadaptabilidad de la propia organización.

Consideraciones generales acerca de los programas

Podríamos decir que el planeamiento especifica "qué es lo que nos proponemos". Un programa, en cambio, tiene otras características. Veamos:

- En primera instancia, define el complejo conjunto de actividades que van a desarrollarse ("qué debemos hacer para lograr aquello que nos proponemos"), configurando asimismo una sucesión determinada para dichas actividades.
- En una segunda instancia, establece y acota los tiempos en que las actividades deben ser realizadas ("cuándo debemos hacerlo").

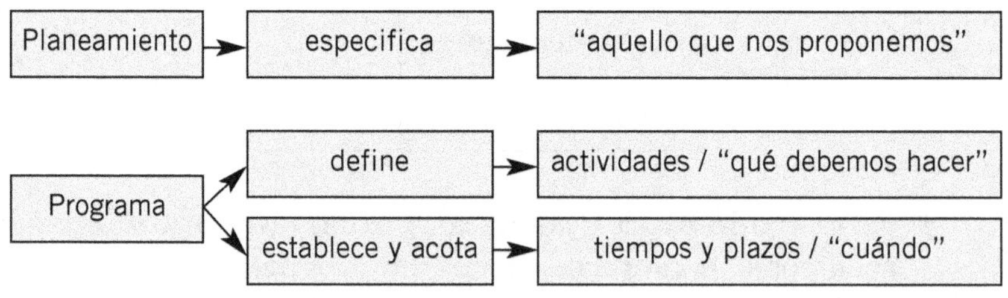

Un programa es la integración de distintas actividades organizacionales y funciones administrativas, articuladas para el logro de propósitos determinados con énfasis en la coordinación.

La programación constituye una interfaz que media entre la determinación de necesidades específicas y la operación concreta de intervención. El proceso comienza con la detección de la necesidad de intervención, prosigue con una labor técnica propia de programación y la definición de subprogramas específicos de actividades, y culmina con acciones de ejecución y control.

Los pasos típicos para la gestión de programas y subprogramas son los siguientes:

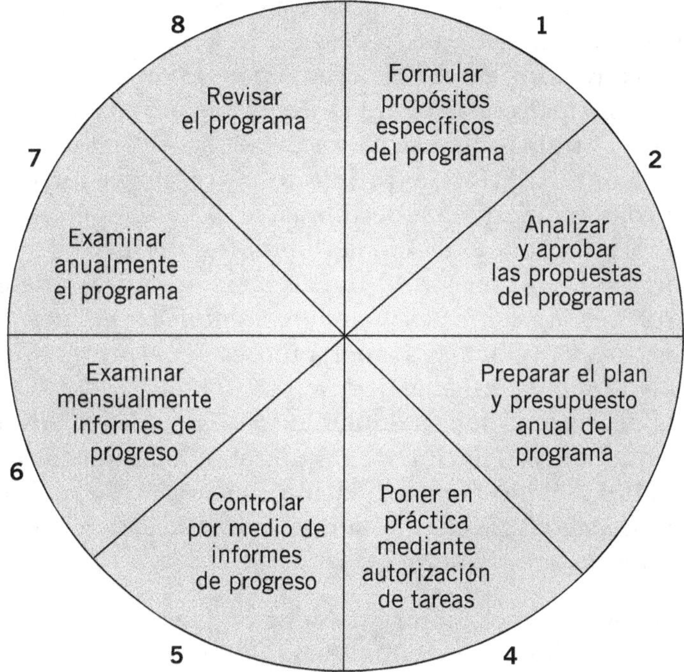

Un programa es una acción sostenida en el tiempo. La duración depende en gran medida de la complejidad que imponen las pretensiones y problemáticas específicas que pretenden abordarse.

Debe tenerse en cuenta que en la implementación de programas existe un problema bastante común, denominado "desinterés crítico". En general, este problema surge por el gasto desigual de "energía organizacional" en el transcurso del programa.

A menudo sucede que en las primeras fases de los programas existe un alto grado de esfuerzo disponible y entusiasmo. Así, los directores ceden "gustosamente" su tiempo, desplegando una gran energía en la identificación de los principales objetivos de la organización, los problemas, los propósitos del programa y las acciones necesarias para su corrección. Pero luego de estas fases activas, conforme avanzan las tareas más complicadas y más comprometidas, suele manifestarse una merma en el esfuerzo y entusiasmo de la gente.

En los casos en que los programas están a cargo de consultores externos, los consultores mismos suelen poner más energía e insistencia en las fases iniciales, con el propósito de lograr el apoyo e interés de la alta dirección. Aunque se posea la esperanza de que el compromiso de los directores no decaerá, las presiones cotidianas –cuando no una crisis– dificultan seriamente el sostenimiento del interés inicial.

Cuando el trabajo de ejecución detallada es "depositado" en los gerentes de nivel inferior, los propósitos de optimización que se esperan del programa tienden a desdibujarse.

Para contrarrestar el efecto del "desinterés crítico" y mantener el ímpetu inicial de un programa, en las fases posteriores de ejecución se debe prever la acción de un *equipo coordinador de subprogramas de actividades específicas*, del cual emerja un *coordinador general* que supervise la gama total de las actividades.

Antes de emprender cualquier *subprograma de actividades específicas*, se requiere la asignación de responsabilidad específica, al gerente que tendrá a cargo la coordinación y ejecución del subprograma. A este *coordinador responsable* del subprograma se le debe extender una autorización de tarea que incluya:

- Objetivos que el subprograma ha de lograr.
- Las fechas de inicio y finalización del subprograma.
- Los recursos disponibles.
- Definición de las relaciones del coordinador responsable en el marco de la organización y la explicitación de cualquier condición especial necesaria.
- Sistema específico de informe de revisión y progreso del subprograma.
- Sistema de evaluación rápida y modificación del subprograma.

Técnicas para la gestión y del control de programas

Mencionaremos algunas breves nociones acerca de las técnicas para la gestión y control de programas más ampliamente difundidas, advirtiendo desde ya que, para su instrumentación, estas técnicas requieren un entrenamiento específico respecto de sus lenguajes y aplicaciones.

Las técnicas para la gestión y control de programas de proyectos complejos comienza a desarrollarse en los primeros años del siglo XX, con la aparición del denominado diagrama de Gantt, el cual consiste en plasmar gráficamente una estructura secuencial de las actividades, trazando líneas en función del tiempo de duración de cada una de ellas, como se observa en el ejemplo que sigue.

Actividades	Cuatrimestres 1er año			Cuatrimestres 2do año			Cuatrimestres 3er año			Cuatrimestres 4to año		
Actividad 1	▬	▬										
Actividad 2		▬	▬									
Actividad 3				▬	▬							
Actividad n					▬	▬						

Si bien el diagrama de Gantt es ampliamente utilizado, debe tenerse en cuenta que, en esta técnica, se planea y se programa al mismo tiempo, lo cual dificulta el reconocimiento de la secuencia e interdependencia de las diferentes actividades.

En 1957 la firma Du Pont de Nemours, para la construcción de una gran planta industrial, desarrolló otra técnica denominada CPM (*Critical Path Method*) o *método del camino crítico*.

La base de esta técnica la constituye el denominado "diagrama de flechas", "diagrama sagital" o simplemente "red". Si bien existen variadas modalidades de graficar este diagrama, en la página siguiente exponemos un ejemplo de red CPM aplicado a un proyecto de actividades de orientación a empleados de una organización.

Un aspecto clave del CPM es la determinación de la ruta crítica, la cual está compuesta por la secuencia de actividades de la red, que demanda el mayor tiempo para completarse. La ruta crítica representa el lapso más breve en que el proyecto puede ser completado.

Las actividades que comprenden la ruta crítica son las prioritarias. Como se puede observar en el gráfico, los plazos de las actividades de la ruta crítica no son flexibles: el "tiempo mínimo de terminación" y el "tiempo máximo de terminación" de cada una de ellas coinciden, por lo que deben ser finalizadas indefectiblemente en el lapso establecido. Sabemos que si estas actividades no se llevan a cabo según lo programado, el proyecto no se finalizará a tiempo.

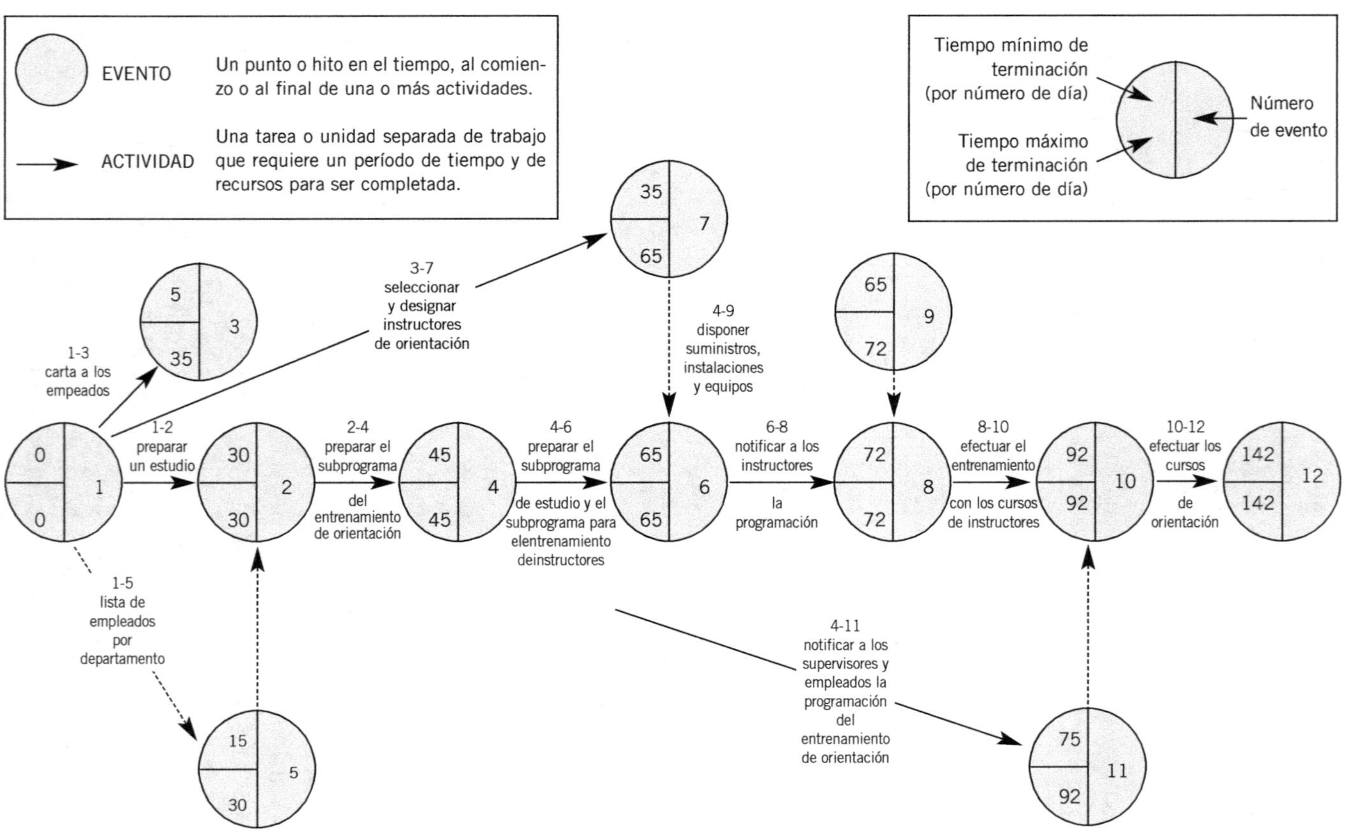
EVENTO — Un punto o hito en el tiempo, al comienzo o al final de una o más actividades.
ACTIVIDAD — Una tarea o unidad separada de trabajo que requiere un período de tiempo y de recursos para ser completada.
Tiempo mínimo de terminación (por número de día)
Tiempo máximo de terminación (por número de día)
Número de evento
1-3 carta a los empeados
1-2 preparar un estudio
1-5 lista de empleados por departamento
2-4 preparar el subprograma del entrenamiento de orientación
3-7 seleccionar y designar instructores de orientación
4-6 preparar el subprograma de estudio y el subprograma para elentrenamiento deinstructores
4-9 disponer suministros, instalaciones y equipos
6-8 notificar a los instructores la programación
8-10 efectuar el entrenamiento con los cursos de instructores
10-12 efectuar los cursos de orientación
4-11 notificar a los supervisores y empleados la programación del entrenamiento de orientación
0 0 1
5 35 3
30 30 2
15 30 5
45 45 4
35 65 7
65 65 6
65 72 9
72 72 8
92 92 10
142 142 12
75 92 11

Las actividades que no comprenden la ruta crítica cuentan con determinada holgura en lo que respecta a los plazos de realización. Por ejemplo, el plazo de la actividad 3-7 (designar y seleccionar instructores de orientación) posee una flexibilidad de 30 días (tiempo mínimo de terminación: día 35; tiempo máximo de terminación: día 65). Esto quiere decir que esta actividad podrá estar finalizada en el día 35, 40, 52 o cualquier otro día del proyecto, siempre y cuando no sea posterior al día 65.

Los tiempos que se exponen en los círculos (hitos) pueden ser expresados en días, semanas o meses.

La secuencia e interrelación de todas las actividades se rigen por la cruda realidad que determina aquellas actividades que deben llevarse a cabo primero para luego poder continuar con las siguientes.

Cada una de las actividades que pueden ser realizadas de manera simultánea con otras se denomina "actividad nominal", "actividad de cero tiempo" o "*dummy*". Se trata de una actividad ficticia cuyo propósito es manifestar precedencias que hay que respetar y la unificación de la numeración de las actividades. En el gráfico, por ejemplo, la actividad 1-5 (confeccionar una lista de empleados por departamento) debe ser completada antes de la actividad 2-4 (preparar el subprograma de entrenamiento de orientación).

Los *dummy* se evidencian por medio de flechas punteadas, que indican la secuencia lógica entre ambas actividades. Así, como se puede observar en el gráfico, la actividad 1-5 (preparar una lista de empleados por departamento) puede ser llevada a cabo simultáneamente con la actividad 1-2 (preparar un estudio de orientación), pero es necesario que ambas actividades se completen antes de la actividad 2-4 (preparar la programación del programa de entrenamiento).

Se calcula que en un CPM que compromete cientos o miles de actividades, aproximadamente el 15% del total de estas son las que componen el camino crítico. Esto implica ejercer lo que se denomina el "control por excepción", es decir, la aplicación de un efectivo control sobre "aquello que es más importante", ya que, como sabemos, cualquier atraso en cualquiera de las actividades críticas repercute en la duración total del programa.

El CPM supone el conocimiento previo de la duración aproximada de las actividades que se llevan a cabo, en virtud de existir precedentes, experiencias previas o por haberse realizado actividades similares en otros proyectos.

En 1958, la Marina de los Estados Unidos, a través de la Oficina de Proyectos Especiales de la Armada (*Navy Special Projects Office*) en conjunto con la Lockheed Aircraft Corporation, desarrolló el proyecto *Polaris*, cuyo propósito consistía en construir un submarino con propulsión nuclear que, sumergido, pudiera disparar cohetes de largo alcance con ojivas nucleares.

Por tratarse de un arma nueva y debido a la gran cantidad de tareas novedosas que ello implicaba, resultó muy dificultoso desarrollar dicho proyecto por la técnica CPM, ya que se desconocía con exactitud la duración de cada actividad.

Para soslayar estas dificultades se contrató a la consultora Booz, Allen & Hamilton, que desarrolló la técnica del PERT (*Program Evaluation and Review Technique*) o *técnica de evaluación y revisión de programas*.

El PERT se construye de igual forma que el diagrama de flechas o red del CPM; la diferencia radica en la manera en que la duración de las actividades es determinada. La determinación de los plazos para la realización de cada actividad surge de un valor medio que resulta de tres estimaciones:

- Tiempo optimista.
- Tiempo pesimista.
- Tiempo normal.

En 1962 se comenzó a implementar el método *PERT-Costo*, que incluía el control económico-financiero de los proyectos, y posteriormente la técnica RAMPS (*Resource Allocation and Multi-Project Schedulling*) o *programación de distribución de recursos en proyectos múltiples*.

La técnica RAMPS permite hallar la distribución más adecuada de los recursos disponibles para instrumentarlos en varios proyectos.

CPM, PERT, PERT-Costo y RAMPS pertenecen al grupo de técnicas denominadas *programación por el camino crítico*.

Estas técnicas fueron utilizadas con éxito para el control de diversos proyectos muy complejos que comprometían presupuestos de varios millones de dólares, tales como el anteriormente mencionado Polaris, la realización del proyecto hidráulico de California y el proyecto espacial que envió al ser humano a la Luna. No obstante su versatilidad, las técnicas de programación por el camino crítico presentan serias dificultades para ser aplicadas a conjuntos de tareas repetitivas, por ello –por ejemplo– no se las aplica al control de calidad. Para este último tipo de tareas se utilizan técnicas tales como el LOB (*Line of Balance*) o *línea de balance.*

Hoy en día se puede recurrir a poderosos softwares para la administración de proyectos complejos, que resultan económicamente muy accesibles.

Programación

La labor de programación es la que media entre la detección de necesidades de intervención por parte de la organización y la intervención propiamente dicha.

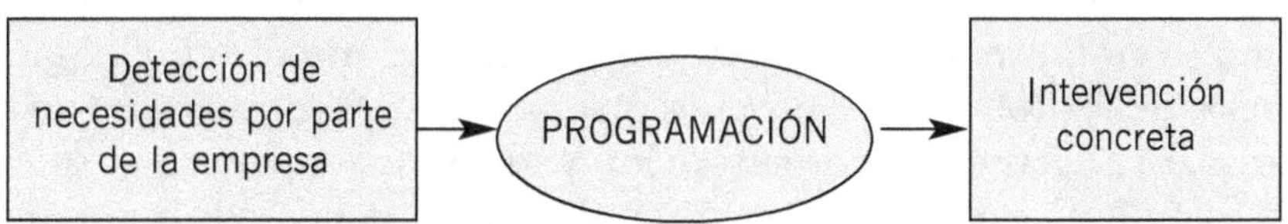

Para configurar una acción programática eficaz de Comunicación Estratégica® resulta imprescindible diseñar un programa particular "a medida" (*taylor made*) que responda a las demandas específicas de cada caso.

Pero si bien todo programa debe ser diseñado conforme al "organismo" en el cual se instalará y a los requerimientos específicos que los propósitos determinan, también podemos afirmar que en general existe una estructura y lógica más o menos común que rige estos programas. Esto nos permite postular un modelo teórico de carácter genérico, que se extrae de experiencias complejas, lo que nos permitirá exponer un programa que –en la mayoría de los casos– resultará "excesivo" y no insuficiente.

Entonces, con intención puramente didáctica, expondremos un modelo general que denominamos PrInCE (*Programa Integrado de Comunicación Estratégica®*).

Debe quedar bien en claro que esta exposición la hacemos con el único propósito de desplegar una idea que permita comprender –en parte– la complejidad y los condicionantes que un PrInCE implica.

Para poder abordar los contenidos del PrInCE, comenzaremos por exhibir gráficamente el modelo:

El PrInCE está conformado por cuatro etapas:

- Etapa analítica.
- Etapa de formulación.
- Etapa ejecutiva.
- Etapa evaluativa.

Cada una de estas etapas, a su vez, está compuesta por *fases* que se discriminan por la índole del trabajo que se desarrolla en cada una de ellas.

Etapa analítica

Como su nombre lo indica, esta etapa centra el interés en el análisis general de la situación. Se procura producir una eximia materia prima informativa acerca de la organización y su contexto, para su posterior procesamiento e instrumentación. Debe tenerse en cuenta que en esta etapa se configuran situaciones que resultarán determinantes para la viabilidad del programa.

Fase I: Reunión con el N° 1 de la organización

Esta fase puede ser considerada como el inicio (*kick-off*) del PrInCE y consiste en una reunión entre el número 1 (ejecutivo principal de la organización) y el operador del programa.

El propósito de esta reunión es que el número 1 manifieste su propia definición de la misión (en qué actividades está ocupada la organización, en cuáles pretende involucrarse y cuál es la habilidad distintiva), visión, objetivos y su interpretación de la estrategia general de la empresa. Asimismo, deberá determinar cuáles son los *gatillos clave* (*key trigger*), es decir, los temas que más le preocupan y a los que él les otorga prioridad para ser abordados. Se trata de los temas de "alerta máxima", que pueden ser positivos o negativos. Los *gatillos clave* son los temas que el número 1 considera más relevantes para el desempeño de la organización.

336

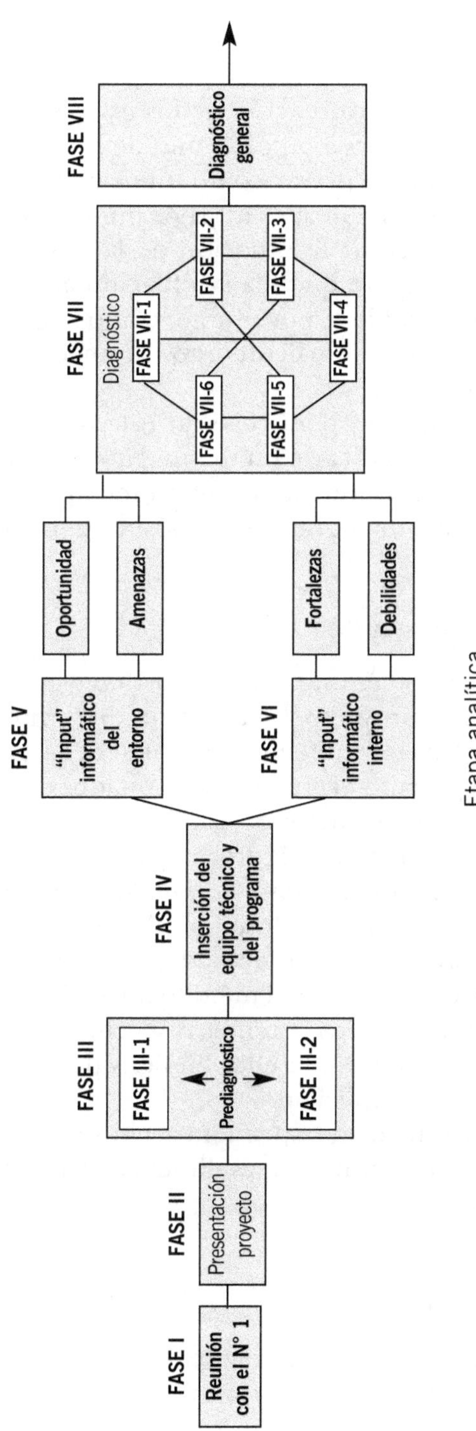

FASE I
Reunión con el N° 1
FASE II
Presentación proyecto
FASE III
Prediagnóstico
FASE III-1
FASE III-2
FASE IV
Inserción del equipo técnico y del programa
FASE V
"Input" informático del entorno
Oportunidad
Amenazas
FASE VI
"Input" informático interno
Fortalezas
Debilidades
FASE VII
Diagnóstico
FASE VII-1
FASE VII-2
FASE VII-3
FASE VII-4
FASE VII-5
FASE VII-6
FASE VIII
Diagnóstico general
Etapa analítica

Para optimizar la determinación de los *gatillos clave*, se intentará relacionar cada uno de ellos con cada uno de los activadores.

El número 1 deberá expresar cómo interpreta que es la relación actual de la organización con sus entornos inmediato y general.

También deberá definir la situación de la organización a través del Hexag-ON, cómo espera que sea la situación en el futuro si no se lleva a cabo ningún cambio y, por último, cómo le gustaría que fuera esta situación, para que, a partir de esto, se puedan determinar los cambios necesarios.

Las condiciones ideales para celebrar esta reunión entre el operador y el número 1 es dedicarle un día *full-time* y, en lo posible, fuera del ámbito de la organización, para evitar interrupciones que puedan dispersar la atención y malograr los propósitos del encuentro.

Fase II: Presentación del proyecto

El propósito de esta fase es que el número 1 convoque a los gerentes que participarán en el proyecto. En esta reunión, a través de una breve charla, el número 1 hace explícita la voluntad de la organización respecto de poner en práctica el PrInCE, los resultados que se espera obtener (realistas) y en cuánto tiempo. Asimismo, el número 1 presenta al operador del programa ante el grupo gerencial.

Ya presentado el operador (*director coordinador del PrInCE*), este realiza una muy breve y somera explicación del marco referencial de Comunicación Estratégica® y del método que se seguirá. La razón del laconismo y la concisión acerca del método que se seguirá radica en no condicionar previamente a los gerentes respecto de actividades que se llevarán a cabo en conjunto con ellos en fases posteriores. Es preferible que este motivo sea explicitado.

Esta fase se constituye en la primera acción tendiente a legitimar el PrInCE entre quienes serán sus más directos responsables en el seno de la organización.

Fase III: Prediagnóstico

En general, toda demanda de intervención se expresa al principio de manera imprecisa y esencialmente ambigua.

En esta fase, fundamentalmente, nos propondremos resolver dicha ambigüedad.

En el prediagnóstico, el operador obtiene los datos primitivos con los cuales se elaborarán las primeras hipótesis respecto a las necesidades de la organización y las capacidades propias del operador para satisfacerlas.

Esta fase se subdivide en dos subfases:

Fase III-1
En esta subfase, el operador organiza reuniones individuales con cada uno de los gerentes que participaron en la reunión de presentación del proyecto con el número 1.

En estas reuniones, cada gerente relata su interpretación acerca de lo que para él acontece en el mix de Comunicación Estratégica® respecto de los distintos activadores.

A esta altura, es probable que los gerentes aún no estén muy familiarizados con lo que significa e implica con exactitud cada activador, por lo que se deberá avanzar con cautela, ofreciéndoles toda la asistencia que sea necesaria.

Asimismo, cada gerente determinará, según su criterio, cuáles son los *key trigger* o *gatillos clave*.

Resulta obvio que en esta subfase el operador deberá asumir un compromiso de confidencialidad ante cada gerente.

Fase III-2
Más allá de las reuniones con los gerentes más directamente afectados por el PrInCE, para alcanzar satisfactoriamente los propósitos de esta fase, el operador organiza una o varias entrevistas con uno (*one-on-ones*) o más miembros de la organización, quienes obrarán como informantes.

Desde la perspectiva implícita en toda la Fase III y sus respectivas subfases, la demanda del PrInCE se *construye* en conjunto entre los principales responsables de la organización y el operador.

Fase IV: Inserción del equipo técnico y del programa

Esta fase es determinante para la viabilidad del programa. Los agentes técnicos, generalmente personas ajenas a la organización, necesitan familiarizarse con ella y asumirla en su conjunto.

El PrInCE exige una alta capacidad de registro, agudeza intuitiva para detectar aspectos latentes no manifiestos y la pertinencia necesaria para llevar a cabo conjeturas iniciales creativas y bien orientadas. Resulta prácticamente imposible llevar a cabo un PrInCE de manera distante, concentrándose exclusivamente en los datos explícitos. No debemos olvidar que los datos relevantes no se nos presentan de manera directa, sino que debemos ir a su encuentro, y para esto es necesario un conocimiento cabal de la organización y una dosis suficiente de creatividad.

Una condición clave para el éxito del proyecto radica en su aceptación por parte de los miembros de la organización, a quienes el PrInCE y sus consecuencias involucran en mayor o menor medida.

Establecer frágilmente el PrInCE en el seno de la organización puede producir efectos que oscilan entre la indiferencia y la resistencia más acérrima. Los previsibles bloqueos, según el sector en el que surjan y su intensidad, pueden convertirse en un obstáculo insuperable para llevar el programa a buen término y una razón suficiente para abortarlo.

Es indudable que para que el PrInCE sea viable deberá contar al menos con una predisposición positiva por parte de los miembros de la organización.

Precisamente es en esta fase en la que el equipo de agentes técnicos deben procurar llevar a cabo una función persuasiva y pedagógica, tendiente a hacer comprensible el proyecto para los integrantes de los diferentes niveles y áreas de la organización.

En esta fase, básicamente, se procura legitimar el PrInCE y a sus agentes (consultores externos) en el seno de la organización, de manera más general (y "popular") de lo que nos proponíamos en la Fase II.

Fase v: *Input* informativo del entorno

Si bien siempre ha sido así, hoy particularmente la información se constituye en un activo organizacional fundamental y en una poderosa herramienta estratégica. Esta fase se concentra en las variables que resultan "más incontrolables" para la organización.

El *input* informativo se lleva a cabo sobre los entornos inmediato y general de la corporación, tarea que comienza por la determinación de las *variables ambientales clave,* las cuales estarán definidas en función del sector de actividad de la organización y de sus imperativos.

340

Para la recopilación de datos, previamente se efectúa una selección de *fuentes clave de información ambiental.* Estas fuentes pueden ser publicadas o inéditas, pudiéndose recurrir asimismo a investigaciones específicas (*survey/research*).

Del análisis de los datos ambientales deberá surgir al menos quiénes son los actores clave (*key player*) para la dinámica organizacional, así como también la *prospectiva de las variables ambientales clave* (*issues management*).

Es en esta fase que se trata de observar la problemática comunicacional de las organizaciones análogas, por lo que es el momento en que se define el *paradigma genérico* (PG).

Generalmente se obtiene un alto volumen de documentación, gran parte de la cual deberá ser consultada a lo largo de todo el programa. Con esto quiero evidenciar la imperiosa necesidad de procesar, clasificar y –fundamentalmente– sintetizar adecuadamente toda la información, para su posterior recuperación y uso.

El producto final de esta fase será la construcción de una *matriz de evaluación de factor comunicacional externo,* de la cual deberán emerger las oportunidades y amenazas del entorno para la compañía.

Fase VI: *Input* informativo interno

Esta fase consiste en llevar a cabo una serie de auditorías internas muy básicas y generales, cuyo nivel de complejidad y profundidad dependerá del tipo de intervención que el operador se proponga y del presupuesto disponible.

Si bien las auditorías que pueden aportar datos significativos son muchas y variadas (auditoría gerencial, auditoría comercial, auditoría financiera, auditoría de producción, auditoría de investigación y desarrollo), resulta obvio que aquellos elementos fundamentales para nuestros propósitos son los que producen consecuencias (directa o indirectamente) comunicacionales.

Las auditorías se desarrollan a través de dos niveles operativos complementarios:

1. Obtención de datos por medio de material documental de la organización.
2. Obtención de datos a través de la consulta directa a empleados.

El producto final de esta fase será la construcción de una *matriz de evaluación de factor comunicacional interno,* de la cual deberán emerger las fortalezas y debilidades de la corporación.

Fase VII: Diagnóstico

Esta fase se subdivide en seis subfases, cada una de las cuales tiene como propósito elaborar un diagnóstico pormenorizado –y mucho más profundo que el previamente elaborado en la Fase VI– sobre los activadores.

Fase VII-1: "Personalidad"
Se elabora un diagnóstico sobre cada uno de los componentes de la personalidad, para analizar cómo se articulan entre sí, debiéndose llevar a cabo análisis sincrónicos (en un momento determinado) y diacrónicos (historia y evolución).
Esta subfase no tiene como único propósito el relevamiento de los componentes de la personalidad. La clave de esta observación radica en determinar el grado de armonía existente –o su ausencia– entre dichos componentes.
El grado de armonía se determina a partir del reconocimiento de la coordinación y la integración. La coordinación significa armonía en la dimensión horizontal; en cambio, la integración significa armonía en la dimensión vertical.

Fase VII-2: "Identidad"
En esta fase se explicita cuál es el proyecto organizacional y la orientación estratégica actual.
El *paradigma genérico* (PG), reconocido en la Fase V, se confronta ahora con los *rasgos identificatorios* (RI).

Fase VII-3: "Cultura"
En esta fase se determina cuál es el *estado cultural actual* (ECA).

Fase VII-4: "Vínculo"
Básicamente, a partir de la información obtenida en la Fase V, se confecciona el mapa de públicos, se determinan los CEXs y los atributos esperados por ellos.

Fase VII-5: "Comunicación"

El propósito fundamental de esta subfase es llevar a cabo un reconocimiento y una evaluación del campo de emisión organizacional.

Como sabemos, la comunicación constituye un hecho inevitable, lo que determina que siempre nos encontremos con contenidos y canales de existencia previa a la decisión de poner en marcha el PrInCE.

Estos recursos de emisión, de existencia previa al PrInCE, deben ser reconocidos para que, a partir de allí, podamos determinar los efectos benéficos y los efectos nocivos, y el nivel de sistematicidad que se aplica o no para la gestión de dichos recursos.

Para esto se recurre a dos auditorías básicas:

a) Auditoría de contenidos.

b) Auditoría de canales.

La *auditoría de contenidos* consiste en recolectar una muestra representativa de diversas piezas comunicacionales instrumentadas por la organización (por ejemplo, papelería, tarjetas personales, memos, avisos publicitarios, publicaciones, recortes de prensa, etc.), para analizarlos fundamentalmente a través de sus contenidos.

La *auditoría de canales* consiste en la elaboración de un reconocimiento de los principales canales de comunicación por medio de los cuales la organización se expresa.

También debe considerarse la posibilidad de llevar a cabo estas auditorías –de manera menos pormenorizada– respecto de entidades análogas.

Cumpliendo con los requisitos de esta subfase, lograremos:

* Poseer un conocimiento más o menos acabado acerca del complejo campo de emisión actual de la organización (anatomía).

* Ponderar cada recurso de emisión en su interrelación con los restantes recursos del sistema global (fisiología).

* Optimizar la acción diagnóstica.

Fase VII-6: "Imagen"

En esta subfase se debe crear una plataforma informacional que defina claramente la síntesis mental que el público elabora acerca de la organización, en términos de *imagen pública* (IP), *endoimagen* (EI), *imagen sectorial* (IS) y, si correspondiera, *imagen del país de origen* (IPO).

Fase VIII: Diagnóstico general

A partir del material informativo obtenido en la reunión con el número 1 de la organización (Fase I), el prediagnóstico (Fase III), los *inputs* de las fases V y VI, y el diagnóstico particular del mix (Fase VII), elaboraremos una síntesis que nos permita explicitar algunas hipótesis acerca del acontecer comunicacional, sus causas y condicionantes.

Para lograr operatividad, estas conclusiones serán necesariamente escuetas, generales y sumamente prácticas. Para ello podemos construir una "matriz FODA" (fortalezas – oportunidades – debilidades – amenazas), la cual expondrá nuestras hipótesis de manera clara y sintética.

Los pasos típicos para la construcción de la matriz FODA son los siguientes:

1. Hacer una lista de las fortalezas internas.
2. Hacer una lista de las debilidades internas.
3. Hacer una lista de las oportunidades externas.
4. Hacer una lista de las amenazas externas.
5. Comparar las fortalezas internas con las oportunidades externas y registrar estrategias alternativas FO.
6. Cotejar las debilidades internas con las oportunidades externas y registrar estrategias alternativas DO.
7. Comparar las fortalezas internas con las amenazas externas y registrar estrategias alternativas FA.
8. Comparar las debilidades internas con las amenazas externas y registrar estrategias alternativas DA.

	DEBILIDADES 1 2 3 Hacer lista de 4 debilidades 5 6 n	FORTALEZAS 1 2 3 Hacer lista de 4 fortalezas 5 6 n
OPORTUNIDADES 1 2 3 Hacer lista 4 de oportunidades 5 6 n	Hipótesis DO 1 2 3 Vencer debilidades 4 aprovechando 5 oportunidades 6 n	Hipótesis FO 1 2 3 Uso de fortalezas 4 para aprovechar 5 oportunidades 6 n
AMENAZAS 1 2 3 Hacer lista 4 de amenazas 5 6 n	Hipótesis DA 1 2 3 Reducir a un mínimo 4 las debilidades y 5 reducir las amenazas 6 n	Hipótesis FA 1 2 3 Uso de fortalezas 4 para neutralizar 5 las amenazas 6 n

Etapa de formulación

El propósito de esta etapa es la definición explícita de los propósitos generales del PrInCE y la formulación de los lineamientos que regirán a los subprogramas de acción.

Fase IX: Formulación de los "óptimos"

El diagnóstico general elaborado en la Fase VII y las hipótesis a las que hemos arribado a partir de él nos posibilitan ahora la formulación de los "óptimos" de la intervención, a partir del mix.

Estos "óptimos" representan aquello a lo que hemos de apuntar, es decir, nuestros principales propósitos programáticos.

Que quede bien en claro que en esta fase solo definimos *qué* queremos lograr. *Cómo* lograrlo es otro problema, que no es abordado en esta fase.

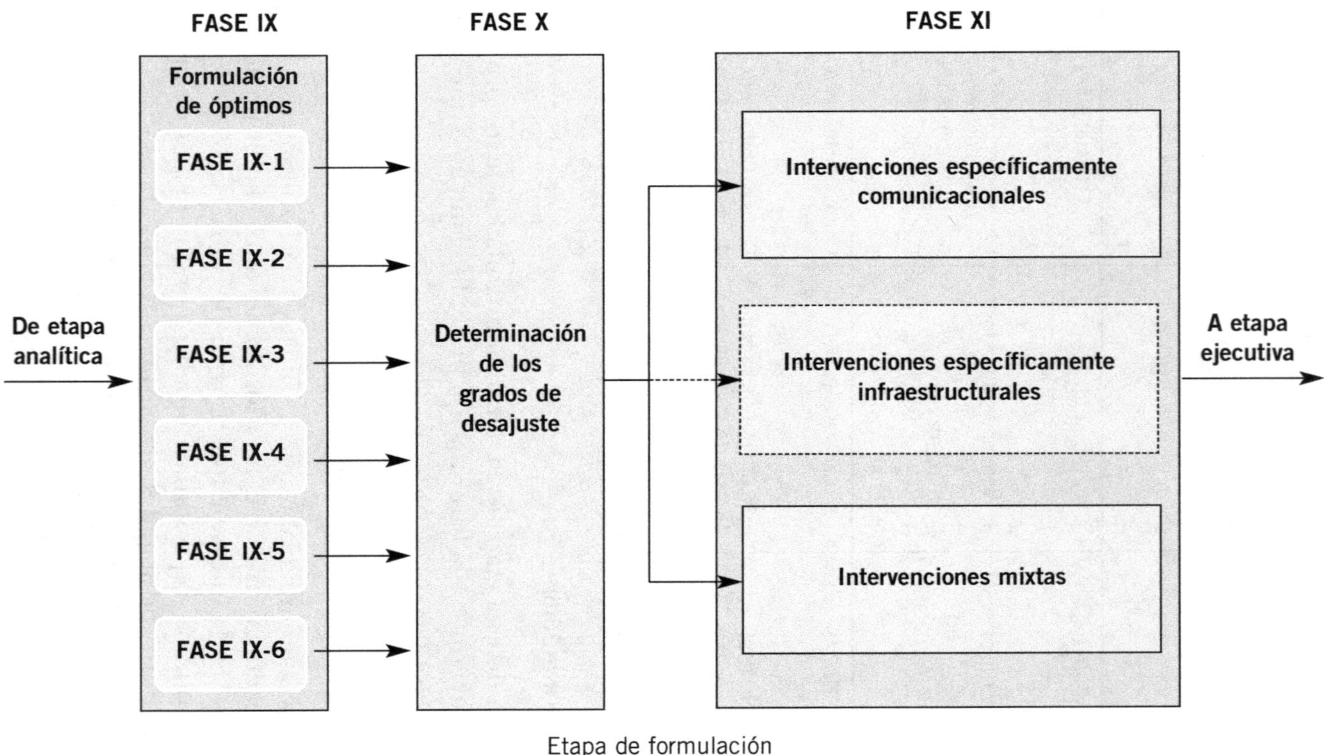
FASE IX
FASE X
FASE XI
Formulación de óptimos
FASE IX-1
FASE IX-2
FASE IX-3
FASE IX-4
FASE IX-5
FASE IX-6
De etapa analítica
Determinación de los grados de desajuste
Intervenciones específicamente comunicacionales
Intervenciones específicamente infraestructurales
Intervenciones mixtas
A etapa ejecutiva
Etapa de formulación

Esta fase se subdivide en seis subfases, en cada una de las cuales abordamos un *activador*.

Fase IX-1: "Óptimos" de la personalidad
Una vez identificado entre cuáles componentes de la *personalidad* existe cierto nivel de "desarmonía" (Fase VII-1) –que interfiere o puede interferir en el logro de los propósitos programáticos–, en esta subfase debemos determinar sobre cuáles de esos componentes hemos de intervenir y el resultado que pretendemos obtener a partir de dicha intervención.

Fase IX-2: "Óptimos" de la identidad
Se definen los *atributos óptimos* (AO) que constituirán el *texto de identidad* en el cual se encuadrará el *discurso organizacional*.

Fase IX-3: "Óptimos" de la cultura
Se determina cuál es el *nuevo pattern cultural* (NPC) más instrumental a nuestros propósitos.

Fase IX-4: "Óptimos" del vínculo
En esta subfase hemos construido el mapa de públicos, determinando los CEXs. En este punto debemos confeccionar la *matriz de posicionamiento* CEX*ual*, lo que significa segmentar reconociendo públicos, vínculos y expectativas, y diferenciar definiendo *key messages* y paquetes de atributos.

Fase IX-4: "Óptimos" de la comunicación
Habiéndose construido el mapa de públicos, reconocido los CEXs y definido los mensajes clave, ahora debemos formular un campo de emisión "óptimo".
En esta subfase se confecciona la *matriz de comunicación,* que consiste en elaborar un repertorio de parámetros clasificatorios, de manera que podamos ordenar y "estructurar" la anatomía y fisiología del campo de emisión, a través del cual se instrumentarán los diferentes recursos de comunicación.
El formato que resulta más operativo es el que segmenta el campo de emisión según las áreas del *diamante de gestión* y la naturaleza de los soportes. Veamos:

	Soportes materiales	Soportes identificatorios inmateriales	Soportes de actuación	Soportes ambientales	Soportes de gestión
Comunicación de diseño					
Comunicación de marketing					
Relaciones institucionales y con la comunidad					
Relaciones gubernamentales					
Comunicación financiera					
Comunicación *business to business*					
Relaciones con el periodismo					
Comunicación interna					
Cybercomunicaciones y multimedia (C&M)					
Administración de Datos e Indagaciones (ADI)					

Desde luego, esta matriz puede ser complejizada agregándole otras categorías clasificatorias, por ejemplo, a través del reconocimiento de diferentes mensajes (intencionales, no intencionales, explícitos, implícitos, residuales, exteriores) o a través del reconocimiento de los medios (*mass* o *micro media*).

Fase IX-6: "Óptimos" de la imagen

En esta subfase, definimos la *imagen pública pretendida* (IPP), esto es, la síntesis mental que esperamos que elabore el gran público, como resultado de nuestra gestión.

En síntesis, los "óptimos" se refieren a los siguientes aspectos:

* La armonía entre los componentes de la *personalidad.*
* El *nuevo pattern cultural* (NPC) pretendido.
* Los *atributos óptimos* (AO) correspondientes al *texto de identidad.*
* *Matriz de posicionamiento* CEX*ual* (con cada uno de los públicos).
* *Matriz de comunicación.*
* *Imagen pública pretendida* (IPP) (con el gran público).

Fase X: Determinación de los grados de desajuste

Seguramente existirá algún grado de desajuste entre los "óptimos" formulados (Fase IX) y los datos relevados de la realidad (etapa analítica). El objeto de esta fase es determinar estos desajustes y sus probables consecuencias.

- *Fase XI: Formulación de la estrategia general de la intervención*

A partir de los desajustes identificados en la Fase X, ahora debemos formular los lineamientos generales de las acciones correctivas. El alcance de estas no se circunscribe exclusivamente al campo comunicacional, por lo que podemos describir al menos tres clases de intervenciones posibles:

- *Intervenciones específicamente comunicacionales*
  Son desajustes exclusivamente localizados en los recursos de comunicación, por lo que la acción correctiva se circunscribe a su actualización.
- *Intervenciones específicamente infraestructurales*
  En ocasiones, el problema es privativo del campo de la gestión organizacional general. Estas intervenciones exceden nuestro ámbito de acción específico, ya que son de naturaleza "extra-semiótica".

- *Intervenciones mixtas*
  En estas intervenciones, las acciones en el ámbito comunicacional están estrechamente relacionadas con –y respaldadas por– cambios en el ámbito de gestión general. Desde un punto de vista lógico, estas intervenciones son las predominantes.

En esta fase se definen los "problemas" básicos. Sobre la base de esta definición se diseñarán las acciones concretas a través de las cuales serán abordados.

Etapa ejecutiva

Hasta esta etapa hemos *analizado* y *formulado*. Ha llegado la hora, entonces, de *ejecutar* las acciones que se desprenden de las etapas anteriores.

Fase XII: Transferencia tecnológica

En esta etapa se procura instrumentar al número 1 de la organización y a los integrantes del grupo gerencial, transfiriéndoles los principales conceptos que constituyen el marco referencial de la Comunicación Estratégica®.

Se debe aclarar que las explicaciones que se abordarán en esta ocasión constituyen un acercamiento panorámico de la disciplina, pero que es un abordaje más profundo que el que se llevó a cabo en la Fase II (presentación del proyecto).

Para llevar a cabo esta tarea se organizará un seminario intensivo (generalmente con una duración de dos días seguidos, *full-time*), con el propósito de constituir un marco referencial común entre el número 1 y los gerentes.

Fase XIII: Generación de *subprogramas de acciones tácticas* (SATS)

En esta fase, los agentes (consultores) y el grupo gerencial –instrumentados con el marco referencial de Comunicación Estratégica®– definen conjuntamente los *"cómo"* de los *"qué"* formulados en la Fase IX (formulación de los "óptimos").

En el marco del PrInCE, denominamos SATs a los *subprogramas de acciones tácticas,* que equivalen a los que anteriormente, cuando nos ocupamos de la programación como tema genérico, habíamos denominado *subprogramas de actividades específicas.*

El grupo gerencial deberá tener en cuenta que allí donde aparezca una debilidad, se deberá generar un SAT para superarla. Que cuando aparezca una fuerza, se deberá generar un SAT para apuntalarla. Que cuando aparezca una amenaza, se deberá generar un SAT para neutralizarla. Y que cuando surja una oportunidad, debe generarse un SAT para explotarla.

Fase XIV: Configuración de SATS

Ya definidos los SATs, en esta fase los agentes y el equipo gerencial formularán los contenidos, métodos y condicionantes de implementación de cada uno de estos subprogramas.

Fase XV: Designación del coordinador principal de SATS

Habiéndose formulado los cursos de acción (SATs), el operador (director coordinador del PrInCE –generalmente un consultor externo o el director de Comunicación–) debe designar un *coordinador principal* –jamás un comité– en quien pueda delegar responsabilidades especiales de coordinación global de los diferentes SATs formulados en la Fase XII.

El coordinador principal informará directamente al director coordinador acerca de las prioridades y progresos observados.

El coordinador principal debe ser:

- el punto focal de los esfuerzos del PrInCE;
- el contacto operativo principal con los consultores;
- el principal asistente del director coordinador en la ejecución y evaluación del PrInCE;
- el principal vínculo y supervisor funcional de los coordinadores de SATs;
- el centro de comunicación e información para el control general de los progresos;
- el programador de las reuniones de revisión.

Fase XVI: Designación de coordinadores de SATS

Es obvio que el *coordinador principal* no puede realizar la coordinación de todos y cada uno de los SATs. Por ello, por cada subprograma se designará un *coordinador de SAT*, para que se encargue de su administración.

A esta altura del PrInCE, se configura la siguiente jerarquía operativa:

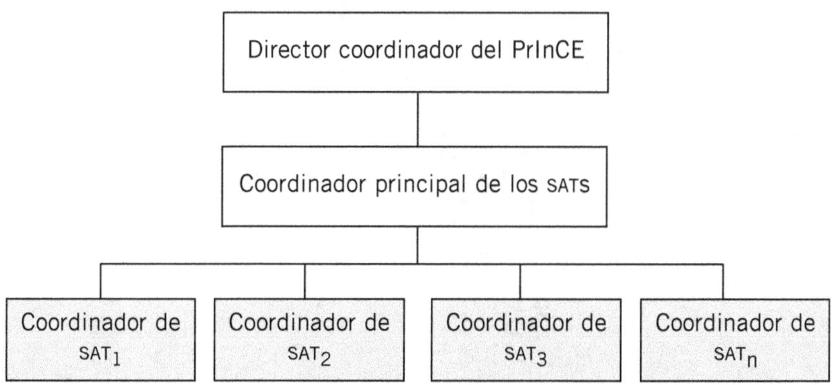

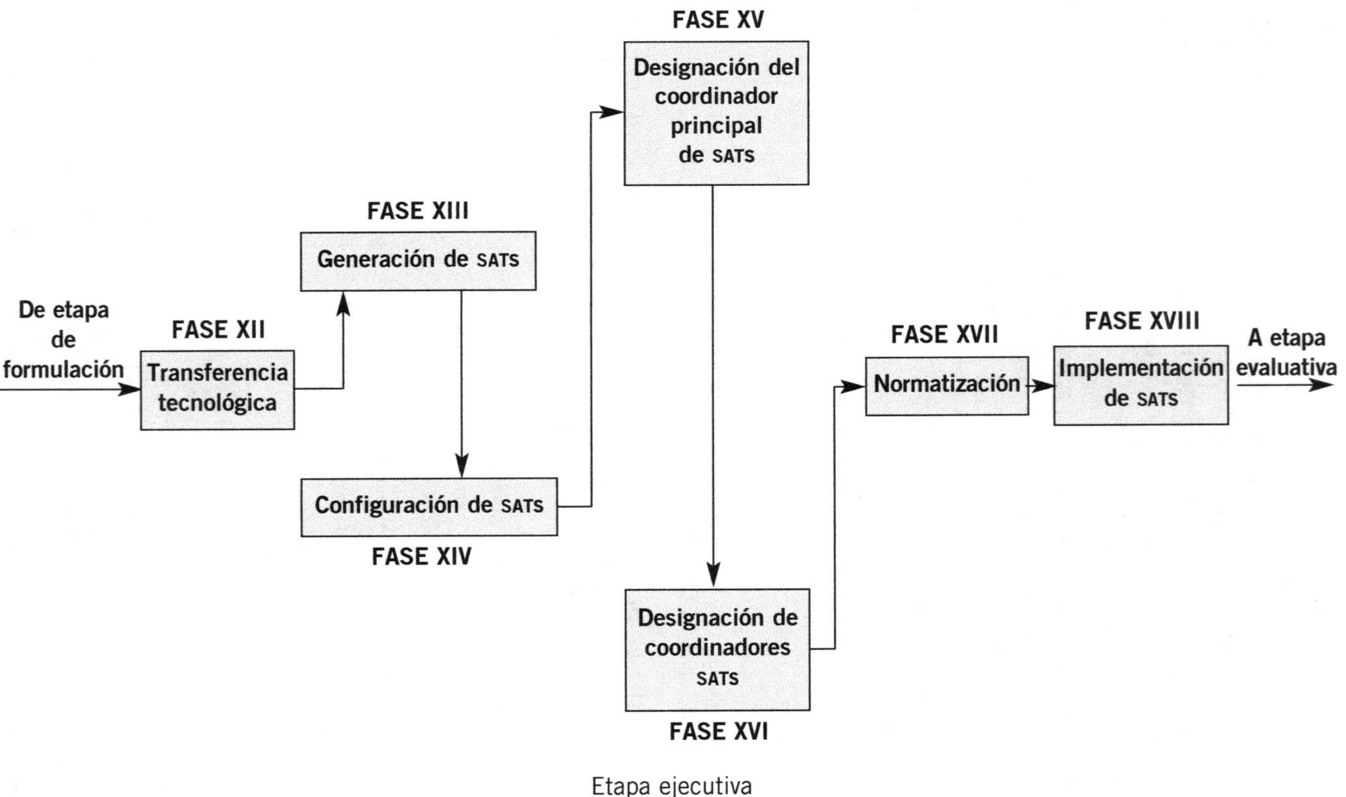
De etapa de formulación
FASE XII
Transferencia tecnológica
FASE XIII
Generación de SATS
FASE XIV
Configuración de SATS
FASE XV
Designación del coordinador principal de SATS
FASE XVI
Designación de coordinadores SATS
FASE XVII
Normatización
FASE XVIII
Implementación de SATS
A etapa evaluativa
Etapa ejecutiva

Fase XVII: Normatización

Esta fase incluye la aclaración de los propósitos de cada SAT y la fijación de las responsabilidades del coordinador correspondiente. Asimismo, se establecerán las pautas para informar la marcha de los trabajos, la frecuencia y la persona a quien se deberá reportar los progresos.

Para cumplir con los requerimientos de esta fase, se confeccionará una documentación que describirá los objetivos particulares del SAT, o sea, las peculiaridades que definen el lugar del subprograma en relación con el PrInCE en su conjunto, sus dependencias, e incidencia en el marco del propósito global.

En esta documentación se incluirán variables tales como los modos de incidencia del SAT sobre la *imagen,* modalidades para la gestión del SAT, el establecimiento de jerarquías y prioridades, alcances normativos, los protocolos de implementación del SAT, la naturaleza de los servicios técnicos requeridos para el subprograma, etcétera.

A partir de esto, los agentes técnicos que intervendrán en el SAT (diseñadores, publicitarios, publirrelacionistas y demás proveedores) podrán ajustar su desempeño al marco de las necesidades y condiciones concretas del subprograma.

Todo este complejo ejercicio correspondiente a la Fase XV debería ser llevado a cabo de manera conjunta, entre el *coordinador principal de SATs* y cada *coordinador de SAT.*

Fase XVIII: Implementación de SATS

En esta fase, se implementará el conjunto de SATs correspondiente a las intervenciones específicamente comunicacionales. El conjunto de SATs constituye una red de acciones concretas, que pueden ser clasificadas de acuerdo con el *diamante de gestión.* Veamos un modelo hipotético en la página siguiente.

La jerarquía y la prioridad (cronológica y presupuestaria) de cada SAT surgen de un análisis comparativo que se elabora a partir de dos variables:

- Rédito: referido al *quantum* parcial de optimización que el SAT es capaz de aportar en su ámbito de aplicación (por ejemplo, en la comunicación financiera). Así, serán SATs prioritarios aquellos cuyos efectos resulten más positivos y sean más unívocos (es decir, que tengan menor posibilidad de provocar segundas lecturas contradictorias y parasitarias).

- Influencia: se refiere al poder de condicionamiento que el SAT es capaz de ejercer sobre todas los demás y la imagen. Los SATs no poseen todos el mismo poder de determinación sobre los restantes. Se detectarán SATs dominantes, que resultan condicionantes de los demás SATs.

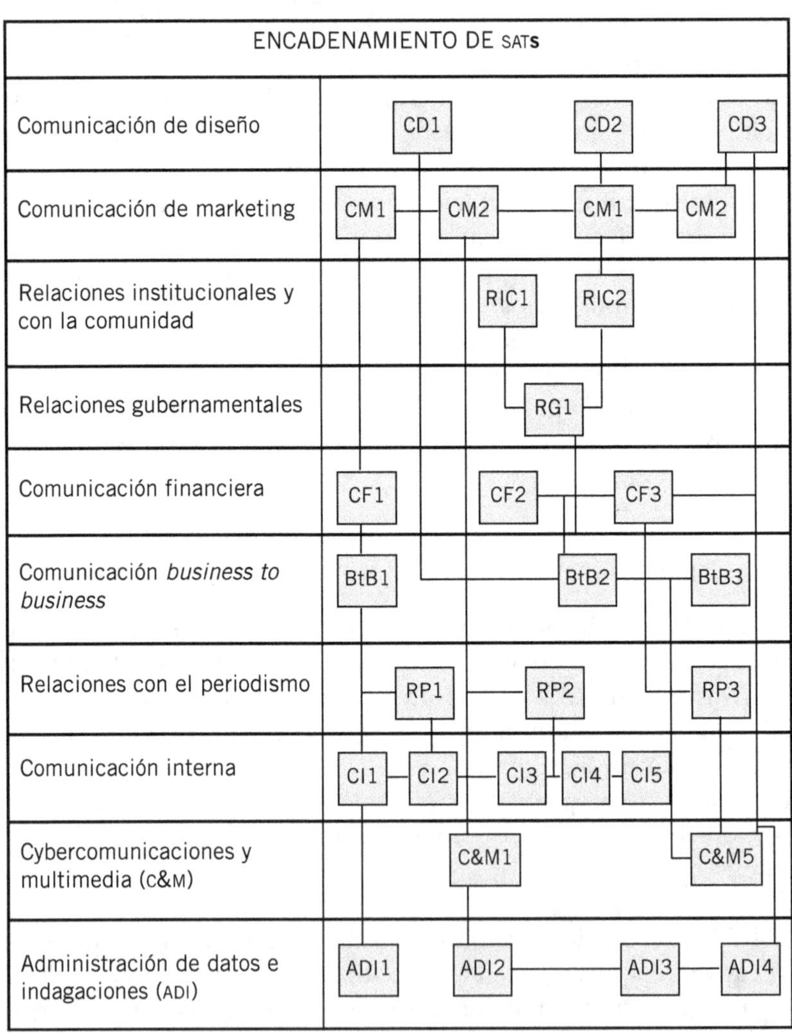

Basados en estas dos variables (rédito e influencia), podemos llevar a cabo nuestro análisis comparativo, a través de un cuadro en el cual cada SAT será valorado de 1 a 4 puntos (1 = bajo, 2 = medio, 3 = alto, 4 = muy alto). A continuación se expone un simplificado ejemplo hipotético:

SAT	Rédito	Influencia	Prioridad
SAT$_A$	4	3	2
SAT$_B$	3	2	4
SAT$_C$	3	3	3
SAT$_D$	4	4	1
SAT$_E$	2	1	6
SAT$_F$	3	1	5

Un PrInCE es una combinatoria de numerosas acciones específicas. Estas acciones pueden ser llevadas a cabo por operadores externos o agentes pertenecientes a la organización. A partir de esto, podemos clasificar a las acciones de la siguiente manera:

- *Gestión interna:* se trata de acciones llevadas a cabo por miembros de la organización.
- *Gestión interna asistida:* son acciones llevadas a cabo por miembros de la organización, pero que cuentan con asesoramiento externo.
- *Gestión externa contratada:* son acciones llevadas a cabo por personal externo contratado y técnicamente especializado.

En la etapa ejecutiva, el PrInCE –a través de los SATs– comienza a permear hacia las bases de la corporación. Los niveles jerárquicos inferiores seguramente realimentarán y enriquecerán la estrategia que hasta aquí hemos planteado, por lo que no deben descartarse posibles reformulaciones.

Etapa evaluativa

Conforme avanza el PrInCE, se suceden cambios internos y externos; así, hasta las estrategias mejor formuladas se van volviendo paulatinamente obsoletas, razón por la cual resulta imperativo ir revisando, evaluando y controlando la ejecución del programa.

Los efectos de un PrInCE –para bien o para mal– no pasan inadvertidos; sus repercusiones resultan altamente significativas.

Esta etapa comprende el examen de las bases subyacentes de la estrategia, la comparación de resultados reales con los propósitos establecidos y, de ser necesario, la instrumentación de acciones correctivas.

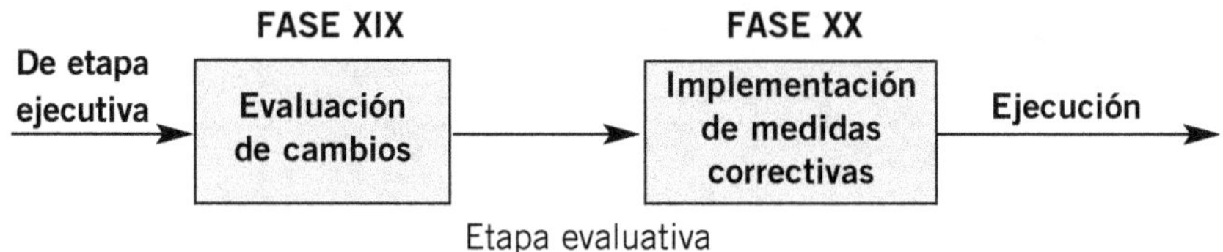

Fase XIX: Evaluación de cambios

En esta fase evaluaremos el impacto del PrInCE. Una matriz como la siguiente puede resultar muy útil para hacerlo:

¿Se han producido cambios sígnificativos en la posíción estratégica interna de la organización?	¿Se han producido cambios sígnificativos en la posíción estratégica externa de la organización?	¿La organización ha avanzado hacia el logro de las metas proyectadas?	Acciones a realizar
no	no	no	tomar medidas correctivas
sí	sí	sí	tomar medidas correctivas
sí	no	no	tomar medidas correctivas
sí	no	sí	tomar medidas correctivas
sí	no	no	tomar medidas correctivas
no	sí	sí	tomar medidas correctivas
no	sí	no	tomar medidas correctivas
no	no	sí	seguir con el actual curso de la estrategia

Puesto que la organización se desempeña generalmente en ambientes dinámicos y convulsionados, resulta imperativa una evaluación constante.

Fase xx: Implementación de medidas correctivas

En esta fase se instrumentarán las medidas correctivas necesarias (si es que se ha definido que deben tomarse). Estas medidas estarán a cargo del coordinador de SAT correspondiente.

El PrInCE es un modelo estándar de programación concebido para ofrecer una guía orientativa al operador del área de comunicación. Precisamente por esta razón, usted no debe sentirse amilanado a la hora de instrumentar todas las adaptaciones que considere necesarias para satisfacer las necesidades específicas de su organización.

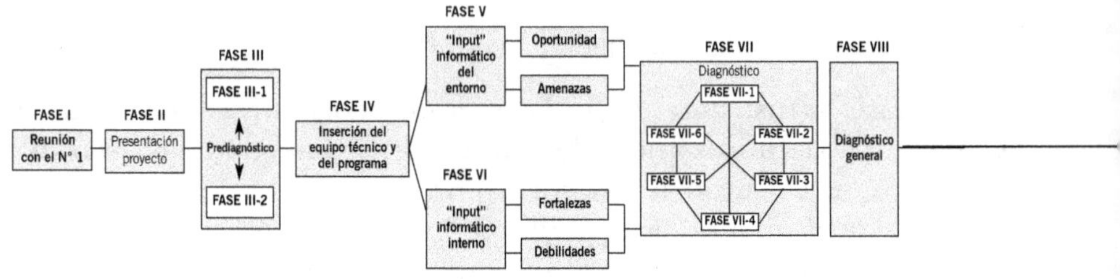

Etapa analítica

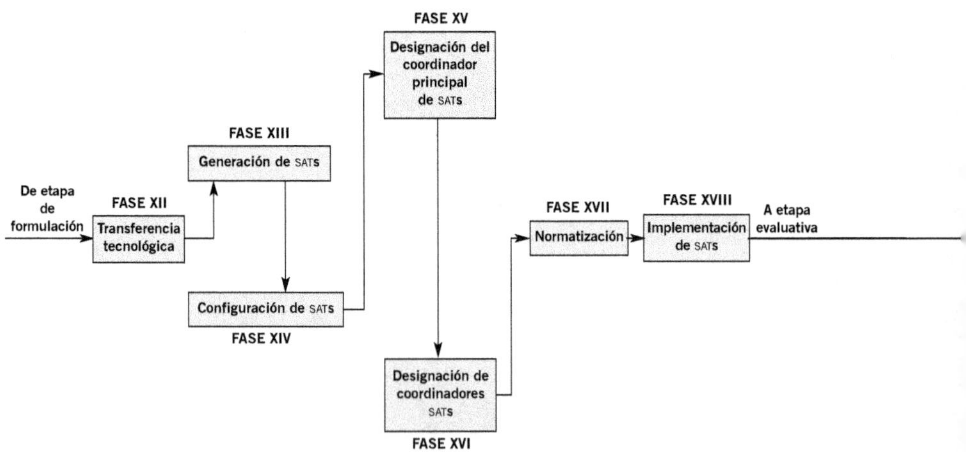

Etapa ejecutiva

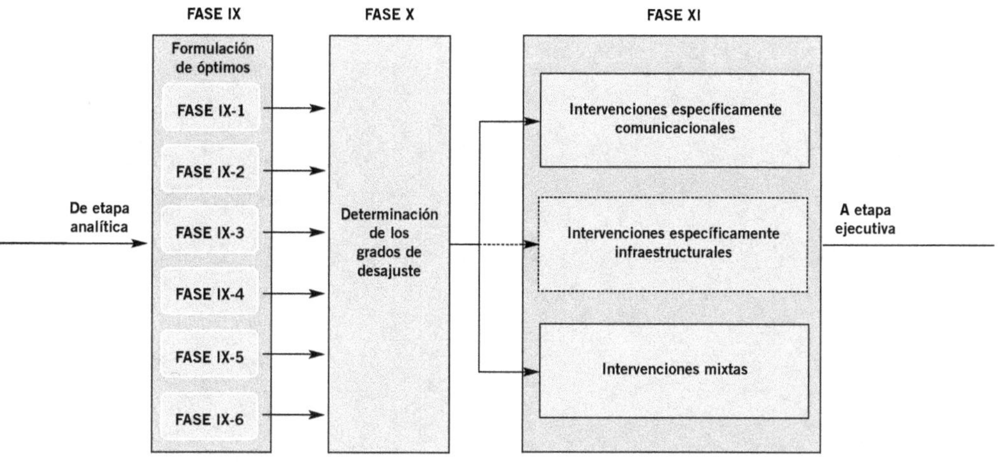

Etapa de formulación

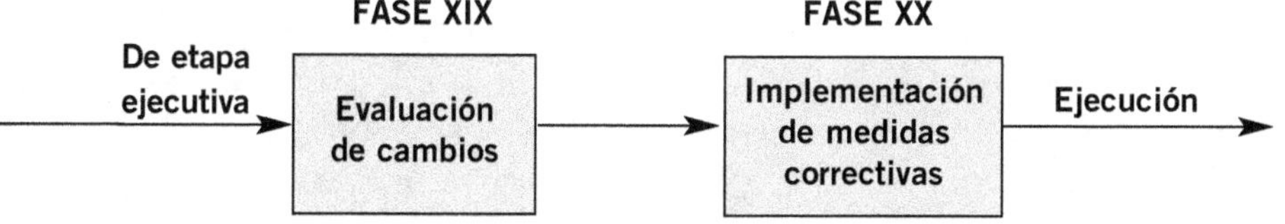

Etapa evaluativa

TRASFONDO DE INCONCLUSIÓN

Cómo mover los hilos del poder

La organización existe en un entramado de fuerzas y relaciones múltiples, diversas y contradictorias. Propósitos, circunstancias y actores condicionan sus decisiones.

Una organización es producto de las conversaciones que ella y solo ella es capaz de generar. Sus decisiones y desempeño son el resultado de esas conversaciones.

El poder y la acción a través de Comunicación Estratégica® nos permitió conocer el continuo que nos lleva, estrategia mediante, desde la concepción del poder hasta la acción. Se trata de un continuo que se transita conversando.

Desarrollaré ahora una "conclusión" a la que prefiero denominar "inconclusión" ya que, luego de todo lo tratado con un punto de vista predominantemente práctico, planteamos ahora la necesidad de una nueva perspectiva conceptual de articulación entre la acción organizacional y la *estrategia* para desembocar por fin en la *política* y en la noción de *corporate governance* o gobierno de la organización.

La idea de estas inconclusiones es hacer una síntesis emergente de todo lo expuesto hasta aquí que nos permita terminar de entender "cómo mover los hilos del poder" y comenzar a comprender más cabalmente la manera en la que "se los fabrica".

En el siguiente planteo de Comunicación Estratégica®, a modo de "inconclusión" pretendemos convocar y provocar, transgredir, en el sentido de ir más allá y abrir un nuevo espacio de posibilidad.

"De eso no se habla": la estrategia como trasfondo de escucha

La estrategia es un concepto escurridizo y complejo de explicar en la perspectiva de la práctica y la aplicación concreta. En este sentido, al menos dejamos en claro aquello que la estrategia *no es*:

- No es necesariamente un escrito o documento.
- No es un plan.
- No es una acción.

Apreciamos que acción y estrategia son distintos, pero que sin acción la estrategia no tiene sentido y no puede constituirse en tal. Sin embargo, todo esto no basta, debemos poder explicar la estrategia por lo que es en la *praxis directiva o de gobierno*.

Veamos por qué nos resulta un concepto tan escurridizo a la hora de intentar explicarlo de manera práctica.

Asumimos a las organizaciones como redes de conversaciones. De las conversaciones siempre emerge algún tipo de compromiso ya que toda persona, al hablar, al menos se compromete a sí misma, a la inteligibilidad, a la verdad, a la sinceridad y/o a la oportunidad de aquello que está diciendo. Así la organización puede asumirse en definitiva como una red de compromisos. El hablar, el conversar con otros, nunca es inocuo.

La dinámica organizacional emerge de esta red de compromisos conversacionales que se suscitan entre todos sus integrantes: accionistas, directores y demás empleados, y de los compromisos que ellos establecen con otros actores externos pero relacionados con el quehacer de la organización.

En coexistencia con estas conversaciones existe un trasfondo de conocimientos e ideas compartidos por todos quienes integran la red conversacional de la organización. Este trasfondo configura una suerte de predeterminación social, cultural y política en la organización, un cuerpo de evidencias compartidas por los miembros de la red conversacional.

Entonces un *acuerdo conversacional* (implícito o explícito) es aquel que se celebra en virtud de los compromisos que emergen de una conversación. A este tipo de acuerdos lo denominamos *acuerdos de primer orden*.

Un *acuerdo de primer orden* siempre está inscrito en un ámbito que lo contiene, determina y genera. Es el ámbito que denominamos *trasfondo de escucha*.

El trasfondo de escucha remite a aquello que resulta obvio para todos los integrantes de la organización pero que no se explicita verbalmente. Es todo aquello que se supone que es sabido por todos, aquello de lo que no es necesario hablar. Se trata de un "trasfondo de obviedad" por lo que, para que exista, deben de "celebrarse acuerdos" más generales que determinan y sostienen –de común acuerdo– estas obviedades. A estos otros comunes acuerdos más generales los denominamos *acuerdos de segundo orden*.

Los *acuerdos de segundo orden* organizan el trabajo de quienes integran una organización, encuadran las conductas estableciendo cuáles serían las permitidas y esperables, establecen los márgenes de acción, definen roles, indican los caminos permitidos para abordar los problemas y sugieren cuáles deberían ser las respuestas ante la aparición de determinadas circunstancias. Asimismo, los *acuerdos de segundo orden* son los que configuran las condiciones de comunicación dentro de la organización y las de la comunicación que esta mantiene con el entorno.

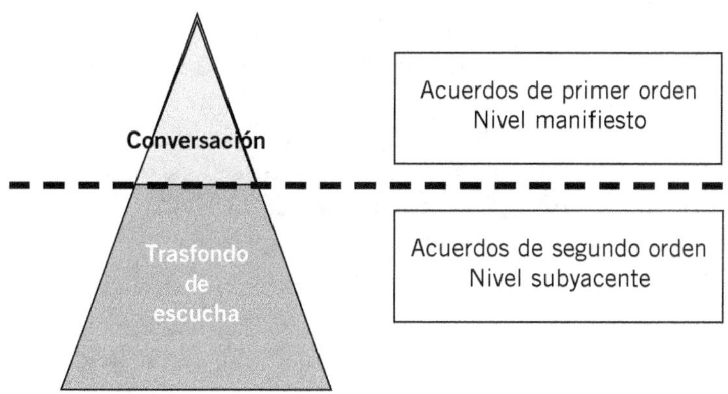

> *...Cada pequeña porción del hablar y escuchar que podemos identificar se apoya en un escuchar más amplio que está en el trasfondo, haciendo posible y dando importancia a los pensamientos y a las palabras habladas... un escuchar de trasfondo que normalmente pasa desapercibido... Lo que se habla o escucha abiertamente en cualquier momento específico descansa en un* escuchar de trasfondo, *que hace posible ese hablar y ese escuchar específicos... El hablar y el escuchar abiertos constituyen solo la punta del iceberg.*[1]

Entonces el *trasfondo de escucha* es lo que da sentido a aquello de lo que se está hablando, en definitiva, lo que permite arribar a los acuerdos concretos que deberán ser cumplidos (los *acuerdos de primer orden*).

Detrás de todo acuerdo de primer orden –por ejemplo, una orden determinada que un director da a un miembro de su equipo– subyacen otros acuerdos que autorizan a ese director a impartir esa orden, el modo en que debe dar la orden, los alcances de la obligatoriedad del subordinado respecto de cumplirla. Es decir, el acuerdo de segundo orden da cuenta de todo sobre lo que una persona de la organización puede hacer y de qué manera puede hacerlo.

En estos acuerdos de segundo orden se incluyen desde propósitos globales hasta las pautas específicamente operacionales que debe cumplir todo integrante de la organización, pautas que se cumplimentarán de la manera "acordada" aun en el caso en que no se encuentren plasmadas en ningún manual de procedimientos.

Estamos ahora en condiciones de entender por qué la estrategia resulta un concepto difícil de explicar en lo concreto de la práctica directiva. Antes de hacerlo diré que Karl Popper comenzaba sus clases con una frase que lo hizo célebre: "Soy profesor de método científico, pero tengo un problema: el método científico no existe".

La estrategia es un tipo particular de acuerdo de segundo orden que opera como trasfondo de escucha. En tanto trasfondo de escucha, de eso (de la "estrategia") no se habla, y una vez que a la estrategia se la plasma en un documento, se la vuelca en un plan o se la ejecuta a través de una acción, en ese instante deja de ser estrategia para transformarse en "algo" que da cuenta de ella.

De la estrategia no se habla, claro está, sino a través de su propia descripción (Hexag-ON), del planeamiento (PrInCE), de las tác-

---

1. Flores, Fernando: *Inventando la empresa del siglo XXI.* Ediciones Pedagógicas Chilenas, Santiago de Chile, 1989.

ticas (definición de subprogramas de acciones tácticas –SATs–) o de las acciones concretas.

A este particular acuerdo de segundo orden que es la estrategia lo denominamos

"Acuerdo E"

Entonces, la estrategia es un fondo sobre una figura. Un trasfondo (de escucha) sobre una figura representada por acuerdos de primer orden (decisiones y desempeño). Estos acuerdos son el resultado de la praxis directiva o de gobierno, la dirección estratégica; en definitiva, el conversar.

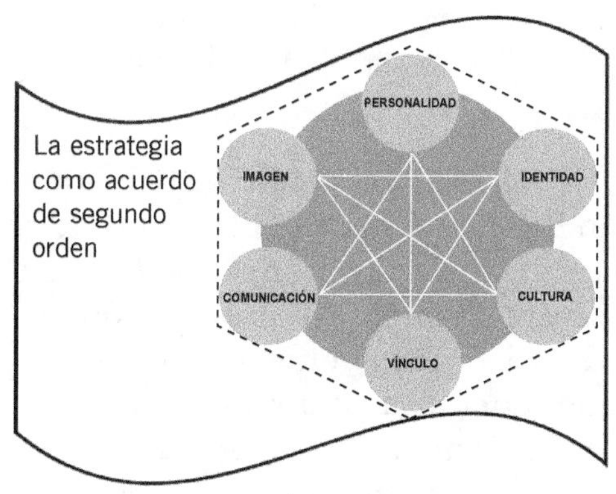

"El acuerdo E"

El Hexag-ON como mediador

Nuestra propuesta de trabajo entiende que la *estrategia* es un acuerdo de segundo orden particular que puede ser abordado –"puesta en valor"– gracias a una interfaz que media entre la *estrategia* y el *planeamiento* (PrInCE). Esa interfaz es el Hexag-ON.

Es la particular configuración que adquieren sus acuerdos de segundo orden lo que distingue a una organización; son estos acuerdos los que determinan la manera en que se ha de conversar en esa organización.

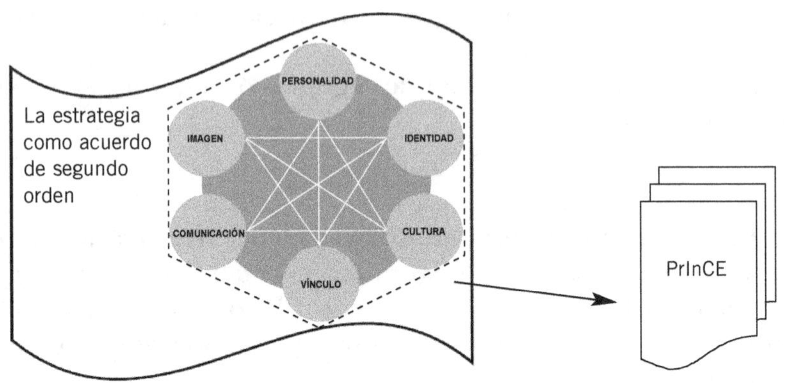

El Hexag-ON como mediador necesario entre
la estrategia y el planeamiento (PrInCE)

A diferencia de un acuerdo de primer orden –que se agota en el cumplimiento de una acción determinada–, uno de segundo orden (como la *estrategia*) es un "metacompromiso" sobre las conversaciones y los acuerdos que se van a generar. Por esto es que decimos que los acuerdos de segundo orden no generan acciones sino que posibilitan las conversaciones que generan las acciones. Así, los acuerdos de segundo orden se inscriben en la apertura de espacios de posibilidad; y, en este sentido, la *estrategia* es un fiel representante.

El Hexag-ON como mapa estratégico

Así como el mapa no es el territorio, el Hexag-ON no es la estrategia, pero sin embargo nos permite describirla.

El Hexag-ON es el mapa estratégico que nos permite describir cómo la organización instrumentará el poder para crear *valor sustentable* a través de Comunicación Estratégica®. Además proporciona un lenguaje que los ejecutivos pueden instrumentar para "conversar" sobre la dirección y los imperativos de la organización.

En tanto mapa estratégico, el Hexag-ON nos proporciona "una manera uniforme y coherente de describir la *estrategia,* de modo que se puedan establecer y gestionar objetivos e indicadores. El mapa estratégico proporciona el eslabón que faltaba entre la formulación de la estrategia y su ejecución".[2]

La *creación de valor sustentable* que impulsa Comunicación Estratégica® dinamiza fundamentalmente *activos intangibles*, de allí que su perfil de Dirección presenta ciertas particularidades respecto de la gestión tradicional basada en la creación de valor a través de los activos tangibles, físicos y financieros[3]:

1. *La creación de valor sustentable es indirecta*
   Los activos intangibles rara vez afectan de manera directa a los resultados financieros, tales como mayores ingresos, menores costos y mayores utilidades. En cambio, la optimización de los activos intangibles sí afecta los resultados financieros a través de cadenas de relaciones causa-efecto. Por ejemplo, una mejora en la calidad de servicio puede generar una mayor satisfacción del cliente, y que esto incremente la fidelidad y las ventas, lo cual puede dar lugar a mejorar las ventas y los márgenes, consolidando las relaciones de largo plazo

2. *El valor es contextual*
   El valor de un activo intangible se constituye en tal de acuerdo con su alineamiento con la *estrategia*. Por ejemplo: una campaña de concientización sobre el cuidado del medio ambiente tiene más valor para una empresa cuya actividad está afectada por esta problemática y que en consecuencia aplica una estrategia general en este sentido, que para otra cuya actividad no se relaciona en nada con las cuestiones medioambientales y que por lo tanto no aplica una estrategia al respecto.

3. *El valor es potencial*
   El costo de invertir en activos intangibles en general representa una estimación deficiente de valor para una organización. Los empleados de una organización capacitados en programas de desarrollo en Comunicación Estratégica® tienen un claro valor potencial pero no poseen valor de mercado.

---

2. Kaplan, Robert S. y Norton, David P.: *Mapas Estratégicos*. Harvard Business School Publishing Corporation, Barcelona, 2004.
3. Kaplan, Robert S. y Norton, David P.: Ibídem.

4. *Los activos están agrupados*
Los activos intangibles rara vez crean valor por sí mismos. En este sentido, no tienen un valor que se pueda aislar del contexto y de la *estrategia*. Así, el valor de los activos intangibles surge cuando estos logran combinarse de manera eficaz con otros activos, tangibles y/o intangibles. En el caso de la empresa que realiza la campaña de concientización en el cuidado del medio ambiente, puede optimizar el valor de los resultados cuando además obtiene certificación en normas ISO 14001.

La *creación de valor sustentable* se maximiza cuando se logra alinear a los activos intangibles entre sí, a estos con los activos tangibles, y cuando ambos se alinean con la *estrategia*.

Los modelos mentales. Aprender, "aprender a aprender" y "aprender a desaprender"

En gran medida la capacidad estratégica de la Dirección será consecuencia del aprendizaje. En este sentido entendemos por aprendizaje la continua optimización de los conocimientos para el dominio del Hexag-ON y para el despliegue de este ante los acoples de la organización con el entorno.

> *En el corazón de una organización que aprende se suscita un cambio de ideología: de considerarnos separados del mundo, a pensarnos conectados con el mundo; de ver los problemas como causados por algo o alguien "allá afuera", a ver cómo nuestras acciones crean los problemas que experimentamos. Una organización que aprende es un lugar donde las personas descubren constantemente cómo crean su realidad y cómo pueden cambiarla.*[4]

Para desarrollar una mejor organización debe ser impulsado un proceso de comprensión global, que articule experiencia, conceptualización y acción. La Comunicación Estratégica® puede contribuir al desarrollo organizacional y en este sentido asumimos que, para la Dirección de Comunicación, ese desarrollo pasa por aprender a optimizar el paradigma, aprender a optimizar su Hexag-ON.

---

4. Senge, Peter: *La Quinta Disciplina*. Granica, Buenos Aires, 1989.

Hemos dicho que los directores analizan las situaciones, toman decisiones y accionan en virtud del modelo de organización que tienen en su mente, es decir, el conjunto de supuestos que configuran su propio modelo mental acerca de "lo que la organización es".

Los ejecutivos de una misma organización a menudo poseen supuestos diferentes acerca de "aquello que la organización es". Sin embargo, siempre alguna parte de esos supuestos es relativamente compartida.

El Hexag-ON nos revela precisamente en qué medida los directivos muestran más o menos supuestos compartidos respecto de los activadores *personalidad, identidad, cultura, vínculo, comunicación* e *imagen*.

Estos supuestos compartidos crean en los directores un enfoque homogéneo con el cual interpretan aquello que a la organización le sucede. Las señales provenientes del entorno son "filtradas" por su paradigma (compartido), por lo que esos directores reciben esas señales asignándoles un significado en común.

Entonces, toda señal es interpretada a través del paradigma compartido y este es el que "determina" cuál es la acción conveniente. El paradigma compartido opera como proceso de interpretación y como receta para la acción.

Puesto que el paradigma compartido remite a lo que resulta obvio –al menos para todos los directores–, aquello de lo cual ya no se discute y ni siquiera resulta necesario hablar, podemos afirmar en este sentido que el paradigma compartido se inscribe en los *acuerdos de segundo orden.*

En la incumbencia de lo estratégico comunicacional, el Hexag-ON se constituye en un instrumento de valor supremo para la descripción y comprensión de los distintos modelos mentales que existen entre los diferentes directivos respecto de la organización. Entonces el Hexag-ON sirve también para evidenciar y para decodificar en términos inteligibles el paradigma compartido (y sus "brechas").

El paradigma compartido define cuáles son las amenazas y cuáles las oportunidades. Para los directivos las cosas son importantes o no, son buenas o son malas solo en función de lo que determine el paradigma. La "realidad" es para la organización aquello que los directores y ejecutivos interpretan a través del paradigma. Así, los directores están preparados para apreciar únicamente aquello que su paradigma les habilita ver. Esto nos muestra que los directores no reaccionan frente al entorno, más bien lo arman, lo "crean" y lo construyen de manera activa (en sus mentes).

El paradigma compartido lo constituyen modos estables y recurrentes de interpretar la compleja realidad. Aporta cierta previsibilidad –aunque más no sea ilusoria– para la toma de decisiones en el marco de la complejidad.

Esta dinámica no es problemática en sí misma. Sin embargo puede suceder en algún momento que el paradigma comience a resultar disfuncional respecto de los estímulos que el ejecutivo es capaz de recibir de la "realidad", que se comiencen a generar quiebres graves entre las expectativas y los resultados. En esas instancias habrá llegado el momento de desafiar el paradigma.

Este es un gran reto para toda organización. Sucede que en general existe una natural inercia contra el cambio, y cuanto más exitosa fue o es una organización, tanto más complejo resulta desafiar el paradigma. Este es el fracaso del éxito.

El cambio nos hace sentir molestos, nos acerca riesgos, nos expulsa de una zona cómoda en la cual todo nos resulta más o menos conocido y desde la que podemos interpretar la realidad de manera tal de obtener reconfortantes resultados exitosos. Pero si la realidad cambia, por más que el director se resista a actualizar su paradigma, los cambios igualmente sucederán y así él no estará a la altura de las circunstancia. Ergo, el fracaso está garantizado.

¿Cómo podemos minimizar la ocurrencia de estas circunstancias?

Los directores primero, pero luego toda la organización en su conjunto, deben estar orientados al aprendizaje; esto significa estar dispuestos a revisar permanentemente los supuestos básicos para desafiar así al paradigma.

No se trata tanto de *qué* aprender sino de *cómo* hacerlo. Se trata de "aprender a aprender".

Chris Argyris y Donald Schön reconocen tres tipos de aprendizaje organizacional[5]:

1. Aprendizaje de circuito simple.
2. Aprendizaje de circuito doble.
3. Deuteroaprendizaje (concepto que toman de Gregory Bateson).

---

5. Argyris, C. y Schön, D.: *Organizational learning: a theory of action perspective.* Addison Wesley, Massachusetts, 1978.

370

En el aprendizaje de circuito simple, los miembros de la organización responden a cambios internos y externos a través de la detección de errores que les es posible corregir... En este tipo de aprendizaje se presenta una única retroalimentación. Este único feedback compara los resultados reales de las acciones de la organización con los resultados esperados fijados por los programas de implementación, de manera de corregirlos si se detecta una brecha. En este caso se desafían los programas de implementación.

En el aprendizaje de circuito doble, en cambio, se comparan los resultados no solo con los programas de implementación, sino también con la estrategia que les dio origen. En este nivel se desafía la estrategia.

Finalmente, el deuteroaprendizaje es un proceso de aprendizaje de nivel incluso superior, por medio del cual la organización aprende a aprender. En este nivel se desafía el mismo paradigma.

Es tan fuerte la influencia de la ideología que hasta genera resistencia al cambio aunque se demuestre que es errónea. Que opera como la "receta con la que se intentará resolver todos los problemas. Esto quiere decir que los directores aplican con mucha destreza el aprendizaje de circuito simple (con el que responden a los problemas desde su marco de conocimiento), pero que tienen muchas dificultades en aplicar el circuito doble y el deuteroaprendizaje (con el que deben aceptar visiones diferentes).[6]

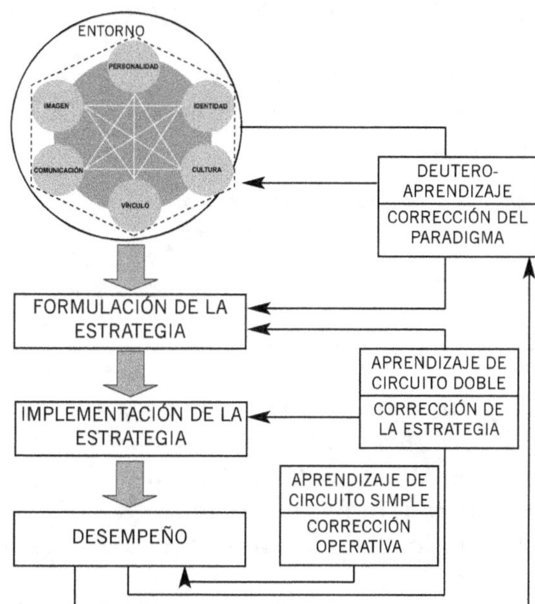

Comunicación Estratégica® y la dinámica del aprendizaje organizacional

---

6. Levy Alberto: *El cómo y el porqué.* Tesis, Buenos Aires, 1989.
7. Adaptado de Levy, A., 1989, *Op. cit.*

Todo director (y toda persona) es el "punto de llegada" de una trayectoria de aprendizajes. Es la síntesis de una historia vincular, social y organizacional. Trayectoria en la que ha ido construyendo un modelo interno de encuentro con lo real, un prisma cognitivo o matriz cognitiva. En esta trayectoria el director ha ido "aprendiendo a aprender".

El aprender comprende dos instancias:

- El aprendizaje explícito.
- El aprendizaje implícito.

El aprendizaje explícito remite a un contenido determinado que "se objetiva" y condensa en contenidos; así el director aprende finanzas, comunicación, artes marciales, música o management.

El aprendizaje implícito refiere a la experiencia en la cual se desarrolla aquel aprendizaje explícito. Dicha experiencia deja en él una huella que inaugura un modo de encuentro con lo real, un modo de interpretar y significar la realidad de determinado modo, su propio modo.

El aprendizaje implícito es profundo y estructurante, es un "aprender a aprender" como forma de constituirnos en "sujetos de conocimiento" (de la realidad).

> *…Cuando decimos que aprendemos a aprender, estamos señalando que aprendemos a "organizar y significar" nuestras experiencias, sensaciones, emociones, pensamientos. Construimos así hábitos de aprendizaje, maneras de percibir secuencias de conducta. Cada acto de conocimiento es eslabón de una cadena, fase de un proceso en el que vamos configurando una actitud de aprendizaje, es decir, modalidades relativamente estables y organizadas de pensamiento, sentimiento y acción…*[8]

Tal lo que afirmamos antes, no se trata tanto de *qué* aprender sino de *cómo* hacerlo. El *deuteroaprendizaje* remite a este "aprendizaje implícito" y ambos remiten al "aprender a aprender".

El paradigma opera a modo de "plan de vuelo"; a través de él le damos sentido al "mundo" y significamos el vínculo organización-entorno en su más amplio sentido.

Cuando el paradigma (el mapa) que nos ha resultado exitoso para pensar y decidir durante largo tiempo ya no funciona, y sin embargo

---

8. Pampliega De Quiroga, Ana: *Enfoques y perspectivas en psicología social. Desarrollos a partir del pensamiento de Enrique Pichon Rivière*. Ediciones Cinco, Buenos Aires, 1987.

nos aferramos a él para resolver con genialidad los problemas equivocados y para describir circunstancias que ya no existen; cuando las piezas ya no encajan y ni siquiera somos capaces de identificar cuáles son las piezas ni de entenderlas; cuando por fin sentimos que estamos definitivamente desorientados y en franca ruptura con la realidad, pero sin embargo nos resistimos a abandonar el paradigma vigente, entonces en este momento el paradigma se habrá transformado en *paradogma.*

El *paradogma* constituye una patología organizacional. Es la manera estereotipada de asumir la realidad; a veces, la única manera posible de apreciarla y de comprender el mundo. Con el *paradogma,* el director (y la organización) petrifica sus supuestos y se cierra al aprendizaje. Paradójicamente, cuanto más desastrosos son los resultados el director parece aferrarse más al *paradogma* por ser aquello que más conoce, la zona de "mayor seguridad"… Claro se trata del confort que puede sentir alguien abrazándose a la proa del Titanic luego de chocar con el iceberg.

Tan fuerte es el poder del *paradogma* en la constitución de la personalidad, que algunos directores, frente a la idea de librarse de sus supuestos profundos, prefieren continuar fracasando y manteniendo aquellos diagnósticos "magistrales" que ocasionan dichos fracasos.

Ante el *paradogma* la organización deberá elegir entre padecer, antes o después desaparecer, o transformarse.

Nietzsche afirmaba que "para pensar lo nuevo, hay que pensar de nuevo", entonces para poder vencer el *parodogma* habrá que aprender a desaprender; sin embargo, esta no es tarea fácil ni placentera.

Todo aprendizaje siempre transcurre en una situación de tensión que discurre entre la necesidad y el temor. Si bien por un lado el director puede sentir la necesidad de cambiar para lograr sus objetivos, por el otro padece la ansiedad de enfrentarse a lo desconocido y aquello que le resulta poco familiar. Un aprendizaje superior para aprender cosas significativas implica la suspensión de nociones básicas y clave de sus mundos, de la organización y de él mismo. Sin duda, la de desaprender es una de las proposiciones más atemorizantes para el ego.

Desaprender impone identificar, revisar y "dejar ir" (deshacerse de) algún aprendizaje previo para poder incorporar otros nuevos. Aprender implica modificar algo en nosotros, lo cual nos demanda cierto trabajo activo que a la vez nos causa desagradables sentimientos de pérdida en la medida en que ello implica "dejar ir".

Entre otros motivos, los niños tienen mayor capacidad de aprendizaje que los adultos porque tienen menos para desaprender.

En verdad, desaprender es un proceso inconsciente que constituye una tarea de todos los días para la mayoría de nosotros ante situaciones, personas y cosas cotidianas. Sin embargo, este "desaprendizaje natural" choca con importantes obstáculos ante la tarea de retar modelos mentales.

Los modelos mentales se constituyen sobre bases estructurales de la personalidad; por ello, a instancias de objetivos, fines y propósitos, un director *es* sus modelos mentales, y esta la razón por la que le cuesta tanto poder abandonarlos.

A menudo, la problemática del desaprendizaje se hace evidente en personas que practican deportes.

Supongamos el caso hipotético de una persona que juega al golf y que ha logrado cierto dominio en el juego. Más allá del punto de destreza que ha logrado alcanzar, nota sin embargo que su juego ya no mejora, por lo que siente que ha llegado a una especie de umbral (cerrado).

Sin duda su práctica intuitiva (sus mañas) fue exitosa puesto que le ha permitido alcanzar su actual nivel de desempeño, pero al mismo tiempo son estas prácticas lo que lo frenan e impiden lograr aprender aquellas nuevas prácticas que le posibilitan alcanzar un golf de nivel superior. Hasta tanto él no tome conciencia de estas limitaciones y se proponga superarlas, es improbable que suceda una mejora en el desempeño de su juego.

Sin duda habrá de padecer "el dolor" de desaprender las prácticas que le permitieron alcanzar su nivel para así poder llegar a aprender las nuevas que le posibilitarán alcanzar el golf de nivel superior que anhela.

Tomar conciencia de la necesidad del desaprender es importante porque nos plantea la necesidad de reflexionar acerca de "aquello que tenemos dentro" y que no obstante deberíamos "dejar ir".

Tengamos en cuenta que desaprender no es un acto mecánico ni está ordenado por etapas. No es que hasta tanto no salga algo, nada puede entrar. Desaprender responde a un proceso dual y simultáneo.

Es decir, si bien el director cuenta con un bagaje cognitivo que debe abandonar y *dejar salir* para que puedan entrar los nuevos aprendizajes necesarios, esto no significa que se trate de dos etapas divorciadas entre sí y cronológicamente sucesivas.

El desaprendizaje/aprendizaje, más bien, conforma una misma instancia de un mismo proceso. Ante una experiencia dada, ambos términos se dinamizan en un movimiento continuo de reorganización y reconstrucción de la experiencia, creando así nuevos aprendizajes.

> *...Si en algunas ocasiones se debe dejar salir los aprendizajes no adecuados para aprehender otros nuevos; en otras, serán esos aprendizajes que ya se tienen los que permitan reflexionar y desencadenar otros nuevos. "Aprender", entonces, significa "desaprender" pero también reorganizar y reconstruir.*[9]

El verdadero desafío entonces está en el desarrollo de procesos organizacionales que permitan, faciliten y alienten la revisión de ciertos supuestos; que posibiliten identificar qué y cómo se piensa y el paradigma subyacente que gobierna las acciones, para poder así iniciar una comprometida tarea de revisión.

El aprendizaje tradicional (escuela, universidad, cursos, etc.) tiene un perfil transaccional. El aprendiz tiene ciertas maneras de operar y cierto conocimiento; si su conocimiento prueba ser insuficiente o poco efectivo, el aprendiz tiene la capacidad de desechar parte de él, de cambiarle algunas partes o de agregarle nuevas ideas.

El aprendizaje de perfil transaccional es útil para la mayoría de las instancias del aprendizaje explícito, pero no alcanza y fracasa cuando es necesario cuestionar las creencias profundas y los modelos mentales. Es inútil y puede que hasta resulte contraproducente para el momento en el que se impone un desafío al paradigma.

El aprendizaje requerido para llegar a ser una organización que aprende y que desafía el paradigma no es el tradicional aprendizaje transaccional sino el "aprendizaje transformacional".

Desde la perspectiva del aprendizaje transformacional los problemas a resolver no están "allá afuera" sino "aquí adentro" –del mismo director–. Los problemas no son independientes de cómo se los piensa, ni de cómo se actúa, ni de cómo se los articula. El transformacional

---

9. Contreras, Manuel E.: *Aprender a desaprender en la búsqueda de un aprendizaje transformativo: apuntes sobre la capacitación de gerentes sociales.* INDES Working paper series ; I-54. Inter-American Development Bank, Washington, D.C. 2005.

no es un aprendizaje de técnicas y/o de herramientas. El aprendizaje transformacional tiene que ver con "cómo somos".

> *El aprendizaje transformativo se refiere al proceso mediante el cual transformamos nuestros marcos de referencia, dados por seguros (perspectivas de significado, hábitos mentales, marcos mentales), para que sean más inclusivos, exigentes, abiertos, emocionalmente capaces de cambiar y reflexivos, y para que generen creencias y opiniones que demuestren ser más verdaderas o justificadas para guiar la acción.*[10]

En ocasiones un director expresa su voluntad de aprender cuando en verdad a lo que aspira es a la adquisición de nuevas herramientas que le posibiliten llevar a cabo correcciones operativas. Desde luego, de algún modo esto es aprendizaje, pero aprendizaje de circuito simple. Aprendizaje transformacional implica animarse a "ir más allá", en él la imaginación es más importante que el conocimiento. Einstein afirma: "Soy lo suficientemente artista como para dibujar libremente sobre mi imaginación. La imaginación es más importante que el conocimiento. El conocimiento es limitado. La imaginación circunda el mundo".

Es solo a través del aprendizaje transformacional, del aprendizaje de circuito doble y del deuteroaprendizaje que la organización estará en condiciones de transformarse para el desarrollo, lo que implica que la organización debe ejercitar la convivencia con incertidumbres y contradicciones, someterse a una autocrítica continua y abandonar las zonas de confort.

Aprendizaje transformacional significa desafiar el paradigma, desafiar la organización, desafiarse uno mismo. Para animarse a transitar un proceso de aprendizaje transformacional se precisa contar con valentía, con constancia, con compromiso, y –fundamentalmente– con mucha humildad.

La comunicación es una valioso facilitador y potenciador del aprendizaje y del desarrollo organizacional. Así, la comunicación como capacidad organizacional clave (no como una mera herramienta de cosmética), el aprendizaje y el desarrollo a través del aprendizaje superior deben ser incorporados como un supuesto básico organizacional, deben pasar a formar parte del paradigma.

---

10. Mezirow, J.: "Learning to think like an adult." Jack Mezirow and Associates, *Learning as Transformation. Critical Perspectives on Theory in Progress.* Jossey-Bass Publishers, San Francisco, 2000.

El poder, la política y el gobierno: el trasfondo de escucha detrás del trasfondo de escucha

La organización es una integración de personas y grupos enmarcados en un orden formal que establece las funciones que deben cumplir para lograr alcanzar los propósitos. Así, la capacidad para alinear las expectativas comunes debería ser un constituyente básico de toda organización.

Comunicación Estratégica® entiende que la responsabilidad clave de la Dirección de Comunicación pasa por sostener el acople de los seis activadores de la estrategia y alinear el Hexag-ON en conformidad con los propósitos y en su articulación con los requerimientos del entorno. El desempeño de la organización en lo estratégico-comunicacional y la obtención de resultados favorables o desfavorables en dicha incumbencia dependerán en gran medida de ello.

Para acceder a una comprensión cabal de la *estrategia* y de los procesos implicados en ella, debemos dimensionarla de manera correcta.

En reiteradas ocasiones a lo largo de *El Poder y la acción a través de Comunicación Estratégica®* hemos ponderado la importancia clave y las virtudes de la *estrategia*. Sin embargo, resulta absolutamente necesario entender que, así como la *táctica* se inscribe en la *estrategia* y es un sinsentido pensarlas por separado, a su vez la *estrategia* se inscribe en una racionalidad de orden superior, en el sentido de que "viene antes". Esa racionalidad de orden superior a la que nos referimos es la *política*.

Política y *estrategia* no deberían ser tomadas por separado en forma pura, so pena de constituirse ambas en abstracciones teóricas o en inconducentes generalizaciones prácticas. Más bien la *política* se integra en el continuo conversacional constituido por la *estrategia* en dirección hacia la acción.

El punto es que, así como propusimos a la *estrategia* como un *acuerdo de segundo orden particular* ("Acuerdo E"), afirmamos ahora que a su vez, el nivel *político* de la organización opera como otro acuerdo de segundo orden *particular*, en este caso como trasfondo de escucha de la *estrategia*. A este otro *acuerdo de segundo orden particular* lo denominamos

"Acuerdo P"

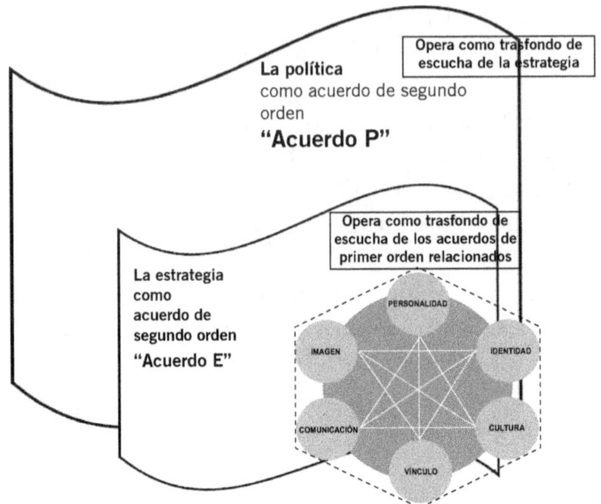

Si bien el "Acuerdo P" es un trasfondo de escucha del "Acuerdo E", ambos se constituyen igualmente en acuerdos de segundo orden particulares.

Los "Acuerdos P" son aquellos que se construyen básicamente en los dominios de la racionalidad del *poder*.

El *poder* es, en esencia, un juicio que hacemos sobre cualquier entidad que presumimos que cuenta con capacidad para la acción. En el concepto de acción incluyo el de "no acción", como por ejemplo el impedir que algo ocurra.

La acción entonces es el eje gravitatorio del juicio de poder. A mayor capacidad de acción tanto mayor será el poder de una entidad. La apreciación acerca del poder no siempre deviene de acciones emprendidas sino de la capacidad de generar acción.

El poder radica en el juicio que se emite y no en la capacidad de acción que está en juicio; es decir que actúa sobre el dominio de lo posible.

El juicio de poder que se elabora respecto de una entidad, se realiza por comparación o en referencia a otras entidades, ante determinadas circunstancias y en momentos precisos. Esto significa que en este enjuiciamiento, de manera concomitante, hay una suerte de apreciación de fuerzas en juego. Lo que afirmamos oportunamente en nuestra obra:

El poder es una cuestión de perspectiva.

El *poder de la perspectiva* (en nuestro caso respecto del interjuego dinámico que se da entre actores, fuerzas, circunstancias y en determinados momentos precisos) lo podemos apreciar hasta en los ámbitos más severos, como el de las ciencias; al decir de Paul Feyerabend:

> *Los ejemplos de Copérnico, de la teoría atómica, del vudú y de la medicina china muestran que incluso la teoría más avanzada, y que parece ser la más firme, no está segura; muestran que una teoría de este tipo puede modificarse, o ser destruida por completo con la ayuda de puntos de vista que el engreimiento de la ignorancia ha relegado ya al desván de la historia. De este modo puede ocurrir que el conocimiento de hoy pase a constituir los cuentos de hadas del mañana, y que el mito más ridículo se convierta eventualmente en la pieza más sólida de la ciencia.*[11]

Para la constitución de la "perspectiva" que se aplica en la racionalidad del poder, el lenguaje opera como una diagonal clave y palanca determinante. Porque en las relaciones, fundamentalmente a través de las dinámicas conversacionales que se entretejen entre diferentes actores, es que se construyen los juicios de poder dentro y fuera del ámbito de la organización.

Si el lenguaje es fuente determinante de poder, la comunicación también lo es.

El poder, en definitiva, no depende tanto de quién lo impone, sugiere, pide o declara: fundamentalmente depende de quién lo acepta.

> *Atribuimos poder a una persona cuando afirmamos que ella puede abrir posibilidades de compromisos para otros. Pero es necesario distinguir entre el poder de producir conversaciones reales para la acción del poder, de declarar abiertos —para otros— los dominios de posibilidades en que pueden crear posibilidades específicas y realizar acciones concretas. Una organización no solo se mantiene unida mediante patrones de conversaciones recurrentes, sino también por el escuchar de trasfondo compartido.*[12]

Aquello que se encarga de integrar y de articular en toda su complejidad el continuo que va desde la *política* a la *estrategia* y de allí a la *acción* (conteniendo asimismo todas las instancias "intermedias"), se denomina *corporate governance* o gobierno de la organización.

Mientras que en el nivel de la *política* se tejen los "hilos del poder", es en el nivel de la *estrategia* donde se determina cómo han de moverse esos "hilos" para que las cosas que han de suceder sucedan y de la mejor manera posible. Esto último es el trabajo de Comunicación Estratégica®.

---

11. Feyerabend, Paul: *Tratado contra el método*. Editorial Tecnos, Buenos Aires, 1975.
12. Flores, Fernando: *Op. cit.*

BIBLIOGRAFÍA

Abravanel, Harry; Allaire, Yvan; Firsirotu, Mihaela E.; Hobbs, Brian Poupart. Robert Simard, Jean-Jacques: *Cultura organizacional.* Legis, Bogotá, 1992.

Alonso, G. y Arébalos, A.: *La revolución horizontal.* Ediciones B, Buenos Aires, 2009.

Arendt, Hannah: *Los orígenes del totalitarismo.* Taurus, Madrid, 1999.

Argyris, Chris: *Conocimiento para la acción.* Granica, Buenos Aires, 1999.

Aron, Raymond: *Pensar la guerra.* Instituto de Publicaciones Navales. Buenos Aires, 1987.

Avilia Lammertyn, Roberto: *RR.PP. Estrategias y tácticas de comunicación integradora.* Imagen, Buenos Aires, 1997.

Barker, Joel Arthur: *Paradigmas. El negocio de descubrir el futuro.* McGraw Hill, Bogotá, 1996.

Barranco, F. J.: *Técnicas de marketing político.* Pirámide, Madrid, 1982.

Bateson, Gregory: *Pasos hacia una ecología de la mente.* Carlos Lohlé, Buenos Aires, 1985.

Bauman, Zygmunt: *Modernidad líquida.* Fondo de Cultura Económica, México DF, 2003.

Beaufré, André: *Estrategia de la acción.* Pleamar, Buenos Aires, 1982.

Beck, Ulrich: *La sociedad del riesgo. Hacia una nueva modernidad.* Paidós, Barcelona, 1994.

Berbeglia, Carlos Enrique: *Vida, pensamiento y libertad. Una aproximación antropológica.* Biblos, Buenos Aires, 1985.

Berstein, David: *La imagen de la empresa y la realidad.* Plaza & Janés, Barcelona, 1984.

Bordenave, Juan Díaz y Carvalho, Horacio Martins de: *Planificación y comunicación.* Ciespal, Quito, 1978.

Borrini, Alberto: *Mercado de la opinión pública.* Atlántida, Buenos Aires, 1992.

——————: *El silencio no es negocio.* Ediciones El Cronista Comercial, Buenos Aires, 1983.

——————: *Publicidad: El quinto poder.* Ediciones El Cronista Comercial, Buenos Aires, 1980.

Brojt, David: *Cómo mejorar la rentabilidad empresaria y ganar competitividad.* Macchi, Buenos Aires, 1992.

Bunge, Mario: *La ciencia, su método y filosofía.* Siglo XX, Buenos Aires, 1973.

——————: *Treatise on Basic Philosophy, Vol. I Semantics I: Sense and Reference.* Dordrecth, Boston, 1974.

Cabeza, Roberto E.L.: *Temas de psicología cognitiva: memoria.* Tekné - UBA, Buenos Aires, 1987.

Capriotti, Paul: *La imagen de empresa.* Consejo Superior de Relaciones Públicas de España, Barcelona, 1992.

Chaves, Norberto: *La imagen corporativa.* Gustavo Gili, Madrid, 1988.

Chomsky, Noam: *El lenguaje y el entendimiento*. Seix Barral, Madrid, 1986.

Clausewitz, Karl von: *De la guerra*. Círculo Militar, Buenos Aires, 1965.

Costa, Joan: *La imagen de empresa*. CIAC, Barcelona, 1977.

——————: *Imagen pública*. Fundesco, Madrid, 1992.

Dahl, Robert: *La poliarquía. Participación y oposición*. Tecnos, Buenos Aires, 1977.

Davis, Gary A. y Scott, Joseph A.: *Estrategias para la creatividad*. Paidós, Buenos Aires, 1989.

De Board, Robert: *El psicoanálisis de las organizaciones*. Paidós, Buenos Aires, 1980.

De Bono, Edward: *Aprender a pensar*. Plaza & Janés, Barcelona, 1982

——————: *El pensamiento lateral*. Paidós, Buenos Aires, 1989.

——————: *Ideas para profesionales que piensan*. Paidós, Buenos Aires, 1991.

De Geus, Arie: *La empresa viviente*. Granica, Buenos Aires, 1998.

Deal, Terrence E. y Kennedy, Allan A.: *Las empresas como sistemas culturales*. Sudamericana, Buenos Aires, 1985.

Drucker, Peter F.: *Las nuevas realidades*. Sudamericana, Buenos Aires, 1990.

Duarte, José M.: *Hacia la estrategia absoluta*. Publicaciones Cananor, Buenos Aires, 1995.

Dumont, Jean-Luc: *La praxeología. ¿Qué ciencia para qué prácticas en el campo de la información?* en http://www.anuies.mx/servicios/p_anuies/publicaciones/revsup/res085/art4.htm

Easton, David: *Esquema para el análisis político*. Amorrortu, Buenos Aires, 1992.

Echeverría, Rafael: *Ontología del lenguaje*. Dolmen/Granica, Chile, 1997.

——————: *La empresa emergente*. Granica, Buenos Aires, 2000.

Etkin, J. y Schvarstein, L.: *Identidad de las organizaciones*. Paidós, Buenos Aires, 1989.

Etkin, Jorge: *Gestión de la complejidad*. Granica, Buenos Aires, 2005.

Etzioni, Amitai: *Organizaciones modernas*. Unión Tipográfica Editorial Hispano-americana, Buenos Aires,1975.

Falco, Alejandra E.: "Productividad del trabajador del conocimiento: el gran desafío del siglo XXI". Congreso de Productividad. Universidad del CEMA, Temas de Management, Buenos Aires, 2003.

Flores, Fernando: *Inventando la empresa del siglo XXI*. Hachette, Santiago de Chile, 1989.

Fraga, Rosendo (compilador): *Autopercepción del periodismo en la Argentina*. Fundación Konrad Adenauer - UB, Buenos Aires, 1997.

Frischknecht, Federico: *Dirección Recursiva*. El Ateneo, Buenos Aires, 1993.

Garbett, Thomas F.: *Imagen Corporativa*. Legis, Bogotá, 1991.

García Hamilton, José Ignacio: *Por qué crecen los países*. Sudamericana, Buenos Aires, 2006.

Gore, E. y Dunlap, D.: *Aprendizaje y organización*. Granica, Buenos Aires, 2006.

Habermas, Jürgen: *Acción comunicativa y razón sin trascendencia*. Paidós, Buenos Aires, 2003.

Harmon, Frederick G. y Jacobs, Garry: *La diferencia vital*. Norma, Bogotá, 1985.

Huntington, Samuel: *El choque de las civilizaciones*. Paidós, Buenos Aires, 1997.

Iacocca, Lee: *Autobiografía de un triunfador*. Grijalbo, Buenos Aires, 1985.

Johnson, G. y Sholes, K.: *Exploring Corporate Strategy*. Prentice Hall Europe, Londres. 1999,

Karlöf, Bengt: *Práctica de la estrategia*. Granica, Buenos Aires, 1993.

Kennedy, Paul: *Hacia el siglo XXI*. Plaza y Janés, Barcelona, 1998.

Korzybski, Alfred: *Science and Sanity*. The International Non-Aristotelian, Library & Publishing Company, Lakeville, Connecticut, 1933.

Kotler, Philip: *Dirección de mercadotecnia*. Diana, México, 1981.

Kreps, Gary L.: *La comunicación en las organizaciones*. Addison Wesley Iberoamericana, Wilmington, 1996.

Kuhn. Thomas S.: *La estructura de las revoluciones científicas*. Fondo de Cultura Económica, Madrid, 2000.

Lefebvre, Henri: *Lógica formal, lógica dialéctica*. Siglo XXI Editores, México, 1993.

Levy, Alberto: *Estrategia, cognición y poder*. Granica, Buenos Aires, 2007.

————— y Wilensky, Alberto: *Cambio*. Tesis, Buenos Aires, 1988.

Lidell Hart, B.H.: *Estrategia. La aproximación indirecta*. Círculo Militar, Buenos Aires, 1984.

Lipset, Seymour: *El hombre político*. Eudeba, Buenos Aires, 1977.

Lopez Altamirano, Alfredo y Osuna Coronado, Manuel: *Introducción a la investigación de mercados*. Diana, México, 1977.

Luttwak, Ernest: *Estrategia: La lógica de la guerra y la paz*. Instituto de Publicaciones Navales, Buenos Aires, 1992.

Maquiavelo, Nicolás: *El príncipe*. El Ateneo, Buenos Aires, 2002.

Mark, Scott C.: *El proceso de creación de valor en la empresa*. Deusto, Bilbao, 1999.

Martínez Pandiani, Gustavo: *Marketing político*. Ugerman Editor, Buenos Aires, 2001.

Martínez, Carlos J.M.: *Estrategia: Su teoría, planeamiento y realidad en la Argentina*. Centro FICCH, Buenos Aires, 2004.

Maturana, H. y Varela, F.: *El árbol del conocimiento*, Editorial Universitaria, Santiago de Chile, 1984ç

—————: *Autopoiesis and cognition*. Reidel, Boston, 1980.

Melnik, Luis: *La publicidad, principios, medios y fines*. Ediciones El Cronista Comercial, Buenos Aires, 1993.

Mintzberg, Henry: *Safari a la estrategia*. Granica, Buenos Aires, 1999.

—————: *El proceso estratégico*. Prentice Hall, México, 1999.

Montañés Duato, Pascual: *Inteligencia Política. El Poder creador de las organizaciones*. Prentice Hall, Madrid, 2003.

Morgan, Gareth: *Imágenes de la organización*. Alfaomega, México, 1991.

Morin, Edgar: *La cabeza bien puesta*. Nueva Visión, Buenos Aires, 1999.

—————: *Tierra Patria*. Nueva Visión, Buenos Aires, 1993.

Morlino, Leonardo: *Cómo cambian los regímenes políticos*. Centro de Estudios Constitucionales, Madrid, 1985.

Muradep, Lidia: *Coaching para la transformación personal*. Buenos Aires, Granica, 2009.

Muriel, María Luisa y Rota, Gilda: *Comunicación institucional*. Ciespal, Quito, 1980.

O'Donnell, Guillermo: "¿Democracia delegativa?". En O'Donnell, Guillermo, *Contrapuntos. Ensayos escogidos sobre autoritarismo y democratización*. Paidós, Buenos Aires, 1977.

Perel, Vicente: *Las organizaciones neuróticas*. Macchi, Buenos Aires, 1993.

Pichon Rivière, Enrique: *El proceso creador*. Ediciones Cinco, Buenos Aires, 1987.

—————: *El proceso grupal*. Ediciones Cinco, Buenos Aires, 1985.

—————: *Teoría del vínculo*. Ediciones Cinco, Buenos Aires, 1985.

Popper, Karl R.: *El conocimiento objetivo*. Tecnos, Madrid, 1992.

Quiroga, Ana P. de: *Enfoques y perspectivas en psicología social.* Ediciones Cinco, Buenos Aires, 1987.

Regouby, Christian: *La comunicación global.* Ediciones Gestión 2000, Barcelona, 1989.

Rey Lennon, Federico: *Edward Bernays.* Ediciones Revista Imagen, Buenos Aires, 1999.

Rogovsky, Itamar: *Fuentes cognitivas de las falsas concepciones del hombre.* Instituto para el Desarrollo Organizacional, GR-Israel, 1982.

——————: *Análisis organizacional.* Institute for Organizational Development, Tel Aviv, 2001.

Rojas Breu, Ruben: *Marketing para los que deciden.* Macchi. Buenos Aires.1991

Romero, Aníbal: *La sorpresa en la guerra y en la política.* Panapo, Caracas, 1992.

Ruch, Richard y Goodman Ronald: *Imagen en la cima.* Compañía Editorial Continental, México, 1985.

Sallenave, Jean-Paul: *Gerencia y planeación estratégica.* Norma, Bogotá, 1985.

Sametband, Moisés José: *Entre el orden y el caos, la complejidad.* Fondo de Cultura Económica, Buenos Aires, 1994.

Sanz de la Tajada, Luis Angel: *Integración de la identidad y la imagen de la empresa.* ESIC Editorial, Madrid, 1994.

Sartori, Giovani: *Homo Videns. La sociedad teledirigida.* Taurus, Madrid, 1998.

Schein, Edgar, H.: *Consultoría de procesos.* Vols. 1 y 2. Addison-Wesley Iberoamericana, Wilmington, 1990.

Scheinsohn, Daniel: *Comunicación Estratégica.* Granica., Buenos Aires, 2009.

——————: *Más allá de la imagen corporativa.* Macchi, Buenos Aires, 1995. (Ediciones ya agotadas y no reimpresas.)

——————: *Dinámicas de la comunicación y la imagen corporativa.* Fundación OSDE, Buenos Aires, 1998.

—————— y Saroka, Raúl H.: *La huella digital.* Fundación OSDE, Buenos Aires, 2000.

Schelling, Thomas, C.: *La estrategia del conflicto.* Tecnos, Madrid, 1964.

Schvarstein, Leonardo: *Diseño de organizaciones.* Paidós, Buenos Aires, 1998.

——————: *Psicología social de las organizaciones.* Paidós, Buenos Aires, 1991.

Stacey Robert: *Managing Chaos. Dinamic Business strategies in an impredictable world.* Kogan Page, Londres, 1995.

Sun Tzu: *The Art of War.* Oxford University Press, Londres, 1988.

Terragno, Rodolfo: *La Argentina del siglo 21.* Planeta, Buenos Aires, 1985.

Toffler, Alvin: *El cambio del poder.* Plaza y Janés, Barcelona, 1992.

Zanoni, Leandro: *El imperio digital.* Ediciones B, Buenos Aires, 2008.

Zukernik, Eduardo: *Hechos y noticias. Claroscuros de la prensa gráfica en la Argentina.* Fundación Konrad Adenauer - La Crujía, Buenos Aires, 2006.

EN CONTACTO CON EL LECTOR

Estimado lector:

Le agradezco su generoso interés.

Apreciaría que me brindara la posibilidad de conocer sus impresiones y puntos de vista. Me resultaría sumamente enriquecedor poder compartir sus ideas y recibir sus sugerencias.

Aunque no puedo asegurar mi respuesta personal, me comprometo a la lectura de los mensajes que me envíe a la siguiente dirección de correo electrónico:

poderyaccion@gmail.com

Asimismo lo invito a que se sume a seguir mis comentarios e informaciones a través de Twitter:

@Scheinsohn

Nuevamente muchas gracias

DANIEL SCHEINSOHN

www.ingramcontent.com/pod-product-compliance
Lightning Source LLC
Chambersburg PA
CBHW051807150726
47998CB00001B/61